Alpheus Crosby

Xenophontos Kyron Anabasis

The expedition of Cyrus the Younger, and the retreat of the ten thousand.

Alpheus Crosby

Xenophontos Kyron Anabasis
The expedition of Cyrus the Younger, and the retreat of the ten thousand.

ISBN/EAN: 9783337328610

Printed in Europe, USA, Canada, Australia, Japan

Cover: Foto ©ninafisch / pixelio.de

More available books at **www.hansebooks.com**

ΞΕΝΟΦΩΝΤΟΣ ΚΥΡΟΥ ΑΝΑΒΑΣΙΣ.

THE

EXPEDITION OF CYRUS

THE YOUNGER,

AND THE

RETREAT OF THE TEN THOUSAND.

BY

XENOPHON OF ATHENS.

EDITED BY

ALPHEUS CROSBY,

LATE PROFESSOR EMERITUS OF THE GREEK LANGUAGE AND LITERATURE
IN DARTMOUTH COLLEGE.

NEW YORK AND CHICAGO:
POTTER, AINSWORTH, AND COMPANY.
1875.

PREFACE.

IN the present edition of the Anabasis, it has been the aim of the Editor to furnish a text founded upon the latest and best recensions, printed in clear, good-sized type, and exhibiting the common divisions into sections, so that the references made to the Anabasis in grammars and philological works may be found with ease. The text of LUDWIG DINDORF has been chiefly followed, a text which has justly been characterized as *un veritable chef-d'œuvre;* but not without a careful comparison of the various readings of the different manuscripts and critical editions. He has also revised entirely the punctuation and general style of printing, and he is not without hope that the present edition will, in these respects, be found to be all that the student of the Anabasis needs or desires.

A brief Summary of the Anabasis proper, and of the Retreat of the Ten Thousand, is prefixed, and in an Appendix are given the Citations from the Anabasis in the author's Greek Grammar, revised edition, 1871.

SUMMARY.

BOOK I.

EXPEDITION OF CYRUS AGAINST HIS BROTHER ARTAXERXES. — BATTLE OF CUNAXA. — DEATH OF CYRUS.

CAP. I. Cyrus secretly raises an army for the Expedition.
CAP. II. March of Cyrus and his army from Sardis to Tarsus in Cilicia.
CAP. III. The Greek troops, suspecting the real object of the Expedition, refuse to advance, but are persuaded by Cyrus, through Clearchus, to march as if against Abrocamas on the Euphrates.
CAP. IV. March from Tarsus to the Euphrates. Crossing the river.
CAP. V. March through a desert region, near the Euphrates.
CAP. VI. Treachery of Orontes. Trial and condemnation.
CAP. VII. March through Babylonia. Review of the troops.
CAP. VIII. Battle of Cunaxa. Death of Cyrus.
CAP. IX. Xenophon's Panegyric on Cyrus.
CAP. X. Continuance of the fight. The Greeks repulse the Persians.

BOOK II.

FROM THE DEATH OF CYRUS TO THE BREAKING OF THE TRUCE BY THE PERSIANS, AND THE TREACHEROUS SEIZURE OF THE FIVE GENERALS.

CAP. I. The Greeks offer to placeAriæus on the throne. Demands of the king. Answer of the Greeks.
CAP. II. The Greeks joinAriæus to return to Ionia. Night panic.
CAP. III. Negotiations between the Persians and Greeks. Treaty concluded.

Cap. IV. The Greeks, suspecting the designs of Tissaphernes and Ariæus, begin their march, pass the Median Wall, and cross the Tigris.

Cap. V. Craft and treachery of Tissaphernes. Clearchus and four other generals entrapped and made away with.

Cap. VI. Xenophon's estimate of the characters of the five generals.

BOOK III.

HOSTILITIES BETWEEN THE PERSIANS AND GREEKS, AFTER THE BREAKING OF THE TREATY BY THE FORMER.—MARCH OF THE TEN THOUSAND TO THE CARDUCHIAN MOUNTAINS.

Cap. I. Great dejection among the troops. Xenophon arouses them to action. New generals chosen.

Cap. II. Speeches to the troops by the new generals, especially Xenophon. Order of march adopted.

Cap. III. The Greeks cross the Zapatas and advance. Annoyed by the Persians.

Cap. IV. March along the Tigris, from vicinity of Nineveh to region of the Carduchian Mountains.

Cap. V. The Greeks resolve to fight their way across the mountains and through the Carduchian country.

BOOK IV.

FROM THE ENTRANCE OF THE GREEKS AMONG THE CARDUCHI TO THEIR ARRIVAL AT THE PONTUS EUXINUS.

Cap. I. March through the mountain region. Suffering from attacks of the enemy and the cold.

Cap. II. Severe fighting and loss in struggling forward.

Cap. III. Successful crossing the river Centrites into Armenia.

Cap. IV. March through Armenia. Reach the Teleboas. Truce with Tiribazus.

Cap. V. Great suffering of the Greeks, in their onward march, from deep snows, cold, and scarcity of provisions.

Cap. VI. March through the country of the Phasiani.

Cap. VII. Advance through the country of the Taochi, Chalybes, and Scythini. First view of the sea.
Cap. VIII. March through the country of the Macrones to Trapezus on the Pontus Euxinus.

BOOK V.

FROM TRAPEZUS ALONG THE COAST TO COTYORA.

Cap. I. Preparations for leaving Trapezus and for further advance.
Cap. II. Expedition against the Drilæ.
Cap. III. March to Cerasus. Division of the spoil. Xenophon's description of the temple of Artemis at Scillus in Elis.
Cap. IV. March through the country of the Mosynœci.
Cap. V. Arrival at Cotyora. Plunder of the neighboring country.
Cap. VI. The Greeks resolve to proceed by sea. Xenophon's plan to found a city in Pontus.
Cap. VII. Charges against Xenophon. Eloquent and effective defence of himself.
Cap. VIII. Investigation into the conduct of the generals. Xenophon fully justifies his course.

BOOK VI.

FROM COTYORA BY SEA TO CALPE.—THENCE TO CHRYSOPOLIS ON THE BOSPORUS OPPOSITE BYZANTIUM.

Cap. I. Treaty with the Paphlagonians. Voyage to Sinope. Xenophon offered the chief command.
Cap. II. The Greeks sail to Heraclea. Serious dissensions in the army, and division into three parties.
Cap. III. The Arcadians attack the Bithynians. Rescued from great danger by Xenophon and his company. Arrival at Calpe.
Cap. IV. The Greeks at Calpe. Another expedition under Neon. Xenophon again comes to the rescue.
Cap. V. The Greeks encamp at Calpe. Successful attack upon the Bithynians.
Cap. VI. Much spoil obtained. Cleander arrives, but declines the command. March to Chrysopolis.

BOOK VII.

MOVEMENTS OF THE GREEKS IN THRACE.—MARCH TO PERGAMUS IN MYSIA.

Cap. I. The Greeks induced to cross to Byzantium. Disturbances there. Xenophon's course.

Cap. II. Outrageous conduct of Aristarchus. Negotiations with Seuthes, a Thracian prince.

Cap. III. Operations of the Greeks in service of Seuthes.

Cap. IV. Further operations against the enemies of Seuthes.

Cap V. Seuthes fails to pay the Greeks. The troops blame Xenophon. Expedition to Salmydessus.

Cap. VI. The Greeks invited to march against Tissaphernes. Xenophon's defence of himself against accusation.

Cap. VII. Efforts to induce Seuthes to pay what is due. Xenophon's strong remonstrance successful.

Cap. VIII. The Greeks cross to Lampsacus. Arrival at Pergamus. Xenophon attacks Asidates, a Persian, and gains much booty. Army handed over to Thibron.

ΞΕΝΟΦΩΝΤΟΣ

ΚΥΡΟΥ ΑΝΑΒΑΣΕΩΣ Α'.

CAP. I.

ΔΑΡΕΙΟΥ καὶ Παρυσάτιδος γίγνονται παῖδες δύο, πρεσβύτερος μὲν Ἀρταξέρξης, νεώτερος δὲ Κῦρος. Ἐπεὶ δὲ ἠσθένει Δαρεῖος καὶ ὑπώπτευε τελευτὴν τοῦ βίου, ἐβούλετο τὼ παῖδε ἀμφοτέρω παρεῖναι. 2. Ὁ μὲν οὖν πρεσβύτερος παρὼν ἐτύγχανε· Κῦρον δὲ μεταπέμπεται ἀπὸ τῆς ἀρχῆς, ἧς αὐτὸν σατράπην ἐποίησε· καὶ στρατηγὸν δὲ αὐτὸν ἀπέδειξε πάντων, ὅσοι εἰς Καστωλοῦ πεδίον ἀθροίζονται. Ἀναβαίνει οὖν ὁ Κῦρος, λαβὼν Τισσαφέρνην ὡς φίλον· καὶ τῶν Ἑλλήνων δὲ ἔχων ὁπλίτας ἀνέβη τριακοσίους, ἄρχοντα δὲ αὐτῶν Ξενίαν Παρράσιον.

3. Ἐπειδὴ δὲ ἐτελεύτησε Δαρεῖος, καὶ κατέστη εἰς τὴν βασιλείαν Ἀρταξέρξης, Τισσαφέρνης διαβάλλει τὸν Κῦρον πρὸς τὸν ἀδελφὸν, ὡς ἐπιβουλεύοι αὐτῷ. Ὁ δὲ πείθεταί τε καὶ συλλαμβάνει Κῦρον ὡς ἀποκτενῶν· ἡ δὲ μήτηρ ἐξαιτησαμένη αὐτὸν ἀποπέμπει πάλιν ἐπὶ τὴν ἀρχήν. 4. Ὁ δ' ὡς ἀπῆλθε κινδυνεύσας καὶ ἀτιμασθεὶς, βουλεύεται, ὅπως μήποτε ἔτι ἔσται ἐπὶ τῷ ἀδελφῷ, ἀλλ', ἢν

δύνηται, βασιλεύσει ἀντ' ἐκείνου. Παρύσατις μὲν δὴ ἡ μήτηρ ὑπῆρχε τῷ Κύρῳ, φιλοῦσα αὐτὸν μᾶλλον ἢ τὸν βασιλεύοντα Ἀρταξέρξην. 5. Ὅστις δ' ἀφικνεῖτο τῶν παρὰ βασιλέως πρὸς αὐτόν, πάντας οὕτω διατιθεὶς ἀπεπέμπετο, ὥστε αὐτῷ μᾶλλον φίλους εἶναι ἢ βασιλεῖ. Καὶ τῶν παρ' ἑαυτῷ δὲ βαρβάρων ἐπεμελεῖτο, ὡς πολεμεῖν τε ἱκανοὶ εἴησαν, καὶ εὐνοϊκῶς ἔχοιεν αὐτῷ.

6. Τὴν δὲ Ἑλληνικὴν δύναμιν ἤθροιζεν ὡς μάλιστα ἐδύνατο ἐπικρυπτόμενος, ὅπως ὅτι ἀπαρασκευαστότατον λάβοι βασιλέα. Ὧδε οὖν ἐποιεῖτο τὴν συλλογήν· ὁπόσας εἶχε φυλακὰς ἐν ταῖς πόλεσι, παρήγγειλε τοῖς φρουράρχοις ἑκάστοις, λαμβάνειν ἄνδρας Πελοποννησίους ὅτι πλείστους καὶ βελτίστους, ὡς ἐπιβουλεύοντος Τισσαφέρνους ταῖς πόλεσι. Καὶ γὰρ ἦσαν αἱ Ἰωνικαὶ πόλεις Τισσαφέρνους τὸ ἀρχαῖον, ἐκ βασιλέως δεδομέναι· τότε δ' ἀφεστήκεσαν πρὸς Κῦρον πᾶσαι, πλὴν Μιλήτου. 7. Ἐν Μιλήτῳ δὲ Τισσαφέρνης, προαισθόμενος τὰ αὐτὰ ταῦτα βουλευομένους, (ἀποστῆναι πρὸς Κῦρον,) τοὺς μὲν αὐτῶν ἀπέκτεινε, τοὺς δ' ἐξέβαλεν. Ὁ δὲ Κῦρος ὑπολαβὼν τοὺς φεύγοντας, συλλέξας στράτευμα, ἐπολιόρκει Μίλητον καὶ κατὰ γῆν καὶ κατὰ θάλατταν, καὶ ἐπειρᾶτο κατάγειν τοὺς ἐκπεπτωκότας. Καὶ αὕτη αὖ ἄλλη πρόφασις ἦν αὐτῷ τοῦ ἀθροίζειν στράτευμα. 8. Πρὸς δὲ βασιλέα πέμπων ἠξίου, ἀδελφὸς ὢν αὐτοῦ, δοθῆναί οἱ ταύτας τὰς πόλεις μᾶλλον, ἢ Τισσαφέρνην ἄρχειν αὐτῶν· καὶ ἡ μήτηρ συνέπραττεν αὐτῷ ταῦτα· ὥστε βασιλεὺς τῆς μὲν πρὸς ἑαυτὸν ἐπιβουλῆς οὐκ ᾐσθάνετο, Τισσαφέρνει δὲ ἐνόμιζε πολεμοῦντα αὐτὸν ἀμφὶ τὰ στρατεύματα δαπανᾶν· ὥστε

οὐδὲν ἤχθετο αὐτῶν πολεμούντων· καὶ γὰρ ὁ Κῦρος ἀπέπεμπε τοὺς γιγνομένους δασμοὺς βασιλεῖ ἐκ τῶν πόλεων, ὧν Τισσαφέρνης ἐτύγχανεν ἔχων.

9. Ἄλλο δὲ στράτευμα αὐτῷ συνελέγετο ἐν Χερρονήσῳ τῇ καταντιπέρας Ἀβύδου τόνδε τὸν τρόπον. Κλέαρχος Λακεδαιμόνιος φυγὰς ἦν· τούτῳ συγγενόμενος ὁ Κῦρος, ἠγάσθη τε αὐτὸν, καὶ δίδωσιν αὐτῷ μυρίους δαρεικούς. Ὁ δὲ λαβὼν τὸ χρυσίον, στράτευμα συνέλεξεν ἀπὸ τούτων τῶν χρημάτων, καὶ ἐπολέμει, ἐκ Χερρονήσου ὁρμώμενος, τοῖς Θραξὶ τοῖς ὑπὲρ Ἑλλήσποντον οἰκοῦσι, καὶ ὠφέλει τοὺς Ἕλληνας· ὥστε καὶ χρήματα συνεβάλλοντο αὐτῷ εἰς τὴν τροφὴν τῶν στρατιωτῶν αἱ Ἑλλησποντιακαὶ πόλεις ἑκοῦσαι. Τοῦτο δ᾽ αὖ οὕτω τρεφόμενον ἐλάνθανεν αὐτῷ τὸ στράτευμα.

10. Ἀρίστιππος δὲ ὁ Θετταλὸς ξένος ὢν ἐτύγχανεν αὐτῷ, καὶ πιεζόμενος ὑπὸ τῶν οἴκοι ἀντιστασιωτῶν, ἔρχεται πρὸς τὸν Κῦρον, καὶ αἰτεῖ αὐτὸν εἰς δισχιλίους ξένους καὶ τριῶν μηνῶν μισθὸν, ὡς οὕτω περιγενόμενος ἂν τῶν ἀντιστασιωτῶν. Ὁ δὲ Κῦρος δίδωσιν αὐτῷ εἰς τετρακισχιλίους καὶ ἓξ μηνῶν μισθόν· καὶ δεῖται αὐτοῦ, μὴ πρόσθεν καταλῦσαι πρὸς τοὺς ἀντιστασιώτας, πρὶν ἂν αὐτῷ συμβουλεύσηται. Οὕτω δὲ αὖ τὸ ἐν Θετταλίᾳ ἐλάνθανεν αὐτῷ τρεφόμενον στράτευμα. 11. Πρόξενον δὲ τὸν Βοιώτιον, ξένον ὄντα αὐτῷ, ἐκέλευσε λαβόντα ἄνδρας ὅτι πλείστους παραγενέσθαι, ὡς εἰς Πεισίδας βουλόμενος στρατεύεσθαι, ὡς πράγματα παρεχόντων Πεισιδῶν τῇ ἑαυτοῦ χώρᾳ. Σοφαίνετον δὲ τὸν Στυμφάλιον, καὶ Σωκράτην τὸν Ἀχαιὸν, ξένους ὄντας καὶ τούτους, ἐκέ-

λευσεν ἄνδρας λαβόντας ἐλθεῖν ὅτι πλείστους, ὡς πολεμήσων Τισσαφέρνει σὺν τοῖς φυγάσι τῶν Μιλησίων. Καὶ ἐποίουν οὕτως οὗτοι.

CAP. II.

1. Ἐπεὶ δ᾽ ἐδόκει αὐτῷ ἤδη πορεύεσθαι ἄνω, τὴν μὲν πρόφασιν ἐποιεῖτο, ὡς Πεισίδας βουλόμενος ἐκβαλεῖν παντάπασιν ἐκ τῆς χώρας· καὶ ἀθροίζει, ὡς ἐπὶ τούτους, τό τε βαρβαρικὸν καὶ τὸ Ἑλληνικὸν ἐνταῦθα στράτευμα· καὶ παραγγέλλει τῷ τε Κλεάρχῳ λαβόντι ἥκειν ὅσον ἦν αὐτῷ στράτευμα· καὶ τῷ Ἀριστίππῳ, συναλλαγέντι πρὸς τοὺς οἴκοι, ἀποπέμψαι πρὸς ἑαυτὸν ὃ εἶχε στράτευμα· καὶ Ξενίᾳ τῷ Ἀρκάδι, ὃς αὐτῷ προεστήκει τοῦ ἐν ταῖς πόλεσι ξενικοῦ, ἥκειν παραγγέλλει, λαβόντα τοὺς ἄνδρας, πλὴν ὁπόσοι ἱκανοὶ ἦσαν τὰς ἀκροπόλεις φυλάττειν. 2. Ἐκάλεσε δὲ καὶ τοὺς Μίλητον πολιορκοῦντας, καὶ τοὺς φυγάδας ἐκέλευσε σὺν αὐτῷ στρατεύεσθαι, ὑποσχόμενος αὐτοῖς, εἰ καλῶς καταπράξειεν ἐφ᾽ ἃ ἐστρατεύετο, μὴ πρόσθεν παύσασθαι πρὶν αὐτοὺς καταγάγοι οἴκαδε. Οἱ δὲ ἡδέως ἐπείθοντο (ἐπίστευον γὰρ αὐτῷ), καὶ λαβόντες τὰ ὅπλα, παρῆσαν εἰς Σάρδεις.

3. Ξενίας μὲν δὴ τοὺς ἐκ τῶν πόλεων λαβὼν παρεγένετο εἰς Σάρδεις, ὁπλίτας εἰς τετρακισχιλίους· Πρόξενος δὲ παρῆν, ἔχων ὁπλίτας μὲν εἰς πεντακοσίους καὶ χιλίους, γυμνῆτας δὲ πεντακοσίους· Σοφαίνετος δὲ ὁ Στυμφάλιος, ὁπλίτας ἔχων χιλίους· Σωκράτης δὲ ὁ Ἀχαιὸς, ὁπλίτας ἔχων ὡς πεντακοσίους· Πασίων δὲ ὁ Μεγαρεὺς εἰς ἑπτα-

κοσίους ἔχων ἄνδρας παρεγένετο· ἦν δὲ καὶ οὗτος καὶ ὁ Σωκράτης τῶν ἀμφὶ Μίλητον στρατευομένων. 4. Οὗτοι μὲν εἰς Σάρδεις αὐτῷ ἀφίκοντο. Τισσαφέρνης δὲ, κατανοήσας ταῦτα, καὶ μείζονα ἡγησάμενος εἶναι ἢ ὡς ἐπὶ Πεισίδας τὴν παρασκευὴν, πορεύεται ὡς βασιλέα ᾗ ἐδύνατο τάχιστα, ἱππέας ἔχων ὡς πεντακοσίους. 5. Καὶ βασιλεὺς μὲν δὴ, ἐπεὶ ἤκουσε παρὰ Τισσαφέρνους τὸν Κύρου στόλον, ἀντιπαρεσκευάζετο.

Κῦρος δὲ, ἔχων οὓς εἴρηκα, ὡρμᾶτο ἀπὸ Σάρδεων· καὶ ἐξελαύνει διὰ τῆς Λυδίας σταθμοὺς τρεῖς, παρασάγγας εἴκοσι καὶ δύο, ἐπὶ τὸν Μαίανδρον ποταμόν. Τούτου τὸ εὖρος δύο πλέθρα· γέφυρα δὲ ἐπῆν ἐζευγμένη πλοίοις ἑπτά. 6. Τοῦτον διαβὰς ἐξελαύνει διὰ Φρυγίας σταθμὸν ἕνα, παρασάγγας ὀκτὼ, εἰς Κολοσσὰς, πόλιν οἰκουμένην, εὐδαίμονα καὶ μεγάλην. Ἐνταῦθα ἔμεινεν ἡμέρας ἑπτά· καὶ ἧκε Μένων ὁ Θετταλὸς, ὁπλίτας ἔχων χιλίους, καὶ πελταστὰς πεντακοσίους, Δόλοπας καὶ Αἰνιᾶνας καὶ Ὀλυνθίους.

7. Ἐντεῦθεν ἐξελαύνει σταθμοὺς τρεῖς, παρασάγγας εἴκοσιν, εἰς Κελαινὰς, τῆς Φρυγίας πόλιν οἰκουμένην, μεγάλην καὶ εὐδαίμονα. Ἐνταῦθα Κύρῳ βασίλεια ἦν καὶ παράδεισος μέγας ἀγρίων θηρίων πλήρης, ἃ ἐκεῖνος ἐθήρευεν ἀπὸ ἵππου, ὁπότε γυμνάσαι βούλοιτο ἑαυτόν τε καὶ τοὺς ἵππους. Διὰ μέσου δὲ τοῦ παραδείσου ῥεῖ ὁ Μαίανδρος ποταμός· αἱ δὲ πηγαὶ αὐτοῦ εἰσιν ἐκ τῶν βασιλείων· ῥεῖ δὲ καὶ διὰ τῆς Κελαινῶν πόλεως. 8. Ἔστι δὲ καὶ μεγάλου βασιλέως βασίλεια ἐν Κελαιναῖς ἐρυμνὰ, ἐπὶ ταῖς πηγαῖς τοῦ Μαρσύου ποταμοῦ, ὑπὸ τῇ ἀκροπόλει·

ῥεῖ δὲ καὶ οὗτος διὰ τῆς πόλεως, καὶ ἐμβάλλει εἰς τὸν Μαίανδρον· τοῦ δὲ Μαρσύου τὸ εὖρός ἐστιν εἴκοσι καὶ πέντε ποδῶν. Ἐνταῦθα λέγεται Ἀπόλλων ἐκδεῖραι Μαρσύαν, νικήσας ἐρίζοντά οἱ περὶ σοφίας, καὶ τὸ δέρμα κρεμάσαι ἐν τῷ ἄντρῳ, ὅθεν αἱ πηγαί· διὰ δὲ τοῦτο ὁ ποταμὸς καλεῖται Μαρσύας. 9. Ἐνταῦθα Ξέρξης, ὅτε ἐκ τῆς Ἑλλάδος ἡττηθεὶς τῇ μάχῃ ἀπεχώρει, λέγεται οἰκοδομῆσαι ταῦτά τε τὰ βασίλεια, καὶ τὴν Κελαινῶν ἀκρόπολιν. Ἐνταῦθα ἔμεινε Κῦρος ἡμέρας τριάκοντα· καὶ ἧκε Κλέαρχος ὁ Λακεδαιμόνιος φυγὰς, ἔχων ὁπλίτας χιλίους, καὶ πελταστὰς Θρᾷκας ὀκτακοσίους, καὶ τοξότας Κρῆτας διακοσίους. Ἅμα δὲ καὶ Σῶσις παρῆν ὁ Συρακόσιος, ἔχων ὁπλίτας τριακοσίους, καὶ Σοφαίνετος ὁ Ἀρκὰς, ἔχων ὁπλίτας χιλίους. Καὶ ἐνταῦθα Κῦρος ἐξέτασιν καὶ ἀριθμὸν τῶν Ἑλλήνων ἐποίησεν ἐν τῷ παραδείσῳ, καὶ ἐγένοντο οἱ σύμπαντες, ὁπλῖται μὲν μύριοι καὶ χίλιοι, πελτασταὶ δὲ ἀμφὶ τοὺς δισχιλίους.

10. Ἐντεῦθεν ἐξελαύνει σταθμοὺς δύο, παρασάγγας δέκα, εἰς Πέλτας, πόλιν οἰκουμένην. Ἐνταῦθ' ἔμεινεν ἡμέρας τρεῖς· ἐν αἷς Ξενίας ὁ Ἀρκὰς τὰ Λύκαια ἔθυσε, καὶ ἀγῶνα ἔθηκε· τὰ δὲ ἆθλα ἦσαν στλεγγίδες χρυσαῖ· ἐθεώρει δὲ τὸν ἀγῶνα καὶ Κῦρος. Ἐντεῦθεν ἐξελαύνει σταθμοὺς δύο, παρασάγγας δώδεκα, εἰς Κεραμῶν ἀγορὰν, πόλιν οἰκουμένην, ἐσχάτην πρὸς τῇ Μυσίᾳ χώρᾳ. 11. Ἐντεῦθεν ἐξελαύνει σταθμοὺς τρεῖς, παρασάγγας τριάκοντα, εἰς Καΰστρου πεδίον, πόλιν οἰκουμένην. Ἐνταῦθ' ἔμεινεν ἡμέρας πέντε· καὶ τοῖς στρατιώταις ὠφείλετο μισθὸς πλέον ἢ τριῶν μηνῶν· καὶ πολλάκις ἰόντες

ἐπὶ τὰς θύρας ἀπῄτουν. Ὁ δὲ ἐλπίδας λέγων διῆγε, καὶ δῆλος ἦν ἀνιώμενος· οὐ γὰρ ἦν πρὸς τοῦ Κύρου τρόπου, ἔχοντα μὴ ἀποδιδόναι.

12. Ἐνταῦθα ἀφικνεῖται Ἐπύαξα, ἡ Συεννέσιος γυνὴ, τοῦ Κιλίκων βασιλέως, παρὰ Κῦρον· καὶ ἐλέγετο Κύρῳ δοῦναι χρήματα πολλά. Τῇ δ' οὖν στρατιᾷ τότε ἀπέδωκε Κῦρος μισθὸν τεττάρων μηνῶν. Εἶχε δὲ ἡ Κίλισσα καὶ φύλακας περὶ αὐτὴν Κίλικας καὶ Ἀσπενδίους· ἐλέγετο δὲ καὶ συγγενέσθαι Κῦρον τῇ Κιλίσσῃ. 13. Ἐντεῦθεν δὲ ἐξελαύνει σταθμοὺς δύο, παρασάγγας δέκα, εἰς Θύμβριον, πόλιν οἰκουμένην. Ἐνταῦθα ἦν παρὰ τὴν ὁδὸν κρήνη ἡ Μίδου καλουμένη, τοῦ Φρυγῶν βασιλέως· ἐφ' ᾗ λέγεται Μίδας τὸν Σάτυρον θηρεῦσαι, οἴνῳ κεράσας αὐτήν.

14. Ἐντεῦθεν ἐξελαύνει σταθμοὺς δύο, παρασάγγας δέκα, εἰς Τυριαῖον, πόλιν οἰκουμένην· ἐνταῦθα ἔμεινεν ἡμέρας τρεῖς. Καὶ λέγεται δεηθῆναι ἡ Κίλισσα Κύρου, ἐπιδεῖξαι τὸ στράτευμα αὐτῇ. Βουλόμενος οὖν ἐπιδεῖξαι, ἐξέτασιν ποιεῖται ἐν τῷ πεδίῳ τῶν Ἑλλήνων καὶ τῶν βαρβάρων. 15. Ἐκέλευσε δὲ τοὺς Ἕλληνας, ὡς νόμος αὐτοῖς εἰς μάχην, οὕτω ταχθῆναι καὶ στῆναι, συντάξαι δὲ ἕκαστον τοὺς ἑαυτοῦ. Ἐτάχθησαν οὖν ἐπὶ τεττάρων· εἶχε δὲ τὸ μὲν δεξιὸν Μένων καὶ οἱ σὺν αὐτῷ, τὸ δ' εὐώνυμον Κλέαρχος καὶ οἱ ἐκείνου, τὸ δὲ μέσον οἱ ἄλλοι στρατηγοί. 16. Ἐθεώρει οὖν ὁ Κῦρος πρῶτον μὲν τοὺς βαρβάρους (οἱ δὲ παρήλαυνον τεταγμένοι κατ' ἴλας καὶ κατὰ τάξεις), εἶτα δὲ τοὺς Ἕλληνας, παρελαύνων ἐφ' ἅρματος, καὶ ἡ Κίλισσα ἐφ' ἁρμαμάξης. Εἶχον δὲ πάντες κράνη χαλκᾶ, καὶ χιτῶνας φοινικοῦς, καὶ κνημῖδας, καὶ

τὰς ἀσπίδας ἐκκεκαθαρμένας. 17. Ἐπειδὴ δὲ πάντας παρήλασε, στήσας τὸ ἅρμα πρὸ τῆς φάλαγγος, πέμψας Πίγρητα τὸν ἑρμηνέα παρὰ τοὺς στρατηγοὺς τῶν Ἑλλήνων, ἐκέλευσε προβαλέσθαι τὰ ὅπλα, καὶ ἐπιχωρῆσαι ὅλην τὴν φάλαγγα. Οἱ δὲ ταῦτα προεῖπον τοῖς στρατιώταις· καὶ ἐπεὶ ἐσάλπιγξε, προβαλλόμενοι τὰ ὅπλα ἐπῄεσαν. Ἐκ δὲ τούτου θᾶττον προϊόντων σὺν κραυγῇ, ἀπὸ τοῦ αὐτομάτου δρόμος ἐγένετα τοῖς στρατιώταις ἐπὶ τὰς σκηνάς. 18. Τῶν δὲ βαρβάρων, φόβος πολὺς καὶ ἄλλοις, καὶ ἥ τε Κίλισσα ἔφυγεν ἐκ τῆς ἁρμαμάξης, καὶ οἱ ἐκ τῆς ἀγορᾶς, καταλιπόντες τὰ ὤνια, ἔφυγον· οἱ δὲ Ἕλληνες σὺν γέλωτι ἐπὶ τὰς σκηνὰς ἦλθον. Ἡ δὲ Κίλισσα, ἰδοῦσα τὴν λαμπρότητα καὶ τὴν τάξιν τοῦ στρατεύματος, ἐθαύμασε. Κῦρος δὲ ἥσθη, τὸν ἐκ τῶν Ἑλλήνων εἰς τοὺς βαρβάρους φόβον ἰδών.

19 Ἐντεῦθεν ἐξελαύνει σταθμοὺς τρεῖς, παρασάγγας εἴκοσιν, εἰς Ἰκόνιον, τῆς Φρυγίας πόλιν ἐσχάτην. Ἐνταῦθα ἔμεινε τρεῖς ἡμέρας. Ἐντεῦθεν ἐξελαύνει διὰ τῆς Λυκαονίας σταθμοὺς πέντε, παρασάγγας τριάκοντα. Ταύτην τὴν χώραν ἐπέτρεψε διαρπάσαι τοῖς Ἕλλησιν, ὡς πολεμίαν οὖσαν. 20. Ἐντεῦθεν Κῦρος τὴν Κίλισσαν εἰς τὴν Κιλικίαν ἀποπέμπει τὴν ταχίστην ὁδόν· καὶ συνέπεμψεν αὐτῇ στρατιώτας, οὓς Μένων εἶχε, καὶ αὐτόν. Κῦρος δὲ μετὰ τῶν ἄλλων ἐξελαύνει διὰ Καππαδοκίας σταθμοὺς τέτταρας, παρασάγγας εἴκοσι καὶ πέντε, πρὸς Δάναν, πόλιν οἰκουμένην, μεγάλην καὶ εὐδαίμονα. Ἐνταῦθα ἔμειναν ἡμέρας τρεῖς· ἐν ᾧ Κῦρος ἀπέκτεινεν ἄνδρα Πέρσην, Μεγαφέρνην, φοινικιστὴν βασίλειον, καὶ ἕτερόν

τινα τῶν ὑπάρχων δυνάστην, αἰτιασάμενος ἐπιβουλεύειν αὐτῷ. 21. Ἐντεῦθεν ἐπειρῶντο εἰσβάλλειν εἰς τὴν Κιλικίαν· ἡ δὲ εἰσβολὴ ἦν ὁδὸς ἁμαξιτός, ὀρθία ἰσχυρῶς, καὶ ἀμήχανος εἰσελθεῖν στρατεύματι, εἴ τις ἐκώλυεν. Ἐλέγετο δὲ καὶ Συέννεσις εἶναι ἐπὶ τῶν ἄκρων, φυλάττων τὴν εἰσβολήν· δι' ὃ ἔμεινεν ἡμέραν ἐν τῷ πεδίῳ. Τῇ δ' ὑστεραίᾳ ἧκεν ἄγγελος λέγων, ὅτι λελοιπὼς εἴη Συέννεσις τὰ ἄκρα, ἐπεὶ ᾔσθετο ὅτι τὸ Μένωνος στράτευμα ἤδη ἐν Κιλικίᾳ ἦν εἴσω τῶν ὀρέων, καὶ ὅτι τριήρεις ἤκουε περιπλεούσας ἀπὸ Ἰωνίας εἰς Κιλικίαν Ταμὼν ἔχοντα, τὰς Λακεδαιμονίων καὶ αὐτοῦ Κύρου. 22. Κῦρος δ' οὖν ἀνέβη ἐπὶ τὰ ὄρη, οὐδενὸς κωλύοντος, καὶ εἶδε τὰς σκηνάς, οὗ οἱ Κίλικες ἐφύλαττον. Ἐντεῦθεν δὲ κατέβαινεν εἰς πεδίον μέγα καὶ καλόν, ἐπίρρυτον, καὶ δένδρων παντοδαπῶν ἔμπλεων καὶ ἀμπέλων· πολὺ δὲ καὶ σήσαμον καὶ μελίνην καὶ κέγχρον καὶ πυροὺς καὶ κριθὰς φέρει. Ὄρος δ' αὐτὸ περιέχει ὀχυρὸν καὶ ὑψηλὸν πάντη ἐκ θαλάττης εἰς θάλατταν.

23. Καταβὰς δὲ διὰ τούτου τοῦ πεδίου ἤλασε σταθμοὺς τέτταρας, παρασάγγας πέντε καὶ εἴκοσιν, εἰς Ταρσούς, τῆς Κιλικίας πόλιν μεγάλην καὶ εὐδαίμονα. Ἐνταῦθα ἦσαν τὰ Συεννέσιος βασίλεια, τοῦ Κιλίκων βασιλέως· διὰ μέσης δὲ τῆς πόλεως ῥεῖ ποταμός, Κύδνος ὄνομα, εὖρος δύο πλέθρων. 24. Ταύτην τὴν πόλιν ἐξέλιπον οἱ ἐνοικοῦντες μετὰ Συεννέσιος εἰς χωρίον ὀχυρὸν ἐπὶ τὰ ὄρη, πλὴν οἱ τὰ καπηλεῖα ἔχοντες· ἔμειναν δὲ καὶ οἱ παρὰ τὴν θάλατταν οἰκοῦντες ἐν Σόλοις καὶ ἐν Ἰσσοῖς. 25. Ἐπύαξα δέ, ἡ Συεννέσιος γυνή, προτέρα Κύρου πέντε ἡμέραις εἰς Ταρσοὺς ἀφίκετο.

Ἐν δὲ τῇ ὑπερβολῇ τῶν ὀρῶν τῶν εἰς τὸ πεδίον, δύο λόχοι τοῦ Μένωνος στρατεύματος ἀπώλοντο· οἱ μὲν ἔφασαν, ἁρπάζοντάς τι κατακοπῆναι ὑπὸ τῶν Κιλίκων, οἱ δὲ, ὑπολειφθέντας καὶ οὐ δυναμένους εὑρεῖν τὸ ἄλλο στράτευμα οὐδὲ τὰς ὁδοὺς, εἶτα πλανωμένους ἀπολέσθαι· ἦσαν δ᾽ οὖν οὗτοι ἑκατὸν ὁπλῖται. 26. Οἱ δ᾽ ἄλλοι ἐπειδὴ ἧκον, τήν τε πόλιν τοὺς Ταρσοὺς διήρπασαν, διὰ τὸν ὄλεθρον τῶν συστρατιωτῶν ὀργιζόμενοι, καὶ τὰ βασίλεια τὰ ἐν αὐτῇ. Κῦρος δὲ ἐπεὶ εἰσήλασεν εἰς τὴν πόλιν, μετεπέμπετο τὸν Συέννεσιν πρὸς ἑαυτόν· ὁ δ᾽ οὔτε πρότερον οὐδενί πω κρείττονι ἑαυτοῦ εἰς χεῖρας ἐλθεῖν ἔφη, οὔτε τότε Κύρῳ ἰέναι ἤθελε, πρὶν ἡ γυνὴ αὐτὸν ἔπεισε, καὶ πίστεις ἔλαβε. 27. Μετὰ δὲ ταῦτα ἐπεὶ συνεγένοντο ἀλλήλοις, Συέννεσις μὲν ἔδωκε Κύρῳ χρήματα πολλὰ εἰς τὴν στρατιὰν, Κῦρος δ᾽ ἐκείνῳ δῶρα, ἃ νομίζεται παρὰ βασιλεῖ τίμια, ἵππον χρυσοχάλινον καὶ στρεπτὸν χρυσοῦν καὶ ψέλλια καὶ ἀκινάκην χρυσοῦν καὶ στολὴν Περσικὴν, καὶ τὴν χώραν μηκέτι ἀφαρπάζεσθαι· τὰ δὲ ἡρπασμένα ἀνδράποδα, ἤν που ἐντυγχάνωσιν, ἀπολαμβάνειν.

CAP. III.

1. Ἐνταῦθα ἔμεινε Κῦρος καὶ ἡ στρατιὰ ἡμέρας εἴκοσιν· οἱ γὰρ στρατιῶται οὐκ ἔφασαν ἰέναι τοῦ πρόσω· ὑπώπτευον γὰρ ἤδη ἐπὶ βασιλέα ἰέναι· μισθωθῆναι δὲ οὐκ ἐπὶ τούτῳ ἔφασαν. Πρῶτος δὲ Κλέαρχος τοὺς αὑτοῦ στρατιώτας ἐβιάζετο ἰέναι· οἱ δὲ αὐτόν τε ἔβαλλον καὶ τὰ ὑποζύγια τὰ ἐκείνου, ἐπεὶ ἤρξατο προϊέναι. 2. Κλέ-

αρχος δὲ τότε μὲν μικρὸν ἐξέφυγε τὸ μὴ καταπετρωθῆναι· ὕστερον δ' ἐπεὶ ἔγνω, ὅτι οὐ δυνήσεται βιάσασθαι, συνήγαγεν ἐκκλησίαν τῶν αὐτοῦ στρατιωτῶν· καὶ πρῶτον μὲν ἐδάκρυε πολὺν χρόνον ἑστώς (οἱ δὲ ὁρῶντες ἐθαύμαζον καὶ ἐσιώπων)· εἶτα δὲ ἔλεξε τοιάδε·

3. Ἄνδρες στρατιῶται, μὴ θαυμάζετε, ὅτι χαλεπῶς φέρω τοῖς παροῦσι πράγμασιν. Ἐμοὶ γὰρ Κῦρος ξένος ἐγένετο, καί με, φεύγοντα ἐκ τῆς πατρίδος, τά τε ἄλλα ἐτίμησε, καὶ μυρίους ἔδωκε δαρεικούς· οὓς ἐγὼ λαβών, οὐκ εἰς τὸ ἴδιον κατεθέμην ἐμοί, ἀλλ' οὐδὲ καθηδυπάθησα, ἀλλ' εἰς ὑμᾶς ἐδαπάνων. 4. Καὶ πρῶτον μὲν πρὸς τοὺς Θρᾷκας ἐπολέμησα, καὶ ὑπὲρ τῆς Ἑλλάδος ἐτιμωρούμην μεθ' ὑμῶν, ἐκ τῆς Χερρονήσου αὐτοὺς ἐξελαύνων, βουλομένους ἀφαιρεῖσθαι τοὺς ἐνοικοῦντας Ἕλληνας τὴν γῆν. Ἐπειδὴ δὲ Κῦρος ἐκάλει, λαβὼν ὑμᾶς ἐπορευόμην, ἵνα, εἴ τι δέοιτο, ὠφελοίην αὐτόν, ἀνθ' ὧν εὖ ἔπαθον ὑπ' ἐκείνου. 5. Ἐπεὶ δὲ ὑμεῖς οὐ βούλεσθε συμπορεύεσθαι, ἀνάγκη δή μοι, ἢ ὑμᾶς προδόντα τῇ Κύρου φιλίᾳ χρῆσθαι, ἢ πρὸς ἐκεῖνον ψευσάμενον μεθ' ὑμῶν εἶναι. Εἰ μὲν δὴ δίκαια ποιήσω, οὐκ οἶδα· αἱρήσομαι δ' οὖν ὑμᾶς, καὶ σὺν ὑμῖν, ὅ τι ἂν δέῃ, πείσομαι. Καὶ οὔποτε ἐρεῖ οὐδείς, ὡς ἐγὼ Ἕλληνας ἀγαγὼν εἰς τοὺς βαρβάρους, προδοὺς τοὺς Ἕλληνας, τὴν τῶν βαρβάρων φιλίαν εἱλόμην. 6. Ἀλλ' ἐπεὶ ὑμεῖς ἐμοὶ οὐ θέλετε πείθεσθαι οὐδὲ ἕπεσθαι, ἐγὼ σὺν ὑμῖν ἕψομαι, καί, ὅ τι ἂν δέῃ, πείσομαι. Νομίζω γάρ, ὑμᾶς ἐμοὶ εἶναι καὶ πατρίδα καὶ φίλους καὶ συμμάχους, καὶ σὺν ὑμῖν μὲν ἂν οἶμαι εἶναι τίμιος, ὅπου ἂν ὦ· ὑμῶν δὲ ἔρημος ὤν, οὐκ ἂν ἱκανὸς εἶναι οἶμαι, οὔτ' ἂν φίλον ὠφελῆσαι, οὔτ' ἂν

ἐχθρὸν ἀλέξασθαι. Ὡς ἐμοῦ οὖν ἰόντος, ὅπη ἂν καὶ ὑμεῖς, οὕτω τὴν γνώμην ἔχετε.

7. Ταῦτα εἶπεν· οἱ δὲ στρατιῶται, οἵ τε αὐτοῦ ἐκείνου καὶ οἱ ἄλλοι, ταῦτα ἀκούσαντες, ὅτι οὐ φαίη παρὰ βασιλέα πορεύεσθαι, ἐπῄνεσαν· παρὰ δὲ Ξενίου καὶ Πασίωνος πλείους ἢ δισχίλιοι, λαβόντες τὰ ὅπλα καὶ τὰ σκευοφόρα, ἐστρατοπεδεύσαντο παρὰ Κλεάρχῳ. 8. Κῦρος δὲ, τούτοις ἀπορῶν τε καὶ λυπούμενος, μετεπέμπετο τὸν Κλέαρχον· ὁ δὲ ἰέναι μὲν οὐκ ἤθελε, λάθρα δὲ τῶν στρατιωτῶν πέμπων αὐτῷ ἄγγελον, ἔλεγε θαρρεῖν, ὡς καταστησομένων τούτων εἰς τὸ δέον· μεταπέμπεσθαι δ' ἐκέλευεν αὐτόν· αὐτὸς δὲ οὐκ ἔφη ἰέναι. 9. Μετὰ δὲ ταῦτα συναγαγὼν τούς θ' ἑαυτοῦ στρατιώτας καὶ τοὺς προσελθόντας αὐτῷ καὶ τῶν ἄλλων τὸν βουλόμενον, ἔλεξε τοιάδε·

Ἄνδρες στρατιῶται, τὰ μὲν δὴ Κύρου δῆλον ὅτι οὕτως ἔχει πρὸς ἡμᾶς, ὥσπερ τὰ ἡμέτερα πρὸς ἐκεῖνον· οὔτε γὰρ ἡμεῖς ἐκείνου ἔτι στρατιῶται (ἐπεί γε οὐ συνεπόμεθα αὐτῷ), οὔτε ἐκεῖνος ἔτι ἡμῖν μισθοδότης. 10. Ὅτι μέντοι ἀδικεῖσθαι νομίζει ὑφ' ἡμῶν, οἶδα· ὥστε, καὶ μεταπεμπομένου αὐτοῦ, οὐκ ἐθέλω ἐλθεῖν, τὸ μὲν μέγιστον, αἰσχυνόμενος, ὅτι σύνοιδα ἐμαυτῷ πάντα ἐψευσμένος αὐτόν· ἔπειτα δὲ καὶ δεδιὼς, μὴ λαβών με δίκην ἐπιθῇ, ὧν νομίζει ὑπ' ἐμοῦ ἠδικῆσθαι. 11. Ἐμοὶ οὖν δοκεῖ οὐχ ὥρα εἶναι ἡμῖν καθεύδειν, οὐδ' ἀμελεῖν ἡμῶν αὐτῶν, ἀλλὰ βουλεύεσθαι ὅ τι χρὴ ποιεῖν ἐκ τούτων. Καὶ ἕως γε μένομεν αὐτοῦ, σκεπτέον μοι δοκεῖ εἶναι, ὅπως ἀσφαλέστατα μένωμεν· εἴ τε ἤδη δοκεῖ ἀπιέναι, ὅπως ἀσφαλέστατα ἄπιμεν, καὶ ὅπως τὰ ἐπιτήδεια ἕξομεν· ἄνευ γὰρ τούτων, οὔτε στρατηγοῦ οὔτε ἰδιώτου ὄφελος οὐδέν. 12. Ὁ δ' ἀνὴρ πολλοῦ μὲν ἄξιος φίλος, ᾧ ἂν φίλος ᾖ· χαλεπώτατος δ' ἐχθρός, ᾧ ἂν πολέμιος ᾖ· ἔχει δὲ δύναμιν καὶ πεζὴν καὶ ἱππικὴν καὶ ναυτικήν, ἣν πάντες ὁμοίως ὁρῶμέν τε καὶ ἐπιστάμεθα (καὶ γὰρ οὐδὲ πόρρω δοκοῦμέν μοι αὐτοῦ καθῆσθαι)· ὥστε ὥρα λέγειν, ὅ τι τις γιγνώσκει ἄριστον εἶναι. Ταῦτ' εἰπὼν, ἐπαύσατο.

13. Ἐκ δὲ τούτου ἀνίσταντο, οἱ μὲν ἐκ τοῦ αὐτομάτου λέξοντες ἃ ἐγίγνωσκον, οἱ δὲ καὶ ὑπ' ἐκείνου ἐγκέλευστοι, ἐπιδεικνύντες, οἵα εἴη ἡ ἀπορία, ἄνευ τῆς Κύρου γνώμης, καὶ μένειν καὶ ἀπιέναι. 14. Εἷς δὲ δὴ εἶπε, προσποιούμενος σπεύδειν ὡς τάχιστα πορεύεσθαι εἰς τὴν Ἑλλάδα, στρατηγοὺς μὲν ἑλέσθαι ἄλλους ὡς τάχιστα, εἰ μὴ βούλεται Κλέαρχος ἀπάγειν· τὰ δ' ἐπιτήδεια ἀγοράζεσθαι (ἡ δ' ἀγορὰ ἦν ἐν τῷ βαρβαρικῷ στρατεύματι), καὶ συσκευάζεσθαι· ἐλθόντας δὲ Κῦρον αἰτεῖν πλοῖα, ὡς ἀποπλέοιεν· ἐὰν δὲ μὴ διδῷ ταῦτα, ἡγεμόνα αἰτεῖν Κῦρον, ὅστις διὰ φιλίας τῆς χώρας ἀπάξει· ἐὰν δὲ μηδὲ ἡγεμόνα διδῷ, συντάττεσθαι τὴν ταχίστην, πέμψαι δὲ καὶ προκαταληψομένους τὰ ἄκρα, ὅπως μὴ φθάσωσι μήτε ὁ Κῦρος μήτε οἱ Κίλικες καταλαβόντες, ὧν πολλοὺς καὶ πολλὰ χρήματα ἔχομεν ἀνηρπακότες. Οὗτος μὲν δὴ τοιαῦτα εἶπε· μετὰ δὲ τοῦτον Κλέαρχος εἶπε τοσοῦτον·

15. Ὡς μὲν στρατηγήσοντα ἐμὲ ταύτην τὴν στρατηγίαν, μηδεὶς ὑμῶν λεγέτω (πολλὰ γὰρ ἐνορῶ, δι' ἃ ἐμοὶ τοῦτο οὐ ποιητέον)· ὡς δὲ τῷ ἀνδρί, ᾧ ἂν ἕλησθε, πείσομαι ᾗ δυνατὸν μάλιστα· ἵνα εἰδῆτε, ὅτι καὶ ἄρχεσθαι ἐπίσταμαι, ὥς τις καὶ ἄλλος μάλιστα ἀνθρώπων.

16. Μετὰ τοῦτον ἄλλος ἀνέστη, ἐπιδεικνὺς μὲν τὴν εὐήθειαν τοῦ τὰ πλοῖα αἰτεῖν κελεύοντος, ὥσπερ πάλιν τὸν στόλον Κύρου μὴ ποιουμένου· ἐπιδεικνὺς δὲ, ὡς εὔηθες εἴη, ἡγεμόνα αἰτεῖν παρὰ τούτου, ᾧ λυμαινόμεθα τὴν πρᾶξιν. Εἰ δὲ καὶ τῷ ἡγεμόνι πιστεύσομεν, ᾧ ἂν Κῦρος διδῷ, τί κωλύει καὶ τὰ ἄκρα ἡμῖν κελεύειν Κῦρον προκαταλαμβάνειν; 17. Ἐγὼ γὰρ ὀκνοίην μὲν ἂν εἰς τὰ πλοῖα ἐμβαίνειν, ἃ ἡμῖν δοίη, μὴ ἡμᾶς αὐταῖς ταῖς τριήρεσι καταδύσῃ· φοβοίμην δ' ἂν τῷ ἡγεμόνι, ᾧ δοίη, ἕπεσθαι, μὴ ἡμᾶς ἀγάγῃ, ὅθεν οὐχ οἷόν τε ἔσται ἐξελθεῖν· βουλοίμην δ' ἂν, ἄκοντος ἀπιὼν Κύρου, λαθεῖν αὐτὸν ἀπελθών· ὃ οὐ δυνατόν ἐστιν. 18. Ἀλλ' ἐγώ φημι, ταῦτα μὲν φλυαρίας εἶναι· δοκεῖ δέ μοι, ἄνδρας ἐλθόντας πρὸς Κῦρον, οἵτινες ἐπιτήδειοι, σὺν Κλεάρχῳ, ἐρωτᾶν ἐκεῖνον, τί βούλεται ἡμῖν χρῆσθαι· καὶ ἐὰν μὲν ἡ πρᾶξις ᾖ παραπλησία, οἵαπερ καὶ πρόσθεν ἐχρῆτο τοῖς ξένοις, ἕπεσθαι καὶ ἡμᾶς, καὶ μὴ κακίους εἶναι τῶν πρόσθεν τούτῳ συναναβάντων· 19. ἐὰν δὲ μείζων ἡ πρᾶξις τῆς πρόσθεν φαίνηται, καὶ ἐπιπονωτέρα, καὶ ἐπικινδυνοτέρα, ἀξιοῦν, ἢ πείσαντα ἡμᾶς ἄγειν, ἢ πεισθέντα πρὸς φιλίαν ἀφιέναι· οὕτω γὰρ καὶ ἑπόμενοι ἂν φίλοι αὐτῷ καὶ πρόθυμοι ἐποίμεθα, καὶ ἀπιόντες ἀσφαλῶς ἂν ἀπίοιμεν· ὅ τι δ' ἂν πρὸς ταῦτα λέγῃ, ἀναγγεῖλαι δεῦρο· ἡμᾶς δ' ἀκούσαντας πρὸς ταῦτα βουλεύεσθαι.

20. Ἔδοξε ταῦτα, καὶ ἄνδρας ἑλόμενοι σὺν Κλεάρχῳ πέμπουσιν, οἳ ἠρώτων Κῦρον τὰ δόξαντα τῇ στρατιᾷ. Ὁ δ' ἀπεκρίνατο, ὅτι ἀκούει Ἀβροκόμαν, ἐχθρὸν ἄνδρα, ἐπὶ τῷ Εὐφράτῃ ποταμῷ εἶναι, ἀπέχοντα δώδεκα σταθμούς· πρὸς τοῦτον οὖν ἔφη βούλεσθαι ἐλθεῖν· κἂν μὲν

ἢ ἐκεῖ, τὴν δίκην ἔφη χρῄζειν ἐπιθεῖναι αὐτῷ· ἢν δὲ φεύγῃ, ἡμεῖς ἐκεῖ πρὸς ταῦτα βουλευσόμεθα. 21. Ἀκούσαντες δὲ ταῦτα οἱ αἱρετοὶ, ἀναγγέλλουσι τοῖς στρατιώταις· τοῖς δὲ ὑποψία μὲν ἦν, ὅτι ἄγει πρὸς βασιλέα, ὅμως δὲ ἐδόκει ἕπεσθαι. Προσαιτοῦσι δὲ μισθόν· ὁ δὲ Κῦρος ὑπισχνεῖται ἡμιόλιον πᾶσι δώσειν, οὗ πρότερον ἔφερον, ἀντὶ δαρεικοῦ τρία ἡμιδαρεικὰ τοῦ μηνὸς τῷ στρατιώτῃ· ὅτι δὲ ἐπὶ βασιλέα ἄγοι, οὐδὲ ἐνταῦθα ἤκουσεν οὐδεὶς ἔν γε τῷ φανερῷ.

CAP. IV.

1. Ἐντεῦθεν ἐξελαύνει σταθμοὺς δύο, παρασάγγας δέκα, ἐπὶ τὸν Ψάρον ποταμὸν, οὗ ἦν τὸ εὖρος τρία πλέθρα. Ἐντεῦθεν ἐξελαύνει σταθμὸν ἕνα, παρασάγγας πέντε, ἐπὶ τὸν Πύραμον ποταμὸν, οὗ τὸ εὖρος στάδιον. Ἐντεῦθεν ἐξελαύνει σταθμοὺς δύο, παρασάγγας πεντεκαίδεκα, εἰς Ἰσσοὺς, τῆς Κιλικίας ἐσχάτην πόλιν ἐπὶ τῇ θαλάττῃ οἰκουμένην, μεγάλην καὶ εὐδαίμονα. 2. Ἐνταῦθα ἔμειναν ἡμέρας τρεῖς· καὶ Κύρῳ παρῆσαν αἱ ἐκ Πελοποννήσου νῆες, τριάκοντα καὶ πέντε, καὶ ἐπ' αὐταῖς ναύαρχος Πυθαγόρας Λακεδαιμόνιος. Ἡγεῖτο δ' αὐτῶν Ταμὼς Αἰγύπτιος ἐξ Ἐφέσου, ἔχων ναῦς ἑτέρας Κύρου πέντε καὶ εἴκοσιν, αἷς ἐπολιόρκει Μίλητον, ὅτε Τισσαφέρνει φίλη ἦν, καὶ συνεπολέμει Κύρῳ πρὸς αὐτόν. 3. Παρῆν δὲ καὶ Χειρίσοφος ὁ Λακεδαιμόνιος ἐπὶ τῶν νεῶν, μετάπεμπτος ὑπὸ Κύρου, ἑπτακοσίους ἔχων ὁπλίτας, ὧν ἐστρατήγει παρὰ Κύρῳ. Αἱ δὲ νῆες ὥρμουν παρὰ τὴν Κύρου σκηνήν. Ἐνταῦθα καὶ οἱ παρ' Ἀβροκόμα μισθοφόροι Ἕλληνες

ἀποστάντες ἦλθον παρὰ Κῦρον, τετρακόσιοι ὁπλῖται, καὶ συνεστρατεύοντο ἐπὶ βασιλέα.

4. Ἐντεῦθεν ἐξελαύνει σταθμὸν ἕνα, παρασάγγας πέντε, ἐπὶ πύλας τῆς Κιλικίας καὶ τῆς Συρίας. Ἦσαν δὲ ταῦτα δύο τείχη· καὶ τὸ μὲν ἔσωθεν πρὸ τῆς Κιλικίας Συέννεσις εἶχε καὶ Κιλίκων φυλακή· τὸ δὲ ἔξω τὸ πρὸ τῆς Συρίας βασιλέως ἐλέγετο φυλακὴ φυλάττειν. Διὰ μέσου δὲ ῥεῖ τούτων ποταμός, Κάρσος ὄνομα, εὖρος πλέθρου. Ἅπαν δὲ τὸ μέσον τῶν τειχῶν ἦσαν στάδιοι τρεῖς· καὶ παρελθεῖν οὐκ ἦν βίᾳ· ἦν γὰρ ἡ πάροδος στενή, καὶ τὰ τείχη εἰς τὴν θάλατταν καθήκοντα, ὕπερθεν δ' ἦσαν πέτραι ἠλίβατοι· ἐπὶ δὲ τοῖς τείχεσιν ἀμφοτέροις ἐφειστήκεσαν πύλαι. 5. Ταύτης ἕνεκα τῆς παρόδου Κῦρος τὰς ναῦς μετεπέμψατο, ὅπως ὁπλίτας ἀποβιβάσειεν εἴσω καὶ ἔξω τῶν πυλῶν, καὶ βιασάμενοι τοὺς πολεμίους παρέλθοιεν, εἰ φυλάττοιεν ἐπὶ ταῖς Συρίαις πύλαις· ὅπερ ᾤετο ποιήσειν ὁ Κῦρος τὸν Ἀβροκόμαν, ἔχοντα πολὺ στράτευμα. Ἀβροκόμας δὲ οὐ τοῦτ' ἐποίησεν, ἀλλ' ἐπεὶ ἤκουσε Κῦρον ἐν Κιλικίᾳ ὄντα, ἀναστρέψας ἐκ Φοινίκης παρὰ βασιλέα ἀπήλαυνεν, ἔχων, ὡς ἐλέγετο, τριάκοντα μυριάδας στρατιᾶς.

6. Ἐντεῦθεν ἐξελαύνει διὰ Συρίας σταθμὸν ἕνα, παρασάγγας πέντε, εἰς Μυρίανδρον, πόλιν οἰκουμένην ὑπὸ Φοινίκων ἐπὶ τῇ θαλάττῃ· ἐμπόριον δ' ἦν τὸ χωρίον, καὶ ὥρμουν αὐτόθι ὁλκάδες πολλαί. 7. Ἐνταῦθ' ἔμειναν ἡμέρας ἑπτά· καὶ Ξενίας ὁ Ἀρκὰς στρατηγὸς καὶ Πασίων ὁ Μεγαρεύς, ἐμβάντες εἰς πλοῖον, καὶ τὰ πλείστου ἄξια ἐνθέμενοι, ἀπέπλευσαν, ὡς μὲν τοῖς πλείστοις ἐδόκουν, φιλοτιμηθέντες, ὅτι τοὺς στρατιώτας αὐτῶν, παρὰ Κλέαρχον

ἀπελθόντας, ὡς ἀπιόντας εἰς τὴν Ἑλλάδα πάλιν καὶ οὐ πρὸς βασιλέα, εἴα Κῦρος τὸν Κλέαρχον ἔχειν. Ἐπεὶ δ' ἦσαν ἀφανεῖς, διῆλθε λόγος, ὅτι διώκει αὐτοὺς Κῦρος τριήρεσι· καὶ οἱ μὲν εὔχοντο, ὡς δολίους ὄντας αὐτοὺς ληφθῆναι· οἱ δ' ᾤκτειρον, εἰ ἁλώσοιντο.

8. Κῦρος δὲ, συγκαλέσας τοὺς στρατηγοὺς, εἶπεν· Ἀπολελοίπασιν ἡμᾶς Ξενίας καὶ Πασίων· ἀλλ' εὖ γε μέντοι ἐπιστάσθωσαν, ὅτι οὔτε ἀποδεδράκασιν, οἶδα γὰρ ὅπη οἴχονται· οὔτε ἀποπεφεύγασιν, ἔχω γὰρ τριήρεις, ὥστε ἑλεῖν τὸ ἐκείνων πλοῖον. Ἀλλὰ, μὰ τοὺς θεοὺς, οὐκ ἔγωγε αὐτοὺς διώξω· οὐδ' ἐρεῖ οὐδεὶς, ὡς ἐγὼ, ἕως μὲν ἂν παρῇ τις, χρῶμαι· ἐπειδὰν δὲ ἀπιέναι βούληται, συλλαβὼν καὶ αὐτοὺς κακῶς ποιῶ, καὶ τὰ χρήματα ἀποσυλῶ. Ἀλλὰ ἰόντων, εἰδότες ὅτι κακίους εἰσὶ περὶ ἡμᾶς, ἢ ἡμεῖς περὶ ἐκείνους. Καίτοι ἔχω γε αὐτῶν καὶ τέκνα καὶ γυναῖκας, ἐν Τράλλεσι φρουρούμενα· ἀλλ' οὐδὲ τούτων στερήσονται, ἀλλ' ἀπολήψονται τῆς πρόσθεν ἕνεκα περὶ ἐμὲ ἀρετῆς. 9. Καὶ ὁ μὲν ταῦτα εἶπεν· οἱ δὲ Ἕλληνες, εἴ τις καὶ ἀθυμότερος ἦν πρὸς τὴν ἀνάβασιν, ἀκούοντες τὴν Κύρου ἀρετὴν, ἥδιον καὶ προθυμότερον συνεπορεύοντο.

Μετὰ ταῦτα Κῦρος ἐξελαύνει σταθμοὺς τέτταρας, παρασάγγας εἴκοσιν, ἐπὶ τὸν Χάλον ποταμὸν, ὄντα τὸ εὖρος πλέθρου, πλήρη δ' ἰχθύων μεγάλων καὶ πραέων, οὓς οἱ Σύροι θεοὺς ἐνόμιζον, καὶ ἀδικεῖν οὐκ εἴων, οὐδὲ τὰς περιστεράς. Αἱ δὲ κῶμαι, ἐν αἷς ἐσκήνουν, Παρυσάτιδος ἦσαν, εἰς ζώνην δεδομέναι. 10. Ἐντεῦθεν ἐξελαύνει σταθμοὺς πέντε, παρασάγγας τριάκοντα, ἐπὶ τὰς πηγὰς τοῦ Δάρδητος ποταμοῦ, οὗ τὸ εὖρος πλέθρου. Ἐνταῦθα ἦσαν τὰ

Βελέσυος βασίλεια, τοῦ Συρίας ἄρξαντος, καὶ παράδεισος πάνυ μέγας καὶ καλὸς, ἔχων πάντα ὅσα ὧραι φύουσι. Κῦρος δ' αὐτὸν ἐξέκοψε, καὶ τὰ βασίλεια κατέκαυσεν.

11. Ἐντεῦθεν ἐξελαύνει σταθμοὺς τρεῖς, παρασάγγας πεντεκαίδεκα, ἐπὶ τὸν Εὐφράτην ποταμὸν, ὄντα τὸ εὖρος τεττάρων σταδίων· καὶ πόλις αὐτόθι ᾠκεῖτο μεγάλη καὶ εὐδαίμων, Θάψακος ὀνόματι. Ἐνταῦθα ἔμειναν ἡμέρας πέντε· καὶ Κῦρος μεταπεμψάμενος τοὺς στρατηγοὺς τῶν Ἑλλήνων ἔλεγεν, ὅτι ἡ ὁδὸς ἔσοιτο πρὸς βασιλέα μέγαν εἰς Βαβυλῶνα· καὶ κελεύει αὐτοὺς λέγειν ταῦτα τοῖς στρατιώταις, καὶ ἀναπείθειν ἕπεσθαι. 12. Οἱ δὲ ποιήσαντες ἐκκλησίαν, ἀπήγγελλον ταῦτα· οἱ δὲ στρατιῶται ἐχαλέπαινον τοῖς στρατηγοῖς, καὶ ἔφασαν, αὐτοὺς πάλαι ταῦτ' εἰδότας κρύπτειν· καὶ οὐκ ἔφασαν ἰέναι, ἐὰν μή τις αὐτοῖς χρήματα διδῷ, ὥσπερ καὶ τοῖς προτέροις μετὰ Κύρου ἀναβᾶσι παρὰ τὸν πατέρα τοῦ Κύρου· καὶ ταῦτα, οὐκ ἐπὶ μάχην ἰόντων, ἀλλὰ καλοῦντος τοῦ πατρὸς Κῦρον. 13. Ταῦτα οἱ στρατηγοὶ Κύρῳ ἀπήγγελλον· ὁ δ' ὑπέσχετο, ἀνδρὶ ἑκάστῳ δώσειν πέντε ἀργυρίου μνᾶς, ἐπὰν εἰς Βαβυλῶνα ἥκωσι, καὶ τὸν μισθὸν ἐντελῆ, μέχρι ἂν καταστήσῃ τοὺς Ἕλληνας εἰς Ἰωνίαν πάλιν. Τὸ μὲν δὴ πολὺ τοῦ Ἑλληνικοῦ οὕτως ἐπείσθη. Μένων δὲ, πρὶν δῆλον εἶναι, τί ποιήσουσιν οἱ ἄλλοι στρατιῶται, πότερον ἕψονται Κύρῳ ἢ οὔ, συνέλεξε τὸ αὑτοῦ στράτευμα χωρὶς τῶν ἄλλων, καὶ ἔλεξε τάδε·

14. Ἄνδρες, ἐάν μοι πεισθῆτε, οὔτε κινδυνεύσαντες οὔτε πονήσαντες, τῶν ἄλλων πλέον προτιμήσεσθε στρατιωτῶν ὑπὸ Κύρου. Τί οὖν κελεύω ποιῆσαι; Νῦν δεῖται Κῦρος

ἕπεσθαι τοὺς Ἕλληνας ἐπὶ βασιλέα· ἐγὼ οὖν φημι, ὑμᾶς χρῆναι διαβῆναι τὸν Εὐφράτην ποταμόν, πρὶν δῆλον εἶναι, ὅ τι οἱ ἄλλοι Ἕλληνες ἀποκρινοῦνται Κύρῳ. 15. Ἢν μὲν γὰρ ψηφίσωνται ἕπεσθαι, ὑμεῖς δόξετε αἴτιοι εἶναι, ἄρξαντες τοῦ διαβαίνειν· καὶ ὡς προθυμοτάτοις οὖσιν ὑμῖν χάριν εἴσεται Κῦρος καὶ ἀποδώσει (ἐπίσταται δ᾽, εἴ τις καὶ ἄλλος)· ἢν δ᾽ ἀποψηφίσωνται οἱ ἄλλοι, ἄπιμεν μὲν ἅπαντες εἰς τοὔμπαλιν· ὑμῖν δέ, ὡς μόνοις πειθομένοις, πιστοτάτοις χρήσεται καὶ εἰς φρούρια καὶ εἰς λοχαγίας· καὶ ἄλλου οὗτινος ἂν δέησθε, οἶδα, ὅτι ὡς φίλοι τεύξεσθε Κύρου.

16. Ἀκούσαντες ταῦτα ἐπείθοντο καὶ διέβησαν, πρὶν τοὺς ἄλλους ἀποκρίνασθαι. Κῦρος δ᾽ ἐπεὶ ᾔσθετο διαβεβηκότας, ἥσθη τε, καὶ τῷ στρατεύματι πέμψας Γλοῦν εἶπεν· Ἐγὼ μὲν, ὦ ἄνδρες, ἤδη ὑμᾶς ἐπαινῶ· ὅπως δὲ καὶ ὑμεῖς ἐμὲ ἐπαινέσετε, ἐμοὶ μελήσει· ἢ μηκέτι με Κῦρον νομίζετε. 17. Οἱ μὲν δὴ στρατιῶται, ἐν ἐλπίσι μεγάλαις ὄντες, εὔχοντο αὐτὸν εὐτυχῆσαι· Μένωνι δὲ καὶ δῶρα ἐλέγετο πέμψαι μεγαλοπρεπῶς. Ταῦτα δὲ ποιήσας διέβαινε· συνείπετο δὲ καὶ τὸ ἄλλο στράτευμα αὐτῷ ἅπαν· καὶ τῶν διαβαινόντων τὸν ποταμὸν οὐδεὶς ἐβρέχθη ἀνωτέρω τῶν μαστῶν ὑπὸ τοῦ ποταμοῦ. 18. Οἱ δὲ Θαψακηνοὶ ἔλεγον, ὅτι οὐ πώποθ᾽ οὗτος ὁ ποταμὸς διαβατὸς γένοιτο πεζῇ, εἰ μὴ τότε, ἀλλὰ πλοίοις· ἃ τότε Ἀβροκόμας προϊὼν κατέκαυσεν, ἵνα μὴ Κῦρος διαβῇ. Ἐδόκει δὴ θεῖον εἶναι, καὶ σαφῶς ὑποχωρῆσαι τὸν ποταμὸν Κύρῳ, ὡς βασιλεύσοντι. 19. Ἐντεῦθεν ἐξελαύνει διὰ τῆς Συρίας σταθμοὺς ἐννέα, παρασάγγας πεντήκοντα, καὶ ἀφικνοῦνται πρὸς τὸν

Ἀράξην ποταμόν. Ἐνταῦθα ἦσαν κῶμαι πολλαὶ, μεσταὶ σίτου καὶ οἴνου. Ἐνταῦθα ἔμειναν ἡμέρας τρεῖς καὶ ἐπεσιτίσαντο.

CAP. V.

1. Ἐντεῦθεν ἐξελαύνει διὰ τῆς Ἀραβίας, τὸν Εὐφράτην ποταμὸν ἐν δεξιᾷ ἔχων, σταθμοὺς ἐρήμους πέντε, παρασάγγας τριάκοντα καὶ πέντε. Ἐν τούτῳ δὲ τῷ τόπῳ ἦν μὲν ἡ γῆ πεδίον ἅπαν ὁμαλὸν ὥσπερ θάλαττα, ἀψινθίου δὲ πλῆρες· εἰ δέ τι καὶ ἄλλο ἐνῆν ὕλης ἢ καλάμου, ἅπαντα ἦσαν εὐώδη, ὥσπερ ἀρώματα· δένδρον δ᾽ οὐδὲν ἐνῆν. 2. Θηρία δὲ παντοῖα, πλεῖστοι μὲν ὄνοι ἄγριοι, οὐκ ὀλίγοι δὲ στρουθοὶ οἱ μεγάλοι· ἐνῆσαν δὲ καὶ ὠτίδες καὶ δορκάδες· ταῦτα δὲ τὰ θηρία οἱ ἱππεῖς ἐνίοτε ἐδίωκον. Καὶ οἱ μὲν ὄνοι, ἐπεί τις διώκοι, προδραμόντες ἔστασαν (πολὺ γὰρ τῶν ἵππων ἔτρεχον θᾶττον), καὶ πάλιν ἐπεὶ πλησιάζοιεν οἱ ἵπποι, ταὐτὸν ἐποίουν· καὶ οὐκ ἦν λαβεῖν, εἰ μὴ διαστάντες οἱ ἱππεῖς θηρῷεν διαδεχόμενοι τοῖς ἵπποις. Τὰ δὲ κρέα τῶν ἁλισκομένων ἦν παραπλήσια τοῖς ἐλαφείοις, ἁπαλώτερα δέ. 3. Στρουθὸν δὲ οὐδεὶς ἔλαβεν, οἱ δὲ διώξαντες τῶν ἱππέων ταχὺ ἐπαύοντο· πολὺ γὰρ ἀπεσπᾶτο φεύγουσα, τοῖς μὲν ποσὶ δρόμῳ, ταῖς δὲ πτέρυξιν (αἴρουσα) ὥσπερ ἱστίῳ χρωμένη. Τὰς δὲ ὠτίδας, ἄν τις ταχὺ ἀνιστῇ, ἔστι λαμβάνειν· πέτονται γὰρ βραχὺ, ὥσπερ πέρδικες, καὶ ταχὺ ἀπαγορεύουσι. Τὰ δὲ κρέα αὐτῶν ἥδιστα ἦν.

4. Πορευόμενοι δὲ διὰ ταύτης τῆς χώρας ἀφικνοῦνται ἐπὶ τὸν Μάσκαν ποταμὸν, τὸ εὖρος πλεθριαῖον. Ἐνταῦθα

ἦν πόλις ἐρήμη, μεγάλη, ὄνομα δ' αὐτῇ Κορσωτή· περιερρεῖτο δ' αὕτη ὑπὸ τοῦ Μάσκα κύκλῳ. Ἐνταῦθ' ἔμειναν ἡμέρας τρεῖς καὶ ἐπεσιτίσαντο. 5. Ἐντεῦθεν ἐξελαύνει σταθμοὺς ἐρήμους τρεῖς καὶ δέκα, παρασάγγας ἐνενήκοντα, τὸν Εὐφράτην ποταμὸν ἐν δεξιᾷ ἔχων, καὶ ἀφικνεῖται ἐπὶ Πύλας. Ἐν τούτοις τοῖς σταθμοῖς πολλὰ τῶν ὑποζυγίων ἀπώλετο ὑπὸ λιμοῦ· οὐ γὰρ ἦν χόρτος, οὐδὲ ἄλλο οὐδὲν δένδρον, ἀλλὰ ψιλὴ ἦν ἅπασα ἡ χώρα· οἱ δὲ ἐνοικοῦντες, ὄνους ἀλέτας παρὰ τὸν ποταμὸν ὀρύττοντες καὶ ποιοῦντες, εἰς Βαβυλῶνα ἦγον καὶ ἐπώλουν, καὶ ἀνταγοράζοντες σῖτον ἔζων. 6. Τὸ δὲ στράτευμα ὁ σῖτος ἐπέλιπε, καὶ πρίασθαι οὐκ ἦν, εἰ μὴ ἐν τῇ Λυδίᾳ ἀγορᾷ, ἐν τῷ Κύρου βαρβαρικῷ, τὴν καπίθην ἀλεύρων ἢ ἀλφίτων τεττάρων σίγλων. Ὁ δὲ σίγλος δύναται ἑπτὰ ὀβολοὺς καὶ ἡμιοβόλιον Ἀττικούς· ἡ δὲ καπίθη δύο χοίνικας Ἀττικὰς ἐχώρει. Κρέα οὖν ἐσθίοντες οἱ στρατιῶται διεγίγνοντο.

7. Ἦν δὲ τούτων τῶν σταθμῶν, οὓς πάνυ μακροὺς ἤλαυνεν, ὁπότε ἢ πρὸς ὕδωρ βούλοιτο διατελέσαι ἢ πρὸς χιλόν. Καὶ δή ποτε στενοχωρίας καὶ πηλοῦ φανέντος ταῖς ἁμάξαις δυσπορεύτου, ἐπέστη ὁ Κῦρος σὺν τοῖς περὶ αὐτὸν ἀρίστοις καὶ εὐδαιμονεστάτοις, καὶ ἔταξε Γλοῦν καὶ Πίγρητα, λαβόντας τοῦ βαρβαρικοῦ στρατοῦ, συνεκβιβάζειν τὰς ἁμάξας. 8. Ἐπεὶ δ' ἐδόκουν αὐτῷ σχολαίως ποιεῖν, ὥσπερ ὀργῇ ἐκέλευσε τοὺς περὶ αὐτὸν Πέρσας τοὺς κρατίστους, συνεπισπεῦσαι τὰς ἁμάξας. Ἔνθα δὴ μέρος τι τῆς εὐταξίας ἦν θεάσασθαι. Ῥίψαντες γὰρ τοὺς πορφυροῦς κάνδυς, ὅπου ἔτυχεν ἕκαστος ἑστηκώς, ἵεντο, ὥσπερ ἂν δράμοι τις περὶ νίκης, καὶ μάλα κατὰ πρανοῦς γηλόφου,

ἔχοντες τούτους τε τοὺς πολυτελεῖς χιτῶνας, καὶ τὰς ποικίλας ἀναξυρίδας· ἔνιοι δὲ καὶ στρεπτοὺς περὶ τοῖς τραχήλοις, καὶ ψέλλια περὶ ταῖς χερσίν· εὐθὺς δὲ σὺν τούτοις εἰσπηδήσαντες εἰς τὸν πηλὸν, θᾶττον ἢ ὥς τις ἂν ᾤετο, μετεώρους ἐξεκόμισαν τὰς ἁμάξας. 9. Τὸ δὲ σύμπαν, δῆλος ἦν Κῦρος σπεύδων πᾶσαν τὴν ὁδὸν, καὶ οὐ διατρίβων, ὅπου μὴ ἐπισιτισμοῦ ἕνεκα ἢ τινος ἄλλου ἀναγκαίου ἐκαθέζετο· νομίζων, ὅσῳ μὲν [ἂν] θᾶττον ἔλθοι, τοσούτῳ ἀπαρασκευαστοτέρῳ βασιλεῖ μαχεῖσθαι, ὅσῳ δὲ σχολαιότερον, τοσούτῳ πλέον συναγείρεσθαι βασιλεῖ στράτευμα. Καὶ συνιδεῖν δ' ἦν τῷ προσέχοντι τὸν νοῦν ἡ βασιλέως ἀρχὴ, πλήθει μὲν χώρας καὶ ἀνθρώπων ἰσχυρὰ οὖσα, τοῖς δὲ μήκεσι τῶν ὁδῶν καὶ τῷ διεσπάσθαι τὰς δυνάμεις ἀσθενής, εἴ τις διὰ ταχέων τὸν πόλεμον ποιοῖτο.

10. Πέραν δὲ τοῦ Εὐφράτου ποταμοῦ κατὰ τοὺς ἐρήμους σταθμοὺς ἦν πόλις εὐδαίμων καὶ μεγάλη, ὄνομα δὲ Χαρμάνδη. Ἐκ ταύτης οἱ στρατιῶται ἠγόραζον τὰ ἐπιτήδεια, σχεδίαις διαβαίνοντες ὧδε. Διφθέρας, ἃς εἶχον στεγάσματα, ἐπίμπλασαν χόρτου κούφου, εἶτα συνῆγον καὶ συνέσπων, ὡς μὴ ἅπτεσθαι τῆς κάρφης τὸ ὕδωρ. Ἐπὶ τούτων διέβαινον, καὶ ἐλάμβανον τὰ ἐπιτήδεια, οἶνόν τε ἐκ τῆς βαλάνου πεποιημένον τῆς ἀπὸ τοῦ φοίνικος, καὶ σῖτον μελίνης· τοῦτο γὰρ ἦν ἐν τῇ χώρᾳ πλεῖστον.

11. Ἀμφιλεξάντων δέ τι ἐνταῦθα τῶν τε τοῦ Μένωνος στρατιωτῶν καὶ τῶν τοῦ Κλεάρχου, ὁ Κλέαρχος κρίνας ἀδικεῖν τὸν τοῦ Μένωνος, πληγὰς ἐνέβαλεν· ὁ δὲ ἐλθὼν πρὸς τὸ ἑαυτοῦ στράτευμα, ἔλεγεν· ἀκούσαντες δ' οἱ στρατιῶται ἐχαλέπαινον, καὶ ὠργίζοντο ἰσχυρῶς τῷ Κλε-

ἄρχῳ. 12. Τῇ δὲ αὐτῇ ἡμέρᾳ Κλέαρχος, ἐλθὼν ἐπὶ τὴν διάβασιν τοῦ ποταμοῦ, καὶ ἐκεῖ κατασκεψάμενος τὴν ἀγορὰν, ἀφιππεύει ἐπὶ τὴν ἑαυτοῦ σκηνὴν διὰ τοῦ Μένωνος στρατεύματος σὺν ὀλίγοις τοῖς περὶ αὐτόν· Κῦρος δὲ οὔπω ἧκεν, ἀλλ᾽ ἔτι προσήλαυνε· τῶν δὲ Μένωνος στρατιωτῶν ξύλα σχίζων τις, ὡς εἶδε τὸν Κλέαρχον διελαύνοντα, ἵησι τῇ ἀξίνῃ. Καὶ οὗτος μὲν αὐτοῦ ἥμαρτεν· ἄλλος δὲ λίθῳ, καὶ ἄλλος, εἶτα πολλοί, κραυγῆς γενομένης.

13. Ὁ δὲ καταφεύγει εἰς τὸ ἑαυτοῦ στράτευμα, καὶ εὐθὺς παραγγέλλει εἰς τὰ ὅπλα· καὶ τοὺς μὲν ὁπλίτας αὐτοῦ ἐκέλευσε μεῖναι, τὰς ἀσπίδας πρὸς τὰ γόνατα θέντας· αὐτὸς δὲ, λαβὼν τοὺς Θρᾷκας, καὶ τοὺς ἱππέας, οἳ ἦσαν αὐτῷ ἐν τῷ στρατεύματι πλείους ἢ τετταράκοντα (τούτων δὲ οἱ πλεῖστοι Θρᾷκες), ἤλαυνεν ἐπὶ τοὺς Μένωνος, ὥστ᾽ ἐκείνους ἐκπεπλῆχθαι καὶ αὐτὸν Μένωνα, καὶ τρέχειν ἐπὶ τὰ ὅπλα. Οἱ δὲ καὶ ἕστασαν ἀποροῦντες τῷ πράγματι. 14. Ὁ δὲ Πρόξενος (ἔτυχε γὰρ ὕστερος προσιών, καὶ τάξις αὐτῷ ἑπομένη τῶν ὁπλιτῶν), εὐθὺς οὖν εἰς τὸ μέσον ἀμφοτέρων ἄγων, ἔθετο τὰ ὅπλα, καὶ ἐδεῖτο τοῦ Κλεάρχου, μὴ ποιεῖν ταῦτα. Ὁ δ᾽ ἐχαλέπαινεν, ὅτι, αὐτοῦ ὀλίγου δεήσαντος καταλευσθῆναι, πρᾴως λέγοι τὸ αὑτοῦ πάθος· ἐκέλευέ τε αὐτὸν ἐκ τοῦ μέσου ἐξίστασθαι. 15. Ἐν τούτῳ δὲ ἐπῄει καὶ Κῦρος, καὶ ἐπύθετο τὸ πρᾶγμα· εὐθὺς δ᾽ ἔλαβε τὰ παλτὰ εἰς τὰς χεῖρας, καὶ σὺν τοῖς παροῦσι τῶν πιστῶν ἧκεν ἐλαύνων εἰς τὸ μέσον, καὶ λέγει τάδε·

16. Κλέαρχε καὶ Πρόξενε, καὶ οἱ ἄλλοι οἱ παρόντες

Ἕλληνες, οὐκ ἴστε, ὅ τι ποιεῖτε. Εἰ γάρ τινα ἀλλήλοις μάχην συνάψετε, νομίζετε, ἐν τῇδε τῇ ἡμέρᾳ ἐμέ τε κατακεκόψεσθαι, καὶ ὑμᾶς οὐ πολὺ ἐμοῦ ὕστερον· κακῶς γὰρ τῶν ἡμετέρων ἐχόντων, πάντες οὗτοι, οὓς ὁρᾶτε, βάρβαροι πολεμιώτεροι ἡμῖν ἔσονται τῶν παρὰ βασιλεῖ ὄντων. 17. Ἀκούσας ταῦτα ὁ Κλέαρχος, ἐν ἑαυτῷ ἐγένετο· καὶ παυσάμενοι ἀμφότεροι, κατὰ χώραν ἔθεντο τὰ ὅπλα.

CAP. VI.

1. Ἐντεῦθεν προϊόντων, ἐφαίνετο ἴχνια ἵππων καὶ κόπρος· εἰκάζετο δὲ εἶναι ὁ στίβος ὡς δισχιλίων ἵππων. Οὗτοι προϊόντες ἔκαιον καὶ χιλὸν καὶ εἴ τι ἄλλο χρήσιμον ἦν. Ὀρόντης δὲ, Πέρσης ἀνὴρ, γένει τε προσήκων βασιλεῖ, καὶ τὰ πολέμια λεγόμενος ἐν τοῖς ἀρίστοις Περσῶν, ἐπιβουλεύει Κύρῳ, καὶ πρόσθεν πολεμήσας, καταλλαγεὶς δέ. 2. Οὗτος Κύρῳ εἶπεν, εἰ αὐτῷ δοίη ἱππέας χιλίους, ὅτι τοὺς προκατακαίοντας ἱππέας ἢ κατακάνοι ἂν ἐνεδρεύσας, ἢ ζῶντας πολλοὺς αὐτῶν ἕλοι, καὶ κωλύσειε τοῦ καίειν ἐπιόντας, καὶ ποιήσειεν, ὥστε μήποτε δύνασθαι αὐτοὺς, ἰδόντας τὸ Κύρου στράτευμα, βασιλεῖ διαγγεῖλαι. Τῷ δὲ Κύρῳ ἀκούσαντι ταῦτα ἐδόκει ὠφέλιμα εἶναι· καὶ ἐκέλευσεν αὐτὸν λαμβάνειν μέρος παρ' ἑκάστου τῶν ἡγεμόνων.

3. Ὁ δ' Ὀρόντης, νομίσας ἑτοίμους εἶναι αὐτῷ τοὺς ἱππέας, γράφει ἐπιστολὴν παρὰ βασιλέα, ὅτι ἥξοι ἔχων ἱππέας ὡς ἂν δύνηται πλείστους· ἀλλὰ φράσαι τοῖς ἑαυτοῦ ἱππεῦσιν ἐκέλευεν, ὡς φίλιον αὐτὸν ὑποδέχεσθαι. Ἐνῆν δὲ ἐν τῇ ἐπιστολῇ καὶ τῆς πρόσθεν φιλίας ὑπομνή-

ματα καὶ πίστεως. Ταύτην τὴν ἐπιστολὴν δίδωσι πιστῷ ἀνδρί, ὡς ᾤετο· ὁ δὲ λαβὼν, Κύρῳ δίδωσιν. 4. Ἀναγνοὺς δὲ αὐτὴν ὁ Κῦρος, συλλαμβάνει Ὀρόντην, καὶ συγκαλεῖ εἰς τὴν ἑαυτοῦ σκηνὴν Περσῶν τοὺς ἀρίστους τῶν περὶ αὐτὸν ἑπτά· καὶ τοὺς τῶν Ἑλλήνων στρατηγοὺς ἐκέλευεν ὁπλίτας ἀγαγεῖν, τούτους δὲ θέσθαι τὰ ὅπλα περὶ τὴν αὐτοῦ σκηνήν. Οἱ δὲ ταῦτα ἐποίησαν, ἀγαγόντες ὡς τρισχιλίους ὁπλίτας. 5. Κλέαρχον δὲ καὶ εἴσω παρεκάλεσε σύμβουλον, ὅς γε καὶ αὐτῷ καὶ τοῖς ἄλλοις ἐδόκει προτιμηθῆναι μάλιστα τῶν Ἑλλήνων. Ἐπεὶ δ᾽ ἐξῆλθεν, ἐξήγγειλε τοῖς φίλοις τὴν κρίσιν τοῦ Ὀρόντου, ὡς ἐγένετο· οὐ γὰρ ἀπόρρητον ἦν. Ἔφη δὲ, Κῦρον ἄρχειν τοῦ λόγου ὧδε·

6. Παρεκάλεσα ὑμᾶς, ἄνδρες φίλοι, ὅπως σὺν ὑμῖν βουλευόμενος, ὅ τι δίκαιόν ἐστι καὶ πρὸς θεῶν καὶ πρὸς ἀνθρώπων, τοῦτο πράξω περὶ Ὀρόντου τουτουΐ. Τοῦτον γὰρ πρῶτον μὲν ὁ ἐμὸς πατὴρ ἔδωκεν ὑπήκοον εἶναι ἐμοί. Ἐπεὶ δὲ ταχθεὶς, ὡς ἔφη αὐτὸς, ὑπὸ τοῦ ἐμοῦ ἀδελφοῦ, οὗτος ἐπολέμησεν ἐμοὶ, ἔχων τὴν ἐν Σάρδεσιν ἀκρόπολιν, καὶ ἐγὼ αὐτὸν προσπολεμῶν ἐποίησα, ὥστε δόξαι τούτῳ τοῦ πρὸς ἐμὲ πολέμου παύσασθαι, καὶ δεξιὰν ἔλαβον καὶ ἔδωκα. 7. Μετὰ ταῦτα, ἔφη, ὦ Ὀρόντα, ἔστιν ὅ τι σε ἠδίκησα; Ὁ δὲ ἀπεκρίνατο, ὅτι οὔ. Πάλιν δὲ ὁ Κῦρος ἠρώτα· Οὐκοῦν ὕστερον, ὡς αὐτὸς σὺ ὁμολογεῖς, οὐδὲν ὑπ᾽ ἐμοῦ ἀδικούμενος, ἀποστὰς εἰς Μυσοὺς, κακῶς ἐποίεις τὴν ἐμὴν χώραν, ὅ τι ἐδύνω; Ἔφη ὁ Ὀρόντης. Οὐκοῦν, ἔφη ὁ Κῦρος, ὁπότ᾽ αὖ ἔγνως τὴν σεαυτοῦ δύναμιν, ἐλθὼν ἐπὶ τὸν τῆς Ἀρτέμιδος βωμὸν, μεταμέλειν τέ σοι ἔφησθα, καὶ

πείσας ἐμὲ, πιστὰ πάλιν ἔδωκάς μοι, καὶ ἔλαβες παρ' ἐμοῦ; Καὶ ταῦθ' ὡμολόγει ὁ Ὀρόντης. 8. Τί οὖν, ἔφη ὁ Κῦρος, ἀδικηθεὶς ὑπ' ἐμοῦ, νῦν τὸ τρίτον ἐπιβουλεύων μοι φανερὸς γέγονας; Εἰπόντος δὲ τοῦ Ὀρόντου, ὅτι οὐδὲν ἀδικηθεὶς, ἠρώτησεν ὁ Κῦρος αὐτόν· Ὁμολογεῖς οὖν, περὶ ἐμὲ ἄδικος γεγενῆσθαι; Ἦ γὰρ ἀνάγκη, ἔφη ὁ Ὀρόντης. Ἐκ τούτου πάλιν ἠρώτησεν ὁ Κῦρος· Ἔτι οὖν ἂν γένοιο τῷ ἐμῷ ἀδελφῷ πολέμιος, ἐμοὶ δὲ φίλος καὶ πιστός; Ὁ δὲ ἀπεκρίνατο, ὅτι οὐδ', εἰ γενοίμην, ὦ Κῦρε, σοί γ' ἄν ποτε ἔτι δόξαιμι.

9. Πρὸς ταῦτα Κῦρος εἶπε τοῖς παροῦσιν· Ὁ μὲν ἀνὴρ τοιαῦτα μὲν πεποίηκε, τοιαῦτα δὲ λέγει· ὑμῶν δὲ σὺ πρῶτος, ὦ Κλέαρχε, ἀπόφηναι γνώμην, ὅ τι σοι δοκεῖ. Κλέαρχος δὲ εἶπε τάδε· Συμβουλεύω ἐγώ, τὸν ἄνδρα τοῦτον ἐκποδὼν ποιεῖσθαι ὡς τάχιστα· ὡς μηκέτι δέῃ τοῦτον φυλάττεσθαι, ἀλλὰ σχολὴ ᾖ ἡμῖν, τὸ κατὰ τοῦτον εἶναι, τοὺς ἐθελοντὰς φίλους τούτους εὖ ποιεῖν. 10. Ταύτῃ δὲ τῇ γνώμῃ ἔφη καὶ τοὺς ἄλλους προσθέσθαι. Μετὰ ταῦτα, κελεύοντος Κύρου, ἔλαβον τῆς ζώνης τὸν Ὀρόντην ἐπὶ θανάτῳ, ἅπαντες ἀναστάντες, καὶ οἱ συγγενεῖς· εἶτα δὲ ἐξῆγον αὐτὸν, οἷς προσετάχθη. Ἐπεὶ δὲ εἶδον αὐτὸν, οἵπερ πρόσθεν προσεκύνουν, καὶ τότε προσεκύνησαν, καίπερ εἰδότες, ὅτι ἐπὶ θανάτῳ ἄγοιτο. 11. Ἐπεὶ δὲ εἰς τὴν Ἀρταπάτου σκηνὴν εἰσηνέχθη, τοῦ πιστοτάτου τῶν Κύρου σκηπτούχων, μετὰ ταῦτα οὔτε ζῶντα Ὀρόντην οὔτε τεθνηκότα οὐδεὶς εἶδε πώποτε, οὐδ' ὅπως ἀπέθανεν οὐδεὶς εἰδὼς ἔλεγεν· εἴκαζον δὲ ἄλλοι ἄλλως· τάφος δὲ οὐδεὶς πώποτε αὐτοῦ ἐφάνη.

CAP. VII.

1. Ἐντεῦθεν ἐξελαύνει διὰ τῆς Βαβυλωνίας σταθμοὺς τρεῖς, παρασάγγας δώδεκα. Ἐν δὲ τῷ τρίτῳ σταθμῷ Κῦρος ἐξέτασιν ποιεῖται τῶν Ἑλλήνων καὶ τῶν βαρβάρων ἐν τῷ πεδίῳ περὶ μέσας νύκτας (ἐδόκει γάρ, εἰς τὴν ἐπιοῦσαν ἕω ἥξειν βασιλέα σὺν τῷ στρατεύματι μαχούμενον)· καὶ ἐκέλευε Κλέαρχον μὲν τοῦ δεξιοῦ κέρως ἡγεῖσθαι, Μένωνα δὲ τὸν Θετταλὸν τοῦ εὐωνύμου· αὐτὸς δὲ τοὺς ἑαυτοῦ διέταξε. 2. Μετὰ δὲ τὴν ἐξέτασιν, ἅμα τῇ ἐπιούσῃ ἡμέρᾳ ἥκοντες αὐτόμολοι παρὰ μεγάλου βασιλέως ἀπήγγελλον Κύρῳ περὶ τῆς βασιλέως στρατιᾶς. Κῦρος δέ, συγκαλέσας τοὺς στρατηγοὺς καὶ λοχαγοὺς τῶν Ἑλλήνων, συνεβουλεύετό τε, πῶς ἂν τὴν μάχην ποιοῖτο, καὶ αὐτὸς παρῄνει θαρρύνων τοιάδε·

3. Ὦ ἄνδρες Ἕλληνες, οὐκ ἀνθρώπων ἀπορῶν βαρβάρων συμμάχους ὑμᾶς ἄγω, ἀλλὰ νομίζων, ἀμείνονας καὶ κρείττους πολλῶν βαρβάρων ὑμᾶς εἶναι, διὰ τοῦτο προσέλαβον. Ὅπως οὖν ἔσεσθε ἄνδρες ἄξιοι τῆς ἐλευθερίας, ἧς κέκτησθε, καὶ ὑπὲρ ἧς ὑμᾶς ἐγὼ εὐδαιμονίζω. Εὖ γὰρ ἴστε, ὅτι τὴν ἐλευθερίαν ἑλοίμην ἂν, ἀντὶ ὧν ἔχω πάντων καὶ ἄλλων πολλαπλασίων. 4. Ὅπως δὲ καὶ εἰδῆτε, εἰς οἷον ἔρχεσθε ἀγῶνα, ἐγὼ ὑμᾶς εἰδὼς διδάξω. Τὸ μὲν γὰρ πλῆθος πολύ, καὶ κραυγῇ πολλῇ ἐπίασιν· ἂν δὲ ταῦτα ἀνάσχησθε, τὰ ἄλλα καὶ αἰσχύνεσθαί μοι δοκῶ οἵους ἡμῖν γνώσεσθε τοὺς ἐν τῇ χώρᾳ ὄντας ἀνθρώπους. Ὑμῶν δὲ ἀνδρῶν ὄντων, καὶ εὐτόλμων γενομένων, ἐγὼ ὑμῶν τὸν μὲν οἴκαδε βουλόμενον ἀπιέναι τοῖς οἴκοι ζηλωτὸν ποιήσω

ἀπελθεῖν· πολλοὺς δὲ οἶμαι ποιήσειν τὰ παρ' ἐμοὶ ἑλέσθαι ἀντὶ τῶν οἴκοι.

5. Ἐνταῦθα Γαυλίτης παρών, φυγὰς Σάμιος, πιστὸς δὲ Κύρῳ, εἶπε· Καὶ μὴν, ὦ Κῦρε, λέγουσί τινες, ὅτι πολλὰ ὑπισχνῇ νῦν, διὰ τὸ ἐν τοιούτῳ εἶναι τοῦ κινδύνου προσιόντος· ἂν δὲ εὖ γένηταί τι, οὐ μεμνῆσθαί σέ φασιν· ἔνιοι δὲ, οὐδ', εἰ μεμνῷό τε καὶ βούλοιο, δύνασθαι ἂν ἀποδοῦναι, ὅσα ὑπισχνῇ.

6. Ἀκούσας ταῦτα ἔλεξεν ὁ Κῦρος· Ἀλλ' ἔστι μὲν ἡμῖν, ὦ ἄνδρες, ἡ ἀρχὴ ἡ πατρῴα, πρὸς μὲν μεσημβρίαν, μέχρι οὗ διὰ καῦμα οὐ δύνανται οἰκεῖν ἄνθρωποι· πρὸς δὲ ἄρκτον, μέχρι οὗ διὰ χειμῶνα· τὰ δ' ἐν μέσῳ τούτων πάντα σατραπεύουσιν οἱ τοῦ ἐμοῦ ἀδελφοῦ φίλοι. 7. Ἢν δ' ἡμεῖς νικήσωμεν, ἡμᾶς δεῖ τοὺς ἡμετέρους φίλους τούτων ἐγκρατεῖς ποιῆσαι. Ὥστε οὐ τοῦτο δέδοικα, μὴ οὐκ ἔχω ὅ τι δῶ ἑκάστῳ τῶν φίλων, ἂν εὖ γένηται, ἀλλὰ μὴ οὐκ ἔχω ἱκανοὺς, οἷς δῶ. Ὑμῶν δὲ τῶν Ἑλλήνων καὶ στέφανον ἑκάστῳ χρυσοῦν δώσω.

8. Οἱ δὲ ταῦτα ἀκούσαντες, αὐτοί τε ἦσαν πολὺ προθυμότεροι, καὶ τοῖς ἄλλοις ἐξήγγελλον. Εἰσῄεσαν δὲ παρ' αὐτὸν οἵ τε στρατηγοὶ καὶ τῶν ἄλλων Ἑλλήνων τινὲς, ἀξιοῦντες εἰδέναι, τί σφισιν ἔσται, ἐὰν κρατήσωσιν. Ὁ δὲ ἐμπιπλὰς ἁπάντων τὴν γνώμην ἀπέπεμπε. 9. Παρεκελεύοντο δὲ αὐτῷ πάντες, ὅσοιπερ διελέγοντο, μὴ μάχεσθαι, ἀλλ' ὄπισθεν ἑαυτῶν τάττεσθαι. Ἐν δὲ τῷ καιρῷ τούτῳ Κλέαρχος ὧδέ πως ἤρετο τὸν Κῦρον· Οἴει γάρ σοι μαχεῖσθαι, ὦ Κῦρε, τὸν ἀδελφόν; Νὴ Δί', ἔφη ὁ Κῦρος, εἴπερ γε Δαρείου καὶ Παρυσάτιδός ἐστι παῖς, ἐμὸς δὲ ἀδελφός, οὐκ ἀμαχεὶ ταῦτ' ἐγὼ λήψομαι.

10. Ἐνταῦθα δὴ ἐν τῇ ἐξοπλισίᾳ ἀριθμὸς ἐγένετο, τῶν μὲν Ἑλλήνων ἀσπὶς μυρία καὶ τετρακοσία, πελτασταὶ δὲ δισχίλιοι καὶ πεντακόσιοι· τῶν δὲ μετὰ Κύρου βαρβάρων δέκα μυριάδες, καὶ ἅρματα δρεπανηφόρα ἀμφὶ τὰ εἴκοσι. 11. Τῶν δὲ πολεμίων ἐλέγοντο εἶναι ἑκατὸν καὶ εἴκοσι μυριάδες, καὶ ἅρματα δρεπανηφόρα διακόσια. Ἄλλοι δὲ ἦσαν ἑξακισχίλιοι ἱππεῖς, ὧν Ἀρταγέρσης ἦρχεν· οὗτοι δ' αὖ πρὸ αὐτοῦ βασιλέως τεταγμένοι ἦσαν. 12. Τοῦ δὲ βασιλέως στρατεύματος ἦσαν ἄρχοντες καὶ στρατηγοὶ καὶ ἡγεμόνες τέτταρες, τριάκοντα μυριάδων ἕκαστος, Ἀβροκόμας, Τισσαφέρνης, Γωβρύας, Ἀρβάκης. Τούτων δὲ παρεγένοντο ἐν τῇ μάχῃ ἐνενήκοντα μυριάδες, καὶ ἅρματα δρεπανηφόρα ἑκατὸν καὶ πεντήκοντα· Ἀβροκόμας δὲ ὑστέρησε τῆς μάχης ἡμέρας πέντε, ἐκ Φοινίκης ἐλαύνων. 13. Ταῦτα δὲ ἤγγελλον πρὸς Κῦρον οἱ αὐτομολήσαντες ἐκ τῶν πολεμίων παρὰ μεγάλου βασιλέως πρὸ τῆς μάχης· καὶ μετὰ τὴν μάχην, οἳ ὕστερον ἐλήφθησαν τῶν πολεμίων, ταὐτὰ ἤγγελλον. 14. Ἐντεῦθεν δὲ Κῦρος ἐξελαύνει σταθμὸν ἕνα, παρασάγγας τρεῖς, συντεταγμένῳ τῷ στρατεύματι παντί, καὶ τῷ Ἑλληνικῷ καὶ τῷ βαρβαρικῷ· ᾤετο γάρ, ταύτῃ τῇ ἡμέρᾳ μαχεῖσθαι βασιλέα· κατὰ γὰρ μέσον τὸν σταθμὸν τοῦτον τάφρος ἦν ὀρυκτὴ βαθεῖα, τὸ μὲν εὖρος ὀργυιαὶ πέντε, τὸ δὲ βάθος ὀργυιαὶ τρεῖς. 15. Παρετέτατο δὲ ἡ τάφρος ἄνω διὰ τοῦ πεδίου ἐπὶ δώδεκα παρασάγγας μέχρι τοῦ Μηδίας τείχους. Ἔνθα δή εἰσιν αἱ διώρυχες, ἀπὸ τοῦ Τίγρητος ποταμοῦ ῥέουσαι· εἰσὶ δὲ τέτταρες, τὸ μὲν εὖρος πλεθριαῖαι, βαθεῖαι δὲ ἰσχυρῶς, καὶ πλοῖα πλεῖ ἐν

αὐταῖς σιταγωγά· εἰσβάλλουσι δὲ εἰς τὸν Εὐφράτην, διαλείπουσι δ' ἑκάστῃ παρασάγγην, γέφυραι δ' ἔπεισιν. Ἦν δὲ παρὰ τὸν Εὐφράτην πάροδος στενὴ μεταξὺ τοῦ ποταμοῦ καὶ τῆς τάφρου, ὡς εἴκοσι ποδῶν τὸ εὖρος. 16. Ταύτην δὲ τὴν τάφρον βασιλεὺς μέγας ποιεῖ ἀντὶ ἐρύματος, ἐπειδὴ πυνθάνεται Κῦρον προσελαύνοντα. Ταύτην δὴ τὴν πάροδον Κῦρός τε καὶ ἡ στρατιὰ παρῆλθε, καὶ ἐγένοντο εἴσω τῆς τάφρου. 17. Ταύτῃ μὲν οὖν τῇ ἡμέρᾳ οὐκ ἐμαχέσατο βασιλεύς, ἀλλ' ὑποχωρούντων φανερὰ ἦσαν καὶ ἵππων καὶ ἀνθρώπων ἴχνη πολλά.

18. Ἐνταῦθα Κῦρος, Σιλανὸν καλέσας, τὸν Ἀμβρακιώτην μάντιν, ἔδωκεν αὐτῷ δαρεικοὺς τρισχιλίους, ὅτι τῇ ἑνδεκάτῃ ἀπ' ἐκείνης τῆς ἡμέρας πρότερον θυόμενος, εἶπεν αὐτῷ, ὅτι βασιλεὺς οὐ μαχεῖται δέκα ἡμερῶν· Κῦρος δ' εἶπεν, Οὐκ ἄρα ἔτι μαχεῖται, εἰ ἐν ταύταις οὐ μαχεῖται ταῖς ἡμέραις· ἐὰν δ' ἀληθεύσῃς, ὑπισχνοῦμαί σοι δέκα τάλαντα. Τοῦτο τὸ χρυσίον τότε ἀπέδωκεν, ἐπεὶ παρῆλθον αἱ δέκα ἡμέραι. 19. Ἐπεὶ δ' ἐπὶ τῇ τάφρῳ οὐκ ἐκώλυε βασιλεὺς τὸ Κύρου στράτευμα διαβαίνειν, ἔδοξε καὶ Κύρῳ καὶ τοῖς ἄλλοις ἀπεγνωκέναι τοῦ μάχεσθαι· ὥστε τῇ ὑστεραίᾳ Κῦρος ἐπορεύετο ἠμελημένως μᾶλλον. 20. Τῇ δὲ τρίτῃ ἐπί τε τοῦ ἅρματος καθήμενος τὴν πορείαν ἐποιεῖτο, καὶ ὀλίγους ἐν τάξει ἔχων πρὸ αὑτοῦ· τὸ δὲ πολὺ αὐτῷ ἀνατεταραγμένον ἐπορεύετο, καὶ τῶν ὅπλων τοῖς στρατιώταις πολλὰ ἐπὶ ἁμαξῶν ἤγοντο καὶ ὑποζυγίων.

CAP. VIII.

1. Καὶ ἤδη τε ἦν ἀμφὶ ἀγορὰν πλήθουσαν, καὶ πλησίον ἦν ὁ σταθμὸς ἔνθα ἔμελλε καταλύειν, ἡνίκα Πατηγύας, ἀνὴρ Πέρσης τῶν ἀμφὶ Κῦρον πιστῶν, προφαίνεται ἐλαύνων ἀνὰ κράτος ἱδροῦντι τῷ ἵππῳ· καὶ εὐθὺς πᾶσιν, οἷς ἐνετύγχανεν, ἐβόα καὶ βαρβαρικῶς καὶ Ἑλληνικῶς, ὅτι βασιλεὺς σὺν στρατεύματι πολλῷ προσέρχεται, ὡς εἰς μάχην παρεσκευασμένος. 2. Ἔνθα δὴ πολὺς τάραχος ἐγένετο· αὐτίκα γὰρ ἐδόκουν οἱ Ἕλληνες καὶ πάντες δὲ, ἀτάκτοις σφίσιν ἐπιπεσεῖσθαι. 3. Κῦρός τε καταπηδήσας ἀπὸ τοῦ ἅρματος, τὸν θώρακα ἐνέδυ, καὶ ἀναβὰς ἐπὶ τὸν ἵππον, τὰ παλτὰ εἰς τὰς χεῖρας ἔλαβε, τοῖς τε ἄλλοις πᾶσι παρήγγελλεν ἐξοπλίζεσθαι, καὶ καθίστασθαι εἰς τὴν ἑαυτοῦ τάξιν ἕκαστον.

4. Ἔνθα δὴ σὺν πολλῇ σπουδῇ καθίσταντο, Κλέαρχος μὲν τὰ δεξιὰ τοῦ κέρατος ἔχων, πρὸς τῷ Εὐφράτῃ ποταμῷ, Πρόξενος δὲ ἐχόμενος, οἱ δ᾽ ἄλλοι μετὰ τοῦτον· Μένων δὲ [καὶ τὸ στράτευμα] τὸ εὐώνυμον κέρας ἔσχε τοῦ Ἑλληνικοῦ. 5. Τοῦ δὲ βαρβαρικοῦ ἱππεῖς μὲν Παφλαγόνες εἰς χιλίους παρὰ Κλέαρχον ἔστησαν ἐν τῷ δεξιῷ, καὶ τὸ Ἑλληνικὸν πελταστικόν· ἐν δὲ τῷ εὐωνύμῳ Ἀριαῖός τε ὁ Κύρου ὕπαρχος καὶ τὸ ἄλλο βαρβαρικόν. 6. Κῦρος δὲ καὶ οἱ ἱππεῖς τούτου ὅσον ἑξακόσιοι, ὡπλισμένοι θώραξι μὲν αὐτοὶ καὶ παραμηριδίοις καὶ κράνεσι, πάντες πλὴν Κύρου. Κῦρος δὲ, ψιλὴν ἔχων τὴν κεφαλήν, εἰς τὴν μάχην καθίστατο. [Λέγεται δὲ καὶ τοὺς ἄλλους Πέρσας ψιλαῖς ταῖς κεφαλαῖς ἐν τῷ πολέμῳ διακινδυνεύειν.] 7. Οἱ

δ' ἵπποι πάντες οἱ μετὰ Κύρου εἶχον καὶ προμετωπίδια καὶ προστερνίδια· εἶχον δὲ καὶ μαχαίρας οἱ ἱππεῖς Ἑλληνικάς.

8. Καὶ ἤδη τε ἦν μέσον ἡμέρας, καὶ οὔπω καταφανεῖς ἦσαν οἱ πολέμιοι· ἡνίκα δὲ δείλη ἐγίγνετο, ἐφάνη κονιορτὸς, ὥσπερ νεφέλη λευκή, χρόνῳ δὲ συχνῷ ὕστερον ὥσπερ μελανία τις ἐν τῷ πεδίῳ ἐπὶ πολύ. Ὅτε δὲ ἐγγύτερον ἐγίγνοντο, τάχα δὴ καὶ χαλκός τις ἤστραπτε, καὶ αἱ λόγχαι καὶ αἱ τάξεις καταφανεῖς ἐγίγνοντο. 9. Καὶ ἦσαν ἱππεῖς μὲν λευκοθώρακες ἐπὶ τοῦ εὐωνύμου τῶν πολεμίων (Τισσαφέρνης ἐλέγετο τούτων ἄρχειν)· ἐχόμενοι δὲ τούτων γερροφόροι· ἐχόμενοι δὲ ὁπλῖται σὺν ποδήρεσι ξυλίναις ἀσπίσιν (Αἰγύπτιοι δ' οὗτοι ἐλέγοντο εἶναι)· ἄλλοι δ' ἱππεῖς, ἄλλοι τοξόται. Πάντες δὲ οὗτοι κατὰ ἔθνη, ἐν πλαισίῳ πλήρει ἀνθρώπων ἕκαστον τὸ ἔθνος ἐπορεύετο. 10. Πρὸ δὲ αὐτῶν ἅρματα διαλείποντα συχνὸν ἀπ' ἀλλήλων, τὰ δὴ δρεπανηφόρα καλούμενα· εἶχον δὲ τὰ δρέπανα ἐκ τῶν ἀξόνων εἰς πλάγιον ἀποτεταμένα, καὶ ὑπὸ τοῖς δίφροις εἰς γῆν βλέποντα, ὡς διακόπτειν, ὅτῳ ἐντυγχάνοιεν. Ἡ δὲ γνώμη ἦν, ὡς εἰς τὰς τάξεις τῶν Ἑλλήνων ἐλῶντα καὶ διακόψοντα. 11. Ὁ μέντοι Κῦρος εἶπεν, ὅτε καλέσας παρεκελεύετο τοῖς Ἕλλησι τὴν κραυγὴν τῶν βαρβάρων ἀνέχεσθαι, ἐψεύσθη τοῦτο· οὐ γὰρ κραυγῇ, ἀλλὰ σιγῇ ὡς ἀνυστὸν καὶ ἡσυχῇ ἐν ἴσῳ καὶ βραδέως προσῇεσαν.

12. Καὶ ἐν τούτῳ Κῦρος, παρελαύνων αὐτὸς σὺν Πίγρητι τῷ ἑρμηνεῖ καὶ ἄλλοις τρισὶν ἢ τέτταρσι, τῷ Κλεάρχῳ ἐβόα, ἄγειν τὸ στράτευμα κατὰ μέσον τὸ τῶν

πολεμίων, ὅτι ἐκεῖ βασιλεὺς εἴη· κἂν τοῦτ', ἔφη, νικῶμεν, πάνθ' ἡμῖν πεποίηται. 13. Ὁρῶν δὲ ὁ Κλέαρχος τὸ μέσον στῖφος, καὶ ἀκούων Κύρου ἔξω ὄντα τοῦ Ἑλληνικοῦ εὐωνύμου βασιλέα (τοσοῦτον γὰρ πλήθει περιῆν βασιλεύς, ὥστε μέσον τὸ ἑαυτοῦ ἔχων, τοῦ Κύρου εὐωνύμου ἔξω ἦν), ἀλλ' ὅμως ὁ Κλέαρχος οὐκ ἤθελεν ἀποσπάσαι ἀπὸ τοῦ ποταμοῦ τὸ δεξιὸν κέρας, φοβούμενος μὴ κυκλωθείη ἑκατέρωθεν· τῷ δὲ Κύρῳ ἀπεκρίνατο, ὅτι αὐτῷ μέλοι, ὅπως καλῶς ἔχοι.

14. Καὶ ἐν τούτῳ τῷ καιρῷ, τὸ μὲν βαρβαρικὸν στράτευμα ὁμαλῶς προῄει, τὸ δὲ Ἑλληνικὸν, ἔτι ἐν τῷ αὐτῷ μένον, συνετάττετο ἐκ τῶν ἔτι προσιόντων. Καὶ ὁ Κῦρος, παρελαύνων οὐ πάνυ πρὸς αὐτῷ τῷ στρατεύματι, κατεθεᾶτο ἑκατέρωσε, ἀποβλέπων εἴς τε τοὺς πολεμίους καὶ τοὺς φίλους. 15. Ἰδὼν δὲ αὐτὸν ἀπὸ τοῦ Ἑλληνικοῦ Ξενοφῶν Ἀθηναῖος, ὑπελάσας ὡς συναντῆσαι, ἤρετο, εἴ τι παραγγέλλοι· ὁ δ' ἐπιστήσας εἶπε, καὶ λέγειν ἐκέλευε πᾶσιν, ὅτι καὶ τὰ ἱερὰ καλὰ καὶ τὰ σφάγια καλά. 16. Ταῦτα δὲ λέγων, θορύβου ἤκουσε διὰ τῶν τάξεων ἰόντος, καὶ ἤρετο, τίς ὁ θόρυβος εἴη. Ὁ δὲ [Ξενοφῶν] εἶπεν, ὅτι τὸ σύνθημα παρέρχεται δεύτερον ἤδη. Καὶ ὃς ἐθαύμασε, τίς παραγγέλλει, καὶ ἤρετο, ὅ τι εἴη τὸ σύνθημα. Ὁ δ' ἀπεκρίνατο, ὅτι ΖΕΥΣ ΣΩΤΗΡ ΚΑΙ ΝΙΚΗ. 17. Ὁ δὲ Κῦρος ἀκούσας, Ἀλλὰ δέχομαί τε, ἔφη, καὶ τοῦτο ἔστω.

Ταῦτα δ' εἰπών, εἰς τὴν ἑαυτοῦ χώραν ἀπήλαυνε· καὶ οὐκέτι τρία ἢ τέτταρα στάδια διειχέτην τὼ φάλαγγε ἀπ' ἀλλήλων, ἡνίκα ἐπαιάνιζόν τε οἱ Ἕλληνες, καὶ ἤρχοντο ἀντίοι ἰέναι τοῖς πολεμίοις. 18. Ὡς δὲ πορευομένων ἐξεκύμαινέ τι τῆς φάλαγγος, τὸ ἐπιλειπόμενον ἤρξατο δρόμῳ θεῖν· καὶ ἅμα ἐφθέγξαντο πάντες, οἷόνπερ τῷ Ἐνυαλίῳ ἐλελίζουσι, καὶ πάντες δὲ ἔθεον. Λέγουσι δέ τινες, ὡς καὶ ταῖς ἀσπίσι πρὸς τὰ δόρατα ἐδούπησαν, φόβον ποιοῦντες τοῖς ἵπποις. 19. Πρὶν δὲ τόξευμα ἐξικνεῖσθαι, ἐκκλίνουσιν οἱ βάρβαροι καὶ φεύγουσι. Καὶ ἐνταῦθα δὴ ἐδίωκον μὲν κατὰ κράτος οἱ Ἕλληνες, ἐβόων δὲ ἀλλήλοις, μὴ θεῖν δρόμῳ, ἀλλ' ἐν τάξει ἕπεσθαι. 20. Τὰ δ' ἅρματα ἐφέροντο, τὰ μὲν δι' αὐτῶν τῶν πολεμίων, τὰ δὲ καὶ διὰ τῶν Ἑλλήνων, κενὰ ἡνιόχων. Οἱ δ' ἐπεὶ προΐδοιεν, διΐσταντο· ἔστι δ' ὅστις καὶ κατελήφθη, ὥσπερ ἐν ἱπποδρόμῳ, ἐκπλαγείς· καὶ οὐδὲν μέντοι οὐδὲ τοῦτον παθεῖν ἔφασαν· οὐδ' ἄλλος δὲ τῶν Ἑλλήνων ἐν ταύτῃ τῇ μάχῃ ἔπαθεν οὐδεὶς οὐδὲν, πλὴν ἐπὶ τῷ εὐωνύμῳ τοξευθῆναί τις ἐλέγετο.

21. Κῦρος δ' ὁρῶν τοὺς Ἕλληνας νικῶντας τὸ καθ' αὑτοὺς καὶ διώκοντας, ἡδόμενος καὶ προσκυνούμενος ἤδη ὡς βασιλεὺς ὑπὸ τῶν ἀμφ' αὐτὸν, οὐδ' ὣς ἐξήχθη διώκειν· ἀλλὰ συνεσπειραμένην ἔχων τὴν τῶν σὺν ἑαυτῷ ἑξακοσίων ἱππέων τάξιν, ἐπεμελεῖτο, ὅ τι ποιήσει βασιλεύς. Καὶ γὰρ ᾔδει αὐτὸν, ὅτι μέσον ἔχοι τοῦ Περσικοῦ στρατεύματος. 22. Καὶ πάντες δ' οἱ τῶν βαρβάρων ἄρχοντες μέσον ἔχοντες τὸ αὑτῶν ἡγοῦνται, νομίζοντες, οὕτω καὶ ἐν ἀσφαλεστάτῳ εἶναι, ἢν ἡ ἰσχὺς αὐτῶν ἑκατέρωθεν ᾖ, καὶ, εἴ τι παραγγεῖλαι χρῄζοιεν, ἡμίσει ἂν χρόνῳ αἰσθάνεσθαι τὸ στράτευμα. 23. Καὶ βασιλεὺς δὴ τότε, μέσον ἔχων τῆς αὑτοῦ στρατιᾶς, ὅμως ἔξω ἐγένετο τοῦ Κύρου εὐωνύμου κέρατος. Ἐπεὶ δὲ οὐδεὶς αὐτῷ ἐμάχετο ἐκ τοῦ ἀντίου, οὐδὲ τοῖς αὑτοῦ τεταγμένοις ἔμπροσθεν, ἐπέκαμπτεν, ὡς εἰς

κύκλωσιν. 24. Ἔνθα δὴ Κῦρος, δείσας, μὴ ὄπισθεν γενόμενος κατακόψῃ τὸ Ἑλληνικόν, ἐλαύνει ἀντίος· καὶ ἐμβαλὼν σὺν τοῖς ἑξακοσίοις, νικᾷ τοὺς πρὸ βασιλέως τεταγμένους, καὶ εἰς φυγὴν ἔτρεψε τοὺς ἑξακισχιλίους· καὶ ἀποκτεῖναι λέγεται αὐτὸς τῇ ἑαυτοῦ χειρὶ Ἀρταγέρσην, τὸν ἄρχοντα αὐτῶν. 25. Ὡς δ᾽ ἡ τροπὴ ἐγένετο, διασπείρονται καὶ οἱ Κύρου ἑξακόσιοι, εἰς τὸ διώκειν ὁρμήσαντες· πλὴν πάνυ ὀλίγοι ἀμφ᾽ αὐτὸν κατελείφθησαν, σχεδὸν οἱ ὁμοτράπεζοι καλούμενοι. 26. Σὺν τούτοις δὲ ὢν, καθορᾷ βασιλέα καὶ τὸ ἀμφ᾽ ἐκεῖνον στῖφος· καὶ εὐθὺς οὐκ ἠνέσχετο, ἀλλ᾽ εἰπών, Τὸν ἄνδρα ὁρῶ, ἵετο ἐπ᾽ αὐτόν· καὶ παίει κατὰ τὸ στέρνον, καὶ τιτρώσκει διὰ τοῦ θώρακος, ὥς φησι Κτησίας ὁ ἰατρός, καὶ ἰᾶσθαι αὐτὸς τὸ τραῦμά φησι. 27. Παίοντα δ᾽ αὐτὸν ἀκοντίζει τις παλτῷ ὑπὸ τὸν ὀφθαλμὸν βιαίως· καὶ ἐνταῦθα μαχόμενοι καὶ βασιλεὺς καὶ Κῦρος καὶ οἱ ἀμφ᾽ αὐτοὺς ὑπὲρ ἑκατέρου, ὁπόσοι μὲν τῶν ἀμφὶ βασιλέα ἀπέθνησκον, Κτησίας λέγει (παρ᾽ ἐκείνῳ γὰρ ἦν). Κῦρος δὲ αὐτός τε ἀπέθανε, καὶ ὀκτὼ οἱ ἄριστοι τῶν περὶ αὐτὸν ἔκειντο ἐπ᾽ αὐτῷ. 28. Ἀρταπάτης δ᾽, ὁ πιστότατος αὐτῷ τῶν σκηπτούχων θεράπων, λέγεται, ἐπειδὴ πεπτωκότα εἶδε Κῦρον, καταπηδήσας ἀπὸ τοῦ ἵππου περιπεσεῖν αὐτῷ. 29. Καὶ οἱ μέν φασι, βασιλέα κελεῦσαί τινα ἐπισφάξαι αὐτὸν Κύρῳ· οἱ δέ, ἑαυτὸν ἐπισφάξασθαι, σπασάμενον τὸν ἀκινάκην· εἶχε γὰρ χρυσοῦν, καὶ στρεπτὸν δὲ ἐφόρει καὶ ψέλλια καὶ τἆλλα, ὥσπερ οἱ ἄριστοι Περσῶν· ἐτετίμητο γὰρ ὑπὸ Κύρου δι᾽ εὔνοιάν τε καὶ πιστότητα.

CAP. IX.

1. Κῦρος μὲν οὖν οὕτως ἐτελεύτησεν, ἀνὴρ ὢν Περσῶν τῶν μετὰ Κῦρον τὸν ἀρχαῖον γενομένων βασιλικώτατός τε καὶ ἄρχειν ἀξιώτατος, ὡς παρὰ πάντων ὁμολογεῖται τῶν Κύρου δοκούντων ἐν πείρᾳ γενέσθαι. 2. Πρῶτον μὲν γὰρ ἔτι παῖς ὢν, ὅτε ἐπαιδεύετο καὶ σὺν τῷ ἀδελφῷ καὶ σὺν τοῖς ἄλλοις παισὶ, πάντων πάντα κράτιστος ἐνομίζετο. 3. Πάντες γὰρ οἱ τῶν ἀρίστων Περσῶν παῖδες ἐπὶ ταῖς βασιλέως θύραις παιδεύονται· ἔνθα πολλὴν μὲν σωφροσύνην καταμάθοι ἄν τις, αἰσχρὸν δ' οὐδὲν οὔτ' ἀκοῦσαι οὔτ' ἰδεῖν ἔστι. 4. Θεῶνται δ' οἱ παῖδες καὶ τοὺς τιμωμένους ὑπὸ βασιλέως καὶ ἀκούουσι, καὶ ἄλλους ἀτιμαζομένους· ὥστε εὐθὺς παῖδες ὄντες μανθάνουσιν ἄρχειν τε καὶ ἄρχεσθαι.

5. Ἔνθα Κῦρος αἰδημονέστατος μὲν πρῶτον τῶν ἡλικιωτῶν ἐδόκει εἶναι, τοῖς τε πρεσβυτέροις καὶ τῶν ἑαυτοῦ ὑποδεεστέρων μᾶλλον πείθεσθαι· ἔπειτα δὲ φιλιππότατος, καὶ τοῖς ἵπποις ἄριστα χρῆσθαι. Ἔκρινον δ' αὐτὸν καὶ τῶν εἰς τὸν πόλεμον ἔργων, τοξικῆς τε καὶ ἀκοντίσεως, φιλομαθέστατον εἶναι καὶ μελετηρότατον. 6. Ἐπεὶ δὲ τῇ ἡλικίᾳ ἔπρεπε, καὶ φιλοθηρότατος ἦν, καὶ πρὸς τὰ θηρία μέντοι φιλοκινδυνότατος. Καὶ ἄρκτον ποτὲ ἐπιφερομένην οὐκ ἔτρεσεν, ἀλλὰ συμπεσὼν κατεσπάσθη ἀπὸ τοῦ ἵππου· καὶ τὰ μὲν ἔπαθεν, ὧν καὶ τὰς ὠτειλὰς φανερὰς εἶχε, τέλος δὲ κατέκανε· καὶ τὸν πρῶτον μέντοι βοηθήσαντα πολλοῖς μακαριστὸν ἐποίησεν.

7. Ἐπεὶ δὲ κατεπέμφθη ὑπὸ τοῦ πατρὸς σατράπης

Λυδίας τε καὶ Φρυγίας τῆς μεγάλης καὶ Καππαδοκίας, στρατηγὸς δὲ καὶ πάντων ἀπεδείχθη, οἷς καθήκει εἰς Καστωλοῦ πεδίον ἀθροίζεσθαι, πρῶτον μὲν ἐπέδειξεν αὑτόν, ὅτι περὶ πλείστου ποιοῖτο, εἴ τῳ σπείσοιτο, καὶ εἴ τῳ συνθοῖτο, καὶ εἴ τῳ ὑπόσχοιτό τι, μηδὲν ψεύδεσθαι. 8. Καὶ γὰρ οὖν ἐπίστευον μὲν αὐτῷ αἱ πόλεις ἐπιτρεπόμεναι, ἐπίστευον δ᾽ οἱ ἄνδρες· καὶ εἴ τις πολέμιος ἐγένετο, σπεισαμένου Κύρου, ἐπίστευε μηδὲν ἂν παρὰ τὰς σπονδὰς παθεῖν. 9. Τοιγαροῦν ἐπεὶ Τισσαφέρνει ἐπολέμησε, πᾶσαι αἱ πόλεις ἑκοῦσαι Κῦρον εἵλοντο ἀντὶ Τισσαφέρνους, πλὴν Μιλησίων· οὗτοι δὲ, ὅτι οὐκ ἤθελε τοὺς φεύγοντας προέσθαι, ἐφοβοῦντο αὐτόν. 10. Καὶ γὰρ ἔργῳ ἐπεδείκνυτο καὶ ἔλεγεν, ὅτι οὐκ ἄν ποτε προοῖτο, ἐπεὶ ἅπαξ φίλος αὐτοῖς ἐγένετο, οὐδ᾽ εἰ ἔτι μὲν μείους γένοιντο, ἔτι δὲ κάκιον πράξειαν. 11. Φανερὸς δ᾽ ἦν, καὶ εἴ τίς τι ἀγαθὸν ἢ κακὸν ποιήσειεν αὐτόν, νικᾶν πειρώμενος· καὶ εὐχὴν δέ τινες αὐτοῦ ἐξέφερον, ὡς εὔχοιτο, τοσοῦτον χρόνον ζῆν, ἔστε νικῴη καὶ τοὺς εὖ καὶ τοὺς κακῶς ποιοῦντας ἀλεξόμενος. 12. Καὶ γὰρ οὖν πλεῖστοι δὴ αὐτῷ, ἑνί γε ἀνδρὶ τῶν ἐφ᾽ ἡμῶν, ἐπεθύμησαν καὶ χρήματα καὶ πόλεις καὶ τὰ ἑαυτῶν σώματα προέσθαι.

13. Οὐ μὲν δὴ οὐδὲ τοῦτ᾽ ἄν τις εἴποι, ὡς τοὺς κακούργους καὶ ἀδίκους εἴα καταγελᾶν, ἀλλ᾽ ἀφειδέστατα πάντων ἐτιμωρεῖτο (πολλάκις δ᾽ ἦν ἰδεῖν, παρὰ τὰς στιβομένας ὁδοὺς, καὶ ποδῶν καὶ χειρῶν καὶ ὀφθαλμῶν στερομένους ἀνθρώπους)· ὥστ᾽ ἐν τῇ Κύρου ἀρχῇ ἐγένετο καὶ Ἕλληνι καὶ βαρβάρῳ, μηδὲν ἀδικοῦντι, ἀδεῶς πορεύεσθαι ὅποι τις ἤθελεν, ἔχοντι ὅ τι προχωροίη. 14. Τούς γε μέντοι ἀγα-

θοὺς εἰς πόλεμον ὡμολόγητο διαφερόντως τιμᾶν. Καὶ πρῶτον μὲν ἦν αὐτῷ πόλεμος πρὸς Πεισίδας καὶ Μυσούς· στρατευόμενος οὖν καὶ αὐτὸς εἰς ταύτας τὰς χώρας, οὓς ἑώρα ἐθέλοντας κινδυνεύειν, τούτους καὶ ἄρχοντας ἐποίει ἧς κατεστρέφετο χώρας, ἔπειτα δὲ καὶ ἄλλῃ δώροις ἐτίμα· 15. ὥστε φαίνεσθαι τοὺς μὲν ἀγαθοὺς εὐδαιμονεστάτους, τοὺς δὲ κακοὺς δούλους τούτων ἀξιοῦν εἶναι. Τοιγαροῦν πολλὴ ἦν ἀφθονία τῶν θελόντων κινδυνεύειν, ὅπου τις οἴοιτο Κῦρον αἰσθήσεσθαι. 16. Εἴς γε μὴν δικαιοσύμην, εἴ τις αὐτῷ φανερὸς γένοιτο ἐπιδείκνυσθαι βουλόμενος, περὶ παντὸς ἐποιεῖτο τούτους πλουσιωτέρους ποιεῖν τῶν ἐκ τοῦ ἀδίκου φιλοκερδούντων. 17. Καὶ γὰρ οὖν ἄλλα τε πολλὰ δικαίως αὐτῷ διεχειρίζετο, καὶ στρατεύματι ἀληθινῷ ἐχρήσατο. Καὶ γὰρ στρατηγοὶ καὶ λοχαγοὶ οὐ χρημάτων ἕνεκα πρὸς ἐκεῖνον ἔπλευσαν, ἀλλ' ἐπεὶ ἔγνωσαν κερδαλεώτερον εἶναι, Κύρῳ καλῶς πειθαρχεῖν, ἢ τὸ κατὰ μῆνα κέρδος. 18. Ἀλλὰ μὴν εἴ τίς γέ τι αὐτῷ προστάξαντι καλῶς ὑπηρετήσειεν, οὐδενὶ πώποτε ἀχάριστον εἴασε τὴν προθυμίαν. Τοιγαροῦν κράτιστοι δὴ ὑπηρέται παντὸς ἔργου Κύρῳ ἐλέχθησαν γενέσθαι. 19. Εἰ δέ τινα ὁρῴη δεινὸν ὄντα οἰκονόμον ἐκ τοῦ δικαίου, καὶ κατασκευάζοντά τε ἧς ἄρχοι χώρας, καὶ προσόδους ποιοῦντα, οὐδένα ἂν πώποτε ἀφείλετο, ἀλλ' ἀεὶ πλείω προσεδίδου· ὥστε καὶ ἡδέως ἐπόνουν, καὶ θαρραλέως ἐκτῶντο, καὶ ἃ ἐπέπατο αὖ τις, ἥκιστα Κῦρον ἔκρυπτεν· οὐ γὰρ φθονῶν τοῖς φανερῶς πλουτοῦσιν ἐφαίνετο, ἀλλὰ πειρώμενος χρῆσθαι τοῖς τῶν ἀποκρυπτομένων χρήμασι.

20. Φίλους γε μὴν ὅσους ποιήσαιτο, καὶ εὔνους γνοίη ὄντας, καὶ ἱκανοὺς κρίνειε συνεργοὺς εἶναι, ὅ τι τυγχάνοι βουλόμενος κατεργάζεσθαι, ὁμολογεῖται πρὸς πάντων κράτιστος δὴ γενέσθαι θεραπεύειν. 21. Καὶ γὰρ αὐτὸ τοῦτο, οὗπερ αὐτὸς ἕνεκα φίλων ᾤετο δεῖσθαι, ὡς συνεργοὺς ἔχοι, καὶ αὐτὸς ἐπειρᾶτο συνεργὸς τοῖς φίλοις κράτιστος εἶναι τούτου, ὅτου ἕκαστον αἰσθάνοιτο ἐπιθυμοῦντα.

22. Δῶρα δὲ πλεῖστα μὲν, οἶμαι, εἷς γε ὢν ἀνὴρ, ἐλάμβανε διὰ πολλά· ταῦτα δὲ πάντων δὴ μάλιστα τοῖς φίλοις διεδίδου, πρὸς τοὺς τρόπους ἑκάστου σκοπῶν, καὶ ὅτου μάλιστα ὁρῴη ἕκαστον δεόμενον. 23. Καὶ ὅσα τῷ σώματι αὐτοῦ κόσμον πέμποι τις, ἢ ὡς εἰς πόλεμον ἢ ὡς εἰς καλλωπισμὸν, καὶ περὶ τούτων λέγειν αὐτὸν ἔφασαν, ὅτι τὸ μὲν ἑαυτοῦ σῶμα οὐκ ἂν δύναιτο τούτοις πᾶσι κοσμηθῆναι, φίλους δὲ καλῶς κεκοσμημένους μέγιστον κόσμον ἀνδρὶ νομίζοι.

24. Καὶ τὸ μὲν τὰ μεγάλα νικᾶν τοὺς φίλους εὖ ποιοῦντα, οὐδὲν θαυμαστὸν, ἐπειδή γε καὶ δυνατώτερος ἦν· τὸ δὲ τῇ ἐπιμελείᾳ περιεῖναι τῶν φίλων, καὶ τῷ προθυμεῖσθαι χαρίζεσθαι, ταῦτα ἔμοιγε μᾶλλον δοκεῖ ἀγαστὰ εἶναι. 25. Κῦρος γὰρ ἔπεμπε βίκους οἴνου ἡμιδεεῖς πολλάκις, ὁπότε πάνυ ἡδὺν λάβοι, λέγων, ὅτι οὔπω δὴ πολλοῦ χρόνου τούτου ἡδίονι οἴνῳ ἐπιτύχοι· τοῦτον οὖν σοι ἔπεμψε, καὶ δεῖταί σου, τήμερον τοῦτον ἐκπιεῖν σὺν οἷς μάλιστα φιλεῖς. 26. Πολλάκις δὲ χῆνας ἡμιβρώτους ἔπεμπε, καὶ ἄρτων ἡμίσεα, καὶ ἄλλα τοιαῦτα, ἐπιλέγειν κελεύων τὸν φέροντα· Τούτοις ἥσθη Κῦρος· βούλεται οὖν καὶ σὲ τούτων γεύσασθαι. 27. Ὅπου δὲ χιλὸς σπάνιος πάνυ εἴη,

αὐτὸς δ' ἐδύνατο παρασκευάσασθαι διὰ τὸ πολλοὺς ἔχειν ὑπηρέτας καὶ διὰ τὴν ἐπιμέλειαν, διαπέμπων ἐκέλευε τοὺς φίλους τοῖς τὰ ἑαυτῶν σώματα ἄγουσιν ἵπποις ἐμβάλλειν τοῦτον τὸν χιλὸν, ὡς μὴ πεινῶντες τοὺς ἑαυτοῦ φίλους ἄγωσιν. 28. Εἰ δὲ δή ποτε πορεύοιτο καὶ πλεῖστοι μέλλοιεν ὄψεσθαι, προσκαλῶν τοὺς φίλους ἐσπουδαιολογεῖτο, ὡς δηλοίη οὓς τιμᾷ. Ὥστε ἔγωγε, ἐξ ὧν ἀκούω, οὐδένα κρίνω ὑπὸ πλειόνων πεφιλῆσθαι οὔτε Ἑλλήνων οὔτε βαρβάρων. 29. Τεκμήριον δὲ τούτου καὶ τόδε· παρὰ μὲν Κύρου, δούλου ὄντος, οὐδεὶς ἀπῄει πρὸς βασιλέα, πλὴν Ὀρόντης ἐπεχείρησε· καὶ οὗτος δή, ὃν ᾤετο πιστόν οἱ εἶναι, ταχὺ αὐτὸν εὗρε Κύρῳ φιλαίτερον, ἢ ἑαυτῷ· παρὰ δὲ βασιλέως πολλοὶ πρὸς Κῦρον ἀπῆλθον, ἐπειδὴ πολέμιοι ἀλλήλοις ἐγένοντο, καὶ οὗτοι μέντοι οἱ μάλιστα ὑπ' αὐτοῦ ἀγαπώμενοι, νομίζοντες, παρὰ Κύρῳ ὄντες ἀγαθοὶ ἀξιωτέρας ἂν τιμῆς τυγχάνειν ἢ παρὰ βασιλεῖ. 30. Μέγα δὲ τεκμήριον καὶ τὸ ἐν τῇ τελευτῇ τοῦ βίου αὐτῷ γενόμενον, ὅτι καὶ αὐτὸς ἦν ἀγαθὸς, καὶ κρίνειν ὀρθῶς ἐδύνατο τοὺς πιστοὺς καὶ εὔνους καὶ βεβαίους. 31. Ἀποθνήσκοντος γὰρ αὐτοῦ, πάντες οἱ παρ' αὐτὸν φίλοι καὶ συντράπεζοι ἀπέθανον μαχόμενοι ὑπὲρ Κύρου, πλὴν Ἀριαίου· οὗτος δὲ τεταγμένος ἐτύγχανεν ἐπὶ τῷ εὐωνύμῳ, τοῦ ἱππικοῦ ἄρχων· ὡς δ' ᾔσθετο Κῦρον πεπτωκότα, ἔφυγεν, ἔχων καὶ τὸ στράτευμα πᾶν, οὗ ἡγεῖτο.

CAP. X.

1. Ἐνταῦθα δὴ Κύρου ἀποτέμνεται ἡ κεφαλὴ καὶ χεὶρ ἡ δεξιά. Βασιλεὺς δὲ καὶ οἱ σὺν αὐτῷ διώκων εἰσπίπτει εἰς τὸ Κύρειον στρατόπεδον· καὶ οἱ μὲν μετὰ Ἀριαίου οὐκέτι ἵστανται, ἀλλὰ φεύγουσι διὰ τοῦ αὐτῶν στρατοπέδου εἰς τὸν σταθμὸν ἔνθεν ὥρμηντο· τέτταρες δ᾽ ἐλέγοντο παρασάγγαι εἶναι τῆς ὁδοῦ. 2. Βασιλεὺς δὲ καὶ οἱ σὺν αὐτῷ τά τε ἄλλα πολλὰ διαρπάζουσι, καὶ τὴν Φωκαΐδα, τὴν Κύρου παλλακίδα, τὴν σοφὴν καὶ καλὴν λεγομένην εἶναι, λαμβάνει. 3. Ἡ δὲ Μιλησία, ἡ νεωτέρα, ληφθεῖσα ὑπὸ τῶν ἀμφὶ βασιλέα, ἐκφεύγει γυμνὴ πρὸς τῶν Ἑλλήνων οἳ ἔτυχον ἐν τοῖς σκευοφόροις ὅπλα ἔχοντες· καὶ ἀντιταχθέντες, πολλοὺς μὲν τῶν ἁρπαζόντων ἀπέκτειναν, οἱ δὲ καὶ αὐτῶν ἀπέθανον· οὐ μὴν ἔφυγόν γε, ἀλλὰ καὶ ταύτην ἔσωσαν, καὶ ἄλλα ὁπόσα ἐντὸς αὐτῶν καὶ χρήματα καὶ ἄνθρωποι ἐγένοντο, πάντα ἔσωσαν.

4. Ἐνταῦθα διέσχον ἀλλήλων βασιλεύς τε καὶ οἱ Ἕλληνες ὡς τριάκοντα στάδια, οἱ μὲν διώκοντες τοὺς καθ᾽ ἑαυτοὺς, ὡς πάντας νικῶντες· οἱ δ᾽ ἁρπάζοντες, ὡς ἤδη πάντες νικῶντες. 5. Ἐπεὶ δ᾽ ᾔσθοντο οἱ μὲν Ἕλληνες, ὅτι βασιλεὺς σὺν τῷ στρατεύματι ἐν τοῖς σκευοφόροις εἴη, βασιλεὺς δ᾽ αὖ ἤκουσε Τισσαφέρνους, ὅτι οἱ Ἕλληνες νικῷεν τὸ καθ᾽ αὑτούς, καὶ εἰς τὸ πρόσθεν οἴχονται διώκοντες, ἐνταῦθα δὴ βασιλεὺς μὲν ἀθροίζει τε τοὺς ἑαυτοῦ καὶ συντάττεται· ὁ δὲ Κλέαρχος ἐβουλεύετο, Πρόξενον καλέσας (πλησιαίτατος γὰρ ἦν), εἰ πέμποιέν τινας, ἢ πάντες ἴοιεν ἐπὶ τὸ στρατόπεδον ἀρήξοντες.

6. Ἐν τούτῳ καὶ βασιλεὺς δῆλος ἦν προσιὼν πάλιν, ὡς ἐδόκει, ὄπισθεν. Καὶ οἱ μὲν Ἕλληνες στραφέντες παρεσκευάζοντο, ὡς ταύτῃ προσιόντος καὶ δεξόμενοι· ὁ δὲ βασιλεὺς ταύτῃ μὲν οὐκ ἦγεν, ᾗ δὲ παρῆλθεν ἔξω τοῦ εὐωνύμου κέρατος, ταύτῃ καὶ ἀπήγαγεν, ἀναλαβὼν καὶ τοὺς ἐν τῇ μάχῃ κατὰ τοὺς Ἕλληνας αὐτομολήσαντας, καὶ Τισσαφέρνην καὶ τοὺς σὺν αὐτῷ. 7. Ὁ γὰρ Τισσαφέρνης ἐν τῇ πρώτῃ συνόδῳ οὐκ ἔφυγεν, ἀλλὰ διήλασε παρὰ τὸν ποταμὸν κατὰ τοὺς Ἕλληνας πελταστάς· διελαύνων δὲ κατέκανε μὲν οὐδένα, διαστάντες δὲ οἱ Ἕλληνες ἔπαιον καὶ ἠκόντιζον αὐτούς· Ἐπισθένης δὲ Ἀμφιπολίτης ἦρχε τῶν πελταστῶν, καὶ ἐλέγετο φρόνιμος γενέσθαι. 8. Ὁ δ' οὖν Τισσαφέρνης ὡς μεῖον ἔχων ἀπηλλάγη, πάλιν μὲν οὐκ ἀναστρέφει, εἰς δὲ τὸ στρατόπεδον ἀφικόμενος τὸ τῶν Ἑλλήνων, ἐκεῖ συντυγχάνει βασιλεῖ, καὶ ὁμοῦ δὴ πάλιν συνταξάμενοι ἐπορεύοντο.

9. Ἐπεὶ δ' ἦσαν κατὰ τὸ εὐώνυμον τῶν Ἑλλήνων κέρας, ἔδεισαν οἱ Ἕλληνες, μὴ προσάγοιεν πρὸς τὸ κέρας, καὶ περιπτύξαντες ἀμφοτέρωθεν αὐτοὺς κατακόψειαν· καὶ ἐδόκει αὐτοῖς ἀναπτύσσειν τὸ κέρας, καὶ ποιήσασθαι ὄπισθεν τὸν ποταμόν. 10. Ἐν ᾧ δὲ ταῦτα ἐβουλεύοντο, καὶ δὴ βασιλεὺς παραμειψάμενος εἰς τὸ αὐτὸ σχῆμα κατέστησεν ἀντίαν τὴν φάλαγγα, ὥσπερ τὸ πρῶτον μαχούμενος συνῄει. Ὡς δὲ εἶδον οἱ Ἕλληνες ἐγγύς τε ὄντας καὶ παρατεταγμένους, αὖθις παιανίσαντες ἐπῄεσαν πολὺ ἔτι προθυμότερον, ἢ τὸ πρόσθεν. 11. Οἱ δ' αὖ βάρβαροι οὐκ ἐδέχοντο, ἀλλ' ἐκ πλέονος ἢ τὸ πρόσθεν ἔφευγον· οἱ δ' ἐπεδίωκον μέχρι κώμης τινός. 12. Ἐνταῦθα δ' ἔστησαν οἱ Ἕλληνες·

ὑπὲρ γὰρ τῆς κώμης γήλοφος ἦν, ἐφ' οὗ ἀνεστράφησαν οἱ ἀμφὶ βασιλέα, πεζοὶ μὲν οὐκέτι, τῶν δὲ ἱππέων ὁ λόφος ἐνεπλήσθη, ὥστε τὸ ποιούμενον μὴ γιγνώσκειν. Καὶ τὸ βασίλειον σημεῖον ὁρᾶν ἔφασαν, ἀετόν τινα χρυσοῦν ἐπὶ πέλτης ἐπὶ ξύλου ἀνατεταμένον. 13. Ἐπεὶ δὲ καὶ ἐνταῦθ' ἐχώρουν οἱ Ἕλληνες, λείπουσι δὴ καὶ τὸν λόφον οἱ ἱππεῖς· οὐ μὴν ἔτι ἀθρόοι, ἀλλ' ἄλλοι ἄλλοθεν· ἐψιλοῦτο δ' ὁ λόφος τῶν ἱππέων· τέλος δὲ καὶ πάντες ἀπεχώρησαν. 14. Ὁ οὖν Κλέαρχος οὐκ ἀνεβίβαζεν ἐπὶ τὸν λόφον, ἀλλ' ὑπὸ αὐτὸν στήσας τὸ στράτευμα, πέμπει Λύκιον τὸν Συρακόσιον καὶ ἄλλον ἐπὶ τὸν λόφον, καὶ κελεύει, κατιδόντας τὰ ὑπὲρ τοῦ λόφου, τί ἐστιν, ἀπαγγεῖλαι. 15. Καὶ ὁ Λύκιος ἤλασέ τε, καὶ ἰδὼν ἀπαγγέλλει, ὅτι φεύγουσιν ἀνὰ κράτος. Σχεδὸν δ' ὅτε ταῦτα ἦν, καὶ ἥλιος ἐδύετο.

16. Ἐνταῦθα δ' ἔστησαν οἱ Ἕλληνες, καὶ θέμενοι τὰ ὅπλα ἀνεπαύοντο· καὶ ἅμα μὲν ἐθαύμαζον, ὅτι οὐδαμοῦ Κῦρος φαίνοιτο, οὐδ' ἄλλος ἀπ' αὐτοῦ οὐδεὶς παρείη· οὐ γὰρ ᾔδεσαν αὐτὸν τεθνηκότα, ἀλλ' εἴκαζον, ἢ διώκοντα οἴχεσθαι, ἢ καταληψόμενόν τι προεληλακέναι. 17. Καὶ αὐτοὶ ἐβουλεύοντο, εἰ αὐτοῦ μείναντες τὰ σκευοφόρα ἐνταῦθα ἄγοιντο, ἢ ἀπίοιεν ἐπὶ τὸ στρατόπεδον. Ἔδοξεν οὖν αὐτοῖς ἀπιέναι· καὶ ἀφικνοῦνται ἀμφὶ δόρπηστον ἐπὶ τὰς σκηνάς. 18. Ταύτης μὲν οὖν τῆς ἡμέρας τοῦτο τὸ τέλος ἐγένετο. Καταλαμβάνουσι δὲ τῶν τε ἄλλων χρημάτων τὰ πλεῖστα διηρπασμένα, καὶ εἴ τι σιτίον ἢ ποτὸν ἦν· καὶ τὰς ἁμάξας μεστὰς ἀλεύρων καὶ οἴνου, ἃς παρεσκευάσατο Κῦρος, ἵνα, εἴ ποτε σφοδρὰ τὸ στρατόπεδον λάβοι

ἔνδεια, διαδοίη τοῖς Ἕλλησιν (ἦσαν δ' αὗται τετρακόσιαι, ὡς ἐλέγοντο, ἅμαξαι), καὶ ταύτας τότε οἱ σὺν βασιλεῖ διήρπασαν. 19. Ὥστε ἄδειπνοι ἦσαν οἱ πλεῖστοι τῶν Ἑλλήνων· ἦσαν δὲ καὶ ἀνάριστοι· πρὶν γὰρ δὴ καταλῦσαι τὸ στράτευμα πρὸς ἄριστον, βασιλεὺς ἐφάνη. Ταύτην μὲν οὖν τὴν νύκτα οὕτω διεγένοντο.

ΞΕΝΟΦΩΝΤΟΣ

ΚΥΡΟΥ ΑΝΑΒΑΣΕΩΣ Β'.

CAP. I.

Ὡς μὲν οὖν ἠθροίσθη Κύρῳ τὸ Ἑλληνικὸν, ὅτε ἐπὶ τὸν ἀδελφὸν Ἀρταξέρξην ἐστρατεύετο, καὶ ὅσα ἐν τῇ ἀνόδῳ ἐπράχθη, καὶ ὡς ἡ μάχη ἐγένετο, καὶ ὡς Κῦρος ἐτελεύτησε, καὶ ὡς ἐπὶ τὸ στρατόπεδον ἐλθόντες οἱ Ἕλληνες ἐκοιμήθησαν, οἰόμενοι τὰ πάντα νικᾶν, καὶ Κῦρον ζῆν, ἐν τῷ ἔμπροσθεν λόγῳ δεδήλωται. 2. Ἅμα δὲ τῇ ἡμέρᾳ συνελθόντες οἱ στρατηγοὶ ἐθαύμαζον, ὅτι Κῦρος οὔτε ἄλλον πέμποι σημανοῦντα, ὅ τι χρὴ ποιεῖν, οὔτε αὐτὸς φαίνοιτο. Ἔδοξεν οὖν αὐτοῖς, συσκευασαμένοις ἃ εἶχον, καὶ ἐξοπλισαμένοις, προϊέναι εἰς τὸ πρόσθεν, ἕως Κύρῳ συμμίξειαν. 3. Ἤδη δὲ ἐν ὁρμῇ ὄντων, ἅμα ἡλίῳ ἀνίσχοντι ἦλθε Προκλῆς, ὁ Τευθρανίας ἄρχων, γεγονὼς ἀπὸ Δαμαράτου τοῦ Λάκωνος, καὶ Γλοῦς ὁ Ταμώ. Οὗτοι ἔλεγον, ὅτι Κῦρος μὲν τέθνηκεν, Ἀριαῖος δὲ πεφευγὼς ἐν τῷ σταθμῷ εἴη, μετὰ τῶν ἄλλων βαρβάρων, ὅθεν τῇ προτεραίᾳ ὡρμῶντο· καὶ λέγοι, ὅτι ταύτην μὲν τὴν ἡμέραν περιμείνειεν ἂν αὐτοὺς, εἰ μέλλοιεν ἥκειν· τῇ δὲ ἄλλῃ ἀπιέναι φαίη ἐπὶ

Ἰωνίας, ὅθενπερ ἦλθε. 4. Ταῦτα ἀκούσαντες οἱ στρατηγοὶ καὶ οἱ ἄλλοι Ἕλληνες [πυνθανόμενοι] βαρέως ἔφερον. Κλέαρχος δὲ τάδε εἶπεν· Ἀλλ' ὤφελε μὲν Κῦρος ζῆν· ἐπεὶ δὲ τετελεύτηκεν, ἀπαγγέλλετε Ἀριαίῳ, ὅτι ἡμεῖς γε νικῶμέν τε βασιλέα, καὶ, ὡς ὁρᾶτε, οὐδεὶς ἔτι ἡμῖν μάχεται· καὶ εἰ μὴ ὑμεῖς ἤλθετε, ἐπορευόμεθα ἂν ἐπὶ βασιλέα. Ἐπαγγελλόμεθα δὲ Ἀριαίῳ, ἐὰν ἐνθάδε ἔλθῃ, εἰς τὸν θρόνον τὸν βασίλειον καθιεῖν αὐτόν· τῶν γὰρ μάχῃ νικώντων καὶ τὸ ἄρχειν ἐστί.

5. Ταῦτ' εἰπὼν ἀποστέλλει τοὺς ἀγγέλους, καὶ σὺν αὐτοῖς Χειρίσοφον τὸν Λάκωνα, καὶ Μένωνα τὸν Θετταλόν· καὶ γὰρ αὐτὸς Μένων ἐβούλετο, ἦν γὰρ φίλος καὶ ξένος Ἀριαίου. 6. Οἱ μὲν ᾤχοντο, Κλέαρχος δὲ περιέμενε. Τὸ δὲ στράτευμα ἐπορίζετο σῖτον, ὅπως ἐδύνατο, ἐκ τῶν ὑποζυγίων, κόπτοντες τοὺς βοῦς καὶ ὄνους· ξύλοις δ' ἐχρῶντο, μικρὸν προϊόντες ἀπὸ τῆς φάλαγγος, οὗ ἡ μάχη ἐγένετο, τοῖς τε οἰστοῖς πολλοῖς οὖσιν, οὓς ἠνάγκαζον οἱ Ἕλληνες ἐκβάλλειν τοὺς αὐτομολοῦντας παρὰ βασιλέως, καὶ τοῖς γέρροις, καὶ ταῖς ξυλίναις ἀσπίσι ταῖς Αἰγυπτίαις· πολλαὶ δὲ καὶ πέλται καὶ ἅμαξαι ἦσαν φέρεσθαι ἔρημοι· οἷς πᾶσι χρώμενοι, κρέα ἕψοντες ἤσθιον ἐκείνην τὴν ἡμέραν.

7. Καὶ ἤδη τε ἦν περὶ πλήθουσαν ἀγορὰν, καὶ ἔρχονται παρὰ βασιλέως καὶ Τισσαφέρνους κήρυκες· οἱ μὲν ἄλλοι βάρβαροι, ἦν δ' αὐτῶν Φαλῖνος εἷς Ἕλλην, ὃς ἐτύγχανε παρὰ Τισσαφέρνει ὢν, καὶ ἐντίμως ἔχων· καὶ γὰρ προσεποιεῖτο ἐπιστήμων εἶναι τῶν ἀμφὶ τάξεις τε καὶ ὁπλομαχίαν. 8. Οὗτοι δὲ προσελθόντες καὶ καλέσαντες τοὺς

τῶν Ἑλλήνων ἄρχοντας, λέγουσιν, ὅτι βασιλεὺς κελεύει τοὺς Ἕλληνας, ἐπεὶ νικῶν τυγχάνει καὶ Κῦρον ἀπέκτονε, παραδόντας τὰ ὅπλα, ἰόντας ἐπὶ τὰς βασιλέως θύρας εὑρίσκεσθαι ἄν τι δύνωνται ἀγαθόν. 9. Ταῦτα μὲν εἶπον οἱ βασιλέως κήρυκες· οἱ δὲ Ἕλληνες βαρέως μὲν ἤκουσαν, ὅμως δὲ Κλέαρχος τοσοῦτον εἶπεν, ὅτι οὐ τῶν νικώντων εἴη τὰ ὅπλα παραδιδόναι· ἀλλ', ἔφη, ὑμεῖς μέν, ὦ ἄνδρες στρατηγοί, τούτοις ἀποκρίνασθε, ὅ τι κάλλιστόν τε καὶ ἄριστον ἔχετε· ἐγὼ δὲ αὐτίκα ἥξω. Ἐκάλεσε γάρ τις αὐτὸν τῶν ὑπηρετῶν, ὅπως ἴδοι τὰ ἱερὰ ἐξῃρημένα· ἔτυχε γὰρ θυόμενος.

10. Ἔνθα δὴ ἀπεκρίνατο Κλεάνωρ μὲν ὁ Ἀρκὰς, πρεσβύτατος ὤν, ὅτι πρόσθεν ἂν ἀποθάνοιεν, ἢ τὰ ὅπλα παραδοίησαν. Πρόξενος δὲ ὁ Θηβαῖος, Ἀλλ' ἐγώ, ἔφη, ὦ Φαλῖνε, θαυμάζω, πότερα ὡς κρατῶν βασιλεὺς αἰτεῖ τὰ ὅπλα, ἢ ὡς διὰ φιλίαν δῶρα. Εἰ μὲν γὰρ ὡς κρατῶν, τί δεῖ αὐτὸν αἰτεῖν, καὶ οὐ λαβεῖν ἐλθόντα; εἰ δὲ πείσας βούλεται λαβεῖν, λεγέτω, τί ἔσται τοῖς στρατιώταις, ἐὰν αὐτῷ ταῦτα χαρίσωνται. 11. Πρὸς ταῦτα Φαλῖνος εἶπε· Βασιλεὺς νικᾶν ἡγεῖται, ἐπεὶ Κῦρον ἀπέκτονε· τίς γὰρ αὐτῷ ἐστιν ὅστις τῆς ἀρχῆς ἀντιποιεῖται; Νομίζει δὲ καὶ ὑμᾶς ἑαυτοῦ εἶναι, ἔχων ἐν μέσῃ τῇ ἑαυτοῦ χώρᾳ, καὶ ποταμῶν ἐντὸς ἀδιαβάτων, καὶ πλῆθος ἀνθρώπων ἐφ' ὑμᾶς δυνάμενος ἀγαγεῖν, ὅσον οὐδ', εἰ παρέχοι ὑμῖν, δύναισθε ἂν ἀποκτεῖναι.

12. Μετὰ τοῦτον Ξενοφῶν Ἀθηναῖος εἶπε· Ὦ Φαλῖνε, νῦν, ὡς σὺ ὁρᾷς, ἡμῖν οὐδέν ἐστιν ἀγαθὸν ἄλλο, εἰ μὴ ὅπλα καὶ ἀρετή. Ὅπλα μὲν οὖν ἔχοντες, οἰόμεθα ἂν καὶ

τῇ ἀρετῇ χρῆσθαι· παραδόντες δ' ἂν ταῦτα, καὶ τῶν σωμάτων στερηθῆναι. Μὴ οὖν οἴου, τὰ μόνα ἀγαθὰ ἡμῖν ὄντα ὑμῖν παραδώσειν· ἀλλὰ σὺν τούτοις καὶ περὶ τῶν ὑμετέρων ἀγαθῶν μαχούμεθα. 13. Ἀκούσας δὲ ταῦτα ὁ Φαλῖνος ἐγέλασε καὶ εἶπεν· Ἀλλὰ φιλοσόφῳ μὲν ἔοικας, ὦ νεανίσκε, καὶ λέγεις οὐκ ἀχάριστα· ἴσθι μέντοι ἀνόητος ὤν, εἰ οἴει, τὴν ὑμετέραν ἀρετὴν περιγενέσθαι ἂν τῆς βασιλέως δυνάμεως. 14. Ἄλλους δέ τινας ἔφασαν λέγειν ὑπομαλακιζομένους, ὡς καὶ Κύρῳ πιστοὶ ἐγένοντο, καὶ βασιλεῖ ἂν πολλοῦ ἄξιοι γένοιντο, εἰ βούλοιτο φίλος γενέσθαι· καὶ εἴτε ἄλλο τι θέλοι χρῆσθαι, εἴτ' ἐπ' Αἴγυπτον στρατεύειν, συγκαταστρέψαιντ' ἂν αὐτῷ.

15. Ἐν τούτῳ Κλέαρχος ἧκε, καὶ ἠρώτησεν, εἰ ἤδη ἀποκεκριμένοι εἶεν. Φαλῖνος δὲ ὑπολαβὼν εἶπεν· Οὗτοι μὲν, ὦ Κλέαρχε, ἄλλος ἄλλα λέγει· σὺ δ' ἡμῖν εἰπέ, τί λέγεις. 16. Ὁ δ' εἶπεν· Ἐγώ σε, ὦ Φαλῖνε, ἄσμενος ἑώρακα, οἶμαι δὲ καὶ οἱ ἄλλοι πάντες· σύ τε γὰρ Ἕλλην εἶ, καὶ ἡμεῖς, τοσοῦτοι ὄντες ὅσους σὺ ὁρᾷς· ἐν τοιούτοις δὲ ὄντες πράγμασι συμβουλευόμεθά σοι, τί χρὴ ποιεῖν περὶ ὧν λέγεις. 17. Σὺ οὖν, πρὸς θεῶν, συμβούλευσον ἡμῖν, ὅ τι σοι δοκεῖ κάλλιστον καὶ ἄριστον εἶναι, καὶ ὅ σοι τιμὴν οἴσει εἰς τὸν ἔπειτα χρόνον, ἀναλεγόμενον, ὅτι Φαλῖνός ποτε, πεμφθεὶς παρὰ βασιλέως κελεύσων τοὺς Ἕλληνας τὰ ὅπλα παραδοῦναι, συμβουλευομένοις συνεβούλευσεν αὐτοῖς τάδε. Οἶσθα δέ, ὅτι ἀνάγκη λέγεσθαι ἐν τῇ Ἑλλάδι, ἃ ἂν συμβουλεύσῃς.

18. Ὁ δὲ Κλέαρχος ταῦτα ὑπήγετο, βουλόμενος καὶ αὐτὸν τὸν παρὰ βασιλέως πρεσβεύοντα συμβουλεῦσαι, μὴ

παραδοῦναι τὰ ὅπλα, ὅπως εὐέλπιδες μᾶλλον εἶεν οἱ Ἕλληνες. Φαλῖνος δὲ ὑποστρέψας, παρὰ τὴν δόξαν αὐτοῦ εἶπεν· 19. Ἐγὼ, εἰ μὲν τῶν μυρίων ἐλπίδων μία τις ὑμῖν ἐστι, σωθῆναι πολεμοῦντας βασιλεῖ, συμβουλεύω, μὴ παραδιδόναι τὰ ὅπλα· εἰ δέ τοι μηδεμία σωτηρίας ἐστὶν ἐλπὶς ἄκοντος βασιλέως, συμβουλεύω σώζεσθαι ὑμῖν ὅπῃ δυνατόν. 20. Κλέαρχος δὲ πρὸς ταῦτα εἶπεν· Ἀλλὰ ταῦτα μὲν δὴ σὺ λέγεις· παρ' ἡμῶν δὲ ἀπάγγελλε τάδε, ὅτι ἡμεῖς οἰόμεθα, εἰ μὲν δέοι βασιλεῖ φίλους εἶναι, πλείονος ἂν ἄξιοι εἶναι φίλοι ἔχοντες τὰ ὅπλα, ἢ παραδόντες ἄλλῳ· εἰ δὲ δέοι πολεμεῖν, ἄμεινον ἂν πολεμεῖν ἔχοντες τὰ ὅπλα, ἢ ἄλλῳ παραδόντες.

21. Ὁ δὲ Φαλῖνος εἶπε· Ταῦτα μὲν δὴ ἀπαγγελοῦμεν· ἀλλὰ καὶ τάδε ὑμῖν εἰπεῖν ἐκέλευσε βασιλεύς, ὅτι μένουσι μὲν ὑμῖν αὐτοῦ σπονδαὶ εἴησαν, προϊοῦσι δὲ καὶ ἀπιοῦσι πόλεμος. Εἴπατε οὖν καὶ περὶ τούτου, πότερα μενεῖτε καὶ σπονδαί εἰσιν, ἢ ὡς πολέμου ὄντος παρ' ὑμῶν ἀπαγγελῶ. 22. Κλέαρχος δ' ἔλεξεν· Ἀπάγγελλε τοίνυν καὶ περὶ τούτου, ὅτι καὶ ἡμῖν ταὐτὰ δοκεῖ, ἅπερ καὶ βασιλεῖ. Τί οὖν ταῦτά ἐστιν; ἔφη ὁ Φαλῖνος. Ἀπεκρίνατο Κλέαρχος· Ἢν μὲν μένωμεν, σπονδαί· ἀπιοῦσι δὲ καὶ προϊοῦσι πόλεμος. 23. Ὁ δὲ πάλιν ἠρώτησε· Σπονδὰς ἢ πόλεμον ἀπαγγελῶ; Κλέαρχος δὲ ταὐτὰ πάλιν ἀπεκρίνατο· Σπονδαὶ μὲν μένουσιν, ἀπιοῦσι δὲ ἢ προϊοῦσι πόλεμος. Ὅ τι δὲ ποιήσοι, οὐ διεσήμηνε.

CAP. II.

1. Φαλῖνος μὲν δὴ ᾤχετο, καὶ οἱ σὺν αὐτῷ. Οἱ δὲ παρὰ Ἀριαίου ἧκον, Προκλῆς καὶ Χειρίσοφος· Μένων δὲ αὐτοῦ ἔμενε παρὰ Ἀριαίῳ· οὗτοι δὲ ἔλεγον, ὅτι πολλοὺς φαίη Ἀριαῖος εἶναι Πέρσας ἑαυτοῦ βελτίους, οὓς οὐκ ἂν ἀνασχέσθαι αὐτοῦ βασιλεύοντος· ἀλλ' εἰ βούλεσθε συναπιέναι, ἥκειν ἤδη κελεύει τῆς νυκτός· εἰ δὲ μή, αὐτὸς πρωῒ ἀπιέναι φησίν. 2. Ὁ δὲ Κλέαρχος εἶπεν· Ἀλλ' οὕτω χρὴ ποιεῖν, ἐὰν μὲν ἥκωμεν, ὥσπερ λέγετε· εἰ δὲ μή, πράττετε, ὁποῖον ἄν τι ὑμῖν οἴησθε μάλιστα συμφέρειν. Ὅ τι δὲ ποιήσοι, οὐδὲ τούτοις εἶπε. 3. Μετὰ δὲ ταῦτα, ἤδη ἡλίου δύνοντος, συγκαλέσας τοὺς στρατηγοὺς καὶ λοχαγούς, ἔλεξε τοιάδε· Ἐμοί, ὦ ἄνδρες, θυομένῳ ἰέναι ἐπὶ βασιλέα, οὐκ ἐγίγνετο τὰ ἱερά. Καὶ εἰκότως ἄρα οὐκ ἐγίγνετο. Ὡς γὰρ ἐγὼ νῦν πυνθάνομαι, ἐν μέσῳ ἡμῶν καὶ βασιλέως ὁ Τίγρης ποταμός ἐστι ναυσίπορος, ὃν οὐκ ἂν δυναίμεθα ἄνευ πλοίων διαβῆναι· πλοῖα δὲ ἡμεῖς οὐκ ἔχομεν. Οὐ μὴν δὴ αὐτοῦ γε μένειν οἷόν τε· τὰ γὰρ ἐπιτήδεια οὐκ ἔστιν ἔχειν· ἰέναι δὲ παρὰ τοὺς Κύρου φίλους, πάνυ καλὰ ἡμῖν τὰ ἱερὰ ἦν. 4. Ὧδε οὖν χρὴ ποιεῖν· ἀπιόντας δειπνεῖν, ὅ τι τις ἔχει· ἐπειδὰν δὲ σημήνῃ τῷ κέρατι, ὡς ἀναπαύεσθαι, συσκευάζεσθε· ἐπειδὰν δὲ τὸ δεύτερον, ἀνατίθεσθε ἐπὶ τὰ ὑποζύγια· ἐπὶ δὲ τῷ τρίτῳ, ἕπεσθε τῷ ἡγουμένῳ, τὰ μὲν ὑποζύγια ἔχοντες πρὸς τοῦ ποταμοῦ, τὰ δὲ ὅπλα ἔξω.

5. Ταῦτα ἀκούσαντες οἱ στρατηγοὶ καὶ λοχαγοὶ ἀπῆλθον, καὶ ἐποίουν οὕτω· καὶ τὸ λοιπὸν ὁ μὲν ἦρχεν, οἱ δὲ

ἐπείθοντο, οὐχ ἑλόμενοι, ἀλλὰ ὁρῶντες, ὅτι μόνος ἐφρόνει, οἷα ἔδει τὸν ἄρχοντα, οἱ δ' ἄλλοι ἄπειροι ἦσαν. 6. Ἀριθμὸς δὲ τῆς ὁδοῦ, ἣν ἦλθον ἐξ Ἐφέσου τῆς Ἰωνίας μέχρι τῆς μάχης, σταθμοὶ τρεῖς καὶ ἐνενήκοντα, παρασάγγαι πέντε καὶ τριάκοντα καὶ πεντακόσιοι, στάδιοι πεντήκοντα καὶ ἑξακισχίλιοι καὶ μύριοι· ἀπὸ δὲ τῆς μάχης ἐλέγοντο εἶναι εἰς Βαβυλῶνα στάδιοι ἑξήκοντα καὶ τριακόσιοι. 7. Ἐντεῦθεν, ἐπεὶ σκότος ἐγένετο, Μιλτοκύθης μὲν ὁ Θρᾷξ, ἔχων τούς τε ἱππέας τοὺς μεθ' ἑαυτοῦ εἰς τετταράκοντα, καὶ τῶν πεζῶν Θρᾳκῶν ὡς τριακοσίους, ηὐτομόλησε πρὸς βασιλέα. 8. Κλέαρχος δὲ τοῖς ἄλλοις ἡγεῖτο κατὰ τὰ παρηγγελμένα, οἱ δ' εἵποντο· καὶ ἀφικνοῦνται εἰς τὸν πρῶτον σταθμὸν παρὰ Ἀριαῖον καὶ τὴν ἐκείνου στρατιὰν, ἀμφὶ μέσας νύκτας· καὶ ἐν τάξει θέμενοι τὰ ὅπλα, ξυνῆλθον οἱ στρατηγοὶ καὶ λοχαγοὶ τῶν Ἑλλήνων παρὰ Ἀριαῖον· καὶ ὤμοσαν οἵ τε Ἕλληνες, καὶ ὁ Ἀριαῖος, καὶ τῶν σὺν αὐτῷ οἱ κράτιστοι, μήτε προδώσειν ἀλλήλους, σύμμαχοί τε ἔσεσθαι· οἱ δὲ βάρβαροι προσώμοσαν, καὶ ἡγήσεσθαι ἀδόλως. 9. Ταῦτα δ' ὤμοσαν, σφάξαντες ταῦρον καὶ λύκον καὶ κάπρον καὶ κριὸν εἰς ἀσπίδα, οἱ μὲν Ἕλληνες βάπτοντες ξίφος, οἱ δὲ βάρβαροι λόγχην. 10. Ἐπεὶ δὲ τὰ πιστὰ ἐγένετο, εἶπεν ὁ Κλέαρχος· Ἄγε δή, ὦ Ἀριαῖε, ἐπείπερ ὁ αὐτὸς ὑμῖν στόλος ἐστὶ καὶ ἡμῖν, εἰπέ, τίνα γνώμην ἔχεις περὶ τῆς πορείας· πότερον ἄπιμεν ᾗπερ ἤλθομεν, ἢ ἄλλην τινὰ ἐννενοηκέναι δοκεῖς ὁδὸν κρείττω ; 11. Ὁ δ' εἶπεν· Ἣν μὲν ἤλθομεν ἀπιόντες, παντελῶς ἂν ὑπὸ λιμοῦ ἀπολοίμεθα· ὑπάρχει γὰρ νῦν ἡμῖν οὐδὲν τῶν ἐπιτηδείων. Ἑπτακαίδεκα γὰρ σταθμῶν τῶν ἐγγυτάτω, οὐδὲ δεῦρο ἰόντες, ἐκ τῆς χώρας οὐδὲν εἴχομεν λαμβάνειν· ἔνθα δ' εἴ τι ἦν, ἡμεῖς διαπορευόμενοι κατεδαπανήσαμεν. Νῦν δ' ἐπινοοῦμεν πορεύεσθαι μακροτέραν μὲν, τῶν δ' ἐπιτηδείων οὐκ ἀπορήσομεν. 12. Πορευτέον δ' ἡμῖν τοὺς πρώτους σταθμοὺς ὡς ἂν δυνώμεθα μακροτάτους, ἵνα ὡς πλεῖστον ἀποσπασθῶμεν τοῦ βασιλικοῦ στρατεύματος· ἢν γὰρ ἅπαξ δύο ἢ τριῶν ἡμερῶν ὁδὸν ἀπόσχωμεν, οὐκέτι μὴ δύνηται βασιλεὺς ἡμᾶς καταλαβεῖν. Ὀλίγῳ μὲν γὰρ στρατεύματι οὐ τολμήσει ἐφέπεσθαι· πολὺν δ' ἔχων στόλον, οὐ δυνήσεται ταχέως πορεύεσθαι· ἴσως δὲ καὶ τῶν ἐπιτηδείων σπανιεῖ. Ταύτην, ἔφη, τὴν γνώμην ἔχω ἔγωγε.

13. Ἦν δὲ αὕτη ἡ στρατηγία οὐδὲν ἄλλο δυναμένη, ἢ ἀποδρᾶναι ἢ ἀποφυγεῖν· ἡ δὲ τύχη ἐστρατήγησε κάλλιον. Ἐπεὶ γὰρ ἡμέρα ἐγένετο, ἐπορεύοντο, ἐν δεξιᾷ ἔχοντες τὸν ἥλιον, λογιζόμενοι ἥξειν ἅμα ἡλίῳ δύνοντι εἰς κώμας τῆς Βαβυλωνίας χώρας. Καὶ τοῦτο μὲν οὐκ ἐψεύσθησαν. 14. Ἔτι δὲ ἀμφὶ δείλην ἔδοξαν πολεμίους ὁρᾶν ἱππέας· καὶ τῶν τε Ἑλλήνων, οἳ μὴ ἔτυχον ἐν ταῖς τάξεσιν ὄντες, εἰς τὰς τάξεις ἔθεον, καὶ Ἀριαῖος (ἐτύγχανε γὰρ ἐφ' ἁμάξης πορευόμενος, διότι ἐτέτρωτο) καταβὰς ἐθωρακίζετο, καὶ οἱ σὺν αὐτῷ. 15. Ἐν ᾧ δὲ ὡπλίζοντο, ἧκον λέγοντες οἱ προπεμφθέντες σκοποὶ, ὅτι οὐχ ἱππεῖς εἰσιν, ἀλλὰ ὑποζύγια νέμοιντο. Καὶ εὐθὺς ἔγνωσαν πάντες, ὅτι ἐγγύς που ἐστρατοπεδεύετο βασιλεύς· καὶ γὰρ καὶ καπνὸς ἐφαίνετο ἐν κώμαις οὐ πρόσω.

16. Κλέαρχος δὲ ἐπὶ μὲν τοὺς πολεμίους οὐκ ἦγεν (ᾔδει γὰρ καὶ ἀπειρηκότας τοὺς στρατιώτας, καὶ ἀσίτους ὄντας,

ἤδη δὲ καὶ ὀψὲ ἦν)· οὐ μέντοι οὐδὲ ἀπέκλινε, φυλαττόμενος μὴ δοκοίη φεύγειν· ἀλλ' εὐθύωρον ἄγων, ἅμα τῷ ἡλίῳ δυομένῳ εἰς τὰς ἐγγυτάτω κώμας, τοὺς πρώτους ἔχων, κατεσκήνωσεν, ἐξ ὧν διήρπαστο ὑπὸ τοῦ βασιλικοῦ στρατεύματος καὶ αὐτὰ τὰ ἀπὸ τῶν οἰκιῶν ξύλα. 17. Οἱ μὲν οὖν πρῶτοι ὅμως τρόπῳ τινὶ ἐστρατοπεδεύσαντο, οἱ δὲ ὕστεροι σκοταῖοι προσιόντες, ὡς ἐτύγχανον ἕκαστοι, ηὐλίζοντο, καὶ κραυγὴν πολλὴν ἐποίουν καλοῦντες ἀλλήλους, ὥστε καὶ τοὺς πολεμίους ἀκούειν· ὥστε οἱ μὲν ἐγγύτατα τῶν πολεμίων καὶ ἔφυγον ἐκ τῶν σκηνωμάτων. 18. Δῆλον δὲ τοῦτο τῇ ὑστεραίᾳ ἐγένετο· οὔτε γὰρ ὑποζύγιον ἔτι οὐδὲν ἐφάνη, οὔτε στρατόπεδον, οὔτε καπνὸς οὐδαμοῦ πλησίον. Ἐξεπλάγη δὲ, ὡς ἔοικε, καὶ βασιλεὺς τῇ ἐφόδῳ τοῦ στρατεύματος· ἐδήλωσε δὲ τοῦτο οἷς τῇ ὑστεραίᾳ ἔπραττε.

19. Προϊούσης μέντοι τῆς νυκτὸς ταύτης, καὶ τοῖς Ἕλλησι φόβος ἐμπίπτει, καὶ θόρυβος καὶ δοῦπος ἦν, οἷον εἰκὸς φόβου ἐμπεσόντος γίγνεσθαι. 20. Κλέαρχος δὲ Τολμίδην Ἠλεῖον, ὃν ἐτύγχανεν ἔχων παρ' ἑαυτῷ, κήρυκα ἄριστον τῶν τότε, τοῦτον ἀνειπεῖν ἐκέλευσε, σιγὴν κατακηρύξαντα, ὅτι προαγορεύουσιν οἱ ἄρχοντες, ὃς ἂν τὸν ἀφέντα τὸν ὄνον εἰς τὰ ὅπλα μηνύσῃ, ὅτι λήψεται μισθὸν τάλαντον ἀργυρίου. 21. Ἐπεὶ δὲ ταῦτα ἐκηρύχθη, ἔγνωσαν οἱ στρατιῶται, ὅτι κενὸς ὁ φόβος εἴη, καὶ οἱ ἄρχοντες σῶοι. Ἅμα δὲ ὄρθρῳ παρήγγειλεν ὁ Κλέαρχος, εἰς τάξιν τὰ ὅπλα τίθεσθαι τοὺς Ἕλληνας, ᾗπερ εἶχον ὅτε ἦν ἡ μάχη.

CAP. III.

1. Ὁ δὲ δὴ ἔγραψα, ὅτι βασιλεὺς ἐξεπλάγη τῇ ἐφόδῳ, τῷδε δῆλον ἦν· τῇ μὲν γὰρ πρόσθεν ἡμέρᾳ πέμπων, τὰ ὅπλα παραδιδόναι ἐκέλευε, τότε δὲ ἅμα ἡλίῳ ἀνατέλλοντι κήρυκας ἔπεμψε περὶ σπονδῶν. 2. Οἱ δ' ἐπεὶ ἦλθον πρὸς τοὺς προφύλακας, ἐζήτουν τοὺς ἄρχοντας. Ἐπειδὴ δὲ ἀπήγγελλον οἱ προφύλακες, Κλέαρχος, τυχὼν τότε τὰς τάξεις ἐπισκοπῶν, εἶπε τοῖς προφύλαξι, κελεύειν τοὺς κήρυκας περιμένειν, ἄχρι ἂν σχολάσῃ. 3. Ἐπεὶ δὲ κατέστησε τὸ στράτευμα, ὥστε καλῶς ἔχειν ὁρᾶσθαι πάντῃ φάλαγγα πυκνὴν, τῶν δὲ ἀόπλων μηδένα καταφανῆ εἶναι, ἐκάλεσε τοὺς ἀγγέλους, καὶ αὐτός τε προῆλθε τούς τε εὐοπλοτάτους ἔχων καὶ εὐειδεστάτους τῶν αὑτοῦ στρατιωτῶν, καὶ τοῖς ἄλλοις στρατηγοῖς ταῦτα ἔφρασεν.

4. Ἐπεὶ δὲ ἦν πρὸς τοῖς ἀγγέλοις, ἀνηρώτα τί βούλοιντο. Οἱ δ' ἔλεγον, ὅτι περὶ σπονδῶν ἥκοιεν, ἄνδρες, οἵτινες ἱκανοὶ ἔσονται, τά τε παρὰ βασιλέως τοῖς Ἕλλησιν ἀπαγγεῖλαι, καὶ τὰ παρὰ τῶν Ἑλλήνων βασιλεῖ. 5. Ὁ δὲ ἀπεκρίνατο· Ἀπαγγέλλετε τοίνυν αὐτῷ, ὅτι μάχης δεῖ πρῶτον· ἄριστον γὰρ οὐκ ἔστιν, οὐδὲ ὁ τολμήσων περὶ σπονδῶν λέγειν τοῖς Ἕλλησι, μὴ πορίσας ἄριστον. 6. Ταῦτα ἀκούσαντες οἱ ἄγγελοι ἀπήλαυνον, καὶ ἧκον ταχύ (ᾧ καὶ δῆλον ἦν, ὅτι ἐγγύς που βασιλεὺς ἦν, ἢ ἄλλος τις, ᾧ ἐπετέτακτο ταῦτα πράττειν)· ἔλεγον δὲ, ὅτι εἰκότα δοκοῖεν λέγειν βασιλεῖ, καὶ ἥκοιεν ἡγεμόνας ἔχοντες, οἳ αὐτοὺς, ἐὰν σπονδαὶ γένωνται, ἄξουσιν ἔνθεν ἕξουσι τὰ ἐπιτήδεια. 7. Ὁ δὲ ἠρώτα, εἰ αὐτοῖς τοῖς ἀνδράσι σπέν-

δοιτο ἰοῦσι καὶ ἀπιοῦσιν, ἢ καὶ τοῖς ἄλλοις ἔσοιντο σπονδαί. Οἱ δέ, Ἅπασιν, ἔφασαν, μέχρι ἂν βασιλεῖ τὰ παρ' ὑμῶν διαγγελθῇ.

8. Ἐπεὶ δὲ ταῦτα εἶπον, μεταστησάμενος αὐτοὺς ὁ Κλέαρχος, ἐβουλεύετο· καὶ ἐδόκει τὰς σπονδὰς ποιεῖσθαι ταχύ, καὶ καθ' ἡσυχίαν ἐλθεῖν τε ἐπὶ τὰ ἐπιτήδεια καὶ λαβεῖν. 9. Ὁ δὲ Κλέαρχος εἶπε· Δοκεῖ μὲν κἀμοὶ ταῦτα· οὐ μέντοι ταχύ γε ἀπαγγελῶ, ἀλλὰ διατρίψω, ἔστ' ἂν ὀκνήσωσιν οἱ ἄγγελοι, μὴ ἀποδόξῃ ἡμῖν τὰς σπονδὰς ποιήσασθαι· οἶμαί γε μέντοι, ἔφη, καὶ τοῖς ἡμετέροις στρατιώταις τὸν αὐτὸν φόβον παρέσεσθαι. Ἐπεὶ δὲ ἐδόκει καιρὸς εἶναι, ἀπήγγελλεν ὅτι σπένδοιτο, καὶ εὐθὺς ἡγεῖσθαι ἐκέλευε πρὸς τἀπιτήδεια.

10. Καὶ οἱ μὲν ἡγοῦντο, Κλέαρχος μέντοι ἐπορεύετο, τὰς μὲν σπονδὰς ποιησάμενος, τὸ δὲ στράτευμα ἔχων ἐν τάξει· καὶ αὐτὸς ὠπισθοφυλάκει. Καὶ ἐνετύγχανον τάφροις καὶ αὐλῶσιν ὕδατος πλήρεσιν, ὡς μὴ δύνασθαι διαβαίνειν ἄνευ γεφυρῶν· ἀλλ' ἐποιοῦντο διαβάσεις ἐκ τῶν φοινίκων, οἳ ἦσαν ἐκπεπτωκότες, τοὺς δὲ καὶ ἐξέκοπτον. 11. Καὶ ἐνταῦθα ἦν Κλέαρχον καταμαθεῖν, ὡς ἐπεστάτει, ἐν μὲν τῇ ἀριστερᾷ χειρὶ τὸ δόρυ ἔχων, ἐν δὲ τῇ δεξιᾷ βακτηρίαν· καὶ εἴ τις αὐτῷ δοκοίη τῶν πρὸς τοῦτο τεταγμένων βλακεύειν, ἐκλεγόμενος τὸν ἐπιτήδειον ἔπαισεν ἄν, καὶ ἅμα αὐτὸς προσελάμβανεν, εἰς τὸν πηλὸν ἐμβαίνων· ὥστε πᾶσιν αἰσχύνην εἶναι, μὴ οὐ συσπουδάζειν. 12. Καὶ ἐτάχθησαν μὲν πρὸς αὐτοῦ οἱ τριάκοντα ἔτη γεγονότες· ἐπεὶ δὲ καὶ Κλέαρχον ἑώρων σπουδάζοντα, προσελάμβανον καὶ οἱ πρεσβύτεροι. 13. Πολὺ δὲ μᾶλ-

λον ὁ Κλέαρχος ἔσπευδεν, ὑποπτεύων μὴ ἀεὶ οὕτω πλήρεις εἶναι τὰς τάφρους ὕδατος (οὐ γὰρ ἦν ὥρα, οἵα τὸ πεδίον ἄρδειν)· ἀλλ', ἵνα ἤδη πολλὰ προφαίνοιτο τοῖς Ἕλλησι δεινὰ εἰς τὴν πορείαν, τούτου ἕνεκα βασιλέα ὑπώπτευεν ἐπὶ τὸ πεδίον τὸ ὕδωρ ἀφεικέναι.

14. Πορευόμενοι δὲ ἀφίκοντο εἰς κώμας, ὅθεν ἀπέδειξαν οἱ ἡγεμόνες λαμβάνειν τὰ ἐπιτήδεια. Ἐνῆν δὲ σῖτος πολὺς, καὶ οἶνος φοινίκων, καὶ ὄξος ἑψητὸν ἀπὸ τῶν αὐτῶν. 15. Αὐταὶ δὲ αἱ βάλανοι τῶν φοινίκων, οἵας μὲν ἐν τοῖς Ἕλλησιν ἔστιν ἰδεῖν, τοῖς οἰκέταις ἀπέκειντο· αἱ δὲ τοῖς δεσπόταις ἀποκείμεναι ἦσαν ἀπόλεκτοι, θαυμάσιαι τὸ κάλλος καὶ τὸ μέγεθος· ἡ δὲ ὄψις ἠλέκτρου οὐδὲν διέφερε· τὰς δέ τινας ξηραίνοντες τραγήματα ἀπετίθεσαν. Καὶ ἦν καὶ παρὰ πότον ἡδὺ μὲν, κεφαλαλγὲς δέ. 16. Ἐνταῦθα καὶ τὸν ἐγκέφαλον τοῦ φοίνικος πρῶτον ἔφαγον οἱ στρατιῶται, καὶ οἱ πολλοὶ ἐθαύμασαν τό τε εἶδος, καὶ τὴν ἰδιότητα τῆς ἡδονῆς. Ἦν δὲ σφόδρα καὶ τοῦτο κεφαλαλγές. Ὁ δὲ φοίνιξ, ὅθεν ἐξαιρεθείη ὁ ἐγκέφαλος, ὅλος ἐξηυαίνετο.

17. Ἐνταῦθα ἔμειναν ἡμέρας τρεῖς· καὶ παρὰ μεγάλου βασιλέως ἧκε Τισσαφέρνης, καὶ ὁ τῆς βασιλέως γυναικὸς ἀδελφὸς, καὶ ἄλλοι Πέρσαι τρεῖς· δοῦλοι δὲ πολλοὶ εἵποντο. Ἐπεὶ δὲ ἀπήντησαν αὐτοῖς οἱ τῶν Ἑλλήνων στρατηγοὶ, ἔλεγε πρῶτος Τισσαφέρνης δι' ἑρμηνέως τοιάδε·

18. Ἐγὼ, ὦ ἄνδρες Ἕλληνες, γείτων οἰκῶ τῇ Ἑλλάδι· καὶ ἐπεὶ ὑμᾶς εἶδον εἰς πολλὰ κακὰ καὶ ἀμήχανα ἐμπεπτωκότας, εὕρημα ἐποιησάμην, εἴ πως δυναίμην παρὰ βασιλέως

αἰτήσασθαι, δοῦναι ἐμοὶ ἀποσῶσαι ὑμᾶς εἰς τὴν Ἑλλάδα. Οἶμαι γὰρ ἂν οὐκ ἀχαρίστως μοι ἕξειν, οὔτε πρὸς ὑμῶν, οὔτε πρὸς τῆς Ἑλλάδος ἁπάσης. 19. Ταῦτα δὲ γνοὺς, ᾐτούμην βασιλέα, λέγων αὐτῷ, ὅτι δικαίως ἄν μοι χαρίζοιτο, ὅτι αὐτῷ Κῦρόν τε ἐπιστρατεύοντα πρῶτος ἤγγειλα, καὶ βοήθειαν ἔχων ἅμα τῇ ἀγγελίᾳ ἀφικόμην· καὶ μόνος τῶν κατὰ τοὺς Ἕλληνας τεταγμένων οὐκ ἔφυγον, ἀλλὰ διήλασα, καὶ συνέμιξα βασιλεῖ ἐν τῷ ὑμετέρῳ στρατοπέδῳ, ἔνθα βασιλεὺς ἀφίκετο, ἐπεὶ Κῦρον ἀπέκτεινε· καὶ τοὺς ξὺν Κύρῳ βαρβάρους ἐδίωξα σὺν τοῖσδε τοῖς παροῦσι νῦν μετ' ἐμοῦ, οἵπερ αὐτῷ εἰσι πιστότατοι. 20. Καὶ περὶ μὲν τούτων ὑπέσχετό μοι βουλεύσασθαι· ἐρέσθαι δέ με ὑμᾶς ἐκέλευσεν ἐλθόντα, τίνος ἕνεκεν ἐστρατεύσατε ἐπ' αὐτόν. Καὶ συμβουλεύω ὑμῖν μετρίως ἀποκρίνασθαι, ἵνα μοι εὐπρακτότερον ᾖ, ἐάν τι δύνωμαι ἀγαθὸν ὑμῖν παρ' αὐτοῦ διαπράξασθαι.

21. Πρὸς ταῦτα μεταστάντες οἱ Ἕλληνες ἐβουλεύοντο, καὶ ἀπεκρίναντο (Κλέαρχος δ' ἔλεγεν)· Ἡμεῖς οὔτε συνήλθομεν ὡς βασιλεῖ πολεμήσοντες, οὔτ' ἐπορευόμεθα ἐπὶ βασιλέα· ἀλλὰ πολλὰς προφάσεις Κῦρος εὕρισκεν, ὡς καὶ σὺ εὖ οἶσθα, ἵνα ὑμᾶς τε ἀπαρασκευάστους λάβοι, καὶ ἡμᾶς ἐνθάδε ἀναγάγοι. 22. Ἐπεὶ μέντοι ἤδη αὐτὸν ἑωρῶμεν ἐν δεινῷ ὄντα, ᾐσχύνθημεν καὶ θεοὺς καὶ ἀνθρώπους προδοῦναι αὐτὸν, ἐν τῷ πρόσθεν χρόνῳ παρέχοντες ἡμᾶς αὐτοὺς εὖ ποιεῖν. 23. Ἐπεὶ δὲ Κῦρος τέθνηκεν, οὔτε βασιλεῖ ἀντιποιούμεθα τῆς ἀρχῆς, οὔτ' ἔστιν ὅτου ἕνεκα βουλοίμεθ' ἂν τὴν βασιλέως χώραν κακῶς ποιεῖν· οὐδ' αὐτὸν ἀποκτεῖναι ἂν ἐθέλοιμεν, πορευοίμεθα δ' ἂν

οἴκαδε, εἴ τις ἡμᾶς μὴ λυποίη· ἀδικοῦντα μέντοι πειρασόμεθα σὺν τοῖς θεοῖς ἀμύνασθαι· ἐὰν μέντοι τις ἡμᾶς καὶ εὖ ποιῶν ὑπάρχῃ, καὶ τούτου εἴς γε δύναμιν οὐχ ἡττησόμεθα εὖ ποιοῦντες. Ὁ μὲν οὕτως εἶπεν. 24. Ἀκούσας δὲ ὁ Τισσαφέρνης ἔφη· Ταῦτα ἐγὼ ἀπαγγελῶ βασιλεῖ, καὶ ὑμῖν πάλιν τὰ παρ' ἐκείνου· μέχρι δ' ἂν ἐγὼ ἥκω, αἱ σπονδαὶ μενόντων· ἀγορὰν δὲ ἡμεῖς παρέξομεν. 25. Καὶ εἰς μὲν τὴν ὑστεραίαν οὐχ ἧκεν· ὥσθ' οἱ Ἕλληνες ἐφρόντιζον· τῇ δὲ τρίτῃ ἥκων ἔλεγεν, ὅτι διαπεπραγμένος ἥκοι παρὰ βασιλέως, δοθῆναι αὐτῷ σώζειν τοὺς Ἕλληνας· καίπερ πάνυ πολλῶν ἀντιλεγόντων, ὡς οὐκ ἄξιον εἴη βασιλεῖ, ἀφεῖναι τοὺς ἐφ' ἑαυτὸν στρατευσαμένους. 26. Τέλος δὲ εἶπε· Καὶ νῦν ἔξεστιν ὑμῖν πιστὰ λαβεῖν παρ' ἡμῶν, ἦ μὴν φιλίαν παρέξειν ὑμῖν τὴν χώραν, καὶ ἀδόλως ἀπάξειν εἰς τὴν Ἑλλάδα, ἀγορὰν παρέχοντας· ὅπου δ' ἂν μὴ ᾖ πρίασθαι, λαμβάνειν ὑμᾶς ἐκ τῆς χώρας ἐάσομεν τὰ ἐπιτήδεια. 27. Ὑμᾶς δ' αὖ ἡμῖν δεήσει ὀμόσαι, ἦ μὴν πορεύεσθαι ὡς διὰ φιλίας ἀσινῶς, σῖτα καὶ ποτὰ λαμβάνοντας, ὁπόταν μὴ ἀγορὰν παρέχωμεν· ἢν δὲ παρέχωμεν ἀγορὰν, ὠνουμένους ἕξειν τὰ ἐπιτήδεια.

28. Ταῦτα ἔδοξε· καὶ ὤμοσαν, καὶ δεξιὰς ἔδοσαν Τισσαφέρνης καὶ ὁ τῆς βασιλέως γυναικὸς ἀδελφὸς τοῖς τῶν Ἑλλήνων στρατηγοῖς καὶ λοχαγοῖς, καὶ ἔλαβον παρὰ τῶν Ἑλλήνων. 29. Μετὰ δὲ ταῦτα Τισσαφέρνης εἶπε· Νῦν μὲν δὴ ἄπειμι ὡς βασιλέα· ἐπειδὰν δὲ διαπράξωμαι ἃ δέομαι, ἥξω συσκευασάμενος, ὡς ἀπάξων ὑμᾶς εἰς τὴν Ἑλλάδα, καὶ αὐτὸς ἀπιὼν ἐπὶ τὴν ἐμαυτοῦ ἀρχήν.

CAP. IV.

1. Μετὰ ταῦτα περιέμενον Τισσαφέρνην οἵ τε Ἕλληνες καὶ Ἀριαῖος, ἐγγὺς ἀλλήλων ἐστρατοπεδευμένοι, ἡμέρας πλείους ἢ εἴκοσιν. Ἐν δὲ ταύταις ἀφικνοῦνται πρὸς Ἀριαῖον καὶ οἱ ἀδελφοὶ καὶ οἱ ἄλλοι ἀναγκαῖοι, καὶ πρὸς τοὺς σὺν ἐκείνῳ Περσῶν τινες, παραθαρσύνοντές τε, καὶ δεξιὰς ἔνιοι παρὰ βασιλέως φέροντες, μὴ μνησικακήσειν βασιλέα αὐτοῖς τῆς σὺν Κύρῳ ἐπιστρατείας, μηδὲ ἄλλου μηδενὸς τῶν παρῳχημένων. 2. Τούτων δὲ γιγνομένων, ἔνδηλοι ἦσαν οἱ περὶ Ἀριαῖον ἧττον προσέχοντες τοῖς Ἕλλησι τὸν νοῦν· ὥστε καὶ διὰ τοῦτο τοῖς μὲν πολλοῖς τῶν Ἑλλήνων οὐκ ἤρεσκον, ἀλλὰ προσιόντες τῷ Κλεάρχῳ ἔλεγον καὶ τοῖς ἄλλοις στρατηγοῖς·

3. Τί μένομεν; ἢ οὐκ ἐπιστάμεθα, ὅτι βασιλεὺς ἡμᾶς ἀπολέσαι ἂν περὶ παντὸς ποιήσαιτο, ἵνα καὶ τοῖς ἄλλοις Ἕλλησι φόβος εἴη ἐπὶ βασιλέα μέγαν στρατεύειν; Καὶ νῦν μὲν ἡμᾶς ὑπάγεται μένειν, διὰ τὸ διεσπάρθαι αὐτῷ τὸ στράτευμα· ἐπὰν δὲ πάλιν ἁλισθῇ αὐτῷ ἡ στρατιά, οὐκ ἔστιν ὅπως οὐκ ἐπιθήσεται ἡμῖν. 4. Ἴσως δέ που ἢ ἀποσκάπτει τι ἢ ἀποτειχίζει, ὡς ἄπορος εἴη ἡ ὁδός. Οὐ γάρ ποτε ἑκών γε βουλήσεται, ἡμᾶς ἐλθόντας εἰς τὴν Ἑλλάδα ἀπαγγεῖλαι, ὡς ἡμεῖς, τοσοίδε ὄντες, ἐνικῶμεν τὸν βασιλέα ἐπὶ ταῖς θύραις αὐτοῦ, καὶ καταγελάσαντες ἀπήλθομεν.

5. Κλέαρχος δὲ ἀπεκρίνατο τοῖς ταῦτα λέγουσιν· Ἐγὼ ἐνθυμοῦμαι μὲν καὶ ταῦτα πάντα· ἐννοῶ δ᾽ ὅτι, εἰ νῦν ἄπιμεν, δόξομεν ἐπὶ πολέμῳ ἀπιέναι, καὶ παρὰ τὰς

σπονδὰς ποιεῖν. Ἔπειτα, πρῶτον μὲν ἀγορὰν οὐδεὶς παρέξει ἡμῖν, οὐδὲ ὅθεν ἐπισιτιούμεθα· αὖθις δὲ ὁ ἡγησόμενος οὐδεὶς ἔσται· καὶ ἅμα ταῦτα ποιούντων ἡμῶν εὐθὺς Ἀριαῖος ἀφεστήξει· ὥστε φίλος ἡμῖν οὐδεὶς λελείψεται, ἀλλὰ καὶ οἱ πρόσθεν ὄντες, πολέμιοι ἡμῖν ἔσονται. 6. Ποταμὸς δ' εἰ μέν τις καὶ ἄλλος ἄρα ἡμῖν ἐστι διαβατέος, οὐκ οἶδα· τὸν δ' οὖν Εὐφράτην ἴσμεν ὅτι ἀδύνατον διαβῆναι, κωλυόντων πολεμίων. Οὐ μὲν δὴ, ἂν μάχεσθαί γε δέῃ, ἱππεῖς εἰσιν ἡμῖν ξύμμαχοι· τῶν δὲ πολεμίων ἱππεῖς εἰσιν οἱ πλεῖστοι καὶ πλείστου ἄξιοι· ὥστε νικῶντες μὲν, τίνα ἂν ἀποκτείναιμεν; ἡττωμένων δὲ, οὐδένα οἷόν τε σωθῆναι. 7. Ἐγὼ μὲν οὖν βασιλέα (ᾧ οὕτω πολλά ἐστι τὰ σύμμαχα, εἴπερ προθυμεῖται ἡμᾶς ἀπολέσαι) οὐκ οἶδα, ὅ τι δεῖ αὐτὸν ὀμόσαι, καὶ δεξιὰν δοῦναι, καὶ θεοὺς ἐπιορκῆσαι, καὶ τὰ ἑαυτοῦ πιστὰ ἄπιστα ποιῆσαι Ἕλλησί τε καὶ βαρβάροις. Τοιαῦτα πολλὰ ἔλεγεν.

8. Ἐν δὲ τούτῳ ἧκε Τισσαφέρνης, ἔχων τὴν ἑαυτοῦ δύναμιν, ὡς εἰς οἶκον ἀπιών, καὶ Ὀρόντας τὴν ἑαυτοῦ δύναμιν· ἦγε δὲ καὶ τὴν θυγατέρα τὴν βασιλέως ἐπὶ γάμῳ. 9. Ἐντεῦθεν δὲ ἤδη, Τισσαφέρνους ἡγουμένου καὶ ἀγορὰν παρέχοντος, ἐπορεύοντο· ἐπορεύετο δὲ καὶ Ἀριαῖος, τὸ Κύρου βαρβαρικὸν ἔχων στράτευμα, ἅμα Τισσαφέρνει καὶ Ὀρόντᾳ, καὶ ξυνεστρατοπεδεύετο σὺν ἐκείνοις. 10. Οἱ δὲ Ἕλληνες, ὑφορῶντες τούτους, αὐτοὶ ἐφ' ἑαυτῶν ἐχώρουν, ἡγεμόνας ἔχοντες. Ἐστρατοπεδεύοντο δὲ ἑκάστοτε ἀπέχοντες ἀλλήλων παρασάγγην, καὶ μεῖον· ἐφυλάττοντο δὲ ἀμφότεροι ὥσπερ πολεμίους ἀλλήλους, καὶ εὐθὺς τοῦτο ὑποψίαν παρεῖχεν. 11. Ἐνίοτε δὲ καὶ ξυλιζόμενοι ἐκ τοῦ

αὐτοῦ, καὶ χόρτον καὶ ἄλλα τοιαῦτα ξυλλέγοντες, πληγὰς ἐνέτεινον ἀλλήλοις· ὥστε καὶ τοῦτο ἔχθραν παρεῖχε.

12. Διελθόντες δὲ τρεῖς σταθμοὺς, ἀφίκοντο πρὸς τὸ Μηδίας καλούμενον τεῖχος, καὶ παρῆλθον εἴσω αὐτοῦ. Ἦν δὲ ᾠκοδομημένον πλίνθοις ὀπταῖς, ἐν ἀσφάλτῳ κειμέναις, εὖρος εἴκοσι ποδῶν, ὕψος δὲ ἑκατόν· μῆκος δ' ἐλέγετο εἶναι εἴκοσι παρασαγγῶν· ἀπέχει δὲ Βαβυλῶνος οὐ πολύ.

13. Ἐντεῦθεν δ' ἐπορεύθησαν σταθμοὺς δύο, παρασάγγας ὀκτὼ (καὶ διέβησαν διώρυχας δύο, τὴν μὲν ἐπὶ γεφύρας, τὴν δ' ἐζευγμένην πλοίοις ἑπτά· αὗται δ' ἦσαν ἀπὸ τοῦ Τίγρητος ποταμοῦ· κατετέτμηντο δὲ ἐξ αὐτῶν καὶ τάφροι ἐπὶ τὴν χώραν, αἱ μὲν πρῶται μεγάλαι, ἔπειτα δ' ἐλάττους, τέλος δὲ καὶ μικροὶ ὀχετοὶ, ὥσπερ ἐν τῇ Ἑλλάδι ἐπὶ τὰς μελίνας)· καὶ ἀφικνοῦνται ἐπὶ τὸν Τίγρητα ποταμόν· πρὸς ᾧ πόλις ἦν μεγάλη καὶ πολυάνθρωπος, ᾗ ὄνομα Σιττάκη, ἀπέχουσα τοῦ ποταμοῦ σταδίους πεντεκαίδεκα.

14. Οἱ μὲν οὖν Ἕλληνες παρ' αὐτὴν ἐσκήνησαν, ἐγγὺς παραδείσου μεγάλου καὶ καλοῦ καὶ δασέος παντοίων δένδρων· οἱ δὲ βάρβαροι, διαβεβηκότες τὸν Τίγρητα, οὐ μέντοι καταφανεῖς ἦσαν.

15. Μετὰ δὲ τὸ δεῖπνον ἔτυχον ἐν περιπάτῳ ὄντες πρὸ τῶν ὅπλων Πρόξενος καὶ Ξενοφῶν· καὶ προσελθὼν ἄνθρωπός τις ἠρώτησε τοὺς προφύλακας, ποῦ ἂν ἴδοι Πρόξενον ἢ Κλέαρχον. Μένωνα δὲ οὐκ ἐζήτει, καὶ ταῦτα παρ' Ἀριαίου ὢν, τοῦ Μένωνος ξένου. 16. Ἐπεὶ δὲ Πρόξενος εἶπεν, ὅτι Αὐτός εἰμι, ὃν ζητεῖς, εἶπεν ὁ ἄνθρωπος τάδε· Ἔπεμψέ με Ἀριαῖος καὶ Ἀρτάοζος, πιστοὶ ὄντες Κύρῳ καὶ ὑμῖν εὖνοι, καὶ κελεύουσι φυλάττεσθαι, μὴ ὑμῖν

ἐπιθῶνται τῆς νυκτὸς οἱ βάρβαροι· ἔστι δὲ στράτευμα πολὺ ἐν τῷ πλησίον παραδείσῳ. 17. Καὶ παρὰ τὴν γέφυραν τοῦ Τίγρητος ποταμοῦ πέμψαι κελεύουσι φυλακήν, ὡς διανοεῖται αὐτὴν λῦσαι Τισσαφέρνης τῆς νυκτός, ἐὰν δύνηται, ὡς μὴ διαβῆτε, ἀλλ' ἐν μέσῳ ἀποληφθῆτε τοῦ ποταμοῦ καὶ τῆς διώρυχος. 18. Ἀκούσαντες ταῦτα ἄγουσιν αὐτὸν παρὰ τὸν Κλέαρχον, καὶ φράζουσιν, ἃ λέγει. Ὁ δὲ Κλέαρχος ἀκούσας ἐταράχθη σφόδρα καὶ ἐφοβεῖτο. 19. Νεανίσκος δέ τις τῶν παρόντων ἐννοήσας εἶπεν, ὡς οὐκ ἀκόλουθα εἴη, τό τε ἐπιθήσεσθαι καὶ λύσειν τὴν γέφυραν. Δῆλον γὰρ, ὅτι ἐπιτιθεμένους ἢ νικᾶν δεήσει αὐτοὺς, ἢ ἡττᾶσθαι. Ἐὰν μὲν οὖν νικῶσι, τί δεῖ αὐτοὺς λύειν τὴν γέφυραν; οὐδὲ γὰρ, ἂν πολλαὶ γέφυραι ὦσιν, ἔχοιμεν ἂν, ὅποι φυγόντες ἡμεῖς σωθεῖμεν. 20. Ἐὰν δὲ ἡμεῖς νικῶμεν, λελυμένης τῆς γεφύρας, οὐχ ἕξουσιν ἐκεῖνοι, ὅποι φύγωσιν· οὐδὲ μὴν βοηθῆσαι, πολλῶν ὄντων πέραν, οὐδεὶς αὐτοῖς δυνήσεται, λελυμένης τῆς γεφύρας. 21. Ἀκούσας δὲ ὁ Κλέαρχος ταῦτα, ἤρετο τὸν ἄγγελον, πόση τις εἴη χώρα ἡ ἐν μέσῳ τοῦ Τίγρητος καὶ τῆς διώρυχος. Ὁ δὲ εἶπεν, ὅτι πολλή, καὶ κῶμαι ἔνεισι καὶ πόλεις πολλαὶ καὶ μεγάλαι. 22. Τότε δὴ καὶ ἐγνώσθη, ὅτι οἱ βάρβαροι τὸν ἄνθρωπον ὑποπέμψαιεν, ὀκνοῦντες, μὴ οἱ Ἕλληνες, διελόντες τὴν γέφυραν, μένοιεν ἐν τῇ νήσῳ, ἐρύματα ἔχοντες, ἔνθεν μὲν τὸν Τίγρητα, ἔνθεν δὲ τὴν διώρυχα· τὰ δ' ἐπιτήδεια ἔχοιεν ἐκ τῆς ἐν μέσῳ χώρας, πολλῆς καὶ ἀγαθῆς οὔσης, καὶ τῶν ἐργασομένων ἐνόντων· εἶτα δὲ καὶ ἀποστροφὴ γένοιτο, εἴ τις βούλοιτο βασιλέα κακῶς ποιεῖν. 23. Μετὰ ταῦτα ἀνεπαύοντο· ἐπὶ μέντοι τὴν γέφυραν ὅμως φυλακὴν ἔπεμψαν. Καὶ οὔτε ἐπέθετο οὐδεὶς οὐδαμόθεν, οὔτε πρὸς τὴν γέφυραν οὐδεὶς ἦλθε τῶν πολεμίων, ὡς οἱ φυλάττοντες ἀπήγγελλον. 24. Ἐπειδὴ δὲ ἕως ἐγένετο, διέβαινον τὴν γέφυραν, ἐζευγμένην πλοίοις τριάκοντα καὶ ἑπτὰ, ὡς οἷόν τε μάλιστα πεφυλαγμένως· ἐξήγγελλον γάρ τινες τῶν παρὰ Τισσαφέρνους Ἑλλήνων, ὡς διαβαινόντων μέλλοιεν ἐπιθήσεσθαι. Ἀλλὰ ταῦτα μὲν ψευδῆ ἦν· διαβαινόντων μέντοι, ὁ Γλοῦς αὐτοῖς ἐπεφάνη μετ' ἄλλων, σκοπῶν, εἰ διαβαίνοιεν τὸν ποταμόν· ἐπεὶ δὲ εἶδεν, ᾤχετο ἀπελαύνων.

25. Ἀπὸ δὲ τοῦ Τίγρητος ἐπορεύθησαν σταθμοὺς τέτταρας, παρασάγγας εἴκοσιν, ἐπὶ τὸν Φύσκον ποταμὸν, τὸ εὖρος πλέθρου· ἐπῆν δὲ γέφυρα. Καὶ ἐνταῦθα ᾤκεῖτο πόλις μεγάλη, ᾗ ὄνομα Ὦπις· πρὸς ἣν ἀπήντησε τοῖς Ἕλλησιν ὁ Κύρου καὶ Ἀρταξέρξου νόθος ἀδελφὸς, ἀπὸ Σούσων καὶ Ἐκβατάνων στρατιὰν πολλὴν ἄγων, ὡς βοηθήσων βασιλεῖ· καὶ ἐπιστήσας τὸ ἑαυτοῦ στράτευμα, παρερχομένους τοὺς Ἕλληνας ἐθεώρει. 26. Ὁ δὲ Κλέαρχος ἡγεῖτο μὲν εἰς δύο, ἐπορεύετο δὲ ἄλλοτε καὶ ἄλλοτε ἐφιστάμενος. Ὅσον δὲ [ἂν] χρόνον τὸ ἡγούμενον τοῦ στρατεύματος ἐπιστήσειε, τοσοῦτον ἦν ἀνάγκη χρόνον δι' ὅλου τοῦ στρατεύματος γίγνεσθαι τὴν ἐπίστασιν· ὥστε τὸ στράτευμα καὶ αὐτοῖς τοῖς Ἕλλησι δόξαι πάμπολυ εἶναι, καὶ τὸν Πέρσην ἐκπεπλῆχθαι θεωροῦντα.

27. Ἐντεῦθεν δὲ ἐπορεύθησαν διὰ τῆς Μηδίας σταθμοὺς ἐρήμους ἕξ, παρασάγγας τριάκοντα, εἰς τὰς Παρυσάτιδος κώμας, τῆς Κύρου καὶ βασιλέως μητρός. Ταύτας

Τισσαφέρνης Κύρῳ ἐπεγγελῶν διαρπάσαι τοῖς Ἕλλησιν ἐπέτρεψε, πλὴν ἀνδραπόδων. Ἐνῆν δὲ σῖτος πολὺς, καὶ πρόβατα, καὶ ἄλλα χρήματα. 28. Ἐντεῦθεν δ᾽ ἐπορεύθησαν σταθμοὺς ἐρήμους τέτταρας, παρασάγγας εἴκοσι, τὸν Τίγρητα ποταμὸν ἐν ἀριστερᾷ ἔχοντες. Ἐν δὲ τῷ πρώτῳ σταθμῷ πέραν τοῦ ποταμοῦ πόλις ᾠκεῖτο μεγάλη καὶ εὐδαίμων, ὄνομα Καιναὶ, ἐξ ἧς οἱ βάρβαροι διῆγον ἐπὶ σχεδίαις διφθερίναις ἄρτους, τυροὺς, οἶνον.

CAP. V.

1. Μετὰ ταῦτα ἀφικνοῦνται ἐπὶ τὸν Ζαπάταν ποταμὸν, τὸ εὖρος τεττάρων πλέθρων. Καὶ ἐνταῦθα ἔμειναν ἡμέρας τρεῖς. Ἐν δὲ ταύταις ὑποψίαι μὲν ἦσαν, φανερὰ δὲ οὐδεμία ἐφαίνετο ἐπιβουλή. 2. Ἔδοξεν οὖν τῷ Κλεάρχῳ ξυγγενέσθαι τῷ Τισσαφέρνει, καὶ εἴ πως δύναιτο, παῦσαι τὰς ὑποψίας, πρὶν ἐξ αὐτῶν πόλεμον γενέσθαι· καὶ ἔπεμψέ τινα ἐροῦντα, ὅτι ξυγγενέσθαι αὐτῷ χρῄζοι. Ὁ δὲ ἑτοίμως ἐκέλευεν ἥκειν. 3. Ἐπειδὴ δὲ ξυνῆλθον, λέγει ὁ Κλέαρχος τάδε·

Ἐγὼ, ὦ Τισσαφέρνη, οἶδα μὲν ἡμῖν ὅρκους γεγενημένους, καὶ δεξιὰς δεδομένας, μὴ ἀδικήσειν ἀλλήλους· φυλαττόμενον δὲ σέ τε ὁρῶ ὡς πολεμίους ἡμᾶς, καὶ ἡμεῖς, ὁρῶντες ταῦτα, ἀντιφυλαττόμεθα. 4. Ἐπεὶ δὲ σκοπῶν οὐ δύναμαι οὔτε σὲ αἰσθέσθαι πειρώμενον ἡμᾶς κακῶς ποιεῖν, ἐγώ τε σαφῶς οἶδα, ὅτι ἡμεῖς γε οὐδ᾽ ἐπινοοῦμεν τοιοῦτον οὐδὲν, ἔδοξέ μοι εἰς λόγους σοι ἐλθεῖν, ὅπως, εἰ δυναίμεθα, ἐξέλοιμεν ἀλλήλων τὴν ἀπιστίαν. 5. Καὶ γὰρ οἶδα ἀνθρώπους ἤδη, τοὺς μὲν ἐκ διαβολῆς, τοὺς δὲ καὶ ἐξ ὑποψίας, οἳ φοβηθέντες ἀλλήλους, φθάσαι βουλόμενοι πρὶν παθεῖν, ἐποίησαν ἀνήκεστα κακὰ τοὺς οὔτε μέλλοντας οὔτ' αὖ βουλομένους τοιοῦτον οὐδέν. 6. Τὰς οὖν τοιαύτας ἀγνωμοσύνας νομίζων συνουσίαις μάλιστα ἂν παύεσθαι, ἥκω, καὶ διδάσκειν σε βούλομαι, ὡς σὺ ἡμῖν οὐκ ὀρθῶς ἀπιστεῖς.

7. Πρῶτον μὲν γὰρ καὶ μέγιστον, οἱ θεῶν ἡμᾶς ὅρκοι κωλύουσι πολεμίους εἶναι ἀλλήλοις· ὅστις δὲ τούτων σύνοιδεν αὑτῷ παρημεληκώς, τοῦτον ἐγὼ οὔποτ' ἂν εὐδαιμονίσαιμι. Τὸν γὰρ θεῶν πόλεμον οὐκ οἶδα οὔτ' ἀπὸ ποίου ἂν τάχους [οὔτε ὅποι ἂν] τις φεύγων ἀποφύγοι, οὔτ' εἰς ποῖον ἂν σκότος ἀποδραίη, οὔθ' ὅπως ἂν εἰς ἐχυρὸν χωρίον ἀποσταίη. Πάντη γὰρ πάντα τοῖς θεοῖς ὕποχα, καὶ πανταχῇ πάντων ἴσον οἱ θεοὶ κρατοῦσι.

8. Περὶ μὲν δὴ τῶν θεῶν τε καὶ τῶν ὅρκων οὕτω γιγνώσκω, παρ' οἷς ἡμεῖς τὴν φιλίαν συνθέμενοι κατεθέμεθα· τῶν δ' ἀνθρωπίνων σὲ ἔγωγε ἐν τῷ παρόντι νομίζω μέγιστον εἶναι ἡμῖν ἀγαθόν. 9. Σὺν μὲν γὰρ σοὶ πᾶσα μὲν ὁδὸς εὔπορος, πᾶς δὲ ποταμὸς διαβατός, τῶν δ' ἐπιτηδείων οὐκ ἀπορία· ἄνευ δὲ σοῦ πᾶσα μὲν διὰ σκότους ἡ ὁδός (οὐδὲν γὰρ αὐτῆς ἐπιστάμεθα), πᾶς δὲ ποταμὸς δύσπορος, πᾶς δὲ ὄχλος φοβερός, φοβερώτατον δ' ἐρημία· μεστὴ γὰρ πολλῆς ἀπορίας ἐστίν. 10. Εἰ δὲ δὴ καὶ μανέντες σε κατακτείναιμεν, ἄλλο τι ἂν ἢ, τὸν εὐεργέτην κατακτείναντες, πρὸς βασιλέα τὸν μέγιστον ἔφεδρον ἀγωνιζοίμεθα; Ὅσων δὲ δὴ καὶ οἵων ἂν ἐλπίδων ἐμαυτὸν στερήσαιμι, εἰ σέ τι κακὸν ἐπιχειρήσαιμι

ποιεῖν, ταῦτα λέξω. 11. Ἐγὼ γὰρ Κῦρον ἐπεθύμησά μοι φίλον γενέσθαι, νομίζων τῶν τότε ἱκανώτατον εἶναι εὖ ποιεῖν, ὃν βούλοιτο. Σὲ δὲ νῦν ὁρῶ τήν τε Κύρου δύναμιν καὶ χώραν ἔχοντα, καὶ τὴν σεαυτοῦ ἀρχὴν σώζοντα, τὴν δὲ βασιλέως δύναμιν, ᾗ Κῦρος πολεμίᾳ ἐχρῆτο, σοὶ ταύτην ξύμμαχον οὖσαν. 12. Τούτων δὲ τοιούτων ὄντων, τίς οὕτω μαίνεται, ὅστις οὐ βούλεταί σοι φίλος εἶναι;

Ἀλλὰ μὴν, — ἐρῶ γὰρ καὶ ταῦτα, ἐξ ὧν ἔχω ἐλπίδας, καὶ σὲ βουλήσεσθαι φίλον ἡμῖν εἶναι· — 13. οἶδα μὲν γὰρ ὑμῖν Μυσοὺς λυπηροὺς ὄντας, οὓς νομίζω ἂν σὺν τῇ παρούσῃ δυνάμει ταπεινοὺς ὑμῖν παρασχεῖν· οἶδα δὲ καὶ Πεισίδας· ἀκούω δὲ καὶ ἄλλα ἔθνη πολλὰ τοιαῦτα εἶναι, ἃ οἶμαι ἂν παῦσαι ἐνοχλοῦντα ἀεὶ τῇ ὑμετέρᾳ εὐδαιμονίᾳ. Αἰγυπτίους δὲ, οἷς μάλιστα ὑμᾶς νῦν γιγνώσκω τεθυμωμένους, οὐχ ὁρῶ, ποίᾳ δυνάμει συμμάχῳ χρησάμενοι μᾶλλον ἂν κολάσεσθε τῆς νῦν σὺν ἐμοὶ οὔσης. 14. Ἀλλὰ μὴν ἔν γε τοῖς πέριξ οἰκοῦσι, σὺ, εἰ μὲν βούλοιό τῳ φίλος εἶναι, ὡς μέγιστος ἂν εἴης· εἰ δέ τίς σε λυποίη, ὡς δεσπότης ἀναστρέφοιο, ἔχων ἡμᾶς ὑπηρέτας, οἵ σοι οὐκ ἂν τοῦ μισθοῦ ἕνεκα μόνον ὑπηρετοῖμεν, ἀλλὰ καὶ τῆς χάριτος, ἧς σωθέντες ὑπὸ σοῦ σοὶ ἂν ἔχοιμεν δικαίως. 15. Ἐμοὶ μὲν δὴ ταῦτα πάντα ἐνθυμουμένῳ οὕτω δοκεῖ θαυμαστὸν εἶναι τὸ σὲ ἡμῖν ἀπιστεῖν, ὥστε καὶ ἥδιστ' ἂν ἀκούσαιμι τὸ ὄνομα, τίς οὕτως ἐστὶ δεινὸς λέγειν, ὥστε σε πεῖσαι λέγων, ὡς ἡμεῖς σοὶ ἐπιβουλεύομεν. Κλέαρχος μὲν οὖν τοσαῦτα εἶπε· Τισσαφέρνης δὲ ὧδε ἀπημείφθη·

16. Ἀλλ' ἥδομαι μὲν, ὦ Κλέαρχε, ἀκούων σου φρονί-

μους λόγους· ταῦτα γὰρ γιγνώσκων, εἴ τι ἐμοὶ κακὸν βουλεύοις, ἅμα ἄν μοι δοκεῖς καὶ σαυτῷ κακόνους εἶναι. Ὡς δ' ἂν μάθῃς, ὅτι οὐδ' ἂν ὑμεῖς δικαίως οὔτε βασιλεῖ οὔτ' ἐμοὶ ἀπιστοίητε, ἀντάκουσον. 17. Εἰ γὰρ ὑμᾶς ἐβουλόμεθα ἀπολέσαι, πότερά σοι δοκοῦμεν ἱππέων πλήθους ἀπορεῖν, ἢ πεζῶν, ἢ ὁπλίσεως, ἐν ᾗ ὑμᾶς μὲν βλάπτειν ἱκανοὶ εἴημεν ἄν, ἀντιπάσχειν δὲ οὐδεὶς κίνδυνος; 18. Ἀλλὰ χωρίων ἐπιτηδείων ὑμῖν ἐπιτίθεσθαι ἀπορεῖν ἄν σοι δοκοῦμεν; Οὐ τοσαῦτα μὲν πεδία ἡμῖν φίλια ὄντα σὺν πολλῷ πόνῳ διαπορεύεσθε; τοσαῦτα δὲ ὄρη ὑμῖν ὁρᾶτε ὄντα πορευτέα, ἃ ἡμῖν ἔξεστι προκαταλαβοῦσιν ἄπορα ὑμῖν παρέχειν· τοσοῦτοι δ' εἰσὶ ποταμοὶ, ἐφ' ὧν ἔξεστιν ἡμῖν ταμιεύεσθαι, ὁπόσοις ἂν ὑμῶν βουλώμεθα μάχεσθαι· εἰσὶ δ' αὐτῶν, οὓς οὐδ' ἂν παντάπασι διαβαίητε, εἰ μὴ ἡμεῖς ὑμᾶς διαπορεύοιμεν. 19. Εἰ δ' ἐν πᾶσι τούτοις ἡττώμεθα, ἀλλὰ τό γέ τοι πῦρ κρεῖττον τοῦ καρποῦ ἐστιν· ὃν ἡμεῖς δυναίμεθ' ἂν κατακαύσαντες λιμὸν ὑμῖν ἀντιτάξαι, ᾧ ὑμεῖς οὐδ', εἰ πάνυ ἀγαθοὶ εἴητε, μάχεσθαι ἂν δύναισθε.

20. Πῶς ἂν οὖν, ἔχοντες τοσούτους πόρους πρὸς τὸ ὑμῖν πολεμεῖν, καὶ τούτων μηδένα ἡμῖν ἐπικίνδυνον, ἔπειτα ἐκ τούτων πάντων τοῦτον ἂν τὸν τρόπον ἐξελοίμεθα, ὃς μόνος μὲν πρὸς θεῶν ἀσεβὴς, μόνος δὲ πρὸς ἀνθρώπων αἰσχρός; 21. Παντάπασι δὲ ἀπόρων ἐστὶ καὶ ἀμηχάνων καὶ ἀνάγκῃ ἐχομένων, καὶ τούτων πονηρῶν, οἵτινες ἐθέλουσι δι' ἐπιορκίας τε πρὸς θεοὺς, καὶ ἀπιστίας πρὸς ἀνθρώπους, πράττειν τι. Οὐχ οὕτως ἡμεῖς, ὦ Κλέαρχε, οὔτε ἀλόγιστοι οὔτε ἠλίθιοί ἐσμεν. 22. Ἀλλὰ τί δὴ, ὑμᾶς ἐξὸν ἀπολέσαι, οὐκ ἐπὶ τοῦτο ἤλθομεν; Εὖ ἴσθι,

ὅτι ὁ ἐμὸς ἔρως τούτου αἴτιος τὸ τοῖς Ἕλλησιν ἐμὲ πιστὸν γενέσθαι, καὶ ᾧ Κῦρος ἀνέβη ξενικῷ διὰ μισθοδοσίας πιστεύων, τούτῳ ἐμὲ καταβῆναι δι' εὐεργεσίας ἰσχυρόν. 23. Ὅσα δέ μοι ὑμεῖς χρήσιμοι ἔσεσθε, τὰ μὲν καὶ σὺ εἶπες, τὸ δὲ μέγιστον ἐγὼ οἶδα· τὴν μὲν γὰρ ἐπὶ τῇ κεφαλῇ τιάραν βασιλεῖ μόνῳ ἔξεστιν ὀρθὴν ἔχειν, τὴν δ' ἐπὶ τῇ καρδίᾳ ἴσως ἂν ὑμῶν παρόντων καὶ ἕτερος εὐπετῶς ἔχοι.

24. Ταῦτα εἰπὼν ἔδοξε τῷ Κλεάρχῳ ἀληθῆ λέγειν· καὶ εἶπεν· Οὐκοῦν, ἔφη, οἵτινες, τοιούτων ἡμῖν εἰς φιλίαν ὑπαρχόντων, πειρῶνται διαβάλλοντες ποιῆσαι πολεμίους ἡμᾶς, ἄξιοί εἰσι τὰ ἔσχατα παθεῖν; 25. Καὶ ἐγὼ μέν γε, ἔφη ὁ Τισσαφέρνης, εἰ βούλεσθέ μοι, οἵ τε στρατηγοὶ καὶ οἱ λοχαγοὶ, ἐλθεῖν ἐν τῷ ἐμφανεῖ, λέξω τοὺς πρὸς ἐμὲ λέγοντας, ὡς σὺ ἐμοὶ ἐπιβουλεύεις καὶ τῇ σὺν ἐμοὶ στρατιᾷ. 26. Ἐγὼ δὲ, ἔφη ὁ Κλέαρχος, ἄξω πάντας· καὶ σοὶ αὖ δηλώσω, ὅθεν ἐγὼ περὶ σοῦ ἀκούω.

27. Ἐκ τούτων δὴ τῶν λόγων, ὁ Τισσαφέρνης φιλοφρονούμενος τότε μὲν μένειν τε αὐτὸν ἐκέλευσε καὶ σύνδειπνον ἐποιήσατο· τῇ δὲ ὑστεραίᾳ ὁ Κλέαρχος, ἐλθὼν ἐπὶ τὸ στρατόπεδον, δῆλός τ' ἦν πάνυ φιλικῶς οἰόμενος διακεῖσθαι τῷ Τισσαφέρνει, καὶ, ἃ ἔλεγεν ἐκεῖνος, ἀπήγγελλεν· ἔφη τε χρῆναι ἰέναι παρὰ Τισσαφέρνην, οὓς ἐκέλευσε, καὶ οἳ ἂν ἐξελεγχθῶσι διαβάλλοντες τῶν Ἑλλήνων, ὡς προδότας αὐτοὺς καὶ κακόνους τοῖς Ἕλλησιν ὄντας τιμωρηθῆναι. 28. Ὑπώπτευε δὲ, εἶναι τὸν διαβάλλοντα Μένωνα, εἰδὼς αὐτὸν καὶ συγγεγενημένον Τισσαφέρνει μετ' Ἀριαίου, καὶ στασιάζοντα αὐτῷ καὶ ἐπιβουλεύοντα,

ὅπως τὸ στράτευμα ἅπαν πρὸς ἑαυτὸν λαβὼν, φίλος ᾖ Τισσαφέρνει. 29. Ἐβούλετο δὲ καὶ ὁ Κλέαρχος ἅπαν τὸ στράτευμα πρὸς ἑαυτὸν ἔχειν τὴν γνώμην, καὶ τοὺς παραλυποῦντας ἐκποδὼν εἶναι. Τῶν δὲ στρατιωτῶν ἀντέλεγόν τινες αὐτῷ, μὴ ἰέναι πάντας τοὺς λοχαγοὺς καὶ στρατηγοὺς, μηδὲ πιστεύειν Τισσαφέρνει. 30. Ὁ δὲ Κλέαρχος ἰσχυρῶς κατέτεινεν, ἔστε διεπράξατο πέντε μὲν στρατηγοὺς ἰέναι, εἴκοσι δὲ λοχαγούς· συνηκολούθησαν δὲ, ὡς εἰς ἀγορὰν, καὶ τῶν ἄλλων στρατιωτῶν ὡς διακόσιοι.

31. Ἐπεὶ δὲ ἦσαν ἐπὶ ταῖς θύραις ταῖς Τισσαφέρνους, οἱ μὲν στρατηγοὶ παρεκλήθησαν εἴσω, Πρόξενος Βοιώτιος, Μένων Θετταλὸς, Ἀγίας Ἀρκὰς, Κλέαρχος Λάκων, Σωκράτης Ἀχαιός· οἱ δὲ λοχαγοὶ ἐπὶ ταῖς θύραις ἔμενον. 32. Οὐ πολλῷ δὲ ὕστερον, ἀπὸ τοῦ αὐτοῦ σημείου, οἵ τ' ἔνδον ξυνελαμβάνοντο, καὶ οἱ ἔξω κατεκόπησαν. Μετὰ δὲ ταῦτα τῶν βαρβάρων τινὲς ἱππέων, διὰ τοῦ πεδίου ἐλαύνοντες, ᾧτινι ἐντυγχάνοιεν Ἕλληνι, ἢ δούλῳ ἢ ἐλευθέρῳ, πάντας ἔκτεινον. 33. Οἱ δὲ Ἕλληνες τήν τε ἱππασίαν αὐτῶν ἐθαύμαζον, ἐκ τοῦ στρατοπέδου ὁρῶντες, καὶ, ὅ τι ἐποίουν, ἠμφιγνόουν, πρὶν Νίκαρχος Ἀρκὰς ἧκε φεύγων, τετρωμένος εἰς τὴν γαστέρα, καὶ τὰ ἔντερα ἐν ταῖς χερσὶν ἔχων, καὶ εἶπε πάντα τὰ γεγενημένα. 34. Ἐκ τούτου δὴ οἱ Ἕλληνες ἔθεον ἐπὶ τὰ ὅπλα πάντες, ἐκπεπληγμένοι, καὶ νομίζοντες αὐτίκα ἥξειν αὐτοὺς ἐπὶ τὸ στρατόπεδον.

35. Οἱ δὲ πάντες μὲν οὐκ ἦλθον, Ἀριαῖος δὲ καὶ Ἀρτάοζος καὶ Μιθριδάτης, οἳ ἦσαν Κύρῳ πιστότατοι·

ὁ δὲ τῶν Ἑλλήνων ἑρμηνεὺς ἔφη καὶ τὸν Τισσαφέρνους ἀδελφὸν σὺν αὐτοῖς ὁρᾶν καὶ γιγνώσκειν· ξυνηκολούθουν δὲ καὶ ἄλλοι Περσῶν τεθωρακισμένοι εἰς τριακοσίους. 36. Οὗτοι, ἐπεὶ ἐγγὺς ἦσαν, προσελθεῖν ἐκέλευον, εἴ τις εἴη τῶν Ἑλλήνων ἢ στρατηγὸς ἢ λοχαγός, ἵνα ἀπαγγείλωσι τὰ παρὰ βασιλέως. 37. Μετὰ ταῦτα ἐξῆλθον φυλαττόμενοι τῶν Ἑλλήνων στρατηγοὶ μὲν Κλεάνωρ Ὀρχομένιος καὶ Σοφαίνετος Στυμφάλιος, ξὺν αὐτοῖς δὲ Ξενοφῶν Ἀθηναῖος, ὅπως μάθοι τὰ περὶ Προξένου· Χειρίσοφος δ' ἐτύγχανεν ἀπὼν ἐν κώμῃ τινὶ ξὺν ἄλλοις, ἐπισιτιζόμενος.

38. Ἐπεὶ δὲ ἔστησαν εἰς ἐπήκοον, εἶπεν Ἀριαῖος τάδε· Κλέαρχος μὲν, ὦ ἄνδρες Ἕλληνες, ἐπεὶ ἐπιορκῶν τε ἐφάνη καὶ τὰς σπονδὰς λύων, ἔχει τὴν δίκην καὶ τέθνηκε· Πρόξενος δὲ καὶ Μένων, ὅτι κατήγγειλαν αὐτοῦ τὴν ἐπιβουλήν, ἐν μεγάλῃ τιμῇ εἰσιν· ὑμᾶς δὲ ὁ βασιλεὺς τὰ ὅπλα ἀπαιτεῖ· ἑαυτοῦ γὰρ εἶναί φησιν, ἐπείπερ Κύρου ἦσαν τοῦ ἐκείνου δούλου. 39. Πρὸς ταῦτα ἀπεκρίναντο οἱ Ἕλληνες (ἔλεγε δὲ Κλεάνωρ ὁ Ὀρχομένιος)· Ὦ κάκιστε ἀνθρώπων Ἀριαῖε, καὶ οἱ ἄλλοι ὅσοι ἦτε Κύρου φίλοι, οὐκ αἰσχύνεσθε οὔτε θεοὺς οὔτ' ἀνθρώπους, οἵτινες ὀμόσαντες ἡμῖν τοὺς αὐτοὺς φίλους καὶ ἐχθροὺς νομιεῖν, προδόντες ἡμᾶς σὺν Τισσαφέρνει τῷ ἀθεωτάτῳ τε καὶ πανουργοτάτῳ, τούς τε ἄνδρας αὐτούς, οἷς ὤμνυτε, [ὡς] ἀπολωλέκατε, καὶ τοὺς ἄλλους ἡμᾶς προδεδωκότες, ξὺν τοῖς πολεμίοις ἐφ' ἡμᾶς ἔρχεσθε;

40. Ὁ δὲ Ἀριαῖος εἶπε· Κλέαρχος γὰρ πρόσθεν ἐπιβουλεύων φανερὸς ἐγένετο Τισσαφέρνει τε καὶ Ὀρόντᾳ,

καὶ πᾶσιν ἡμῖν τοῖς ξὺν τούτοις. 41. Ἐπὶ τούτοις Ξενοφῶν τάδε εἶπε· Κλέαρχος μὲν τοίνυν, εἰ παρὰ τοὺς ὅρκους ἔλυε τὰς σπονδάς, τὴν δίκην ἔχει· δίκαιον γὰρ, ἀπόλλυσθαι τοὺς ἐπιορκοῦντας. Πρόξενος δὲ καὶ Μένων ἐπείπερ εἰσὶν ὑμέτεροι μὲν εὐεργέται, ἡμέτεροι δὲ στρατηγοὶ, πέμψατε αὐτοὺς δεῦρο· δῆλον γὰρ, ὅτι, φίλοι γε ὄντες ἀμφοτέροις, πειράσονται καὶ ὑμῖν καὶ ἡμῖν τὰ βέλτιστα ξυμβουλεύειν. 42. Πρὸς ταῦτα οἱ βάρβαροι, πολὺν χρόνον διαλεχθέντες ἀλλήλοις, ἀπῆλθον οὐδὲν ἀποκρινάμενοι.

CAP. VI.

1. Οἱ μὲν δὴ στρατηγοὶ οὕτω ληφθέντες, ἀνήχθησαν ὡς βασιλέα, καὶ ἀποτμηθέντες τὰς κεφαλὰς ἐτελεύτησαν· εἷς μὲν αὐτῶν, Κλέαρχος, ὁμολογουμένως ἐκ πάντων τῶν ἐμπείρως αὐτοῦ ἐχόντων, δόξας γενέσθαι ἀνὴρ καὶ πολεμικὸς καὶ φιλοπόλεμος ἐσχάτως.

2. Καὶ γὰρ δὴ, ἕως μὲν πόλεμος ἦν τοῖς Λακεδαιμονίοις πρὸς τοὺς Ἀθηναίους, παρέμενεν· ἐπεὶ δὲ εἰρήνη ἐγένετο, πείσας τὴν αὐτοῦ πόλιν, ὡς οἱ Θρᾷκες ἀδικοῦσι τοὺς Ἕλληνας, καὶ διαπραξάμενος ὡς ἐδύνατο παρὰ τῶν Ἐφόρων, ἐξέπλει ὡς πολεμήσων τοῖς ὑπὲρ Χερρονήσου καὶ Περίνθου Θρᾳξίν. 3. Ἐπεὶ δὲ μεταγνόντες πως οἱ Ἔφοροι, ἤδη ἔξω ὄντος αὐτοῦ, ἀποστρέφειν αὐτὸν ἐπειρῶντο ἐξ Ἰσθμοῦ, ἐνταῦθα οὐκέτι πείθεται, ἀλλ᾽ ᾤχετο πλέων εἰς Ἑλλήσποντον. 4. Ἐκ τούτου καὶ ἐθανατώθη ὑπὸ τῶν ἐν τῇ Σπάρτῃ τελῶν, ὡς ἀπειθῶν. Ἤδη δὲ φυγὰς ὢν, ἔρχεται πρὸς Κῦρον, καὶ ὁποίοις μὲν λόγοις ἔπεισε Κῦρον

ἄλλη γέγραπται· δίδωσι δὲ αὐτῷ Κῦρος μυρίους δαρεικούς. 5. Ὁ δὲ λαβὼν, οὐκ ἐπὶ ῥᾳθυμίαν ἐτράπετο, ἀλλ' ἀπὸ τούτων τῶν χρημάτων συλλέξας στράτευμα, ἐπολέμει τοῖς Θρᾳξί· καὶ μάχῃ τε ἐνίκησε, καὶ ἀπὸ τούτου δὴ ἔφερε καὶ ἦγε τούτους· καὶ πολεμῶν διεγένετο, μέχρι Κῦρος ἐδεήθη τοῦ στρατεύματος· τότε δὲ ἀπῆλθεν, ὡς ξὺν ἐκείνῳ αὖ πολεμήσων.

6. Ταῦτα οὖν φιλοπολέμου μοι δοκεῖ ἀνδρὸς ἔργα εἶναι, ὅστις, ἐξὸν μὲν εἰρήνην ἔχειν ἄνευ αἰσχύνης καὶ βλάβης, αἱρεῖται πολεμεῖν· ἐξὸν δὲ ῥᾳθυμεῖν, βούλεται πονεῖν ὥστε πολεμεῖν· ἐξὸν δὲ χρήματα ἔχειν ἀκινδύνως, αἱρεῖται πολεμῶν μείονα ταῦτα ποιεῖν. Ἐκεῖνος δὲ, ὥσπερ εἰς παιδικὰ ἢ εἰς ἄλλην τινὰ ἡδονὴν, ἤθελε δαπανᾶν εἰς πόλεμον. Οὕτω μὲν φιλοπόλεμος ἦν. 7. Πολεμικὸς δὲ αὖ ταύτῃ ἐδόκει εἶναι, ὅτι φιλοκίνδυνός τε ἦν, καὶ ἡμέρας καὶ νυκτὸς ἄγων ἐπὶ τοὺς πολεμίους, καὶ ἐν τοῖς δεινοῖς φρόνιμος, ὡς οἱ παρόντες πανταχοῦ πάντες ὡμολόγουν.

8. Καὶ ἀρχικὸς δ' ἐλέγετο εἶναι, ὡς δυνατὸν ἐκ τοῦ τοιούτου τρόπου, οἷον καὶ ἐκεῖνος εἶχεν. Ἱκανὸς μὲν γὰρ, ὥς τις καὶ ἄλλος, φροντίζειν ἦν, ὅπως ἔχοι ἡ στρατιὰ αὐτοῦ τὰ ἐπιτήδεια, καὶ παρασκευάζειν ταῦτα· ἱκανὸς δὲ καὶ ἐμποιῆσαι τοῖς παροῦσιν, ὡς πειστέον εἴη Κλεάρχῳ. 9. Τοῦτο δ' ἐποίει ἐκ τοῦ χαλεπὸς εἶναι· καὶ γὰρ ὁρᾶν στυγνὸς ἦν, καὶ τῇ φωνῇ τραχύς· ἐκόλαζέ τε ἀεὶ ἰσχυρῶς, καὶ ὀργῇ ἐνίοτε, ὥστε καὶ αὐτῷ μεταμέλειν ἔσθ' ὅτε. Καὶ γνώμῃ δ' ἐκόλαζεν· ἀκολάστου γὰρ στρατεύματος οὐδὲν ἡγεῖτο ὄφελος εἶναι. 10. Ἀλλὰ καὶ λέγειν αὐτὸν ἔφασαν, ὡς δέοι τὸν στρατιώτην φοβεῖσθαι μᾶλλον τὸν

ἄρχοντα ἢ τοὺς πολεμίους, εἰ μέλλοι ἢ φυλακὰς φυλάξειν, ἢ φίλων ἀφέξεσθαι, ἢ ἀπροφασίστως ἰέναι πρὸς τοὺς πολεμίους. 11. Ἐν μὲν οὖν τοῖς δεινοῖς ἤθελον αὐτοῦ ἀκούειν σφόδρα, καὶ οὐκ ἄλλον ᾑροῦντο οἱ στρατιῶται. Καὶ γὰρ τὸ στυγνὸν τότε φαιδρὸν αὐτοῦ ἐν τοῖς [ἄλλοις] προσώποις ἔφασαν φαίνεσθαι, καὶ τὸ χαλεπὸν ἐρρωμένον πρὸς τοὺς πολεμίους ἐδόκει εἶναι· ὥστε σωτήριον καὶ οὐκέτι χαλεπὸν ἐφαίνετο. 12. Ὅτε δ' ἔξω τοῦ δεινοῦ γένοιντο, καὶ ἐξείη πρὸς ἄλλους ἀρχομένους ἀπιέναι, πολλοὶ αὐτὸν ἀπέλειπον· τὸ γὰρ ἐπίχαρι οὐκ εἶχεν, ἀλλ' ἀεὶ χαλεπὸς ἦν καὶ ὠμός· ὥστε διέκειντο πρὸς αὐτὸν οἱ στρατιῶται, ὥσπερ παῖδες πρὸς διδάσκαλον. 13. Καὶ γὰρ οὖν φιλίᾳ μὲν καὶ εὐνοίᾳ ἑπομένους οὐδέποτε εἶχεν· οἵτινες δὲ ἢ ὑπὸ πόλεως τεταγμένοι, ἢ ὑπὸ τοῦ δεῖσθαι, ἢ ἄλλῃ τινὶ ἀνάγκῃ κατεχόμενοι παρείησαν αὐτῷ, σφόδρα πειθομένοις ἐχρῆτο. 14. Ἐπεὶ δὲ ἤρξαντο νικᾶν ξὺν αὐτῷ τοὺς πολεμίους, ἤδη μεγάλα ἦν τὰ χρησίμους ποιοῦντα εἶναι τοὺς ξὺν αὐτῷ στρατιώτας· τό τε γὰρ πρὸς τοὺς πολεμίους θαρραλέως ἔχειν παρῆν, καὶ τὸ τὴν παρ' ἐκείνου τιμωρίαν φοβεῖσθαι αὐτοὺς εὐτάκτους ἐποίει. 15. Τοιοῦτος μὲν δὴ ἄρχων ἦν· ἄρχεσθαι δὲ ὑπὸ ἄλλων οὐ μάλα ἐθέλειν ἐλέγετο. Ἦν δέ, ὅτε ἐτελεύτα, ἀμφὶ τὰ πεντήκοντα ἔτη.

16. Πρόξενος δὲ ὁ Βοιώτιος εὐθὺς μὲν μειράκιον ὢν ἐπεθύμει γενέσθαι ἀνὴρ τὰ μεγάλα πράττειν ἱκανός· καὶ διὰ ταύτην τὴν ἐπιθυμίαν ἔδωκε Γοργίᾳ ἀργύριον τῷ Λεοντίνῳ. 17. Ἐπεὶ δὲ συνεγένετο ἐκείνῳ, ἱκανὸς νομίσας ἤδη εἶναι καὶ ἄρχειν, καὶ, φίλος ὢν τοῖς πρώτοις, μὴ

ἡττᾶσθαι εὐεργετῶν, ἦλθεν εἰς ταύτας τὰς σὺν Κύρῳ πράξεις· καὶ ᾤετο κτήσεσθαι ἐκ τούτων ὄνομα μέγα, καὶ δύναμιν μεγάλην, καὶ χρήματα πολλά. 18. Τοσούτων δ' ἐπιθυμῶν, σφόδρα ἔνδηλον αὖ καὶ τοῦτο εἶχεν, ὅτι τούτων οὐδὲν ἂν θέλοι κτᾶσθαι μετὰ ἀδικίας, ἀλλὰ σὺν τῷ δικαίῳ καὶ καλῷ ᾤετο δεῖν τούτων τυγχάνειν, ἄνευ δὲ τούτων μή. 19. Ἄρχειν δὲ καλῶν μὲν καὶ ἀγαθῶν δυνατὸς ἦν· οὐ μέντοι οὔτ' αἰδῶ τοῖς στρατιώταις ἑαυτοῦ οὔτε φόβον ἱκανὸς ἐμποιῆσαι, ἀλλὰ καὶ ᾐσχύνετο μᾶλλον τοὺς στρατιώτας, ἢ οἱ ἀρχόμενοι ἐκεῖνον· καὶ φοβούμενος μᾶλλον ἦν φανερὸς τὸ ἀπεχθάνεσθαι τοῖς στρατιώταις, ἢ οἱ στρατιῶται τὸ ἀπιστεῖν ἐκείνῳ. 20. Ὤιετο δὲ ἀρκεῖν πρὸς τὸ ἀρχικὸν εἶναι καὶ δοκεῖν, τὸν μὲν καλῶς ποιοῦντα ἐπαινεῖν, τὸν δὲ ἀδικοῦντα μὴ ἐπαινεῖν. Τοιγαροῦν αὐτῷ οἱ μὲν καλοί τε κἀγαθοὶ τῶν συνόντων εὖνοι ἦσαν, οἱ δὲ ἄδικοι ἐπεβούλευον, ὡς εὐμεταχειρίστῳ ὄντι. Ὅτε δὲ ἀπέθνῃσκεν, ἦν ἐτῶν ὡς τριάκοντα.

21. Μένων δὲ ὁ Θετταλὸς δῆλος ἦν ἐπιθυμῶν μὲν πλουτεῖν ἰσχυρῶς, ἐπιθυμῶν δὲ ἄρχειν, ὅπως πλείω λαμβάνοι, ἐπιθυμῶν δὲ τιμᾶσθαι, ἵνα πλείω κερδαίνοι· φίλος τε ἐβούλετο εἶναι τοῖς μέγιστα δυναμένοις, ἵνα ἀδικῶν μὴ διδοίη δίκην. 22. Ἐπὶ δὲ τὸ κατεργάζεσθαι ὧν ἐπιθυμοίη, συντομωτάτην ᾤετο ὁδὸν εἶναι διὰ τοῦ ἐπιορκεῖν τε καὶ ψεύδεσθαι καὶ ἐξαπατᾶν· τὸ δ' ἁπλοῦν καὶ τὸ ἀληθὲς ἐνόμιζε τὸ αὐτὸ τῷ ἠλιθίῳ εἶναι. 23. Στέργων δὲ φανερὸς μὲν ἦν οὐδένα, ὅτῳ δὲ φαίη φίλος εἶναι, τούτῳ ἔνδηλος ἐγίγνετο ἐπιβουλεύων. Καὶ πολεμίου μὲν οὐδενὸς κατεγέλα, τῶν δὲ συνόντων πάντων ὡς καταγελῶν ἀεὶ διελέ-

γετο. 24. Καὶ τοῖς μὲν τῶν πολεμίων κτήμασιν οὐκ ἐπεβούλευε· χαλεπὸν γὰρ ᾤετο εἶναι, τὰ τῶν φυλαττομένων λαμβάνειν· τὰ δὲ τῶν φίλων μόνος ᾤετο εἰδέναι ῥᾷστον ὂν ἀφύλακτα λαμβάνειν. 25. Καὶ ὅσους μὲν [ἂν] αἰσθάνοιτο ἐπιόρκους καὶ ἀδίκους, ὡς εὖ ὡπλισμένους ἐφοβεῖτο· τοῖς δ' ὁσίοις καὶ ἀλήθειαν ἀσκοῦσιν ὡς ἀνάνδροις ἐπειρᾶτο χρῆσθαι. 26. Ὥσπερ δέ τις ἀγάλλεται ἐπὶ θεοσεβείᾳ καὶ ἀληθείᾳ καὶ δικαιότητι, οὕτω Μένων ἠγάλλετο τῷ ἐξαπατᾶν δύνασθαι, τῷ πλάσασθαι ψευδῆ, τῷ φίλους διαγελᾶν· τὸν δὲ μὴ πανοῦργον τῶν ἀπαιδεύτων ἀεὶ ἐνόμιζεν εἶναι. Καὶ παρ' οἷς μὲν ἐπεχείρει πρωτεύειν φιλίᾳ, διαβάλλων τοὺς πρώτους, τούτους ᾤετο δεῖν κτήσασθαι. 27. Τὸ δὲ πειθομένους τοὺς στρατιώτας παρέχεσθαι ἐκ τοῦ συναδικεῖν αὐτοῖς ἐμηχανᾶτο. Τιμᾶσθαι δὲ καὶ θεραπεύεσθαι ἠξίου, ἐπιδεικνύμενος, ὅτι πλεῖστα δύναιτο καὶ ἐθέλοι ἂν ἀδικεῖν. Εὐεργεσίαν δὲ κατέλεγεν, ὁπότε τις αὐτοῦ ἀφίστατο, ὅτι χρώμενος αὐτῷ οὐκ ἀπώλεσεν αὐτόν.

28. Καὶ τὰ μὲν δὴ ἀφανῆ ἔξεστι περὶ αὐτοῦ ψεύδεσθαι· ἃ δὲ πάντες ἴσασι, τάδ' ἐστί. Παρὰ Ἀριστίππῳ μὲν, ἔτι ὡραῖος ὤν, στρατηγεῖν διεπράξατο τῶν ξένων· Ἀριαίῳ δὲ, βαρβάρῳ ὄντι, ὅτι μειρακίοις καλοῖς ἥδετο, οἰκειότατος ἔτι ὡραῖος ὢν ἐγένετο· αὐτὸς δὲ παιδικὰ εἶχε Θαρύπαν, ἀγένειος ὢν γενειῶντα. 29. Ἀποθνησκόντων δὲ τῶν συστρατηγῶν, ὅτι ἐστράτευσαν ἐπὶ βασιλέα ξὺν Κύρῳ, ταὐτὰ πεποιηκὼς οὐκ ἀπέθανε· μετὰ δὲ τὸν τῶν ἄλλων θάνατον στρατηγῶν, τιμωρηθεὶς ὑπὸ βασιλέως ἀπέθανεν, οὐχ ὥσπερ Κλέαρχος καὶ οἱ ἄλλοι στρατηγοὶ

ἀποτμηθέντες τὰς κεφαλὰς (ὅσπερ τάχιστος θάνατος δοκεῖ εἶναι), ἀλλὰ ζῶν αἰκισθεὶς ἐνιαυτὸν, ὡς πονηρὸς, λέγεται τῆς τελευτῆς τυχεῖν.

30. Ἀγίας δὲ ὁ Ἀρκὰς, καὶ Σωκράτης ὁ Ἀχαιὸς, καὶ τούτω ἀπεθανέτην. Τούτων δὲ οὔθ' ὡς ἐν πολέμῳ κακῶν οὐδεὶς κατεγέλα, οὔτ' ἐς φιλίαν αὐτοὺς ἐμέμφετο· ἤστην δὲ ἄμφω ἀμφὶ τὰ πέντε καὶ τριάκοντα ἔτη ἀπὸ γενεᾶς.

ΞΕΝΟΦΩΝΤΟΣ

ΚΥΡΟΥ ΑΝΑΒΑΣΕΩΣ Γ΄.

CAP. I.

῞ΟΣΑ μὲν δὴ ἐν τῇ ἀναβάσει τῇ μετὰ Κύρου οἱ ῞Ελληνες ἔπραξαν μέχρι τῆς μάχης, καὶ ὅσα, ἐπεὶ Κῦρος ἐτελεύτησεν, ἐγένετο, ἀπιόντων τῶν Ἑλλήνων σὺν Τισσαφέρνει ἐν ταῖς σπονδαῖς, ἐν τῷ πρόσθεν λόγῳ δεδήλωται. 2. Ἐπεὶ δὲ οἵ τε στρατηγοὶ συνειλημμένοι ἦσαν, καὶ τῶν λοχαγῶν καὶ τῶν στρατιωτῶν οἱ συνεπόμενοι ἀπολώλεσαν, ἐν πολλῇ δὴ ἀπορίᾳ ἦσαν οἱ ῞Ελληνες, ἐννοούμενοι μὲν, ὅτι ἐπὶ ταῖς βασιλέως θύραις ἦσαν, κύκλῳ δὲ αὐτοῖς πάντῃ πολλὰ καὶ ἔθνη καὶ πόλεις πολέμιαι ἦσαν, ἀγορὰν δὲ οὐδεὶς ἔτι παρέξειν ἔμελλεν, ἀπεῖχον δὲ τῆς Ἑλλάδος οὐ μεῖον ἢ μύρια στάδια, ἡγεμὼν δ᾽ οὐδεὶς τῆς ὁδοῦ ἦν, ποταμοὶ δὲ διεῖργον ἀδιάβατοι ἐν μέσῳ τῆς οἴκαδε ὁδοῦ, προὐδεδώκεσαν δὲ αὐτοὺς καὶ οἱ σὺν Κύρῳ ἀναβάντες βάρβαροι, μόνοι δὲ καταλελειμμένοι ἦσαν, οὐδὲ ἱππέα οὐδένα σύμμαχον ἔχοντες· ὥστ᾽ εὔδηλον ἦν, ὅτι νικῶντες μὲν οὐδένα ἂν κατακάνοιεν, ἡττηθέντων δὲ αὐτῶν οὐδεὶς ἂν λειφθείη. 3. Ταῦτα ἐννοούμενοι, καὶ ἀθύμως ἔχοντες, ὀλίγοι μὲν αὐτῶν εἰς τὴν ἑσπέραν σίτου ἐγεύσαντο, ὀλίγοι δὲ πῦρ ἀνέκαυσαν, ἐπὶ δὲ τὰ ὅπλα πολλοὶ οὐκ ἦλθον ταύτην τὴν νύκτα, ἀνεπαύοντο δὲ ὅπου ἐτύγχανεν ἕκαστος, οὐ δυνάμενοι καθεύδειν ὑπὸ λύπης καὶ πόθου πατρίδων, γονέων, γυναικῶν, παίδων, οὓς οὔποτ᾽ ἐνόμιζον ἔτι ὄψεσθαι. Οὕτω μὲν δὴ διακείμενοι πάντες ἀνεπαύοντο.

4. Ἦν δέ τις ἐν τῇ στρατιᾷ Ξενοφῶν Ἀθηναῖος, ὃς οὔτε στρατηγὸς οὔτε λοχαγὸς οὔτε στρατιώτης ὢν συνηκολούθει, ἀλλὰ Πρόξενος αὐτὸν μετεπέμψατο οἴκοθεν, ξένος ὢν ἀρχαῖος· ὑπισχνεῖτο δὲ [αὐτῷ], εἰ ἔλθοι, φίλον αὐτὸν Κύρῳ ποιήσειν· ὃν αὐτὸς ἔφη κρείττω ἑαυτῷ νομίζειν τῆς πατρίδος. 5. Ὁ μέντοι Ξενοφῶν, ἀναγνοὺς τὴν ἐπιστολὴν, ἀνακοινοῦται Σωκράτει τῷ Ἀθηναίῳ περὶ τῆς πορείας. Καὶ ὁ Σωκράτης, ὑποπτεύσας, μή τι πρὸς τῆς πόλεώς οἱ ἐπαίτιον εἴη Κύρῳ φίλον γενέσθαι (ὅτι ἐδόκει ὁ Κῦρος προθύμως τοῖς Λακεδαιμονίοις ἐπὶ τὰς Ἀθήνας συμπολεμῆσαι), συμβουλεύει τῷ Ξενοφῶντι, ἐλθόντα εἰς Δελφοὺς ἀνακοινῶσαι τῷ θεῷ περὶ τῆς πορείας.

6. Ἐλθὼν δ᾽ ὁ Ξενοφῶν ἐπήρετο τὸν Ἀπόλλω, τίνι ἂν θεῶν θύων καὶ εὐχόμενος κάλλιστα καὶ ἄριστα ἔλθοι τὴν ὁδὸν, ἣν ἐπινοεῖ, καὶ καλῶς πράξας σωθείη. Καὶ ἀνεῖλεν αὐτῷ ὁ Ἀπόλλων θεοῖς οἷς ἔδει θύειν. 7. Ἐπεὶ δὲ πάλιν ἦλθε, λέγει τὴν μαντείαν τῷ Σωκράτει. Ὁ δ᾽ ἀκούσας ᾐτιᾶτο αὐτὸν, ὅτι οὐ τοῦτο πρότερον ἠρώτα, πότερον λῷον εἴη αὐτῷ πορεύεσθαι, ἢ μένειν, ἀλλ᾽ αὐτὸς κρίνας ἰτέον εἶναι, τοῦτ᾽ ἐπυνθάνετο, ὅπως ἂν κάλλιστα πορευθείη. Ἐπεὶ μέντοι οὕτως ἤρου, ταῦτ᾽, ἔφη, χρὴ ποιεῖν, ὅσα ὁ θεὸς ἐκέλευσεν. 8. Ὁ μὲν δὴ Ξενοφῶν, οὕτω θυσάμενος

οἷς ἀνεῖλεν ὁ θεός, ἐξέπλει, καὶ καταλαμβάνει ἐν Σάρδεσι Πρόξενον καὶ Κῦρον, μέλλοντας ἤδη ὁρμᾶν τὴν ἄνω ὁδόν· καὶ συνεστάθη Κύρῳ. 9. Προθυμουμένου δὲ τοῦ Προξένου, καὶ ὁ Κῦρος συμπρουθυμεῖτο μεῖναι αὐτόν· εἶπε δὲ, ὅτι, ἐπειδὰν τάχιστα ἡ στρατεία λήξῃ, εὐθὺς ἀποπέμψειν αὐτόν. Ἐλέγετο δὲ ὁ στόλος εἶναι εἰς Πεισίδας.

10. Ἐστρατεύετο μὲν δὴ, οὕτως ἐξαπατηθείς· οὐχ ὑπὸ Προξένου, οὐ γὰρ ᾔδει τὴν ἐπὶ βασιλέα ὁρμὴν, οὐδὲ ἄλλος οὐδεὶς τῶν Ἑλλήνων, πλὴν Κλεάρχου· ἐπεὶ μέντοι εἰς Κιλικίαν ἦλθον, σαφὲς πᾶσιν ἤδη ἐδόκει εἶναι, ὅτι ὁ στόλος εἴη ἐπὶ βασιλέα. Φοβούμενοι δὲ τὴν ὁδὸν καὶ ἄκοντες, ὅμως οἱ πολλοὶ δι᾽ αἰσχύνην καὶ ἀλλήλων καὶ Κύρου συνηκολούθησαν· ὧν εἷς καὶ Ξενοφῶν ἦν. 11. Ἐπεὶ δὲ ἀπορία ἦν, ἐλυπεῖτο μὲν σὺν τοῖς ἄλλοις, καὶ οὐκ ἐδύνατο καθεύδειν· μικρὸν δ᾽ ὕπνου λαχὼν, εἶδεν ὄναρ. Ἔδοξεν αὐτῷ, βροντῆς γενομένης, σκηπτὸς πεσεῖν εἰς τὴν πατρῴαν οἰκίαν, καὶ ἐκ τούτου λάμπεσθαι πᾶσαν. 12. Περίφοβος δ᾽ εὐθὺς ἀνηγέρθη, καὶ τὸ ὄναρ πῇ μὲν ἔκρινεν ἀγαθὸν, ὅτι, ἐν πόνοις ὢν καὶ κινδύνοις, φῶς μέγα ἐκ Διὸς ἰδεῖν ἔδοξε· πῇ δὲ καὶ ἐφοβεῖτο (ὅτι ἀπὸ Διὸς μὲν βασιλέως τὸ ὄναρ ἐδόκει αὐτῷ εἶναι, κύκλῳ δὲ ἐδόκει λάμπεσθαι τὸ πῦρ), μὴ οὐ δύναιτο ἐκ τῆς χώρας ἐξελθεῖν τῆς βασιλέως, ἀλλ᾽ εἴργοιτο πάντοθεν ὑπό τινων ἀποριῶν.

13. Ὁποῖόν τι μέντοι ἐστὶ τὸ τοιοῦτον ὄναρ ἰδεῖν, ἔξεστι σκοπεῖν ἐκ τῶν συμβάντων μετὰ τὸ ὄναρ. Γίγνεται γὰρ τάδε· εὐθὺς, ἐπειδὴ ἀνηγέρθη, πρῶτον μὲν ἔννοια αὐτῷ ἐμπίπτει· Τί κατάκειμαι; ἡ δὲ νὺξ προβαίνει· ἅμα δὲ τῇ ἡμέρᾳ εἰκὸς τοὺς πολεμίους ἥξειν. Εἰ δὲ γενησό-

μεθα ἐπὶ βασιλεῖ, τί ἐμποδὼν, μὴ οὐχὶ, πάντα μὲν τὰ χαλεπώτατα ἐπιδόντας, πάντα δὲ τὰ δεινότατα παθόντας, ὑβριζομένους ἀποθανεῖν; 14. Ὅπως δ' ἀμυνούμεθα, οὐδεὶς παρασκευάζεται οὐδὲ ἐπιμελεῖται, ἀλλὰ κατακείμεθα, ὥσπερ ἐξὸν ἡσυχίαν ἄγειν. Ἐγὼ οὖν τὸν ἐκ ποίας πόλεως στρατηγὸν προσδοκῶ ταῦτα πράξειν; ποίαν δ' ἡλικίαν ἐμαυτῷ ἐλθεῖν ἀναμένω; οὐ γὰρ ἔγωγ' ἔτι πρεσβύτερος ἔσομαι, ἐὰν τήμερον προδῶ ἐμαυτὸν τοῖς πολεμίοις. 15. Ἐκ τούτου ἀνίσταται, καὶ συγκαλεῖ τοὺς Προξένου πρῶτον λοχαγούς. Ἐπεὶ δὲ συνῆλθον, ἔλεξεν·

Ἐγὼ, ὦ ἄνδρες λοχαγοὶ, οὔτε καθεύδειν δύναμαι (ὥσπερ, οἶμαι, οὐδ' ὑμεῖς), οὔτε κατακεῖσθαι ἔτι, ὁρῶν ἐν οἵοις ἐσμέν. 16. Οἱ μὲν γὰρ πολέμιοι δῆλον ὅτι οὐ πρότερον πρὸς ἡμᾶς τὸν πόλεμον ἐξέφηναν, πρὶν ἐνόμισαν, καλῶς τὰ ἑαυτῶν παρεσκευάσθαι· ἡμῶν δ' οὐδεὶς οὐδὲν ἀντεπιμελεῖται, ὅπως ὡς κάλλιστα ἀγωνιούμεθα. 17. Καὶ μὴν εἰ ὑφησόμεθα καὶ ἐπὶ βασιλεῖ γενησόμεθα, τί οἰόμεθα πείσεσθαι; ὃς καὶ τοῦ ὁμομητρίου καὶ ὁμοπατρίου ἀδελφοῦ καὶ τεθνηκότος ἤδη ἀποτεμὼν τὴν κεφαλὴν καὶ τὴν χεῖρα ἀνεσταύρωσεν· ἡμᾶς δὲ, οἷς κηδεμὼν μὲν οὐδεὶς πάρεστιν, ἐστρατεύσαμεν δὲ ἐπ' αὐτὸν, ὡς δοῦλον ἀντὶ βασιλέως ποιήσοντες, καὶ ἀποκτενοῦντες, εἰ δυναίμεθα, τί ἂν οἰόμεθα παθεῖν; 18. Ἆρ' οὐκ ἂν ἐπὶ πᾶν ἔλθοι, ὡς, ἡμᾶς τὰ ἔσχατα αἰκισάμενος, πᾶσιν ἀνθρώποις φόβον παράσχοι τοῦ στρατεῦσαί ποτε ἐπ' αὐτόν; Ἀλλ' ὅπως τοι μὴ ἐπ' ἐκείνῳ γενησόμεθα, πάντα ποιητέον.

19. Ἐγὼ μὲν οὖν, ἔστε μὲν αἱ σπονδαὶ ἦσαν, οὔποτε ἐπαυόμην ἡμᾶς μὲν οἰκτείρων, βασιλέα δὲ καὶ τοὺς σὺν

αὐτῷ μακαρίζων, διαθεώμενος αὐτῶν, ὅσην μὲν χώραν καὶ οἵαν ἔχοιεν, ὡς δὲ ἄφθονα τὰ ἐπιτήδεια, ὅσους δὲ θεράποντας, ὅσα δὲ κτήνη, χρυσὸν δὲ, ἐσθῆτα δέ. 20. Τὰ δ᾽ αὖ τῶν στρατιωτῶν ὁπότε ἐνθυμοίμην, ὅτι τῶν μὲν ἀγαθῶν πάντων οὐδενὸς ἡμῖν μετείη, εἰ μὴ πριαίμεθα, ὅτου δ᾽ ὠνησόμεθα, ᾔδειν ἔτι ὀλίγους ἔχοντας, ἄλλως δέ πως πορίζεσθαι τὰ ἐπιτήδεια, ἢ ὠνουμένους, ὅρκους ἤδη κατέχοντας ἡμᾶς· ταῦτ᾽ οὖν λογιζόμενος, ἐνίοτε τὰς σπονδὰς μᾶλλον ἐφοβούμην, ἢ νῦν τὸν πόλεμον. 21. Ἐπεὶ μέντοι ἐκεῖνοι ἔλυσαν τὰς σπονδὰς, λελύσθαι μοι δοκεῖ καὶ ἡ ἐκείνων ὕβρις, καὶ ἡ ἡμετέρα ὑποψία. Ἐν μέσῳ γὰρ ἤδη κεῖται ταῦτα τὰ ἀγαθὰ, ἆθλα ὁπότεροι ἂν ἡμῶν ἄνδρες ἀμείνονες ὦσιν· ἀγωνοθέται δ᾽ οἱ θεοί εἰσιν, οἳ σὺν ἡμῖν, ὡς τὸ εἰκὸς, ἔσονται. 22. Οὗτοι μὲν γὰρ αὐτοὺς ἐπιωρκήκασιν· ἡμεῖς δὲ, πολλὰ ὁρῶντες ἀγαθὰ, στερρῶς αὐτῶν ἀπειχόμεθα διὰ τοὺς τῶν θεῶν ὅρκους· ὥστε ἐξεῖναί μοι δοκεῖ ἰέναι ἐπὶ τὸν ἀγῶνα πολὺ σὺν φρονήματι μείζονι, ἢ τούτοις. 23. Ἔτι δ᾽ ἔχομεν σώματα ἱκανώτερα τούτων καὶ ψύχη καὶ θάλπη καὶ πόνους φέρειν· ἔχομεν δὲ καὶ ψυχὰς σὺν τοῖς θεοῖς ἀμείνονας· οἱ δὲ ἄνδρες καὶ τρωτοὶ καὶ θνητοὶ μᾶλλον ἡμῶν, ἢν οἱ θεοὶ, ὥσπερ τὸ πρόσθεν, νίκην ἡμῖν διδῶσιν.

24. Ἀλλ᾽, ἴσως γὰρ καὶ ἄλλοι ταῦτ᾽ ἐνθυμοῦνται, πρὸς τῶν θεῶν, μὴ ἀναμένωμεν ἄλλους ἐφ᾽ ἡμᾶς ἐλθεῖν, παρακαλοῦντας ἐπὶ τὰ κάλλιστα ἔργα, ἀλλ᾽ ἡμεῖς ἄρξωμεν τοῦ ἐξορμῆσαι καὶ τοὺς ἄλλους ἐπὶ τὴν ἀρετήν. Φάνητε τῶν λοχαγῶν ἄριστοι, καὶ τῶν στρατηγῶν ἀξιοστρατηγότεροι. 25. Κἀγὼ δὲ, εἰ μὲν ὑμεῖς ἐθέλετε ἐξορμᾶν ἐπὶ ταῦτα,

ἕπεσθαι ὑμῖν βούλομαι· εἰ δ' ὑμεῖς τάττετέ με ἡγεῖσθαι, οὐδὲν προφασίζομαι τὴν ἡλικίαν, ἀλλὰ καὶ ἀκμάζειν ἡγοῦμαι, ἐρύκειν ἀπ' ἐμαυτοῦ τὰ κακά.

26. Ὁ μὲν ταῦτ' ἔλεξεν, οἱ δὲ λοχαγοὶ, ἀκούσαντες ταῦτα, ἡγεῖσθαι ἐκέλευον πάντες· πλὴν Ἀπολλωνίδης τις ἦν, βοιωτιάζων τῇ φωνῇ, οὗτος δ' εἶπεν, ὅτι φλυαροίη, ὅστις λέγοι, ἄλλως πως σωτηρίας ἂν τυχεῖν, ἢ βασιλέα πείσας, εἰ δύναιτο· καὶ ἅμα ἤρχετο λέγειν τὰς ἀπορίας. 27. Ὁ μέντοι Ξενοφῶν μεταξὺ ὑπολαβὼν, ἔλεξεν ὧδε· Ὦ θαυμασιώτατε ἄνθρωπε, σύ γε οὐδὲ ὁρῶν γιγνώσκεις, οὐδὲ ἀκούων μέμνησαι. Ἐν ταὐτῷ γε μέντοι ἦσθα τούτοις, ὅτε βασιλεὺς, ἐπεὶ Κῦρος ἀπέθανε, μέγα φρονήσας ἐπὶ τούτῳ, πέμπων ἐκέλευε παραδιδόναι τὰ ὅπλα. 28. Ἐπεὶ δὲ ἡμεῖς οὐ παραδόντες, ἀλλ' ἐξωπλισμένοι ἐλθόντες παρεσκηνήσαμεν αὐτῷ, τί οὐκ ἐποίησε πρέσβεις πέμπων, καὶ σπονδὰς αἰτῶν, καὶ παρέχων τὰ ἐπιτήδεια, ἔστε σπονδῶν ἔτυχεν; 29. Ἐπεὶ δ' αὖ οἱ στρατηγοὶ καὶ λοχαγοὶ, ὥσπερ δὴ σὺ κελεύεις, εἰς λόγους αὐτοῖς ἄνευ ὅπλων ἦλθον, πιστεύσαντες ταῖς σπονδαῖς, οὐ νῦν ἐκεῖνοι παιόμενοι, κεντούμενοι, ὑβριζόμενοι, οὐδὲ ἀποθανεῖν οἱ τλήμονες δύνανται (καὶ μάλ', οἶμαι, ἐρῶντες τούτου); Ἃ σὺ πάντα εἰδὼς, τοὺς μὲν ἀμύνεσθαι κελεύοντας φλυαρεῖν φῇς, πείθειν δὲ πάλιν κελεύεις ἰόντας; 30. Ἐμοὶ δὲ, ὦ ἄνδρες, δοκεῖ, τὸν ἄνθρωπον τοῦτον μήτε προσίεσθαι εἰς ταὐτὸ ἡμῖν αὐτοῖς, ἀφελομένους τε τὴν λοχαγίαν, σκεύη ἀναθέντας, ὡς τοιούτῳ χρῆσθαι. Οὗτος γὰρ καὶ τὴν πατρίδα καταισχύνει, καὶ πᾶσαν τὴν Ἑλλάδα, ὅτι Ἕλλην ὢν τοιοῦτός ἐστιν.

31. Ἐντεῦθεν ὑπολαβὼν Ἀγασίας Στυμφάλιος εἶπεν· Ἀλλὰ τούτῳ γε οὔτε τῆς Βοιωτίας προσήκει οὐδὲν, οὔτε τῆς Ἑλλάδος παντάπασιν· ἐπεὶ ἐγὼ αὐτὸν εἶδον, ὥσπερ Λυδὸν, ἀμφότερα τὰ ὦτα τετρυπημένον. Καὶ εἶχεν οὕτως. 32. Τοῦτον μὲν οὖν ἀπήλασαν· οἱ δὲ ἄλλοι, παρὰ τὰς τάξεις ἰόντες, ὅπου μὲν στρατηγὸς σῶος εἴη, τὸν στρατηγὸν παρεκάλουν· ὁπόθεν δὲ οἴχοιτο, τὸν ὑποστρατηγόν· ὅπου δ' αὖ λοχαγὸς σῶος εἴη, τὸν λοχαγόν. 33. Ἐπεὶ δὲ πάντες συνῆλθον, εἰς τὸ πρόσθεν τῶν ὅπλων ἐκαθέζοντο· καὶ ἐγένοντο οἱ συνελθόντες στρατηγοὶ καὶ λοχαγοὶ ἀμφὶ τοὺς ἑκατόν. Ὅτε δὲ ταῦτα ἦν, σχεδὸν μέσαι ἦσαν νύκτες. 34. Ἐνταῦθα Ἱερώνυμος Ἠλεῖος, πρεσβύτατος ὢν τῶν Προξένου λοχαγῶν, ἤρχετο λέγειν ὧδε· Ἡμῖν, ὦ ἄνδρες στρατηγοὶ καὶ λοχαγοὶ, ὁρῶσι τὰ παρόντα ἔδοξε καὶ αὐτοῖς συνελθεῖν, καὶ ὑμᾶς παρακαλέσαι, ὅπως βουλευσαίμεθα εἴ τι δυναίμεθα ἀγαθόν. Λέξον δ', ἔφη, καὶ σὺ, ὦ Ξενοφῶν, ἅπερ καὶ πρὸς ἡμᾶς. 35. Ἐκ τούτου λέγει τάδε Ξενοφῶν·

Ἀλλὰ ταῦτα μὲν δὴ πάντες ἐπιστάμεθα, ὅτι βασιλεὺς καὶ Τισσαφέρνης οὓς μὲν ἐδυνήθησαν συνειλήφασιν ἡμῶν· τοῖς δ' ἄλλοις δῆλον ὅτι ἐπιβουλεύουσιν, ὡς, ἢν δύνωνται, ἀπολέσωσιν. Ἡμῖν δέ γε οἶμαι πάντα ποιητέα, ὡς μήποτ' ἐπὶ τοῖς βαρβάροις γενώμεθα, ἀλλὰ μᾶλλον, ἢν δυνώμεθα, ἐκεῖνοι ἐφ' ἡμῖν. 36. Εὖ τοίνυν ἐπίστασθε, ὅτι ὑμεῖς, τοσοῦτοι ὄντες, ὅσοι νῦν συνεληλύθατε, μέγιστον ἔχετε καιρόν. Οἱ γὰρ στρατιῶται οὗτοι πάντες πρὸς ὑμᾶς βλέπουσι· κἂν μὲν ὑμᾶς ὁρῶσιν ἀθύμους, πάντες κακοὶ ἔσονται· ἢν δὲ ὑμεῖς αὐτοί τε παρασκευαζόμενοι φανεροὶ ἦτε ἐπὶ τοὺς πολεμίους, καὶ τοὺς ἄλλους παρακαλῆτε, εὖ ἴστε, ὅτι ἔψονται ὑμῖν, καὶ πειράσονται μιμεῖσθαι. 37. Ἴσως δέ τοι καὶ δίκαιόν ἐστιν ὑμᾶς διαφέρειν τι τούτων. Ὑμεῖς γὰρ ἐστε στρατηγοὶ, ὑμεῖς ταξίαρχοι καὶ λοχαγοί· καὶ, ὅτε εἰρήνη ἦν, ὑμεῖς καὶ χρήμασι καὶ τιμαῖς τούτων ἐπλεονεκτεῖτε· καὶ νῦν τοίνυν, ἐπεὶ πόλεμός ἐστιν, ἀξιοῦν δεῖ ὑμᾶς αὐτοὺς ἀμείνους τε τοῦ πλήθους εἶναι, καὶ προβουλεύειν τούτων καὶ προπονεῖν, ἤν που δέῃ.

38. Καὶ νῦν πρῶτον μὲν οἴομαι ἂν ὑμᾶς μέγα ὀνῆσαι τὸ στράτευμα, εἰ ἐπιμεληθείητε, ὅπως ἀντὶ τῶν ἀπολωλότων ὡς τάχιστα στρατηγοὶ καὶ λοχαγοὶ ἀντικατασταθῶσιν. Ἄνευ γὰρ ἀρχόντων οὐδὲν ἂν οὔτε καλὸν οὔτε ἀγαθὸν γένοιτο, ὡς μὲν συνελόντι εἰπεῖν, οὐδαμοῦ· ἐν δὲ δὴ τοῖς πολεμικοῖς παντάπασιν. Ἡ μὲν γὰρ εὐταξία σώζειν δοκεῖ, ἡ δὲ ἀταξία πολλοὺς ἤδη ἀπολώλεκεν.

39. Ἐπειδὰν δὲ καταστήσησθε τοὺς ἄρχοντας, ὅσους δεῖ, ἢν καὶ τοὺς ἄλλους στρατιώτας συλλέγητε καὶ παραθαρσύνητε, οἶμαι ἂν ὑμᾶς πάνυ ἐν καιρῷ ποιῆσαι. 40. Νῦν μὲν γὰρ ἴσως καὶ ὑμεῖς αἰσθάνεσθε, ὡς ἀθύμως μὲν ἦλθον ἐπὶ τὰ ὅπλα, ἀθύμως δὲ πρὸς τὰς φυλακάς· ὥστε, οὕτω γ᾽ ἐχόντων, οὐκ οἶδα, ὅ τι ἄν τις χρήσαιτο αὐτοῖς, εἴτε νυκτὸς δέοι τι, εἴτε καὶ ἡμέρας. 41. Ἢν δέ τις αὐτῶν τρέψῃ τὰς γνώμας, ὡς μὴ τοῦτο μόνον ἐννοῶνται, τί πείσονται, ἀλλὰ καὶ τί ποιήσουσι, πολὺ εὐθυμότεροι ἔσονται. 42. Ἐπίστασθε γὰρ δήπου, ὅτι οὔτε πλῆθός ἐστιν οὔτε ἰσχὺς ἡ ἐν τῷ πολέμῳ τὰς νίκας ποιοῦσα· ἀλλ᾽ ὁπότεροι ἂν σὺν τοῖς θεοῖς ταῖς ψυχαῖς ἐρρωμενέστεροι ἴωσιν ἐπὶ τοὺς πολεμίους, τούτους

ὡς ἐπὶ τὸ πολὺ οἱ ἀντίοι οὐ δέχονται. 43. Ἐντεθύμημαι δ' ἔγωγε, ὦ ἄνδρες, καὶ τοῦτο, ὅτι, ὁπόσοι μὲν μαστεύουσι ζῆν ἐκ παντὸς τρόπου ἐν τοῖς πολεμικοῖς, οὗτοι μὲν κακῶς τε καὶ αἰσχρῶς ὡς ἐπὶ τὸ πολὺ ἀποθνήσκουσιν· ὁπόσοι δὲ τὸν μὲν θάνατον ἐγνώκασι πᾶσι κοινὸν εἶναι καὶ ἀναγκαῖον ἀνθρώποις, περὶ δὲ τοῦ καλῶς ἀποθνήσκειν ἀγωνίζονται, τούτους ὁρῶ μᾶλλόν πως εἰς τὸ γῆρας ἀφικνουμένους, καί, ἕως ἂν ζῶσιν, εὐδαιμονέστερον διάγοντας. 44. Ἃ καὶ ἡμᾶς δεῖ νῦν καταμαθόντας (ἐν τοιούτῳ γὰρ καιρῷ ἐσμεν), αὐτούς τε ἄνδρας ἀγαθοὺς εἶναι, καὶ τοὺς ἄλλους παρακαλεῖν. Ὁ μὲν ταῦτ' εἰπών, ἐπαύσατο.

45. Μετὰ δὲ τοῦτον εἶπε Χειρίσοφος· Ἀλλὰ πρόσθεν μέν, ὦ Ξενοφῶν, τοσοῦτον μόνον σε ἐγίγνωσκον, ὅσον ἤκουον Ἀθηναῖον εἶναι· νῦν δὲ καὶ ἐπαινῶ σε ἐφ' οἷς λέγεις τε καὶ πράττεις, καὶ βουλοίμην ἂν ὅτι πλείστους εἶναι τοιούτους· κοινὸν γὰρ ἂν εἴη τὸ ἀγαθόν. 46. Καὶ νῦν, ἔφη, μὴ μέλλωμεν, ὦ ἄνδρες, ἀλλ' ἀπελθόντες ἤδη αἱρεῖσθε οἱ δεόμενοι ἄρχοντας, καὶ ἑλόμενοι ἥκετε εἰς τὸ μέσον τοῦ στρατοπέδου, καὶ τοὺς αἱρεθέντας ἄγετε· ἔπειτ' ἐκεῖ συγκαλοῦμεν τοὺς ἄλλους στρατιώτας· παρέστω δ' ἡμῖν, ἔφη, καὶ Τολμίδης ὁ κῆρυξ. 47. Καὶ ἅμα ταῦτ' εἰπὼν ἀνέστη, ὡς μὴ μέλλοιτο, ἀλλὰ περαίνοιτο τὰ δέοντα. Ἐκ τούτου ᾑρέθησαν ἄρχοντες, ἀντὶ μὲν Κλεάρχου Τιμασίων Δαρδανεύς, ἀντὶ δὲ Σωκράτους Ξανθικλῆς Ἀχαιός, ἀντὶ δὲ Ἀγίου [Ἀρκάδος] Κλεάνωρ Ὀρχομένιος, ἀντὶ δὲ Μένωνος Φιλήσιος Ἀχαιός, ἀντὶ δὲ Προξένου Ξενοφῶν Ἀθηναῖος.

CAP. II.

1. Ἐπεὶ δὲ ἥρηντο, ἡμέρα τε σχεδὸν ὑπέφαινε, καὶ εἰς τὸ μέσον ἦκον οἱ ἄρχοντες, καὶ ἔδοξεν αὐτοῖς, προφύλακας καταστήσαντας, συγκαλεῖν τοὺς στρατιώτας. Ἐπεὶ δὲ καὶ οἱ ἄλλοι στρατιῶται συνῆλθον, ἀνέστη πρῶτον μὲν Χειρίσοφος ὁ Λακεδαιμόνιος, καὶ ἔλεξεν ὧδε· 2. Ὦ ἄνδρες στρατιῶται, χαλεπὰ μὲν τὰ παρόντα, ὁπότε ἀνδρῶν στρατηγῶν τοιούτων στερύμεθα καὶ λοχαγῶν καὶ στρατιωτῶν· πρὸς δ' ἔτι καὶ οἱ ἀμφὶ Ἀριαῖον, οἱ πρόσθεν σύμμαχοι ὄντες, προδεδώκασιν ἡμᾶς. 3. Ὅμως δὲ δεῖ ἐκ τῶν παρόντων ἄνδρας ἀγαθούς τε ἐλθεῖν, καὶ μὴ ὑφίεσθαι, ἀλλὰ πειρᾶσθαι ὅπως, ἢν μὲν δυνώμεθα, καλῶς νικῶντες σωζώμεθα· εἰ δὲ μὴ, ἀλλὰ καλῶς γε ἀποθνήσκωμεν, ὑποχείριοι δὲ μηδέποτε γενώμεθα ζῶντες τοῖς πολεμίοις. Οἴομαι γὰρ ἂν ἡμᾶς τοιαῦτα παθεῖν, οἷα τοὺς ἐχθροὺς οἱ θεοὶ ποιήσειαν.

4. Ἐπὶ τούτῳ Κλεάνωρ Ὀρχομένιος ἀνέστη, καὶ ἔλεξεν ὧδε· Ἀλλ' ὁρᾶτε μὲν, ὦ ἄνδρες, τὴν βασιλέως ἐπιορκίαν καὶ ἀσέβειαν· ὁρᾶτε δὲ τὴν Τισσαφέρνους ἀπιστίαν, ὅστις λέγων, ὡς γείτων τε εἴη τῆς Ἑλλάδος, καὶ περὶ πλείστου ἂν ποιήσαιτο σῶσαι ἡμᾶς, καὶ ἐπὶ τούτοις αὐτὸς ὀμόσας ἡμῖν, αὐτὸς δεξιὰς δοὺς, αὐτὸς ἐξαπατήσας συνέλαβε τοὺς στρατηγούς, καὶ οὐδὲ Δία Ξένιον ᾐδέσθη, ἀλλὰ Κλεάρχῳ καὶ ὁμοτράπεζος γενόμενος, αὐτοῖς τούτοις ἐξαπατήσας τοὺς ἄνδρας ἀπολώλεκεν. 5. Ἀριαῖος δὲ, ὃν ἡμεῖς ἠθέλομεν βασιλέα καθιστάναι, καὶ ἐδώκαμεν καὶ ἐλάβομεν πιστά, μὴ προδώσειν ἀλλήλους, καὶ οὗτος, οὔτε τοὺς θεοὺς

δείσας, οὔτε Κῦρον τὸν τεθνηκότα αἰδεσθεὶς, τιμώμενος μάλιστα ὑπὸ Κύρου ζῶντος, νῦν πρὸς τοὺς ἐκείνου ἐχθίστους ἀποστὰς, ἡμᾶς τοὺς Κύρου φίλους κακῶς ποιεῖν πειρᾶται. 6. Ἀλλὰ τούτους μὲν οἱ θεοὶ ἀποτίσαιντο· ἡμᾶς δὲ δεῖ ταῦτα ὁρῶντας, μήποτε ἐξαπατηθῆναι ἔτι ὑπὸ τούτων, ἀλλὰ μαχομένους ὡς ἂν δυνώμεθα κράτιστα, τοῦτο, ὅ τι ἂν δοκῇ τοῖς θεοῖς, πάσχειν.

7. Ἐκ τούτου Ξενοφῶν ἀνίσταται, ἐσταλμένος ἐπὶ πόλεμον ὡς ἐδύνατο κάλλιστα (νομίζων, εἴτε νίκην διδοῖεν οἱ θεοὶ, τὸν κάλλιστον κόσμον τῷ νικᾶν πρέπειν· εἴτε τελευτᾶν δέοι, ὀρθῶς ἔχειν, τῶν καλλίστων ἑαυτὸν ἀξιώσαντα, ἐν τούτοις τῆς τελευτῆς τυγχάνειν)· τοῦ δὲ λόγου ἤρχετο ὧδε· 8. Τὴν μὲν τῶν βαρβάρων ἐπιορκίαν τε καὶ ἀπιστίαν λέγει μὲν Κλεάνωρ, ἐπίστασθε δὲ καὶ ὑμεῖς, οἶμαι. Εἰ μὲν οὖν βουλευόμεθα πάλιν αὐτοῖς διὰ φιλίας ἰέναι, ἀνάγκη ἡμᾶς πολλὴν ἀθυμίαν ἔχειν, ὁρῶντας καὶ τοὺς στρατηγοὺς, οἳ διὰ πίστεως αὐτοῖς ἑαυτοὺς ἐνεχείρισαν, οἷα πεπόνθασιν· εἰ μέντοι διανοούμεθα σὺν τοῖς ὅπλοις ὧν τε πεποιήκασι δίκην ἐπιθεῖναι αὐτοῖς, καὶ τὸ λοιπὸν διὰ παντὸς πολέμου αὐτοῖς ἰέναι, σὺν τοῖς θεοῖς πολλαὶ ἡμῖν καὶ καλαὶ ἐλπίδες εἰσὶ σωτηρίας.

9. Τοῦτο δὲ λέγοντος αὐτοῦ, πτάρνυταί τις· ἀκούσαντες δ' οἱ στρατιῶται, πάντες μιᾷ ὁρμῇ προσεκύνησαν τὸν θεόν. Καὶ Ξενοφῶν εἶπε· Δοκεῖ μοι, ὦ ἄνδρες, ἐπεὶ, περὶ σωτηρίας ἡμῶν λεγόντων, οἰωνὸς τοῦ Διὸς τοῦ Σωτῆρος ἐφάνη, εὔξασθαι τῷ θεῷ τούτῳ θύσειν σωτήρια, ὅπου ἂν πρῶτον εἰς φιλίαν χώραν ἀφικώμεθα· συνεπεύξασθαι δὲ καὶ τοῖς ἄλλοις θεοῖς θύσειν κατὰ δύναμιν. Καὶ ὅτῳ

δοκεῖ ταῦτ', ἔφη, ἀνατεινάτω τὴν χεῖρα. Καὶ ἀνέτειναν ἅπαντες. Ἐκ τούτου εὔξαντο καὶ ἐπαιώνισαν. Ἐπεὶ δὲ τὰ τῶν θεῶν καλῶς εἶχεν, ἤρχετο πάλιν ὧδε·

10. Ἐτύγχανον λέγων, ὅτι πολλαὶ καὶ καλαὶ ἐλπίδες ἡμῖν εἶεν σωτηρίας. Πρῶτον μὲν γὰρ ἡμεῖς μὲν ἐμπεδοῦμεν τοὺς τῶν θεῶν ὅρκους, οἱ δὲ πολέμιοι ἐπιωρκήκασί τε, καὶ τὰς σπονδὰς καὶ τοὺς ὅρκους λελύκασιν. Οὕτω δ' ἐχόντων, εἰκός, τοῖς μὲν πολεμίοις ἐναντίους εἶναι τοὺς θεούς, ἡμῖν δὲ συμμάχους, οἵπερ ἱκανοί εἰσι καὶ τοὺς μεγάλους ταχὺ μικροὺς ποιεῖν, καὶ τοὺς μικρούς, κἂν ἐν δεινοῖς ὦσι, σώζειν εὐπετῶς, ὅταν βούλωνται.

11. Ἔπειτα δέ, — ἀναμνήσω γὰρ ὑμᾶς καὶ τοὺς τῶν προγόνων τῶν ἡμετέρων κινδύνους, ἵνα εἰδῆτε, ὡς ἀγαθοῖς τε ὑμῖν προσήκει εἶναι, σώζονταί τε σὺν τοῖς θεοῖς καὶ ἐκ πάνυ δεινῶν οἱ ἀγαθοί· — ἐλθόντων μὲν γὰρ Περσῶν καὶ τῶν σὺν αὐτοῖς παμπληθεῖ στόλῳ, ὡς ἀφανιούντων αὖθις τὰς Ἀθήνας, ὑποστῆναι αὐτοῖς Ἀθηναῖοι τολμήσαντες, ἐνίκησαν αὐτούς. 12. Καὶ εὐξάμενοι τῇ Ἀρτέμιδι, ὁπόσους ἂν κατακάνοιεν τῶν πολεμίων, τοσαύτας χιμαίρας καταθύσειν τῇ θεῷ, ἐπεὶ οὐκ εἶχον ἱκανὰς εὑρεῖν, ἔδοξεν αὐτοῖς, κατ' ἐνιαυτὸν πεντακοσίας θύειν· καὶ ἔτι καὶ νῦν ἀποθύουσιν. 13. Ἔπειτα ὅτε Ξέρξης ὕστερον ἀγείρας τὴν ἀναρίθμητον στρατιὰν ἦλθεν ἐπὶ τὴν Ἑλλάδα, καὶ τότε ἐνίκων οἱ ἡμέτεροι πρόγονοι τοὺς τούτων προγόνους, καὶ κατὰ γῆν καὶ κατὰ θάλατταν. Ὧν ἔστι μὲν τεκμήρια ὁρᾶν τὰ τρόπαια, μέγιστον δὲ μαρτύριον ἡ ἐλευθερία τῶν πόλεων, ἐν αἷς ὑμεῖς ἐγένεσθε καὶ ἐτράφητε· οὐδένα γὰρ ἄνθρωπον δεσπότην, ἀλλὰ τοὺς θεοὺς προσκυνεῖτε. Τοιούτων μέν ἐστε προγόνων.

14. Οὐ μὲν δὴ τοῦτό γε ἐρῶ, ὡς ὑμεῖς καταισχύνετε αὑτούς· ἀλλ' οὔπω πολλαὶ ἡμέραι, ἀφ' οὗ ἀντιταξάμενοι τούτοις τοῖς ἐκείνων ἐκγόνοις, πολλαπλασίους ὑμῶν αὐτῶν ἐνικᾶτε σὺν τοῖς θεοῖς. 15. Καὶ τότε μὲν δὴ περὶ τῆς Κύρου βασιλείας ἄνδρες ἦτε ἀγαθοί· νῦν δ', ὁπότε περὶ τῆς ὑμετέρας σωτηρίας ὁ ἀγών ἐστι, πολὺ δήπου ὑμᾶς προσήκει καὶ ἀμείνονας καὶ προθυμοτέρους εἶναι. 16. Ἀλλὰ μὴν καὶ θαρραλεωτέρους νῦν πρέπει εἶναι πρὸς τοὺς πολεμίους. Τότε μὲν γὰρ ἄπειροι ὄντες αὐτῶν, τό τε πλῆθος ἄμετρον ὁρῶντες, ὅμως ἐτολμήσατε σὺν τῷ πατρῴῳ φρονήματι ἰέναι εἰς αὐτούς· νῦν δέ, ὁπότε καὶ πεῖραν ἤδη ἔχετε αὐτῶν, ὅτι θέλουσι καὶ πολλαπλάσιοι ὄντες μὴ δέχεσθαι ὑμᾶς, τί ἔτι ὑμῖν προσήκει τούτους φοβεῖσθαι; 17. Μηδὲ μέντοι τοῦτο μεῖον δόξητε ἔχειν, εἰ οἱ Κυρεῖοι, πρόσθεν σὺν ἡμῖν ταττόμενοι, νῦν ἀφεστήκασιν· ἔτι γὰρ οὗτοι κακίονές εἰσι τῶν ὑφ' ἡμῶν ἡττημένων· ἔφευγον γοῦν πρὸς ἐκείνους, καταλιπόντες ὑμᾶς. Τοὺς δὲ θέλοντας φυγῆς ἄρχειν πολὺ κρεῖττον σὺν τοῖς πολεμίοις ταττομένους, ἢ ἐν τῇ ὑμετέρᾳ τάξει, ὁρᾶν. 18. Εἰ δέ τις αὖ ὑμῶν ἀθυμεῖ, ὅτι ἡμῖν μὲν οὐκ εἰσὶν ἱππεῖς, τοῖς δὲ πολεμίοις πολλοὶ πάρεισιν, ἐνθυμήθητε, ὅτι οἱ μύριοι ἱππεῖς οὐδὲν ἄλλο ἢ μύριοί εἰσιν ἄνθρωποι· ὑπὸ μὲν γὰρ ἵππου ἐν μάχῃ οὐδεὶς πώποτε οὔτε δηχθεὶς οὔτε λακτισθεὶς ἀπέθανεν· οἱ δὲ ἄνδρες εἰσὶν οἱ ποιοῦντες, ὅ τι ἂν ἐν ταῖς μάχαις γίγνηται. 19. Οὐκοῦν τῶν γε ἱππέων πολὺ ἡμεῖς ἐπ' ἀσφαλεστέρου ὀχήματός ἐσμεν; οἱ μὲν γὰρ ἐφ' ἵππων κρέμανται, φοβούμενοι οὐχ ἡμᾶς μόνον, ἀλλὰ καὶ τὸ καταπεσεῖν· ἡμεῖς δ' ἐπὶ τῆς γῆς βεβηκότες,

πολὺ μὲν ἰσχυρότερον παίσομεν, ἤν τις προσίῃ, πολὺ δὲ μᾶλλον, ὅτου ἂν βουλώμεθα, τευξόμεθα. Ἑνὶ μόνῳ προέχουσιν οἱ ἱππεῖς ἡμᾶς· φεύγειν αὐτοῖς ἀσφαλέστερόν ἐστιν, ἢ ἡμῖν. 20. Εἰ δὲ δὴ τὰς μὲν μάχας θαρρεῖτε, ὅτι δὲ οὐκέτι ὑμῖν Τισσαφέρνης ἡγήσεται οὐδὲ βασιλεὺς ἀγορὰν παρέξει, τοῦτο ἄχθεσθε, σκέψασθε, πότερον κρεῖττον Τισσαφέρνην ἡγεμόνα ἔχειν, ὃς ἐπιβουλεύων ἡμῖν φανερός ἐστιν, ἢ οὓς ἂν ἡμεῖς ἄνδρας λαβόντες ἡγεῖσθαι κελεύωμεν· οἳ εἴσονται, ὅτι, ἤν τι περὶ ἡμᾶς ἁμαρτάνωσι, περὶ τὰς ἑαυτῶν ψυχὰς καὶ σώματα ἁμαρτάνουσι. 21. Τὰ δὲ ἐπιτήδεια πότερον ὠνεῖσθαι κρεῖττον ἐκ τῆς ἀγορᾶς, ἧς οὗτοι παρεῖχον, μικρὰ μέτρα πολλοῦ ἀργυρίου, μηδὲ τοῦτο ἔτι ἔχοντας, ἢ αὐτοὺς λαμβάνειν, ἤνπερ κρατῶμεν, μέτρῳ χρωμένους, ὁπόσῳ ἂν ἕκαστος βούληται.

22. Εἰ δὲ ταῦτα μὲν γιγνώσκετε ὅτι κρείττονα, τοὺς δὲ ποταμοὺς ἄπορον νομίζετε εἶναι, καὶ μεγάλως ἡγεῖσθε ἐξαπατηθῆναι διαβάντες, σκέψασθε, εἰ ἄρα τοῦτο καὶ μωρότατον πεποιήκασιν οἱ βάρβαροι. Πάντες μὲν γὰρ οἱ ποταμοί, ἢν καὶ πρόσω τῶν πηγῶν ἄποροι ὦσι, προϊοῦσι πρὸς τὰς πηγὰς διαβατοὶ γίγνονται, οὐδὲ τὸ γόνυ βρέχοντες. 23. Εἰ δὲ μήθ᾽ οἱ ποταμοὶ διοίσουσιν, ἡγεμών τε μηδεὶς ἡμῖν φανεῖται, οὐδ᾽ ὣς ἡμῖν γε ἀθυμητέον. Ἐπιστάμεθα γὰρ Μυσούς, οὓς οὐκ ἂν ἡμῶν φαίημεν βελτίους εἶναι, οἳ, βασιλέως ἄκοντος, ἐν τῇ βασιλέως χώρᾳ πολλάς τε καὶ εὐδαίμονας καὶ μεγάλας πόλεις οἰκοῦσιν· ἐπιστάμεθα δὲ Πεισίδας ὡσαύτως· Λυκάονας δὲ καὶ αὐτοὶ εἴδομεν, ὅτι, ἐν τοῖς πεδίοις τὰ ἐρυμνὰ καταλαβόντες, τὴν τούτων χώραν καρποῦνται.

24. Καὶ ἡμᾶς δ' ἂν ἔφην ἔγωγε χρῆναι μήπω φανεροὺς εἶναι οἴκαδε ὡρμημένους, ἀλλὰ κατασκευάζεσθαι ὡς αὐτοῦ που οἰκήσοντας. Οἶδα γάρ, ὅτι καὶ Μυσοῖς βασιλεὺς πολλοὺς μὲν ἡγεμόνας ἂν δοίη, πολλοὺς δ' ἂν ὁμήρους τοῦ ἀδόλως ἐκπέμψειν, καὶ ὁδοποιήσειέ γ' ἂν αὐτοῖς, καὶ εἰ σὺν τεθρίπποις βούλοιντο ἀπιέναι. Καὶ ἡμῖν γ' ἂν οἶδ' ὅτι τρισάσμενος ταῦτ' ἐποίει, εἰ ἑώρα ἡμᾶς μένειν παρασκευαζομένους. 25. Ἀλλὰ γὰρ δέδοικα, μή, ἂν ἅπαξ μάθωμεν ἀργοὶ ζῆν, καὶ ἐν ἀφθόνοις βιοτεύειν, καὶ Μήδων δὲ καὶ Περσῶν καλαῖς καὶ μεγάλαις γυναιξὶ καὶ παρθένοις ὁμιλεῖν, μή, ὥσπερ οἱ λωτοφάγοι, ἐπιλαθώμεθα τῆς οἴκαδε ὁδοῦ. 26. Δοκεῖ οὖν μοι εἰκὸς καὶ δίκαιον εἶναι, πρῶτον εἰς τὴν Ἑλλάδα καὶ πρὸς τοὺς οἰκείους πειρᾶσθαι ἀφικνεῖσθαι, καὶ ἐπιδεῖξαι τοῖς Ἕλλησιν, ὅτι ἑκόντες πένονται, ἐξὸν αὐτοῖς, τοὺς νῦν οἴκοι ἀκλήρους πολιτεύοντας, ἐνθάδε κομισαμένους, πλουσίους ὁρᾶν. Ἀλλὰ γάρ, ὦ ἄνδρες, πάντα ταῦτα τἀγαθὰ δῆλον ὅτι τῶν κρατούντων ἐστί.

27. Τοῦτο δὴ δεῖ λέγειν, πῶς ἂν πορευοίμεθά τε ὡς ἀσφαλέστατα, καί, εἰ μάχεσθαι δέοι, ὡς κράτιστα μαχοίμεθα. Πρῶτον μὲν τοίνυν, ἔφη, δοκεῖ μοι κατακαῦσαι τὰς ἁμάξας, ἃς ἔχομεν· ἵνα μὴ τὰ ζεύγη ἡμῶν στρατηγῇ, ἀλλὰ πορευώμεθα, ὅπη ἂν τῇ στρατιᾷ συμφέρῃ· ἔπειτα καὶ τὰς σκηνὰς συγκατακαῦσαι. Αὗται γὰρ αὖ ὄχλον μὲν παρέχουσιν ἄγειν, συνωφελοῦσι δ' οὐδὲν οὔτε εἰς τὸ μάχεσθαι, οὔτ' εἰς τὸ τὰ ἐπιτήδεια ἔχειν. 28. Ἔτι δὲ καὶ τῶν ἄλλων σκευῶν τὰ περιττὰ ἀπαλλάξωμεν, πλὴν ὅσα πολέμου ἕνεκεν ἢ σίτων ἢ ποτῶν ἔχομεν· ἵνα ὡς πλεῖστοι μὲν ἡμῶν ἐν τοῖς ὅπλοις ὦσιν, ὡς ἐλάχιστοι δὲ σκευοφορῶσι.

Κρατουμένων μὲν γὰρ ἐπίστασθε ὅτι πάντα ἀλλότρια· ἢν δὲ κρατῶμεν, καὶ τοὺς πολεμίους δεῖ σκευοφόρους ἡμετέρους νομίζειν.

29. Λοιπόν μοι εἰπεῖν, ὅπερ καὶ μέγιστον νομίζω εἶναι. Ὁρᾶτε γὰρ καὶ τοὺς πολεμίους, ὅτι οὐ πρόσθεν ἐξενεγκεῖν ἐτόλμησαν πρὸς ἡμᾶς πόλεμον, πρὶν τοὺς στρατηγοὺς ἡμῶν συνέλαβον, νομίζοντες, ὄντων μὲν τῶν ἀρχόντων, καὶ ἡμῶν πειθομένων, ἱκανοὺς εἶναι ἡμᾶς περιγενέσθαι τῷ πολέμῳ· λαβόντες δὲ τοὺς ἄρχοντας, ἀναρχίᾳ ἂν καὶ ἀταξίᾳ ἐνόμιζον ἡμᾶς ἀπολέσθαι. 30. Δεῖ οὖν πολὺ μὲν τοὺς ἄρχοντας ἐπιμελεστέρους γενέσθαι τοὺς νῦν τῶν πρόσθεν, πολὺ δὲ τοὺς ἀρχομένους εὐτακτοτέρους καὶ πειθομένους μᾶλλον τοῖς ἄρχουσι νῦν ἢ πρόσθεν. 31. Ἢν δέ τις ἀπειθῇ, ἢν ψηφίσησθε τὸν ἀεὶ ὑμῶν ἐντυγχάνοντα σὺν τῷ ἄρχοντι κολάζειν, οὕτως οἱ πολέμιοι πλεῖστον ἐψευσμένοι ἔσονται· τῇδε γὰρ τῇ ἡμέρᾳ μυρίους ὄψονται ἀνθ' ἑνὸς Κλεάρχους, τοὺς οὐδ' ἑνὶ ἐπιτρέψοντας κακῷ εἶναι.

32. Ἀλλὰ γὰρ καὶ περαίνειν ἤδη ὥρα· ἴσως γὰρ οἱ πολέμιοι αὐτίκα παρέσονται. Ὅτῳ οὖν ταῦτα δοκεῖ καλῶς ἔχειν, ἐπικυρωσάτω ὡς τάχιστα, ἵνα ἔργῳ περαίνηται. Εἰ δέ τι ἄλλο βέλτιον ἢ ταύτῃ, τολμάτω καὶ ὁ ἰδιώτης διδάσκειν· πάντες γὰρ κοινῆς σωτηρίας δεόμεθα.

33. Μετὰ ταῦτα Χειρίσοφος εἶπεν· Ἀλλ' εἰ μέν τινος ἄλλου δεῖ πρὸς τούτοις, οἷς λέγει Ξενοφῶν, καὶ αὐτίκα ἐξέσται ποιεῖν· ἃ δὲ νῦν εἴρηκε, δοκεῖ μοι ὡς τάχιστα ψηφίσασθαι ἄριστον εἶναι· καὶ ὅτῳ δοκεῖ ταῦτα, ἀνατεινάτω τὴν χεῖρα. Ἀνέτειναν ἅπαντες.

34. Ἀναστὰς δὲ πάλιν εἶπε Ξενοφῶν· Ὦ ἄνδρες,

ἀκούσατε ὧν προσδεῖν δοκεῖ μοι. Δῆλον ὅτι πορεύεσθαι ἡμᾶς δεῖ, ὅπου ἕξομεν τὰ ἐπιτήδεια. Ἀκούω δὲ, κώμας εἶναι καλὰς, οὐ πλεῖον εἴκοσι σταδίων ἀπεχούσας. 35. Οὐκ ἂν οὖν θαυμάζοιμι, εἰ οἱ πολέμιοι, ὥσπερ οἱ δειλοὶ κύνες τοὺς μὲν παριόντας διώκουσί τε καὶ δάκνουσιν, ἢν δύνωνται, τοὺς δὲ διώκοντας φεύγουσιν, εἰ καὶ αὐτοὶ ἡμῖν ἀπιοῦσιν ἐπακολουθοῖεν. 36. Ἴσως οὖν ἀσφαλέστερον ἡμῖν, πορεύεσθαι πλαίσιον ποιησαμένους τῶν ὅπλων, ἵνα τὰ σκευοφόρα καὶ ὁ πολὺς ὄχλος ἐν ἀσφαλεστέρῳ εἴη. Εἰ οὖν νῦν ἀποδειχθείη, τίνα χρὴ ἡγεῖσθαι τοῦ πλαισίου καὶ τὰ πρόσθεν κοσμεῖν, καὶ τίνας ἐπὶ τῶν πλευρῶν ἑκατέρων εἶναι, τίνας δ' ὀπισθοφυλακεῖν, οὐκ ἄν, ὁπότε οἱ πολέμιοι ἔλθοιεν, βουλεύεσθαι ἡμᾶς δέοι, ἀλλὰ χρῴμεθ' ἂν εὐθὺς τοῖς τεταγμένοις. 37. Εἰ μὲν οὖν ἄλλος τις βέλτιον ὁρᾷ, ἄλλως ἐχέτω· εἰ δὲ μὴ, Χειρίσοφος μὲν ἡγείσθω, ἐπειδὴ καὶ Λακεδαιμόνιός ἐστι· τῶν δὲ πλευρῶν ἑκατέρων δύο τῶν πρεσβυτάτων στρατηγοὶ ἐπιμελείσθων· ὀπισθοφυλακῶμεν δ' ἡμεῖς οἱ νεώτατοι, ἐγώ τε καὶ Τιμασίων, τὸ νῦν εἶναι. 38. Τὸ δὲ λοιπὸν, πειρώμενοι ταύτης τῆς τάξεως, βουλευσόμεθα, ὅ τι ἂν ἀεὶ κράτιστον δοκῇ εἶναι. Εἰ δέ τις ἄλλο ὁρᾷ βέλτιον, λεξάτω. Ἐπεὶ δὲ οὐδεὶς ἀντέλεγεν, εἶπεν· Ὅτῳ δοκεῖ ταῦτα, ἀνατεινάτω τὴν χεῖρα. Ἔδοξε ταῦτα.

39. Νῦν τοίνυν, ἔφη, ἀπιόντας ποιεῖν δεῖ τὰ δεδογμένα· καὶ ὅστις τε ὑμῶν τοὺς οἰκείους ἐπιθυμεῖ ἰδεῖν, μεμνήσθω ἀνὴρ ἀγαθὸς εἶναι· οὐ γὰρ ἔστιν ἄλλως τούτου τυχεῖν· ὅστις τε ζῆν ἐπιθυμεῖ, πειράσθω νικᾶν· τῶν μὲν γὰρ νικώντων τὸ κατακαίνειν, τῶν δὲ ἡττωμένων τὸ ἀποθνήσκειν ἐστί.

Καὶ εἴ τις δὲ χρημάτων ἐπιθυμεῖ, κρατεῖν πειράσθω· τῶν γὰρ νικώντων ἐστὶ, καὶ τὰ ἑαυτῶν σώζειν, καὶ τὰ τῶν ἡττωμένων λαμβάνειν.

CAP. III.

1. Τούτων λεχθέντων, ἀνέστησαν, καὶ ἀπελθόντες κατέκαιον τὰς ἁμάξας καὶ τὰς σκηνάς· τῶν δὲ περιττῶν, ὅτου μὲν δέοιτό τις, μετεδίδοσαν ἀλλήλοις, τὰ δὲ ἄλλα εἰς τὸ πῦρ ἐρρίπτουν. Ταῦτα ποιήσαντες ἠριστοποιοῦντο. Ἀριστοποιουμένων δὲ αὐτῶν, ἔρχεται Μιθριδάτης σὺν ἱππεῦσιν ὡς τριάκοντα, καὶ καλεσάμενος τοὺς στρατηγοὺς εἰς ἐπήκοον, λέγει ὧδε· 2. Ἐγὼ, ὦ ἄνδρες Ἕλληνες, καὶ Κύρῳ πιστὸς ἦν, ὡς ὑμεῖς ἐπίστασθε, καὶ νῦν ὑμῖν εὔνους· καὶ ἐνθάδε εἰμὶ σὺν πολλῷ φόβῳ διάγων. Εἰ οὖν ὁρῴην ὑμᾶς σωτήριόν τι βουλευομένους, ἔλθοιμι ἂν πρὸς ὑμᾶς, καὶ τοὺς θεράποντας πάντας ἔχων. Λέξατε οὖν πρός με, τί ἐν νῷ ἔχετε, ὡς φίλον τε καὶ εὔνουν, καὶ βουλόμενον κοινῇ σὺν ὑμῖν τὸν στόλον ποιεῖσθαι.

3. Βουλευομένοις τοῖς στρατηγοῖς ἔδοξεν ἀποκρίνασθαι τάδε (καὶ ἔλεγε Χειρίσοφος)· Ἡμῖν δοκεῖ, ἢν μέν τις ἐᾷ ἡμᾶς ἀπιέναι οἴκαδε, διαπορεύεσθαι τὴν χώραν ὡς ἂν δυνώμεθα ἀσινέστατα· ἢν δέ τις ἡμᾶς τῆς ὁδοῦ ἀποκωλύῃ, διαπολεμεῖν τούτῳ, ὡς ἂν δυνώμεθα κράτιστα. 4. Ἐκ τούτου ἐπειρᾶτο Μιθριδάτης διδάσκειν, ὡς ἄπορον εἴη, βασιλέως ἄκοντος, σωθῆναι. Ἔνθα δὴ ἐγιγνώσκετο, ὅτι ὑπόπεμπτος εἴη· καὶ γὰρ τῶν Τισσαφέρνους τις οἰκείων παρηκολούθει πίστεως ἕνεκα. 5. Καὶ ἐκ τούτου ἐδόκει

τοῖς στρατηγοῖς βέλτιον εἶναι δόγμα ποιήσασθαι, τὸν πόλεμον ἀκήρυκτον εἶναι, ἔστ᾽ ἐν τῇ πολεμίᾳ εἶεν· διέφθειρον γὰρ προσιόντες τοὺς στρατιώτας, καὶ ἕνα γε λοχαγὸν διέφθειραν, Νίκαρχον Ἀρκάδα· καὶ ᾤχετο ἀπιὼν νυκτὸς σὺν ἀνθρώποις ὡς εἴκοσι.

6. Μετὰ ταῦτα ἀριστήσαντες, καὶ διαβάντες τὸν Ζαπάταν ποταμὸν, ἐπορεύοντο τεταγμένοι, τὰ ὑποζύγια καὶ τὸν ὄχλον ἐν μέσῳ ἔχοντες. Οὐ πολὺ δὲ προεληλυθότων αὐτῶν, ἐπιφαίνεται πάλιν ὁ Μιθριδάτης, ἱππέας ἔχων ὡς διακοσίους, καὶ τοξότας καὶ σφενδονήτας ὡς τετρακοσίους, μάλα ἐλαφροὺς καὶ εὐζώνους· καὶ προσῄει μὲν, ὡς φίλος ὢν, πρὸς τοὺς Ἕλληνας. 7. Ἐπεὶ δ᾽ ἐγγὺς ἐγένοντο, ἐξαπίνης οἱ μὲν αὐτῶν ἐτόξευον, καὶ ἱππεῖς καὶ πεζοὶ, οἱ δ᾽ ἐσφενδόνων καὶ ἐτίτρωσκον. Οἱ δὲ ὀπισθοφύλακες τῶν Ἑλλήνων ἔπασχον μὲν κακῶς, ἀντεποίουν δ᾽ οὐδέν· οἵ τε γὰρ Κρῆτες βραχύτερα τῶν Περσῶν ἐτόξευον, καὶ ἅμα ψιλοὶ ὄντες εἴσω τῶν ὅπλων κατεκέκλειντο· οἵ τε ἀκοντισταὶ βραχύτερα ἠκόντιζον, ἢ ὡς ἐξικνεῖσθαι τῶν σφενδονητῶν.

8. Ἐκ τούτου Ξενοφῶντι ἐδόκει διωκτέον εἶναι· καὶ ἐδίωκον τῶν τε ὁπλιτῶν καὶ τῶν πελταστῶν, οἳ ἔτυχον σὺν αὐτῷ ὀπισθοφυλακοῦντες· διώκοντες δὲ οὐδένα κατελάμβανον τῶν πολεμίων. 9. Οὔτε γὰρ ἱππεῖς ἦσαν τοῖς Ἕλλησιν, οὔτε οἱ πεζοὶ τοὺς πεζοὺς ἐκ πολλοῦ φεύγοντας ἐδύναντο καταλαμβάνειν ἐν ὀλίγῳ χωρίῳ· πολὺ γὰρ οὐχ οἷόν τε ἦν ἀπὸ τοῦ ἄλλου στρατεύματος διώκειν. 10. Οἱ δὲ βάρβαροι ἱππεῖς καὶ φεύγοντες ἅμα ἐτίτρωσκον, εἰς τοὔπισθεν τοξεύοντες ἀπὸ τῶν ἵππων· ὁπόσον δὲ προδιώ-

ξειαν οἱ Ἕλληνες, τοσοῦτον πάλιν ἐπαναχωρεῖν μαχομένους ἔδει. 11. Ὥστε τῆς ἡμέρας ὅλης διῆλθον οὐ πλέον πέντε καὶ εἴκοσι σταδίων, ἀλλὰ δείλης ἀφίκοντο εἰς τὰς κώμας. Ἔνθα δὴ πάλιν ἀθυμία ἦν. Καὶ Χειρίσοφος καὶ οἱ πρεσβύτατοι τῶν στρατηγῶν Ξενοφῶντα ἠτιῶντο, ὅτι ἐδίωκεν ἀπὸ τῆς φάλαγγος, καὶ αὐτός τε ἐκινδύνευε, καὶ τοὺς πολεμίους οὐδὲν μᾶλλον ἐδύνατο βλάπτειν. 12. Ἀκούσας δὲ Ξενοφῶν ἔλεγεν, ὅτι ὀρθῶς ἠτιῶντο, καὶ αὐτὸ τὸ ἔργον αὐτοῖς μαρτυροίη. Ἀλλ' ἐγώ, ἔφη, ἠναγκάσθην διώκειν, ἐπειδὴ ἑώρων ἡμᾶς ἐν τῷ μένειν κακῶς μὲν πάσχοντας, ἀντιποιεῖν δὲ οὐ δυναμένους. 13. Ἐπειδὴ δὲ ἐδιώκομεν, ἀληθῆ, ἔφη, ὑμεῖς λέγετε· κακῶς μὲν γὰρ ποιεῖν οὐδὲν μᾶλλον ἐδυνάμεθα τοὺς πολεμίους, ἀνεχωροῦμεν δὲ πάνυ χαλεπῶς. 14. Τοῖς οὖν θεοῖς χάρις, ὅτι οὐ σὺν πολλῇ ῥώμῃ, ἀλλὰ σὺν ὀλίγοις ἦλθον· ὥστε βλάψαι μὲν μὴ μεγάλα, δηλῶσαι δὲ ὧν δεόμεθα. 15. Νῦν γὰρ οἱ μὲν πολέμιοι τοξεύουσι καὶ σφενδονῶσιν, ὅσον οὔτε οἱ Κρῆτες ἀντιτοξεύειν δύνανται, οὔτε οἱ ἐκ χειρὸς βάλλοντες ἐξικνεῖσθαι· ὅταν δὲ αὐτοὺς διώκωμεν, πολὺ μὲν οὐχ οἷόν τε χωρίον ἀπὸ τοῦ στρατεύματος διώκειν, ἐν ὀλίγῳ δὲ οὐδ', εἰ ταχὺς εἴη, πεζὸς πεζὸν ἂν διώκων καταλάβοι ἐκ τόξου ῥύματος. 16. Ἡμεῖς οὖν εἰ μέλλομεν τούτους εἴργειν ὥστε μὴ δύνασθαι βλάπτειν ἡμᾶς πορευομένους, σφενδονητῶν τε τὴν ταχίστην δεῖ καὶ ἱππέων. Ἀκούω δ' εἶναι ἐν τῷ στρατεύματι ἡμῶν Ῥοδίους, ὧν τοὺς πολλούς φασιν ἐπίστασθαι σφενδονᾶν, καὶ τὸ βέλος αὐτῶν καὶ διπλάσιον φέρεσθαι τῶν Περσικῶν σφενδονῶν. 17. Ἐκεῖναι γὰρ, διὰ τὸ χειροπληθέσι τοῖς λίθοις σφενδονᾶν, ἐπὶ βραχὺ ἐξικνοῦνται· οἱ δὲ Ῥόδιοι καὶ ταῖς μολυβδίσιν ἐπίστανται χρῆσθαι. 18. Ἢν οὖν αὐτῶν ἐπισκεψώμεθα τίνες πέπανται σφενδόνας, καὶ τούτῳ μὲν δῶμεν αὐτῶν ἀργύριον, τῷ δὲ ἄλλας πλέκειν ἐθέλοντι ἄλλο ἀργύριον τελῶμεν, καὶ τῷ σφενδονᾶν ἐν τῷ τεταγμένῳ ἐθέλοντι ἄλλην τινὰ ἀτέλειαν εὑρίσκωμεν, ἴσως τινὲς φανοῦνται ἱκανοὶ ἡμᾶς ὠφελεῖν. 19. Ὁρῶ δὲ καὶ ἵππους ὄντας ἐν τῷ στρατεύματι, τοὺς μέν τινας παρ' ἐμοί, τοὺς δὲ τῷ Κλεάρχῳ καταλελειμμένους, πολλοὺς δὲ καὶ ἄλλους αἰχμαλώτους σκευοφοροῦντας. Ἂν οὖν τούτους πάντας ἐκλέξαντες, σκευοφόρα μὲν ἀντιδῶμεν, τοὺς δὲ ἵππους εἰς ἱππέας κατασκευάσωμεν, ἴσως καὶ οὗτοί τι τοὺς φεύγοντας ἀνιάσουσιν.

20. Ἔδοξε ταῦτα· καὶ ταύτης τῆς νυκτὸς σφενδονῆται μὲν εἰς διακοσίους ἐγένοντο, ἵπποι δὲ καὶ ἱππεῖς ἐδοκιμάσθησαν τῇ ὑστεραίᾳ εἰς πεντήκοντα, καὶ στολάδες καὶ θώρακες αὐτοῖς ἐπορίσθησαν· καὶ ἵππαρχος δὲ ἐπεστάθη Λύκιος ὁ Πολυστράτου Ἀθηναῖος.

CAP. IV.

1. Μείναντες δὲ ταύτην τὴν ἡμέραν, τῇ ἄλλῃ ἐπορεύοντο πρωϊαίτερον ἀναστάντες· χαράδραν γὰρ αὐτοὺς ἔδει διαβῆναι, ἐφ' ᾗ ἐφοβοῦντο μὴ ἐπιθοῖντο αὐτοῖς διαβαίνουσιν οἱ πολέμιοι. 2. Διαβεβηκόσι δὲ αὐτοῖς πάλιν φαίνεται ὁ Μιθριδάτης, ἔχων ἱππέας χιλίους, τοξότας δὲ καὶ σφενδονήτας εἰς τετρακισχιλίους· τοσούτους γὰρ ᾔτησε Τισσαφέρνην καὶ ἔλαβεν, ὑποσχόμενος, ἂν τούτους λάβῃ,

παραδώσειν αὐτῷ τοὺς Ἕλληνας, καταφρονήσας, ὅτι ἐν τῇ πρόσθεν προσβολῇ, ὀλίγους ἔχων, ἔπαθε μὲν οὐδέν, πολλὰ δὲ κακὰ ἐνόμισε ποιῆσαι. 3. Ἐπεὶ δὲ οἱ Ἕλληνες διαβεβηκότες ἀπεῖχον τῆς χαράδρας ὅσον ὀκτὼ σταδίους, διέβαινε καὶ ὁ Μιθριδάτης, ἔχων τὴν δύναμιν. Παρήγγελτο δέ, τῶν τε πελταστῶν οὓς ἔδει διώκειν, καὶ τῶν ὁπλιτῶν, καὶ τοῖς ἱππεῦσιν εἴρητο θαρροῦσι διώκειν, ὡς ἐφεψομένης ἱκανῆς δυνάμεως. 4. Ἐπεὶ δὲ ὁ Μιθριδάτης κατειλήφει, καὶ ἤδη σφενδόναι καὶ τοξεύματα ἐξικνοῦντο, ἐσήμηνε τοῖς Ἕλλησι τῇ σάλπιγγι, καὶ εὐθὺς ἔθεον ὁμόσε, οἷς εἴρητο, καὶ οἱ ἱππεῖς ἤλαυνον· οἱ δὲ οὐκ ἐδέξαντο, ἀλλ' ἔφευγον ἐπὶ τὴν χαράδραν. 5. Ἐν ταύτῃ τῇ διώξει τοῖς βαρβάροις τῶν τε πεζῶν ἀπέθανον πολλοί, καὶ τῶν ἱππέων ἐν τῇ χαράδρᾳ ζωοὶ ἐλήφθησαν ὡς ὀκτωκαίδεκα· τοὺς δὲ ἀποθανόντας αὐτοκέλευστοι οἱ Ἕλληνες ᾐκίσαντο, ὡς ὅτι φοβερώτατον τοῖς πολεμίοις εἴη ὁρᾶν.

6. Καὶ οἱ μὲν πολέμιοι οὕτω πράξαντες ἀπῆλθον· οἱ δὲ Ἕλληνες ἀσφαλῶς πορευόμενοι τὸ λοιπὸν τῆς ἡμέρας, ἀφίκοντο ἐπὶ τὸν Τίγρητα ποταμόν. 7. Ἐνταῦθα πόλις ἦν ἐρήμη μεγάλη, ὄνομα δ' αὐτῇ ἦν Λάρισσα· ᾤκουν δ' αὐτὴν τὸ παλαιὸν Μῆδοι· τοῦ δὲ τείχους ἦν αὐτῆς τὸ εὖρος πέντε καὶ εἴκοσι πόδες, ὕψος δ' ἑκατόν· τοῦ δὲ κύκλου ἡ περίοδος δύο παρασάγγαι· ᾠκοδόμητο δὲ πλίνθοις κεραμίαις· κρηπὶς δ' ὑπῆν λιθίνη, τὸ ὕψος εἴκοσι ποδῶν. 8. Ταύτην βασιλεὺς ὁ Περσῶν, ὅτε παρὰ Μήδων τὴν ἀρχὴν ἐλάμβανον Πέρσαι, πολιορκῶν, οὐδενὶ τρόπῳ ἐδύνατο ἑλεῖν· ἥλιον δὲ νεφέλη προκαλύψασα ἠφάνισε, μέχρι ἐξέλιπον οἱ ἄνθρωποι, καὶ οὕτως ἑάλω. 9. Παρὰ ταύτην

τὴν πόλιν ἦν πυραμὶς λιθίνη, τὸ μὲν εὖρος ἑνὸς πλέθρου, τὸ δὲ ὕψος δύο πλέθρων. Ἐπὶ ταύτης πολλοὶ τῶν βαρβάρων ἦσαν, ἐκ τῶν πλησίον κωμῶν ἀποπεφευγότες. 10. Ἐντεῦθεν ἐπορεύθησαν σταθμὸν ἕνα, παρασάγγας ἕξ, πρὸς τεῖχος ἔρημον μέγα, πρὸς [τῇ] πόλει κείμενον· ὄνομα δὲ ἦν τῇ πόλει Μέσπιλα· Μῆδοι δ᾽ αὐτήν ποτε ᾤκουν. Ἦν δὲ ἡ μὲν κρηπὶς λίθου ξεστοῦ κογχυλιάτου, τὸ εὖρος πεντήκοντα ποδῶν, καὶ τὸ ὕψος πεντήκοντα. 11. Ἐπὶ δὲ ταύτῃ ἐπῳκοδόμητο πλίνθινον τεῖχος, τὸ μὲν εὖρος πεντήκοντα ποδῶν, τὸ δὲ ὕψος ἑκατόν· τοῦ δὲ κύκλου ἡ περίοδος ἓξ παρασάγγαι. Ἐνταῦθα λέγεται Μήδεια γυνὴ βασιλέως καταφυγεῖν, ὅτε ἀπώλεσαν τὴν ἀρχὴν ὑπὸ Περσῶν Μῆδοι. 12. Ταύτην δὲ τὴν πόλιν πολιορκῶν ὁ Περσῶν βασιλεύς, οὐκ ἐδύνατο οὔτε χρόνῳ ἑλεῖν οὔτε βίᾳ· Ζεὺς δ᾽ ἐμβροντήτους ποιεῖ τοὺς ἐνοικοῦντας, καὶ οὕτως ἑάλω.

13. Ἐντεῦθεν δ᾽ ἐπορεύθησαν σταθμὸν ἕνα, παρασάγγας τέτταρας. Εἰς τοῦτον δὲ τὸν σταθμὸν Τισσαφέρνης ἐπεφάνη, οὕς τε αὐτὸς ἱππέας ἦλθεν ἔχων, καὶ τὴν Ὀρόντου δύναμιν, τοῦ τὴν βασιλέως θυγατέρα ἔχοντος, καὶ οὓς Κῦρος ἔχων ἀνέβη βαρβάρους, καὶ οὓς ὁ βασιλέως ἀδελφὸς ἔχων βασιλεῖ ἐβοήθει, καὶ πρὸς τούτοις ὅσους βασιλεὺς ἔδωκεν αὐτῷ· ὥστε τὸ στράτευμα πάμπολυ ἐφάνη. 14. Ἐπεὶ δ᾽ ἐγγὺς ἐγένετο, τὰς μὲν τῶν τάξεων εἶχεν ὄπισθεν καταστήσας, τὰς δὲ εἰς τὰ πλάγια παραγαγὼν ἐμβάλλειν μὲν οὐκ ἐτόλμησεν, οὐδ᾽ ἐβούλετο διακινδυνεύειν· σφενδονᾶν δὲ παρήγγειλε καὶ τοξεύειν. 15. Ἐπεὶ δὲ διαταχθέντες οἱ Ῥόδιοι ἐσφενδόνησαν, καὶ οἱ Σκύθαι τοξό-

ται ἐτόξευσαν, καὶ οὐδεὶς ἡμάρτανεν ἀνδρὸς (οὐδὲ γὰρ, εἰ πάνυ προθυμοῖτο, ῥᾴδιον ἦν), καὶ ὁ Τισσαφέρνης μάλα ταχέως ἔξω βελῶν ἀπεχώρει, καὶ αἱ ἄλλαι τάξεις ἀπεχώρησαν. 16. Καὶ τὸ λοιπὸν τῆς ἡμέρας οἱ μὲν ἐπορεύοντο, οἱ δ' εἵποντο· καὶ οὐκέτι ἐσίνοντο οἱ βάρβαροι τῇ τότε ἀκροβολίσει· μακρότερον γὰρ οἵ τε Ῥόδιοι τῶν Περσῶν ἐσφενδόνων καὶ τῶν πλείστων τοξοτῶν. 17. Μεγάλα δὲ καὶ τὰ τόξα τὰ Περσικά ἐστιν· ὥστε χρήσιμα ἦν, ὁπόσα ἁλίσκοιτο τῶν τοξευμάτων, τοῖς Κρησί· καὶ διετέλουν χρώμενοι τοῖς τῶν πολεμίων τοξεύμασι, καὶ ἐμελέτων τοξεύειν ἄνω ἱέντες μακράν. Εὑρίσκετο δὲ καὶ νεῦρα πολλὰ ἐν ταῖς κώμαις καὶ μόλυβδος· ὥστε χρῆσθαι εἰς τὰς σφενδόνας.

18. Καὶ ταύτῃ μὲν τῇ ἡμέρᾳ, ἐπεὶ κατεστρατοπεδεύοντο οἱ Ἕλληνες κώμαις ἐπιτυχόντες, ἀπῆλθον οἱ βάρβαροι, μεῖον ἔχοντες ἐν τῇ τότε ἀκροβολίσει· τὴν δ' ἐπιοῦσαν ἡμέραν ἔμειναν οἱ Ἕλληνες, καὶ ἐπεσιτίσαντο· ἦν γὰρ πολὺς σῖτος ἐν ταῖς κώμαις. Τῇ δ' ὑστεραίᾳ ἐπορεύοντο διὰ τοῦ πεδίου, καὶ Τισσαφέρνης εἵπετο ἀκροβολιζόμενος. 19. Ἔνθα δὴ οἱ Ἕλληνες ἔγνωσαν, ὅτι πλαίσιον ἰσόπλευρον πονηρὰ τάξις εἴη, πολεμίων ἑπομένων. Ἀνάγκη γάρ ἐστιν, ἢν μὲν συγκύπτῃ τὰ κέρατα τοῦ πλαισίου, ἢ ὁδοῦ στενωτέρας οὔσης, ἢ ὀρέων ἀναγκαζόντων ἢ γεφύρας, ἐκθλίβεσθαι τοὺς ὁπλίτας, καὶ πορεύεσθαι πονήρως, ἅμα μὲν πιεζομένους, ἅμα δὲ καὶ ταραττομένους· ὥστε δυσχρήστους εἶναι ἀνάγκη, ἀτάκτους ὄντας. 20. Ὅταν δ' αὖ διασχῇ τὰ κέρατα, ἀνάγκη διασπᾶσθαι τοὺς τότε ἐκθλιβομένους, καὶ κενὸν γίγνεσθαι τὸ μέσον τῶν κεράτων, καὶ

ἀθυμεῖν τοὺς ταῦτα πάσχοντας, τῶν πολεμίων ἑπομένων. Καὶ ὁπότε δέοι γέφυραν διαβαίνειν ἢ ἄλλην τινὰ διάβασιν, ἔσπευδεν ἕκαστος, βουλόμενος φθάσαι πρῶτος· καὶ εὐεπίθετον ἦν ἐνταῦθα τοῖς πολεμίοις. 21. Ἐπεὶ δὲ ταῦτα ἔγνωσαν οἱ στρατηγοί, ἐποιήσαντο ἓξ λόχους ἀνὰ ἑκατὸν ἄνδρας, καὶ λοχαγοὺς ἐπέστησαν, καὶ ἄλλους πεντηκοντῆρας, καὶ ἄλλους ἐνωμοτάρχας. Οὗτοι δὲ πορευόμενοι οἱ λοχαγοί, ὁπότε μὲν συγκύπτοι τὰ κέρατα, ὑπέμενον ὕστεροι, ὥστε μὴ ἐνοχλεῖν τοῖς κέρασι· τότε δὲ παρῆγον ἔξωθεν τῶν κεράτων. 22. Ὁπότε δὲ διάσχοιεν αἱ πλευραὶ τοῦ πλαισίου, τὸ μέσον ἀνεξεπίμπλασαν, εἰ μὲν στενώτερον εἴη τὸ διέχον, κατὰ λόχους· εἰ δὲ πλατύτερον, κατὰ πεντηκοστῦς· εἰ δὲ πάνυ πλατύ, κατ᾽ ἐνωμοτίας· ὥστε ἀεὶ ἔκπλεων εἶναι τὸ μέσον. 23. Εἰ δὲ καὶ διαβαίνειν τινὰ δέοι διάβασιν ἢ γέφυραν, οὐκ ἐταράττοντο, ἀλλ᾽ ἐν τῷ μέρει οἱ λοχαγοὶ διέβαινον· καὶ εἴ που δέοι τι τῆς φάλαγγος, ἐπιπαρῆσαν οὗτοι. Τούτῳ τῷ τρόπῳ ἐπορεύθησαν σταθμοὺς τέτταρας.

24. Ἡνίκα δὲ τὸν πέμπτον ἐπορεύοντο, εἶδον βασίλειόν τι, καὶ περὶ αὐτὸ κώμας πολλάς· τήν τε ὁδὸν πρὸς τὸ χωρίον τοῦτο διὰ γηλόφων ὑψηλῶν γιγνομένην, οἳ καθῆκον ἀπὸ τοῦ ὄρους, ὑφ᾽ ᾧ ἦν ἡ κώμη. Καὶ εἶδον μὲν τοὺς γηλόφους ἄσμενοι οἱ Ἕλληνες, ὡς εἰκὸς, τῶν πολεμίων ὄντων ἱππέων. 25. Ἐπεὶ δὲ πορευόμενοι ἐκ τοῦ πεδίου ἀνέβησαν ἐπὶ τὸν πρῶτον γήλοφον, καὶ κατέβαινον ὡς ἐπὶ τὸν ἕτερον ἀναβαίνειν, ἐνταῦθα ἐπιγίγνονται οἱ βάρβαροι, καὶ ἀπὸ τοῦ ὑψηλοῦ εἰς τὸ πρανὲς ἔβαλλον, ἐσφενδόνων, ἐτόξευον ὑπὸ μαστίγων. 26. Καὶ πολλοὺς

κατετίτρωσκον, καὶ ἐκράτησαν τῶν Ἑλλήνων γυμνήτων, καὶ κατέκλεισαν αὐτοὺς εἴσω τῶν ὅπλων· ὥστε παντάπασι ταύτην τὴν ἡμέραν ἄχρηστοι ἦσαν, ἐν τῷ ὄχλῳ ὄντες, καὶ οἱ σφενδονῆται καὶ οἱ τοξόται. 27. Ἐπεὶ δὲ πιεζόμενοι οἱ Ἕλληνες ἐπεχείρησαν διώκειν, σχολῇ μὲν ἐπὶ τὸ ἄκρον ἀφικνοῦνται, ὁπλῖται ὄντες· οἱ δὲ πολέμιοι ταχὺ ἀπεπήδων. 28. Πάλιν δέ, ὁπότε ἀπίοιεν πρὸς τὸ ἄλλο στράτευμα, ταὐτὰ ἔπασχον· καὶ ἐπὶ τοῦ δευτέρου γηλόφου ταὐτὰ ἐγίγνετο· ὥστε ἀπὸ τοῦ τρίτου γηλόφου ἔδοξεν αὐτοῖς μὴ κινεῖν τοὺς στρατιώτας, πρὶν ἀπὸ τῆς δεξιᾶς πλευρᾶς τοῦ πλαισίου ἀνήγαγον πελταστὰς πρὸς τὸ ὄρος. 29. Ἐπεὶ δ' οὗτοι ἐγένοντο ὑπὲρ τῶν ἑπομένων πολεμίων, οὐκέτι ἐπετίθεντο οἱ πολέμιοι τοῖς καταβαίνουσι, δεδοικότες μὴ ἀποτμηθείησαν, καὶ ἀμφοτέρωθεν αὐτῶν γένοιντο οἱ πολέμιοι. 30. Οὕτω τὸ λοιπὸν τῆς ἡμέρας πορευόμενοι, οἱ μὲν τῇ ὁδῷ κατὰ τοὺς γηλόφους, οἱ δὲ κατὰ τὸ ὄρος ἐπιπαριόντες, ἀφίκοντο εἰς τὰς κώμας· καὶ ἰατροὺς κατέστησαν ὀκτώ, πολλοὶ γὰρ ἦσαν οἱ τετρωμένοι.

31. Ἐνταῦθα ἔμειναν ἡμέρας τρεῖς, καὶ τῶν τετρωμένων ἕνεκα, καὶ ἅμα ἐπιτήδεια πολλὰ εἶχον, ἄλευρα, οἶνον, καὶ κριθὰς ἵπποις συμβεβλημένας πολλάς. Ταῦτα δὲ συνενηνεγμένα ἦν τῷ σατραπεύοντι τῆς χώρας. Τετάρτῃ δ' ἡμέρᾳ καταβαίνουσιν εἰς τὸ πεδίον. 32. Ἐπεὶ δὲ κατέλαβεν αὐτοὺς Τισσαφέρνης σὺν τῇ δυνάμει, ἐδίδαξεν αὐτοὺς ἡ ἀνάγκη κατασκηνῆσαι, οὗ πρῶτον εἶδον κώμην, καὶ μὴ πορεύεσθαι ἔτι μαχομένους· πολλοὶ γὰρ ἦσαν ἀπόμαχοι, οἱ τετρωμένοι, καὶ οἱ ἐκείνους φέροντες, καὶ οἱ τῶν

φερόντων τὰ ὅπλα δεξάμενοι. 33. Ἐπεὶ δὲ κατεσκήνησαν, καὶ ἐπεχείρησαν αὐτοῖς ἀκροβολίζεσθαι οἱ βάρβαροι πρὸς τὴν κώμην προσιόντες, πολὺ περιῆσαν οἱ Ἕλληνες· πολὺ γὰρ διέφερον ἐκ χώρας ὁρμῶντες ἀλέξασθαι, ἢ πορευόμενοι ἐπιοῦσι τοῖς πολεμίοις μάχεσθαι.

34. Ἡνίκα δ' ἦν ἤδη δείλη, ὥρα ἦν ἀπιέναι τοῖς πολεμίοις· οὔποτε γὰρ μεῖον ἀπεστρατοπεδεύοντο οἱ βάρβαροι τοῦ Ἑλληνικοῦ ἑξήκοντα σταδίων, φοβούμενοι μὴ τῆς νυκτὸς οἱ Ἕλληνες ἐπιθῶνται αὐτοῖς. 35. Πονηρὸν γὰρ νυκτός ἐστι στράτευμα Περσικόν. Οἵ τε γὰρ ἵπποι αὐτοῖς δέδενται, καὶ ὡς ἐπὶ τὸ πολὺ πεποδισμένοι εἰσὶ, τοῦ μὴ φεύγειν ἕνεκα εἰ λυθείησαν· ἐάν τέ τις θόρυβος γίγνηται, δεῖ ἐπισάξαι τὸν ἵππον Πέρσῃ ἀνδρὶ, καὶ χαλινῶσαι δεῖ, καὶ θωρακισθέντα ἀναβῆναι ἐπὶ τὸν ἵππον· ταῦτα δὲ πάντα χαλεπὰ νύκτωρ καὶ θορύβου ὄντος. Τούτου ἕνεκα πόρρω ἀπεσκήνουν τῶν Ἑλλήνων.

36. Ἐπεὶ δὲ ἐγίγνωσκον αὐτοὺς οἱ Ἕλληνες βουλομένους ἀπιέναι καὶ διαγγελλομένους, ἐκήρυξε τοῖς Ἕλλησι συσκευάζεσθαι, ἀκουόντων τῶν πολεμίων. Καὶ χρόνον μέν τινα ἐπέσχον τῆς πορείας οἱ βάρβαροι· ἐπειδὴ δὲ ὀψὲ ἐγίγνετο, ἀπῇεσαν· οὐ γὰρ ἐδόκει λυσιτελεῖν αὐτοῖς νυκτὸς πορεύεσθαι καὶ κατάγεσθαι ἐπὶ τὸ στρατόπεδον. 37. Ἐπειδὴ δὲ σαφῶς ἀπιόντας ἤδη ἑώρων οἱ Ἕλληνες, ἐπορεύοντο καὶ αὐτοὶ ἀναζεύξαντες, καὶ διῆλθον ὅσον ἑξήκοντα σταδίους· καὶ γίγνεται τοσοῦτον μεταξὺ τῶν στρατευμάτων, ὥστε τῇ ὑστεραίᾳ οὐκ ἐφάνησαν οἱ πολέμιοι, οὐδὲ τῇ τρίτῃ· τῇ δὲ τετάρτῃ, νυκτὸς προελθόντες, καταλαμβάνουσι χωρίον ὑπερδέξιον οἱ βάρβαροι, ᾗ ἔμελλον οἱ

Έλληνες παριέναι, ἀκρωνυχίαν ὄρους, ὑφ' ἣν ἡ κατάβασις ἦν εἰς τὸ πεδίον.

38. Ἐπειδὴ δὲ ἑώρα Χειρίσοφος προκατειλημμένην τὴν ἀκρωνυχίαν, καλεῖ Ξενοφῶντα ἀπὸ τῆς οὐρᾶς, καὶ κελεύει λαβόντα τοὺς πελταστὰς παραγενέσθαι εἰς τὸ πρόσθεν. 39 Ὁ δὲ Ξενοφῶν τοὺς μὲν πελταστὰς οὐκ ἦγεν· ἐπιφαινόμενον γὰρ ἑώρα Τισσαφέρνην, καὶ τὸ στράτευμα πᾶν· αὐτὸς δὲ προσελάσας ἠρώτα· Τί καλεῖς; Ὁ δὲ λέγει αὐτῷ· Ἔξεστιν ὁρᾶν· προκατείληπται γὰρ ἡμῖν ὁ ὑπὲρ τῆς καταβάσεως λόφος, καὶ οὐκ ἔστι παρελθεῖν, εἰ μὴ τούτους ἀποκόψομεν. Ἀλλὰ τί οὐκ ἦγες τοὺς πελταστάς; 40. Ὁ δὲ λέγει, ὅτι οὐκ ἐδόκει αὐτῷ ἔρημα καταλιπεῖν τὰ ὄπισθεν, πολεμίων ἐπιφαινομένων. Ἀλλὰ μὴν ὥρα γ', ἔφη, βουλεύεσθαι, πῶς τις τοὺς ἄνδρας ἀπελᾷ ἀπὸ τοῦ λόφου. 41. Ἐνταῦθα Ξενοφῶν ὁρᾷ τοῦ ὄρους τὴν κορυφὴν ὑπὲρ αὐτοῦ τοῦ ἑαυτῶν στρατεύματος οὖσαν, καὶ ἀπὸ ταύτης ἔφοδον ἐπὶ τὸν λόφον ἔνθα ἦσαν οἱ πολέμιοι, καὶ λέγει· Κράτιστον, ὦ Χειρίσοφε, ἡμῖν ἵεσθαι ὡς τάχιστα ἐπὶ τὸ ἄκρον· ἢν γὰρ τοῦτο λάβωμεν, οὐ δυνήσονται μένειν οἱ ὑπὲρ τῆς ὁδοῦ. Ἀλλὰ, εἰ βούλει, μένε ἐπὶ τῷ στρατεύματι, ἐγὼ δ' ἐθέλω πορεύεσθαι· εἰ δὲ χρῄζεις, πορεύου ἐπὶ τὸ ὄρος, ἐγὼ δὲ μενῶ αὐτοῦ. 42. Ἀλλὰ δίδωμί σοι, ἔφη ὁ Χειρίσοφος, ὁπότερον βούλει, ἑλέσθαι. Εἰπὼν ὁ Ξενοφῶν, ὅτι νεώτερός ἐστιν, αἱρεῖται πορεύεσθαι· κελεύει δέ οἱ συμπέμψαι ἀπὸ τοῦ στόματος ἄνδρας· μακρὸν γὰρ ἦν ἀπὸ τῆς οὐρᾶς λαβεῖν. 43. Καὶ ὁ Χειρίσοφος συμπέμπει τοὺς ἀπὸ τοῦ στόματος πελταστάς· ἔλαβε δὲ τοὺς κατὰ μέσον τοῦ πλαισίου. Συνέπεσθαι δ'

ἐκέλευσεν αὐτῷ καὶ τοὺς τριακοσίους, οὓς αὐτὸς εἶχε τῶν ἐπιλέκτων ἐπὶ τῷ στόματι τοῦ πλαισίου.

44. Ἐντεῦθεν ἐπορεύοντο ὡς ἐδύναντο τάχιστα. Οἱ δ᾽ ἐπὶ τοῦ λόφου πολέμιοι, ὡς ἐνόησαν αὐτῶν τὴν πορείαν ἐπὶ τὸ ἄκρον, εὐθὺς καὶ αὐτοὶ ὥρμησαν ἁμιλλᾶσθαι ἐπὶ τὸ ἄκρον. 45. Καὶ ἐνταῦθα πολλὴ μὲν κραυγὴ ἦν τοῦ Ἑλληνικοῦ στρατεύματος διακελευομένων τοῖς ἑαυτῶν, πολλὴ δὲ κραυγὴ τῶν ἀμφὶ Τισσαφέρνην τοῖς ἑαυτῶν διακελευομένων. 46. Ξενοφῶν δὲ παρελαύνων ἐπὶ τοῦ ἵππου παρεκελεύετο· Ἄνδρες, νῦν ἐπὶ τὴν Ἑλλάδα νομίζετε ἁμιλλᾶσθαι, νῦν πρὸς τοὺς παῖδας καὶ τὰς γυναῖκας, νῦν ὀλίγον πονήσαντες [χρόνον], ἀμαχεὶ τὴν λοιπὴν πορευσόμεθα. 47. Σωτηρίδης δὲ ὁ Σικυώνιος εἶπεν· Οὐκ ἐξ ἴσου, ὦ Ξενοφῶν, ἐσμέν· σὺ μὲν γὰρ ἐφ᾽ ἵππου ὀχῇ, ἐγὼ δὲ χαλεπῶς κάμνω τὴν ἀσπίδα φέρων. 48. Καὶ ὃς ἀκούσας ταῦτα, καταπηδήσας ἀπὸ τοῦ ἵππου, ὠθεῖται αὐτὸν ἐκ τῆς τάξεως, καὶ τὴν ἀσπίδα ἀφελόμενος, ὡς ἐδύνατο τάχιστα ἔχων ἐπορεύετο. Ἐτύγχανε δὲ καὶ θώρακα ἔχων τὸν ἱππικόν· ὥστε ἐπιέζετο. Καὶ τοῖς μὲν ἔμπροσθεν ὑπάγειν παρεκελεύετο, τοῖς δὲ ὄπισθεν παριέναι, μόλις ἑπομένοις. 49. Οἱ δ᾽ ἄλλοι στρατιῶται παίουσι καὶ βάλλουσι καὶ λοιδοροῦσι τὸν Σωτηρίδην, ἔστε ἠνάγκασαν λαβόντα τὴν ἀσπίδα πορεύεσθαι. Ὁ δὲ ἀναβάς, ἕως μὲν βάσιμα ἦν, ἐπὶ τοῦ ἵππου ἦγεν· ἐπεὶ δὲ ἄβατα ἦν, καταλιπὼν τὸν ἵππον, ἔσπευδε πεζῇ. Καὶ φθάνουσιν ἐπὶ τῷ ἄκρῳ γενόμενοι τοὺς πολεμίους.

CAP. V.

1. Ἔνθα δὴ οἱ μὲν βάρβαροι στραφέντες ἔφευγον, ᾗ ἕκαστος ἐδύνατο· οἱ δ' Ἕλληνες εἶχον τὸ ἄκρον. Οἱ δὲ ἀμφὶ Τισσαφέρνην καὶ Ἀριαῖον ἀποτραπόμενοι ἄλλην ὁδὸν ᾤχοντο· οἱ δὲ ἀμφὶ Χειρίσοφον καταβάντες [εἰς τὸ πεδίον], ἐστρατοπεδεύσαντο ἐν κώμῃ μεστῇ πολλῶν ἀγαθῶν. Ἦσαν δὲ καὶ ἄλλαι κῶμαι πολλαὶ πλήρεις πολλῶν ἀγαθῶν ἐν τούτῳ τῷ πεδίῳ, παρὰ τὸν Τίγρητα ποταμόν. 2. Ἡνίκα δ' ἦν δείλη, ἐξαπίνης οἱ πολέμιοι ἐπιφαίνονται ἐν τῷ πεδίῳ, καὶ τῶν Ἑλλήνων κατέκοψάν τινας τῶν ἐσκεδασμένων ἐν τῷ πεδίῳ καθ' ἁρπαγήν· καὶ γὰρ νομαὶ πολλαὶ βοσκημάτων, διαβιβαζόμεναι εἰς τὸ πέραν τοῦ ποταμοῦ, κατελήφθησαν. 3. Ἐνταῦθα Τισσαφέρνης καὶ οἱ σὺν αὐτῷ καίειν ἐπεχείρησαν τὰς κώμας. Καὶ τῶν Ἑλλήνων μάλα ἠθύμησάν τινες, ἐννοούμενοι, μὴ τὰ ἐπιτήδεια, εἰ καίοιεν, οὐκ ἔχοιεν ὁπόθεν λαμβάνοιεν. 4. Καὶ οἱ μὲν ἀμφὶ Χειρίσοφον ἀπῇεσαν ἐκ τῆς βοηθείας· ὁ δὲ Ξενοφῶν ἐπεὶ κατέβη, παρελαύνων τὰς τάξεις, ἡνίκα ἀπὸ τῆς βοηθείας ἀπήντησαν οἱ Ἕλληνες, ἔλεγεν· 5. Ὁρᾶτε, ὦ ἄνδρες Ἕλληνες, ὑφιέντας τὴν χώραν ἤδη ἡμετέραν εἶναι; ἃ γὰρ, ὅτε ἐσπένδοντο, διεπράττοντο, μὴ καίειν τὴν βασιλέως χώραν, νῦν αὐτοὶ καίουσιν ὡς ἀλλοτρίαν. Ἀλλ' ἐάν που καταλείπωσί γε αὐτοῖς τὰ ἐπιτήδεια, ὄψονται καὶ ἡμᾶς ἐνταῦθα πορευομένους. 6. Ἀλλ', ὦ Χειρίσοφε, ἔφη, δοκεῖ μοι βοηθεῖν ἐπὶ τοὺς καίοντας, ὡς ὑπὲρ τῆς ἡμετέρας. Ὁ δὲ Χειρίσοφος εἶπεν· Οὔκουν ἔμοιγε δοκεῖ· ἀλλὰ καὶ ἡμεῖς, ἔφη, καίωμεν, καὶ οὕτω θᾶττον παύσονται.

7. Ἐπεὶ δὲ ἐπὶ τὰς σκηνὰς ἀπῆλθον, οἱ μὲν ἄλλοι περὶ τὰ ἐπιτήδεια ἦσαν, στρατηγοὶ δὲ καὶ λοχαγοὶ συνῆλθον. Καὶ ἐνταῦθα πολλὴ ἀπορία ἦν. Ἔνθεν μὲν γὰρ ὄρη ἦν ὑπερύψηλα, ἔνθεν δὲ ὁ ποταμὸς τοσοῦτος τὸ βάθος, ὡς μηδὲ τὰ δόρατα ὑπερέχειν πειρωμένοις τοῦ βάθους. 8. Ἀπορουμένοις δὲ αὐτοῖς προσελθών τις ἀνὴρ Ῥόδιος εἶπεν· Ἐγὼ θέλω, ὦ ἄνδρες, διαβιβάσαι ὑμᾶς κατὰ τετρακισχιλίους ὁπλίτας, ἂν ἐμοὶ, ὧν δέομαι, ὑπηρετήσητε, καὶ τάλαντον μισθὸν πορίσητε. 9. Ἐρωτώμενος δὲ, ὅτου δέοιτο, Ἀσκῶν, ἔφη, δισχιλίων δεήσομαι· πολλὰ δ' ὁρῶ ταῦτα πρόβατα, καὶ αἶγας, καὶ βοῦς, καὶ ὄνους, ἃ ἀποδαρέντα καὶ φυσηθέντα ῥᾳδίως ἂν παρέχοι τὴν διάβασιν. 10. Δεήσομαι δὲ καὶ τῶν δεσμῶν, οἷς χρῆσθε περὶ τὰ ὑποζύγια· τούτοις ζεύξας τοὺς ἀσκοὺς πρὸς ἀλλήλους (ὁρμίσας ἕκαστον ἀσκὸν, λίθους ἀρτήσας καὶ ἀφεὶς ὥσπερ ἀγκύρας εἰς τὸ ὕδωρ), διαγαγὼν καὶ ἀμφοτέρωθεν δήσας, ἐπιβαλῶ ὕλην καὶ γῆν ἐπιφορήσω. 11. Ὅτι μὲν οὖν οὐ καταδύσεσθε, αὐτίκα μάλα εἴσεσθε· πᾶς γὰρ ἀσκὸς δύο ἄνδρας ἕξει τοῦ μὴ καταδῦναι· ὥστε δὲ μὴ ὀλισθάνειν, ἡ ὕλη καὶ ἡ γῆ σχήσει.

12. Ἀκούσασι ταῦτα τοῖς στρατηγοῖς τὸ μὲν ἐνθύμημα χαρίεν ἐδόκει εἶναι, τὸ δ' ἔργον ἀδύνατον· ἦσαν γὰρ οἱ κωλύσοντες πέραν πολλοὶ ἱππεῖς, οἳ εὐθὺς τοῖς πρώτοις οὐδὲν ἂν ἐπέτρεπον τούτων ποιεῖν. 13. Ἐνταῦθα τὴν μὲν ὑστεραίαν ἐπανεχώρουν εἰς τοὔμπαλιν [ἢ] πρὸς Βαβυλῶνα, εἰς τὰς ἀκαύστους κώμας, κατακαύσαντες ἔνθεν ἐξῆεσαν· ὥστε οἱ πολέμιοι οὐ προσήλαυνον, ἀλλὰ ἐθεῶντο, καὶ ὅμοιοι ἦσαν θαυμάζειν, ὅποι ποτὲ τρέψονται οἱ Ἕλληνες, καὶ τί ἐν νῷ ἔχοιεν.

14. Ἐνταῦθα οἱ μὲν ἄλλοι στρατιῶται ἀμφὶ τὰ ἐπιτήδεια ἦσαν· οἱ δὲ στρατηγοὶ καὶ οἱ λοχαγοὶ πάλιν συνῆλθον, καὶ συναγαγόντες τοὺς ἑαλωκότας, ἤλεγχον τὴν κύκλῳ πᾶσαν χώραν, τίς ἑκάστη εἴη. 15. Οἱ δ' ἔλεγον, ὅτι τὰ μὲν πρὸς μεσημβρίαν τῆς ἐπὶ Βαβυλῶνα εἴη καὶ Μηδίαν, δι' ἧσπερ ἥκοιεν· ἡ δὲ πρὸς ἕω ἐπὶ Σοῦσά τε καὶ Ἐκβάτανα φέροι, ἔνθα θερίζειν καὶ ἐαρίζειν λέγεται βασιλεύς· ἡ δὲ διαβάντι τὸν ποταμὸν πρὸς ἑσπέραν ἐπὶ Λυδίαν καὶ Ἰωνίαν φέροι· ἡ δὲ διὰ τῶν ὀρέων καὶ πρὸς ἄρκτον τετραμμένη, ὅτι εἰς Καρδούχους ἄγοι. 16. Τούτους δ' ἔφασαν οἰκεῖν ἀνὰ τὰ ὄρη, καὶ πολεμικοὺς εἶναι, καὶ βασιλέως οὐκ ἀκούειν· ἀλλὰ καὶ ἐμβαλεῖν ποτε εἰς αὐτοὺς βασιλικὴν στρατιάν, δώδεκα μυριάδας· τούτων δὲ οὐδένα ἀπονοστῆσαι διὰ τὴν δυσχωρίαν· ὁπότε μέντοι πρὸς τὸν σατράπην τὸν ἐν τῷ πεδίῳ σπείσαιντο, καὶ ἐπιμιγνύναι σφῶν τε πρὸς ἐκείνους, καὶ ἐκείνων πρὸς ἑαυτούς.

17. Ἀκούσαντες ταῦτα οἱ στρατηγοὶ ἐκάθισαν χωρὶς τοὺς ἑκασταχόσε φάσκοντας εἰδέναι, οὐδὲν δῆλον ποιήσαντες, ὅποι πορεύεσθαι ἔμελλον. Ἐδόκει δὲ τοῖς στρατηγοῖς ἀναγκαῖον εἶναι, διὰ τῶν ὀρέων εἰς Καρδούχους ἐμβαλεῖν· τούτους γὰρ διελθόντας ἔφασαν εἰς Ἀρμενίαν ἥξειν, ἧς Ὀρόντας ἦρχε πολλῆς καὶ εὐδαίμονος. Ἐντεῦθεν δ' εὔπορον ἔφασαν εἶναι, ὅποι τις ἐθέλοι, πορεύεσθαι. 18. Ἐπὶ τούτοις ἐθύσαντο, ὅπως, ὁπηνίκα καὶ δοκοίη τῆς ὥρας, τὴν πορείαν ποιοῖντο (τὴν γὰρ ὑπερβολὴν τῶν ὀρέων ἐδεδοίκεσαν, μὴ προκαταληφθείη)· καὶ παρήγγειλαν, ἐπειδὴ δειπνήσαιεν, συνεσκευασμένους πάντας ἀναπαύεσθαι, καὶ ἕπεσθαι, ἡνίκ' ἄν τις παραγγέλλῃ.

ΞΕΝΟΦΩΝΤΟΣ

ΚΥΡΟΥ ΑΝΑΒΑΣΕΩΣ Δ'.

CAP. I.

Ὅσα μὲν δὴ ἐν τῇ ἀναβάσει ἐγένετο μέχρι τῆς μάχης, καὶ ὅσα μετὰ τὴν μάχην ἐν ταῖς σπονδαῖς, ἃς βασιλεὺς καὶ οἱ σὺν Κύρῳ ἀναβάντες Ἕλληνες ἐσπείσαντο, καὶ ὅσα, παραβάντος τὰς σπονδὰς βασιλέως καὶ Τισσαφέρνους, ἐπολεμήθη πρὸς τοὺς Ἕλληνας, ἐπακολουθοῦντος τοῦ Περσικοῦ στρατεύματος, ἐν τῷ πρόσθεν λόγῳ δεδήλωται. 2. Ἐπεὶ δὲ ἀφίκοντο, ἔνθα ὁ μὲν Τίγρης ποταμὸς παντάπασιν ἄπορος ἦν διὰ τὸ βάθος καὶ μέγεθος, πάροδος δὲ οὐκ ἦν, ἀλλὰ τὰ Καρδούχια ὄρη ἀπότομα ὑπὲρ αὐτοῦ τοῦ ποταμοῦ ἐκρέματο, ἐδόκει δὴ τοῖς στρατηγοῖς, διὰ τῶν ὀρέων πορευτέον εἶναι. 3. Ἤκουον γὰρ τῶν ἁλισκομένων, ὅτι, εἰ διέλθοιεν τὰ Καρδούχια ὄρη, ἐν τῇ Ἀρμενίᾳ τὰς πηγὰς τοῦ Τίγρητος ποταμοῦ, ἢν μὲν βούλωνται, διαβήσονται· ἢν δὲ μὴ βούλωνται, περιΐασι. Καὶ τοῦ Εὐφράτου τε τὰς πηγὰς ἐλέγετο οὐ πρόσω τοῦ Τίγρητος εἶναι· καὶ ἔστιν οὕτω στενόν. 4. Τὴν δ᾽ εἰς τοὺς Καρδούχους ἐμβολὴν ὧδε ποιοῦνται, ἅμα μὲν λαθεῖν πειρώμενοι, ἅμα δὲ φθάσαι, πρὶν τοὺς πολεμίους καταλαβεῖν τὰ ἄκρα. 5. Ἐπειδὴ ἦν ἀμφὶ τὴν τελευταίαν φυλακὴν, καὶ ἐλείπετο τῆς νυκτὸς ὅσον σκοταίους διελθεῖν τὸ πεδίον, τηνικαῦτα ἀναστάντες ἀπὸ παραγγέλσεως πορευόμενοι ἀφικνοῦνται ἅμα τῇ ἡμέρᾳ πρὸς τὸ ὄρος. 6. Ἔνθα δὴ Χειρίσοφος μὲν ἡγεῖτο τοῦ στρατεύματος, λαβὼν τὸ ἀμφ' αὑτὸν καὶ τοὺς γυμνῆτας πάντας· Ξενοφῶν δὲ σὺν τοῖς ὀπισθοφύλαξιν ὁπλίταις εἵπετο, οὐδένα ἔχων γυμνῆτα· οὐδεὶς γὰρ κίνδυνος ἐδόκει εἶναι, μή τις, ἄνω πορευομένων, ἐκ τοῦ ὄπισθεν ἐπίσποιτο. 7. Καὶ ἐπὶ μὲν τὸ ἄκρον ἀναβαίνει Χειρίσοφος, πρίν τινα αἰσθέσθαι τῶν πολεμίων· ἔπειτα δ' ὑφηγεῖτο· ἐφείπετο δὲ ἀεὶ τὸ ὑπερβάλλον τοῦ στρατεύματος εἰς τὰς κώμας τὰς ἐν τοῖς ἄγκεσί τε καὶ μυχοῖς τῶν ὀρέων.

8. Ἔνθα δὴ οἱ μὲν Καρδοῦχοι, ἐκλιπόντες τὰς οἰκίας, ἔχοντες καὶ γυναῖκας καὶ παῖδας, ἔφευγον ἐπὶ τὰ ὄρη· τὰ δὲ ἐπιτήδεια πολλὰ ἦν λαμβάνειν, ἦσαν δὲ καὶ χαλκώμασι παμπόλλοις κατεσκευασμέναι αἱ οἰκίαι, ὧν οὐδὲν ἔφερον οἱ Ἕλληνες· οὐδὲ τοὺς ἀνθρώπους ἐδίωκον, ὑποφειδόμενοι, εἴ πως ἐθελήσειαν οἱ Καρδοῦχοι διϊέναι αὐτοὺς ὡς διὰ φιλίας τῆς χώρας, ἐπείπερ βασιλεῖ πολέμιοι ἦσαν. 9. Τὰ μέντοι ἐπιτήδεια, ὅτῳ τις ἐπιτυγχάνοι, ἐλάμβανον· ἀνάγκη γὰρ ἦν. Οἱ δὲ Καρδοῦχοι οὔτε καλούντων ὑπήκουον, οὔτε ἄλλο φιλικὸν οὐδὲν ἐποίουν. 10. Ἐπεὶ δὲ οἱ τελευταῖοι τῶν Ἑλλήνων κατέβαινον εἰς τὰς κώμας ἀπὸ τοῦ ἄκρου ἤδη σκοταῖοι (διὰ γὰρ τὸ στενὴν εἶναι τὴν ὁδὸν, ὅλην τὴν ἡμέραν ἡ ἀνάβασις αὐτοῖς ἐγένετο καὶ κατάβασις), τότε δὴ συλλεγέντες τινὲς τῶν Καρδούχων τοῖς τελευταίοις ἐπέ-

θεντο, καὶ ἀπέκτεινάν τινας, καὶ λίθοις καὶ τοξεύμασι κατέτρωσαν, ὀλίγοι τινὲς ὄντες· ἐξ ἀπροσδοκήτου γὰρ αὐτοῖς ἐπέπεσε τὸ Ἑλληνικόν. 11. Εἰ μέντοι τότε πλείους συνελέγησαν, ἐκινδύνευσεν ἂν διαφθαρῆναι πολὺ τοῦ στρατεύματος. Καὶ ταύτην μὲν τὴν νύκτα οὕτως ἐν ταῖς κώμαις ηὐλίσθησαν· οἱ δὲ Καρδοῦχοι πυρὰ πολλὰ ἔκαιον κύκλῳ ἐπὶ τῶν ὀρέων, καὶ συνεώρων ἀλλήλους.

12. Ἅμα δὲ τῇ ἡμέρᾳ συνελθοῦσι τοῖς στρατηγοῖς καὶ λοχαγοῖς τῶν Ἑλλήνων ἔδοξε, τῶν τε ὑποζυγίων τὰ ἀναγκαῖα καὶ τὰ δυνατώτατα πορεύεσθαι ἔχοντας, καταλιπόντας τἆλλα, καὶ ὁπόσα ἦν νεωστὶ αἰχμάλωτα ἀνδράποδα ἐν τῇ στρατιᾷ, πάντα ἀφεῖναι. 13. Σχολαίαν γὰρ ἐποίουν τὴν πορείαν πολλὰ ὄντα τὰ ὑποζύγια καὶ τὰ αἰχμάλωτα· πολλοὶ δὲ οἱ ἐπὶ τούτοις ὄντες ἀπόμαχοι ἦσαν· διπλάσιά τε τὰ ἐπιτήδεια ἔδει πορίζεσθαι καὶ φέρεσθαι, πολλῶν τῶν ἀνθρώπων ὄντων. Δόξαν δὲ ταῦτα, ἐκήρυξαν οὕτω ποιεῖν. 14. Ἐπεὶ δὲ ἀριστήσαντες ἐπορεύοντο, ὑποστάντες ἐν στενῷ οἱ στρατηγοί, εἴ τι εὑρίσκοιεν τῶν εἰρημένων μὴ ἀφειμένον, ἀφῃροῦντο· οἱ δ᾽ ἐπείθοντο, πλὴν εἴ τίς τι ἔκλεψεν, οἷον ἢ παιδὸς ἐπιθυμήσας ἢ γυναικὸς τῶν εὐπρεπῶν. Καὶ ταύτην μὲν τὴν ἡμέραν οὕτως ἐπορεύθησαν, τὰ μέν τι μαχόμενοι, τὰ δὲ καὶ ἀναπαυόμενοι. 15. Εἰς δὲ τὴν ὑστεραίαν γίγνεται χειμὼν πολύς, ἀναγκαῖον δ᾽ ἦν πορεύεσθαι· οὐ γὰρ ἦν ἱκανὰ τὰ ἐπιτήδεια. Καὶ ἡγεῖτο μὲν Χειρίσοφος, ὠπισθοφυλάκει δὲ Ξενοφῶν. 16. Καὶ οἱ πολέμιοι ἰσχυρῶς ἐπετίθεντο, καί, στενῶν ὄντων τῶν χωρίων, ἐγγὺς προσιόντες ἐτόξευον καὶ ἐσφενδόνων· ὥστε ἠναγκάζοντο οἱ Ἕλληνες ἐπιδιώκοντες καὶ

πάλιν ἀναχάζοντες σχολῇ πορεύεσθαι· καὶ θαμινὰ παρήγγελλεν ὁ Ξενοφῶν ὑπομένειν, ὅτε οἱ πολέμιοι ἰσχυρῶς ἐπικέοιντο. 17. Ἔνθα ὁ Χειρίσοφος ἄλλοτε μὲν, ὅτε παρεγγυῷτο, ὑπέμενε, τότε δὲ οὐχ ὑπέμενεν, ἀλλ' ἦγε ταχέως, καὶ παρηγγύα ἕπεσθαι· ὥστε δῆλον ἦν, ὅτι πρᾶγμά τι εἴη· σχολὴ δ' οὐκ ἦν ἰδεῖν παρελθόντι τὸ αἴτιον τῆς σπουδῆς· ὥστε ἡ πορεία ὁμοία φυγῇ ἐγίγνετο τοῖς ὀπισθοφύλαξι. 18. Καὶ ἐνταῦθα ἀποθνήσκει ἀνὴρ ἀγαθὸς Λακωνικὸς Κλεώνυμος, τοξευθεὶς διὰ τῆς ἀσπίδος καὶ τῆς στολάδος εἰς τὰς πλευρὰς, καὶ Βασίας Ἀρκὰς, διαμπερὲς εἰς τὴν κεφαλήν.

19. Ἐπεὶ δὲ ἀφίκοντο ἐπὶ σταθμὸν, εὐθὺς ὥσπερ εἶχεν, ὁ Ξενοφῶν ἐλθὼν πρὸς τὸν Χειρίσοφον, ἠτιᾶτο αὐτὸν, ὅτι οὐχ ὑπέμεινεν, ἀλλ' ἠναγκάζοντο φεύγοντες ἅμα μάχεσθαι. Καὶ νῦν δύο καλώ τε κἀγαθὼ ἄνδρε τέθνατον, καὶ οὔτε ἀνελέσθαι οὔτε θάψαι [αὐτὼ] ἐδυνάμεθα. 20. Ἀποκρίνεται ὁ Χειρίσοφος· Βλέψον, ἔφη, πρὸς τὰ ὄρη, καὶ ἴδε, ὡς ἄβατα πάντα ἐστί. Μία δὲ αὕτη ὁδός, ἣν ὁρᾷς, ὀρθία· καὶ ἐπὶ ταύτῃ ἀνθρώπων ὁρᾶν ἔξεστί σοι ὄχλον τοσοῦτον, οἳ κατειληφότες φυλάττουσι τὴν ἔκβασιν. 21. Ταῦτ' ἐγὼ ἔσπευδον, καὶ διὰ τοῦτό σε οὐχ ὑπέμενον, εἴ πως δυναίμην φθάσαι, πρὶν κατειλῆφθαι τὴν ὑπερβολήν· οἱ δ' ἡγεμόνες, οὓς ἔχομεν, οὔ φασιν εἶναι ἄλλην ὁδόν. 22. Ὁ δὲ Ξενοφῶν λέγει· Ἀλλ' ἐγὼ ἔχω δύο ἄνδρας. Ἐπεὶ γὰρ ἡμῖν πράγματα παρεῖχον, ἐνηδρεύσαμεν (ὅπερ ἡμᾶς καὶ ἀναπνεῦσαι ἐποίησε), καὶ ἀπεκτείναμέν τινας αὐτῶν, καὶ ζῶντας προὐθυμήθημεν λαβεῖν, αὐτοῦ τούτου ἕνεκεν, ὅπως ἡγεμόσιν εἰδόσι τὴν χώραν χρησαίμεθα.

23. Καὶ εὐθὺς ἀγαγόντες τοὺς ἀνθρώπους, ἤλεγχον διαλαβόντες, εἴ τινα εἰδεῖεν ἄλλην ὁδὸν ἢ τὴν φανεράν. Ὁ μὲν οὖν ἕτερος οὐκ ἔφη, καὶ μάλα πολλῶν φόβων προσαγομένων· ἐπειδὴ δὲ οὐδὲν ὠφέλιμον ἔλεγεν, ὁρῶντος τοῦ ἑτέρου κατεσφάγη. 24. Ὁ δὲ λοιπὸς ἔλεξεν, ὅτι οὗτος μὲν διὰ ταῦτα οὐ φαίη εἰδέναι, ὅτι αὐτῷ τυγχάνει θυγάτηρ ἐκεῖ παρ' ἀνδρὶ ἐκδεδομένη· αὐτὸς δ' ἔφη ἡγήσεσθαι δυνατὴν καὶ ὑποζυγίοις πορεύεσθαι ὁδόν. 25. Ἐρωτώμενος δ', εἰ εἴη τι ἐν αὐτῇ δυσπάριτον χωρίον, ἔφη, εἶναι ἄκρον, ὃ εἰ μή τις προκαταλήψοιτο, ἀδύνατον ἔσεσθαι παρελθεῖν. 26. Ἐνταῦθα ἐδόκει, συγκαλέσαντας λοχαγοὺς καὶ πελταστὰς καὶ τῶν ὁπλιτῶν, λέγειν τε τὰ παρόντα, καὶ ἐρωτᾶν, εἴ τις αὐτῶν ἔστιν, ὅστις ἀνὴρ ἀγαθὸς ἐθέλοι ἂν γενέσθαι, καὶ ὑποστὰς ἐθελοντὴς πορεύεσθαι. 27. Ὑφίσταται τῶν μὲν ὁπλιτῶν Ἀριστώνυμος Μεθυδριεὺς Ἀρκὰς καὶ Ἀγασίας Στυμφάλιος Ἀρκάς, ἀντιστασιάζων δὲ αὐτοῖς Καλλίμαχος Παρράσιος Ἀρκάς· καὶ οὗτος ἔφη ἐθέλειν πορεύεσθαι, προσλαβὼν ἐθελοντὰς ἐκ παντὸς τοῦ στρατεύματος. Ἐγὼ γάρ, ἔφη, οἶδα ὅτι ἕψονται πολλοὶ τῶν νέων, ἐμοῦ ἡγουμένου. 28. Ἐκ τούτου ἐρωτῶσιν, εἴ τις καὶ τῶν γυμνήτων ταξιάρχων ἐθέλοι συμπορεύεσθαι. Ὑφίσταται Ἀριστέας Χῖος, ὃς πολλαχοῦ πολλοῦ ἄξιος τῇ στρατιᾷ εἰς τὰ τοιαῦτα ἐγένετο.

CAP. II.

1. Καὶ ἦν μὲν δείλη ἤδη, οἱ δ' ἐκέλευον αὐτοὺς ἐμφαγόντας πορεύεσθαι. Καὶ τὸν ἡγεμόνα δήσαντες παραδιδό-

ασιν αὐτοῖς· καὶ συντίθενται, τὴν μὲν νύκτα, ἢν λάβωσι τὸ ἄκρον, τὸ χωρίον φυλάττειν· ἅμα δὲ τῇ ἡμέρᾳ τῇ σάλπιγγι σημαίνειν, καὶ τοὺς μὲν ἄνω ὄντας ἰέναι ἐπὶ τοὺς κατέχοντας τὴν φανερὰν ἔκβασιν, αὐτοὶ δὲ συμβοηθήσειν ἐκβαίνοντες ὡς ἂν δύνωνται τάχιστα.

2. Ταῦτα συνθέμενοι, οἱ μὲν ἐπορεύοντο, πλῆθος ὡς δισχίλιοι (καὶ ὕδωρ πολὺ ἦν ἐξ οὐρανοῦ)· Ξενοφῶν δέ, ἔχων τοὺς ὀπισθοφύλακας, ἡγεῖτο πρὸς τὴν φανερὰν ἔκβασιν, ὅπως ταύτῃ τῇ ὁδῷ οἱ πολέμιοι προσέχοιεν τὸν νοῦν, καὶ ὡς μάλιστα λάθοιεν οἱ περιϊόντες. 3. Ἐπεὶ δὲ ἦσαν ἐπὶ χαράδρᾳ οἱ ὀπισθοφύλακες, ἣν ἔδει διαβάντας πρὸς τὸ ὄρθιον ἐκβαίνειν, τηνικαῦτα ἐκυλίνδουν οἱ βάρβαροι ὁλοιτρόχους ἁμαξιαίους καὶ μείζους καὶ ἐλάττους, οἳ φερόμενοι πρὸς τὰς πέτρας πταίοντες διεσφενδυνῶντο· καὶ παντάπασιν οὐδὲ πελάσαι οἷόν τ' ἦν τῇ εἰσόδῳ. 4. Ἔνιοι δὲ τῶν λοχαγῶν, εἰ μὴ ταύτῃ δύναιντο, ἄλλῃ ἐπειρῶντο· καὶ ταῦτα ἐποίουν, μέχρι σκότος ἐγένετο. Ἐπεὶ δὲ ᾤοντο ἀφανεῖς εἶναι ἀπιόντες, τότε ἀπῆλθον ἐπὶ τὸ δεῖπνον· ἐτύγχανον δὲ καὶ ἀνάριστοι ὄντες αὐτῶν οἱ ὀπισθοφυλακήσαντες. Οἱ μέντοι πολέμιοι [φοβούμενοι δηλονότι] οὐδὲν ἐπαύσαντο δι' ὅλης τῆς νυκτὸς κυλινδοῦντες τοὺς λίθους· τεκμαίρεσθαι δ' ἦν τῷ ψόφῳ.

5. Οἱ δ' ἔχοντες τὸν ἡγεμόνα, κύκλῳ περιϊόντες, καταλαμβάνουσι τοὺς φύλακας ἀμφὶ πῦρ καθημένους· καὶ τοὺς μὲν κατακανόντες, τοὺς δὲ καταδιώξαντες, αὐτοὶ ἐνταῦθ' ἔμενον, ὡς τὸ ἄκρον κατέχοντες. 6. Οἱ δ' οὐ κατεῖχον, ἀλλὰ μαστὸς ἦν ὑπὲρ αὐτῶν, παρ' ὃν ἦν ἡ στενὴ αὕτη ὁδός, ἐφ' ᾗ ἐκάθηντο οἱ φύλακες. Ἔφοδος μέντοι αὐτόθεν

ἐπὶ τοὺς πολεμίους ἦν, οἳ ἐπὶ τῇ φανερᾷ ὁδῷ ἐκάθηντο. 7. Καὶ τὴν μὲν νύκτα ἐνταῦθα διήγαγον. Ἐπεὶ δ᾽ ἡμέρα ὑπέφαινεν, ἐπορεύοντο σιγῇ συντεταγμένοι ἐπὶ τοὺς πολεμίους· καὶ γὰρ ὁμίχλη ἐγένετο, ὥστε ἔλαθον ἐγγὺς προσελθόντες. Ἐπεὶ δὲ εἶδον ἀλλήλους, ἥ τε σάλπιγξ ἐφθέγξατο, καὶ ἀλαλάξαντες [οἱ Ἕλληνες] ἵεντο ἐπὶ τοὺς ἀνθρώπους· οἱ δὲ οὐκ ἐδέξαντο, ἀλλὰ λιπόντες τὴν ὁδόν, φεύγοντες ὀλίγοι ἀπέθνησκον· εὔζωνοι γὰρ ἦσαν. 8. Οἱ δὲ ἀμφὶ Χειρίσοφον, ἀκούσαντες τῆς σάλπιγγος, εὐθὺς ἵεντο ἄνω κατὰ τὴν φανερὰν ὁδόν· ἄλλοι δὲ τῶν στρατηγῶν κατὰ ἀτριβεῖς ὁδοὺς ἐπορεύοντο, ᾗ ἔτυχον ἕκαστοι ὄντες, καὶ ἀναβάντες ὡς ἐδύναντο, ἀνίμων ἀλλήλους τοῖς δόρασι. 9. Καὶ οὗτοι πρῶτοι συνέμιξαν τοῖς προκαταλαβοῦσι τὸ χωρίον. Ξενοφῶν δέ, ἔχων τῶν ὀπισθοφυλάκων τοὺς ἡμίσεις, ἐπορεύετο, ᾗπερ οἱ τὸν ἡγεμόνα ἔχοντες· εὐοδωτάτη γὰρ ἦν τοῖς ὑποζυγίοις· τοὺς δὲ ἡμίσεις ὄπισθεν τῶν ὑποζυγίων ἔταξε.
10. Πορευόμενοι δ᾽ ἐντυγχάνουσι λόφῳ ὑπὲρ τῆς ὁδοῦ κατειλημμένῳ ὑπὸ τῶν πολεμίων, οὓς ἢ ἀποκόψαι ἦν ἀνάγκη, ἢ διεζεῦχθαι ἀπὸ τῶν ἄλλων Ἑλλήνων. Καὶ αὐτοὶ μὲν ἂν ἐπορεύθησαν, ᾗπερ οἱ ἄλλοι· τὰ δὲ ὑποζύγια οὐκ ἦν ἄλλῃ ἢ ταύτῃ ἐκβῆναι. 11. Ἔνθα δὴ παρακελευσάμενοι ἀλλήλοις, προσβάλλουσι πρὸς τὸν λόφον ὀρθίοις τοῖς λόχοις, οὐ κύκλῳ, ἀλλὰ καταλιπόντες ἄφοδον τοῖς πολεμίοις, εἰ βούλοιντο φεύγειν. 12. Καὶ τέως μὲν αὐτοὺς ἀναβαίνοντας, ὅπη ἐδύναντο ἕκαστος, οἱ βάρβαροι ἐτόξευον καὶ ἔβαλλον, ἐγγὺς δ᾽ οὐ προσίεντο, ἀλλὰ φυγῇ λείπουσι τὸ χωρίον. Καὶ τοῦτόν τε παρεληλύθεσαν οἱ

Ἕλληνες, καὶ ἕτερον ὁρῶσιν ἔμπροσθεν λόφον κατεχόμενον· ἐπὶ τοῦτον αὖθις ἐδόκει πορεύεσθαι. 13. Ἐννοήσας δ' ὁ Ξενοφῶν, μὴ, εἰ ἔρημον καταλείποι τὸν ἡλωκότα λόφον, καὶ πάλιν λαβόντες οἱ πολέμιοι ἐπιθοῖντο τοῖς ὑποζυγίοις παριοῦσιν (ἐπὶ πολὺ δ' ἦν τὰ ὑποζύγια, ἅτε διὰ στενῆς τῆς ὁδοῦ πορευόμενα), καταλείπει ἐπὶ τοῦ λόφου λοχαγοὺς Κηφισόδωρον Κηφισοφῶντος Ἀθηναῖον, καὶ Ἀμφικράτην Ἀμφιδήμου Ἀθηναῖον, καὶ Ἀρχαγόραν Ἀργεῖον φυγάδα· αὐτὸς δὲ σὺν τοῖς λοιποῖς ἐπορεύετο ἐπὶ τὸν δεύτερον λόφον, καὶ τῷ αὐτῷ τρόπῳ καὶ τοῦτον αἱροῦσιν.

14. Ἔτι δ' αὐτοῖς τρίτος μαστὸς λοιπὸς ἦν πολὺ ὀρθιώτατος, ὁ ὑπὲρ τῆς ἐπὶ τῷ πυρὶ καταληφθείσης φυλακῆς τῆς νυκτὸς ὑπὸ τῶν ἐθελοντῶν. 15. Ἐπεὶ δ' ἐγγὺς ἐγένοντο οἱ Ἕλληνες, λείπουσιν οἱ βάρβαροι ἀμαχητὶ τὸν μαστόν· ὥστε θαυμαστὸν πᾶσι γενέσθαι, καὶ ὑπώπτευον, δείσαντας αὐτοὺς, μὴ κυκλωθέντες πολιορκοῖντο, ἀπολιπεῖν. Οἱ δ' ἄρα ἀπὸ τοῦ ἄκρου καθορῶντες τὰ ὄπισθεν γιγνόμενα, πάντες ἐπὶ τοὺς ὀπισθοφύλακας ἐχώρουν. 16. Καὶ Ξενοφῶν μὲν σὺν τοῖς νεωτάτοις ἀνέβαινεν ἐπὶ τὸ ἄκρον, τοὺς δὲ ἄλλους ἐκέλευσεν ὑπάγειν, ὅπως οἱ τελευταῖοι λόχοι προσμίξειαν· καὶ προελθόντας κατὰ τὴν ὁδὸν ἐν τῷ ὁμαλῷ θέσθαι τὰ ὅπλα εἶπε.

17. Καὶ ἐν τούτῳ τῷ χρόνῳ ἦλθεν Ἀρχαγόρας ὁ Ἀργεῖος πεφευγὼς, καὶ λέγει, ὡς ἀπεκόπησαν ἀπὸ τοῦ πρώτου λόφου, καὶ ὅτι τεθνᾶσι Κηφισόδωρος καὶ Ἀμφικράτης καὶ ἄλλοι, ὅσοι μὴ ἁλλόμενοι κατὰ τῆς πέτρας πρὸς τοὺς ὀπισθοφύλακας ἀφίκοντο. 18. Ταῦτα δὲ διαπραξάμενοι οἱ βάρβαροι, ἧκον ἐπ' ἀντίπορον λόφον τῷ μαστῷ· καὶ ὁ

Ξενοφῶν διελέγετο αὐτοῖς δι' ἑρμηνέως περὶ σπονδῶν, καὶ τοὺς νεκροὺς ἀπῄτει. 19. Οἱ δὲ ἔφασαν ἀποδώσειν, ἐφ' ᾧ μὴ καίειν τὰς κώμας. Συνωμολόγει ταῦτα ὁ Ξενοφῶν. Ἐν ᾧ δὲ τὸ μὲν ἄλλο στράτευμα παρῄει, οἱ δὲ ταῦτα διελέγοντο, πάντες οἱ ἐκ τούτου τοῦ τόπου συνερρύησαν. Ἐνταῦθα ἵσταντο οἱ πολέμιοι. 20. Καὶ ἐπεὶ ἤρξαντο καταβαίνειν ἀπὸ τοῦ μαστοῦ πρὸς τοὺς ἄλλους, ἔνθα τὰ ὅπλα ἔκειντο, ἵεντο δὴ οἱ πολέμιοι πολλῷ πλήθει καὶ θορύβῳ· καὶ ἐπεὶ ἐγένοντο ἐπὶ τῆς κορυφῆς τοῦ μαστοῦ, ἀφ' οὗ Ξενοφῶν κατέβαινεν, ἐκυλίνδουν πέτρας· καὶ ἑνὸς μὲν κατέαξαν τὸ σκέλος, Ξενοφῶντα δὲ ὁ ὑπασπιστής, ἔχων τὴν ἀσπίδα, ἀπέλιπεν· 21. Εὐρύλοχος δὲ Λουσιεὺς Ἀρκὰς προσέδραμεν αὐτῷ ὁπλίτης, καὶ πρὸ ἀμφοῖν προβεβλημένος ἀπεχώρει, καὶ οἱ ἄλλοι πρὸς τοὺς συντεταγμένους ἀπῆλθον.

22. Ἐκ δὲ τούτου πᾶν ὁμοῦ ἐγένετο τὸ Ἑλληνικὸν, καὶ ἐσκήνησαν αὐτοῦ ἐν πολλαῖς καὶ καλαῖς οἰκίαις, καὶ ἐπιτηδείοις δαψιλέσι· καὶ γὰρ οἶνος πολὺς ἦν, ὃν ἐν λάκκοις κονιατοῖς εἶχον. 23. Ξενοφῶν δὲ καὶ Χειρίσοφος διεπράξαντο, ὥστε λαβόντες τοὺς νεκροὺς ἀποδοῦναι τὸν ἡγεμόνα· καὶ πάντα ἐποίησαν τοῖς ἀποθανοῦσιν ἐκ τῶν δυνατῶν, ὥσπερ νομίζεται ἀνδράσιν ἀγαθοῖς.

24. Τῇ δὲ ὑστεραίᾳ ἄνευ ἡγεμόνος ἐπορεύοντο· μαχόμενοι δ' οἱ πολέμιοι, καὶ ὅπῃ εἴη στενὸν χωρίον προκαταλαμβάνοντες, ἐκώλυον τὰς παρόδους. 25. Ὁπότε μὲν οὖν τοὺς πρώτους κωλύοιεν, Ξενοφῶν ὄπισθεν ἐκβαίνων πρὸς τὰ ὄρη, ἔλυε τὴν ἀπόφραξιν τῆς παρόδου τοῖς πρώτοις, ἀνωτέρω πειρώμενος γίγνεσθαι τῶν κωλυόντων.

26. Ὁπότε δὲ τοῖς ὄπισθεν ἐπιθοῖντο, Χειρίσοφος ἐκβαίνων, καὶ πειρώμενος ἀνωτέρω γίγνεσθαι τῶν κωλυόντων, ἔλυε τὴν ἀπόφραξιν τῆς παρόδου τοῖς ὄπισθεν. Καὶ ἀεὶ οὕτως ἐβοήθουν ἀλλήλοις, καὶ ἰσχυρῶς ἀλλήλων ἐπεμέλοντο. 27. Ἦν δὲ καὶ ὁπότε αὐτοῖς τοῖς ἀναβᾶσι πολλὰ πράγματα παρεῖχον οἱ βάρβαροι πάλιν καταβαίνουσιν· ἐλαφροὶ γὰρ ἦσαν, ὥστε καὶ ἐγγύθεν φεύγοντες ἀποφεύγειν· οὐδὲν γὰρ εἶχον ἄλλο ἢ τόξα καὶ σφενδόνας. 28. Ἄριστοι δὲ καὶ τοξόται ἦσαν· εἶχον δὲ τόξα ἐγγὺς τριπήχη, τὰ δὲ τοξεύματα πλέον ἢ διπήχη· εἷλκον δὲ τὰς νευρὰς, ὁπότε τοξεύοιεν, πρὸς τὸ κάτω τοῦ τόξου τῷ ἀριστερῷ ποδὶ προσβαίνοντες. Τὰ δὲ τοξεύματα ἐχώρει διὰ τῶν ἀσπίδων καὶ διὰ τῶν θωράκων· ἐχρῶντο δὲ αὐτοῖς οἱ Ἕλληνες, ἐπεὶ λάβοιεν, ἀκοντίοις, ἐναγκυλῶντες. Ἐν τούτοις τοῖς χωρίοις οἱ Κρῆτες χρησιμώτατοι ἐγένοντο· ἦρχε δὲ αὐτῶν Στρατοκλῆς Κρής.

CAP. III.

1. Ταύτην δ' αὖ τὴν ἡμέραν ηὐλίσθησαν ἐν ταῖς κώμαις ταῖς ὑπὲρ τοῦ πεδίου τοῦ παρὰ τὸν Κεντρίτην ποταμὸν, εὖρος ὡς δίπλεθρον, ὃς ὁρίζει τὴν Ἀρμενίαν καὶ τὴν τῶν Καρδούχων χώραν· καὶ οἱ Ἕλληνες ἐνταῦθα ἀνεπαύσαντο ἄσμενοι ἰδόντες πεδίον· ἀπεῖχε δὲ τῶν ὀρέων ὁ ποταμὸς ὡς ἓξ ἢ ἑπτὰ στάδια τῶν Καρδούχων. 2. Τότε μὲν οὖν ηὐλίσθησαν μάλα ἡδέως, καὶ τἀπιτήδεια ἔχοντες, καὶ πολλὰ τῶν παρεληλυθότων πόνων μνημονεύοντες. Ἑπτὰ γὰρ ἡμέρας, ὅσασπερ ἐπορεύθησαν διὰ τῶν Καρδούχων, πάσας

μαχόμενοι διετέλεσαν, καὶ ἔπαθον κακὰ, ὅσα οὐδὲ τὰ σύμπαντα ὑπὸ βασιλέως καὶ Τισσαφέρνους. Ὡς οὖν ἀπηλλαγμένοι τούτων, ἡδέως ἐκοιμήθησαν.

3. Ἅμα δὲ τῇ ἡμέρᾳ ὁρῶσιν ἱππεῖς που πέραν τοῦ ποταμοῦ ἐξωπλισμένους, ὡς κωλύσοντας διαβαίνειν· πεζοὺς δ᾽ ἐπὶ ταῖς ὄχθαις παρατεταγμένους ἄνω τῶν ἱππέων, ὡς κωλύσοντας εἰς τὴν Ἀρμενίαν ἐκβαίνειν. 4. Ἦσαν δ᾽ οὗτοι Ὀρόντου καὶ Ἀρτούχου, Ἀρμένιοι καὶ Μαρδόνιοι καὶ Χαλδαῖοι μισθοφόροι. Ἐλέγοντο δὲ οἱ Χαλδαῖοι ἐλεύθεροί τε καὶ ἄλκιμοι εἶναι· ὅπλα δ᾽ εἶχον γέρρα μακρὰ καὶ λόγχας. 5. Αἱ δὲ ὄχθαι αὗται, ἐφ᾽ ὧν παρατεταγμένοι οὗτοι ἦσαν, τρία ἢ τέτταρα πλέθρα ἀπὸ τοῦ ποταμοῦ ἀπεῖχον· ὁδὸς δὲ μία ἡ ὁρωμένη ἦν ἄγουσα ἄνω, ὥσπερ χειροποίητος· ταύτῃ ἐπειρῶντο διαβαίνειν οἱ Ἕλληνες. 6. Ἐπεὶ δὲ πειρωμένοις τό τε ὕδωρ ὑπὲρ τῶν μαστῶν ἐφαίνετο, καὶ τραχὺς ἦν ὁ ποταμὸς μεγάλοις λίθοις καὶ ὀλισθηροῖς, καὶ οὔτ᾽ ἐν τῷ ὕδατι τὰ ὅπλα ἦν ἔχειν· — εἰ δὲ μὴ, ἥρπαζεν ὁ ποταμός· ἐπί τε τῆς κεφαλῆς τὰ ὅπλα εἴ τις φέροι, γυμνοὶ ἐγίγνοντο πρὸς τὰ τοξεύματα καὶ τἆλλα βέλη· — ἀνεχώρησαν οὖν, καὶ αὐτοῦ ἐστρατοπεδεύσαντο παρὰ τὸν ποταμόν.

7. Ἔνθα δὲ αὐτοὶ τὴν πρόσθεν νύκτα ἦσαν, ἐπὶ τοῦ ὄρους ἑώρων τοὺς Καρδούχους πολλοὺς συνειλεγμένους ἐν τοῖς ὅπλοις. Ἐνταῦθα δὴ πολλὴ ἀθυμία ἦν τοῖς Ἕλλησιν, ὁρῶσι μὲν τοῦ ποταμοῦ τὴν δυσπορίαν, ὁρῶσι δὲ τοὺς διαβαίνειν κωλύσοντας, ὁρῶσι δὲ τοῖς διαβαίνουσιν ἐπικεισομένους τοὺς Καρδούχους ὄπισθεν. 8. Ταύτην μὲν οὖν τὴν ἡμέραν καὶ τὴν νύκτα ἔμειναν ἐν πολλῇ ἀπορίᾳ ὄντες.

Ξενοφῶν δὲ ὄναρ εἶδεν· ἔδοξεν ἐν πέδαις δεδέσθαι, αὗται δὲ αὐτῷ αὐτόμαται περιρρυῆναι, ὥστε λυθῆναι καὶ διαβαίνειν, ὁπόσον ἐβούλετο. Ἐπεὶ δὲ ὄρθρος ἦν, ἔρχεται πρὸς τὸν Χειρίσοφον, καὶ λέγει, ὅτι ἐλπίδας ἔχει καλῶς ἔσεσθαι· καὶ διηγεῖται αὐτῷ τὸ ὄναρ. 9. Ὁ δὲ ἥδετό τε, καὶ ὡς τάχιστα ἕως ὑπέφαινεν, ἐθύοντο πάντες παρόντες οἱ στρατηγοί· καὶ τὰ ἱερὰ καλὰ ἦν εὐθὺς ἀπὸ τοῦ πρώτου. Καὶ ἀπιόντες ἀπὸ τῶν ἱερῶν οἱ στρατηγοὶ καὶ λοχαγοὶ παρήγγελλον τῇ στρατιᾷ ἀριστοποιεῖσθαι.

10. Καὶ ἀριστῶντι τῷ Ξενοφῶντι προσέτρεχον δύο νεανίσκω· ᾔδεσαν γὰρ πάντες, ὅτι ἐξείη αὐτῷ καὶ ἀριστῶντι καὶ δειπνοῦντι προσελθεῖν, καὶ εἰ καθεύδοι, ἐπεγείραντα εἰπεῖν, εἴ τίς τι ἔχοι τῶν πρὸς τὸν πόλεμον. 11. Καὶ τότε ἔλεγον, ὅτι τυγχάνοιεν φρύγανα συλλέγοντες ὡς ἐπὶ πῦρ, κἄπειτα κατίδοιεν ἐν τῷ πέραν ἐν πέτραις καθηκούσαις ἐπ' αὐτὸν τὸν ποταμὸν γέροντά τε καὶ γυναῖκα καὶ παιδίσκας, ὥσπερ μαρσίπους ἱματίων κατατιθεμένους ἐν πέτρᾳ ἀντρώδει. 12. Ἰδοῦσι δέ σφισι δόξαι ἀσφαλὲς εἶναι διαβῆναι· οὐδὲ γὰρ τοῖς πολεμίοις ἱππεῦσι προσβατὸν εἶναι κατὰ τοῦτο. Ἐκδύντες δ' ἔφασαν ἔχοντες τὰ ἐγχειρίδια, γυμνοὶ ὡς νευσούμενοι, διαβαίνειν· πορευόμενοι δέ, πρόσθεν διαβῆναι, πρὶν βρέξαι τὰ αἰδοῖα· καὶ διαβάντες καὶ λαβόντες τὰ ἱμάτια, πάλιν ἥκειν.

13. Εὐθὺς οὖν ὁ Ξενοφῶν αὐτός τε ἔσπενδε, καὶ τοῖς νεανίσκοις ἐγχεῖν ἐκέλευε, καὶ εὔχεσθαι τοῖς φήνασι θεοῖς τά τε ὀνείρατα καὶ τὸν πόρον, καὶ τὰ λοιπὰ ἀγαθὰ ἐπιτελέσαι. Σπείσας δ' εὐθὺς ἦγε τοὺς νεανίσκους παρὰ τὸν

Χειρίσοφον· καὶ διηγοῦνται ταῦτά. 14. Ἀκούσας δὲ καὶ ὁ Χειρίσοφος σπονδὰς ἐποίει. Σπείσαντες δὲ, τοῖς μὲν ἄλλοις παρήγγελλον συσκευάζεσθαι, αὐτοὶ δὲ συγκαλέσαντες τοὺς στρατηγοὺς ἐβουλεύοντο, ὅπως ἂν κάλλιστα διαβαῖεν, καὶ τούς τε ἔμπροσθεν νικῷεν καὶ ὑπὸ τῶν ὄπισθεν μηδὲν πάσχοιεν κακόν. 15. Καὶ ἔδοξεν αὐτοῖς, Χειρίσοφον μὲν ἡγεῖσθαι καὶ διαβαίνειν ἔχοντα τὸ ἥμισυ τοῦ στρατεύματος, τὸ δ' ἥμισυ ἔτι ὑπομένειν σὺν Ξενοφῶντι· τὰ δὲ ὑποζύγια καὶ τὸν ὄχλον ἐν μέσῳ τούτων διαβαίνειν. 16. Ἐπεὶ δὲ καλῶς ταῦτα εἶχεν, ἐπορεύοντο· ἡγοῦντο δ' οἱ νεανίσκοι, ἐν ἀριστερᾷ ἔχοντες τὸν ποταμόν· ὁδὸς δὲ ἦν ἐπὶ τὴν διάβασιν ὡς τέτταρες στάδιοι.

17. Πορευομένων δ' αὐτῶν, ἀντιπαρῄεσαν αἱ τάξεις τῶν ἱππέων. Ἐπειδὴ δὲ ἦσαν κατὰ τὴν διάβασιν καὶ τὰς ὄχθας τοῦ ποταμοῦ, ἔθεντο τὰ ὅπλα, καὶ αὐτὸς πρῶτος Χειρίσοφος στεφανωσάμενος καὶ ἀποδὺς ἐλάμβανε τὰ ὅπλα, καὶ τοῖς ἄλλοις πᾶσι παρήγγελλε· καὶ τοὺς λοχαγοὺς ἐκέλευεν ἄγειν τοὺς λόχους ὀρθίους, τοὺς μὲν ἐν ἀριστερᾷ, τοὺς δ' ἐν δεξιᾷ ἑαυτοῦ. 18. Καὶ οἱ μὲν μάντεις ἐσφαγιάζοντο εἰς τὸν ποταμόν· οἱ δὲ πολέμιοι ἐτόξευόν τε καὶ ἐσφενδόνων· ἀλλ' οὔπω ἐξικνοῦντο. 19. Ἐπεὶ δὲ καλὰ ἦν τὰ σφάγια, ἐπαιάνιζον πάντες οἱ στρατιῶται καὶ ἀνηλάλαζον· συνωλόλυζον δὲ καὶ αἱ γυναῖκες ἅπασαι· πολλαὶ γὰρ ἦσαν ἑταῖραι ἐν τῷ στρατεύματι.

20. Καὶ Χειρίσοφος μὲν ἐνέβαινε καὶ οἱ σὺν ἐκείνῳ· ὁ δὲ Ξενοφῶν, τῶν ὀπισθοφυλάκων λαβὼν τοὺς εὐζωνοτάτους, ἔθει ἀνὰ κράτος πάλιν ἐπὶ τὸν πόρον τὸν κατὰ τὴν ἔκβασιν τὴν εἰς τὰ τῶν Ἀρμενίων ὄρη, προσποιούμενος

ταύτῃ διαβὰς ἀποκλείσειν τοὺς παρὰ τὸν ποταμὸν ἱππεῖς. 21. Οἱ δὲ πολέμιοι, ὁρῶντες μὲν τοὺς ἀμφὶ Χειρίσοφον εὐπετῶς τὸ ὕδωρ περῶντας, ὁρῶντες δὲ τοὺς ἀμφὶ Ξενοφῶντα θέοντας εἰς τοὔμπαλιν, δείσαντες μὴ ἀποκλεισθείησαν, φεύγουσιν ἀνὰ κράτος ὡς πρὸς τὴν ἀπὸ τοῦ ποταμοῦ ἔκβασιν ἄνω. Ἐπεὶ δὲ κατὰ τὴν ὁδὸν ἐγένοντο, ἔτεινον ἄνω πρὸς τὸ ὄρος. 22. Λύκιος δ' ὁ τὴν τάξιν ἔχων τῶν ἱππέων, καὶ Αἰσχίνης ὁ τὴν τάξιν ἔχων τῶν πελταστῶν τῶν ἀμφὶ Χειρίσοφον, ἐπεὶ ἑώρων ἀνὰ κράτος φεύγοντας, εἵποντο· οἱ δὲ στρατιῶται ἐβόων μὴ ἀπολείπεσθαι, ἀλλὰ συνεκβαίνειν ἐπὶ τὸ ὄρος. 23. Χειρίσοφος δ' αὖ, ἐπεὶ διέβη, τοὺς μὲν ἱππέας οὐκ ἐδίωκεν, εὐθὺς δὲ κατὰ τὰς προσηκούσας ὄχθας ἐπὶ τὸν ποταμὸν ἐξέβαινεν ἐπὶ τοὺς ἄνω πολεμίους. Οἱ δὲ ἄνω, ὁρῶντες μὲν τοὺς ἑαυτῶν ἱππέας φεύγοντας, ὁρῶντες δ' ὁπλίτας σφίσιν ἐπιόντας, ἐκλείπουσι τὰ ὑπὲρ τοῦ ποταμοῦ ἄκρα.

24. Ξενοφῶν δ' ἐπεὶ τὰ πέραν ἑώρα καλῶς γιγνόμενα, ἀπεχώρει τὴν ταχίστην πρὸς τὸ διαβαῖνον στράτευμα· καὶ γὰρ οἱ Καρδοῦχοι φανεροὶ ἤδη ἦσαν εἰς τὸ πεδίον καταβαίνοντες, ὡς ἐπιθησόμενοι τοῖς τελευταίοις. 25. Καὶ Χειρίσοφος μὲν τὰ ἄνω κατεῖχε, Λύκιος δὲ σὺν ὀλίγοις ἐπιχειρήσας ἐπιδιῶξαι, ἔλαβε τῶν σκευοφόρων τὰ ὑπολειπόμενα, καὶ μετὰ τούτων ἐσθῆτά τε καλὴν καὶ ἐκπώματα. 26. Καὶ τὰ μὲν σκευοφόρα τῶν Ἑλλήνων καὶ ὁ ὄχλος ἀκμὴν διέβαινε· Ξενοφῶν δὲ στρέψας πρὸς τοὺς Καρδούχους ἀντία τὰ ὅπλα ἔθετο· καὶ παρήγγειλε τοῖς λοχαγοῖς, κατ' ἐνωμοτίας ποιήσασθαι ἕκαστον τὸν ἑαυτοῦ λόχον, παρ' ἀσπίδας παραγαγόντας τὴν ἐνωμοτίαν ἐπὶ φάλαγγος·

καὶ τοὺς μὲν λοχαγοὺς καὶ τοὺς ἐνωμοτάρχας πρὸς τῶν Καρδούχων ἰέναι, οὐραγοὺς δὲ καταστήσασθαι πρὸς τοῦ ποταμοῦ. 27. Οἱ δὲ Καρδοῦχοι, ὡς ἑώρων τοὺς ὀπισθοφύλακας τοῦ ὄχλου ψιλουμένους, καὶ ὀλίγους ἤδη φαινομένους, θᾶττον δὴ ἐπῄεσαν, ᾠδάς τινας ᾄδοντες. Ὁ δὲ Χειρίσοφος, ἐπεὶ τὰ παρ᾽ αὑτῷ ἀσφαλῶς εἶχε, πέμπει παρὰ Ξενοφῶντα τοὺς πελταστὰς καὶ σφενδονήτας καὶ τοξότας, καὶ κελεύει ποιεῖν, ὅ τι ἂν παραγγέλλῃ. 28. Ἰδὼν δὲ αὐτοὺς διαβαίνοντας ὁ Ξενοφῶν, πέμψας ἄγγελον, κελεύει, αὐτοῦ μεῖναι ἐπὶ τοῦ ποταμοῦ μὴ διαβάντας· ὅταν δ᾽ ἄρξωνται αὐτοὶ διαβαίνειν, ἐναντίους ἔνθεν καὶ ἔνθεν σφῶν ἐμβαίνειν ὡς διαβησομένους, διηγκυλωμένους τοὺς ἀκοντιστὰς, καὶ ἐπιβεβλημένους τοὺς τοξότας· μὴ πρόσω δὲ τοῦ ποταμοῦ προβαίνειν. 29. Τοῖς δὲ παρ᾽ ἑαυτῷ παρήγγειλεν, ἐπειδὰν σφενδόνη ἐξικνῆται, καὶ ἀσπὶς ψοφῇ, παιανίσαντας θεῖν εἰς τοὺς πολεμίους· ἐπειδὰν δὲ ἀναστρέψωσιν οἱ πολέμιοι, καὶ ἐκ τοῦ ποταμοῦ ὁ σαλπιγκτὴς σημήνῃ τὸ πολεμικὸν, ἀναστρέψαντας ἐπὶ δόρυ ἡγεῖσθαι μὲν τοὺς οὐραγοὺς, θεῖν δὲ πάντας καὶ διαβαίνειν ὅτι τάχιστα, ᾗ ἕκαστος τὴν τάξιν εἶχεν, ὡς μὴ ἐμποδίζειν ἀλλήλους· ὅτι οὗτος ἄριστος ἔσοιτο, ὃς ἂν πρῶτος ἐν τῷ πέραν γένηται. 30. Οἱ δὲ Καρδοῦχοι, ὁρῶντες ὀλίγους ἤδη τοὺς λοιποὺς (πολλοὶ γὰρ καὶ τῶν μένειν τεταγμένων ᾤχοντο ἐπιμελησόμενοι οἱ μὲν ὑποζυγίων, οἱ δὲ σκευῶν, οἱ δ᾽ ἑταιρῶν), ἐνταῦθα δὴ ἐπέκειντο θρασέως, καὶ ἤρχοντο σφενδονᾶν καὶ τοξεύειν. 31. Οἱ δὲ Ἕλληνες παιανίσαντες ὥρμησαν δρόμῳ ἐπ᾽ αὐτούς· οἱ δὲ οὐκ ἐδέξαντο· καὶ γὰρ ἦσαν ὡπλισμένοι, ὡς μὲν ἐν τοῖς ὄρεσιν, ἱκανῶς πρὸς τὸ ἐπιδραμεῖν καὶ φεύγειν, πρὸς δὲ τὸ εἰς χεῖρας δέχεσθαι οὐχ ἱκανῶς. 32. Ἐν τούτῳ σημαίνει ὁ σαλπιγκτής· καὶ οἱ μὲν πολέμιοι ἔφευγον πολὺ ἔτι θᾶττον, οἱ δ' Ἕλληνες τἀναντία στρέψαντες ἔφευγον διὰ τοῦ ποταμοῦ ὅτι τάχιστα. 33. Τῶν δὲ πολεμίων οἱ μέν τινες αἰσθόμενοι πάλιν ἔδραμον ἐπὶ τὸν ποταμόν, καὶ τοξεύοντες ὀλίγους ἔτρωσαν· οἱ δὲ πολλοί, καὶ πέραν ὄντων τῶν Ἑλλήνων, ἔτι φανεροὶ ἦσαν φεύγοντες. 34. Οἱ δὲ ὑπαντήσαντες, ἀνδριζόμενοι καὶ προσωτέρω τοῦ καιροῦ προϊόντες, ὕστερον τῶν μετὰ Ξενοφῶντος διέβησαν πάλιν· καὶ ἐτρώθησάν τινες καὶ τούτων.

CAP. IV.

1. Ἐπεὶ δὲ διέβησαν, συνταξάμενοι ἀμφὶ μέσον ἡμέρας, ἐπορεύθησαν διὰ τῆς Ἀρμενίας πεδίον ἅπαν καὶ λείους γηλόφους, οὐ μεῖον ἢ πέντε παρασάγγας· οὐ γὰρ ἦσαν ἐγγὺς τοῦ ποταμοῦ κῶμαι διὰ τοὺς πολέμους τοὺς πρὸς τοὺς Καρδούχους. 2. Εἰς δὲ ἣν ἀφίκοντο κώμην, μεγάλη τε ἦν, καὶ βασίλειον εἶχε τῷ σατράπῃ, καὶ ἐπὶ ταῖς πλείσταις οἰκίαις τύρσεις ἐπῆσαν, ἐπιτήδεια δ' ἦν δαψιλῆ. 3. Ἐντεῦθεν δ' ἐπορεύθησαν σταθμοὺς δύο, παρασάγγας δέκα, μέχρι ὑπερῆλθον τὰς πηγὰς τοῦ Τίγρητος ποταμοῦ.

Ἐντεῦθεν δ' ἐπορεύθησαν σταθμοὺς τρεῖς, παρασάγγας πεντεκαίδεκα, ἐπὶ τὸν Τηλεβόαν ποταμόν. Οὗτος δ' ἦν καλὸς μέν, μέγας δ' οὔ· κῶμαι δὲ πολλαὶ περὶ τὸν ποταμὸν ἦσαν. 4. Ὁ δὲ τόπος οὗτος Ἀρμενία ἐκαλεῖτο ἡ πρὸς ἑσπέραν. Ὕπαρχος δ᾽ ἦν αὐτῆς Τιρίβαζος, ὁ καὶ βασιλεῖ φίλος γενόμενος· καὶ ὁπότε παρείη, οὐδεὶς ἄλλος βασιλέα ἐπὶ τὸν ἵππον ἀνέβαλλεν. 5. Οὗτος προσήλασεν ἱππέας ἔχων, καὶ προπέμψας ἑρμηνέα εἶπεν, ὅτι βούλοιτο διαλεχθῆναι τοῖς ἄρχουσι. Τοῖς δὲ στρατηγοῖς ἔδοξεν ἀκοῦσαι· καὶ προσελθόντες εἰς ἐπήκοον ἠρώτων, τί θέλοι. 6. Ὁ δὲ εἶπεν, ὅτι. σπείσασθαι βούλοιτο, ἐφ᾽ ᾧ μήτε αὐτὸς τοὺς Ἕλληνας ἀδικεῖν, μήτε ἐκείνους καίειν τὰς οἰκίας, λαμβάνειν τε τἀπιτήδεια, ὅσων δέοιντο. Ἔδοξε ταῦτα τοῖς στρατηγοῖς, καὶ ἐσπείσαντο ἐπὶ τούτοις.

7. Ἐντεῦθεν δ᾽ ἐπορεύθησαν σταθμοὺς τρεῖς διὰ πεδίου, παρασάγγας πεντεκαίδεκα· καὶ Τιρίβαζος παρηκολούθει ἔχων τὴν ἑαυτοῦ δύναμιν, ἀπέχων ὡς δέκα σταδίους· καὶ ἀφίκοντο εἰς βασίλεια καὶ κώμας πέριξ πολλάς, πολλῶν τῶν ἐπιτηδείων μεστάς. 8. Στρατοπεδευομένων δ᾽ αὐτῶν, γίγνεται τῆς νυκτὸς χιὼν πολλή· καὶ ἔωθεν, ἔδοξε διασκηνῆσαι τὰς τάξεις καὶ τοὺς στρατηγοὺς κατὰ τὰς κώμας· οὐ γὰρ ἑώρων πολέμιον οὐδένα, καὶ ἀσφαλὲς ἐδόκει εἶναι διὰ τὸ πλῆθος τῆς χιόνος. 9. Ἐνταῦθα εἶχον πάντα τὰ ἐπιτήδεια ὅσα ἐστὶν ἀγαθά, ἱερεῖα, σῖτον, οἴνους παλαιοὺς εὐώδεις, ἀσταφίδας, ὄσπρια παντοδαπά. Τῶν δὲ ἀποσκεδαννυμένων τινὲς ἀπὸ τοῦ στρατοπέδου ἔλεγον, ὅτι κατίδοιεν στράτευμα, καὶ νύκτωρ πολλὰ πυρὰ φαίνοιτο. 10. Ἐδόκει δὴ τοῖς στρατηγοῖς οὐκ ἀσφαλὲς εἶναι διασκηνοῦν, ἀλλὰ συναγαγεῖν τὸ στράτευμα πάλιν. Ἐντεῦθεν συνῆλθον· καὶ γὰρ ἐδόκει διαιθριάζειν.

11. Νυκτερευόντων δ᾽ αὐτῶν ἐνταῦθα, ἐπιπίπτει χιὼν

ἄπλετος, ὥστε ἀπέκρυψε καὶ τὰ ὅπλα καὶ τοὺς ἀνθρώπους κατακειμένους· καὶ τὰ ὑποζύγια συνεπόδισεν ἡ χιών· καὶ πολὺς ὄκνος ἦν ἀνίστασθαι· κατακειμένων γὰρ, ἀλεεινὸν ἦν ἡ χιὼν ἐπιπεπτωκυῖα, ὅτῳ μὴ παραρρυείη. 12. Ἐπεὶ δὲ Ξενοφῶν ἐτόλμησε γυμνὸς ἀναστὰς σχίζειν ξύλα, τάχα ἀναστάς τις καὶ ἄλλος ἐκείνου ἀφελόμενος ἔσχιζεν. Ἐκ δὲ τούτου καὶ οἱ ἄλλοι ἀναστάντες πῦρ ἔκαιον καὶ ἐχρίοντο. 13. Πολὺ γὰρ ἐνταῦθα εὑρίσκετο χρίσμα, ᾧ ἐχρῶντο ἀντ' ἐλαίου, σύειον καὶ σησάμινον καὶ ἀμυγδάλινον (ἐκ τῶν πικρῶν) καὶ τερεβίνθινον. Ἐκ δὲ τῶν αὐτῶν τούτων καὶ μύρον εὑρίσκετο.

14. Μετὰ ταῦτα ἐδόκει πάλιν διασκηνητέον εἶναι εἰς τὰς κώμας εἰς στέγας. Ἔνθα δὴ οἱ στρατιῶται σὺν πολλῇ κραυγῇ καὶ ἡδονῇ ᾖσαν ἐπὶ τὰς στέγας καὶ τὰ ἐπιτήδεια· ὅσοι δὲ, ὅτε τὸ πρότερον ἀπῇεσαν, τὰς οἰκίας ἐνέπρησαν, ὑπὸ τῆς αἰθρίας δίκην ἐδίδοσαν κακῶς σκηνοῦντες. 15. Ἐντεῦθεν ἔπεμψαν νυκτὸς Δημοκράτην Τεμενίτην, ἄνδρας δόντες, ἐπὶ τὰ ὄρη, ἔνθα ἔφασαν οἱ ἀποσκεδαννύμενοι καθορᾶν τὰ πυρά· οὗτος γὰρ ἐδόκει καὶ πρότερον πολλὰ ἤδη ἀληθεῦσαι τοιαῦτα, τὰ ὄντα τε ὡς ὄντα, καὶ τὰ μὴ ὄντα ὡς οὐκ ὄντα. 16. Πορευθεὶς δὲ, τὰ μὲν πυρὰ οὐκ ἔφη ἰδεῖν, ἄνδρα δὲ συλλαβὼν ἧκεν ἄγων, ἔχοντα τόξον Περσικὸν, καὶ φαρέτραν, καὶ σάγαριν, οἵανπερ καὶ αἱ Ἀμαζόνες ἔχουσιν. 17. Ἐρωτώμενος δὲ, ποδαπὸς εἴη, Πέρσης μὲν ἔφη εἶναι, πορεύεσθαι δ' ἀπὸ τοῦ Τιριβάζου στρατεύματος, ὅπως ἐπιτήδεια λάβοι. Οἱ δ' ἠρώτων αὐτὸν τὸ στράτευμα, ὁπόσον τε εἴη, καὶ ἐπὶ τίνι συνειλεγμένον. 18. Ὁ δὲ εἶπεν, ὅτι Τιρίβαζος εἴη

ἔχων τήν τε ἑαυτοῦ δύναμιν, καὶ μισθοφόρους Χάλυβας καὶ Ταόχους· παρεσκευάσθαι δὲ αὐτὸν ἔφη, ὡς ἐπὶ τῇ ὑπερβολῇ τοῦ ὄρους ἐν τοῖς στενοῖς, ᾗπερ μοναχῇ εἴη πορεία, ἐνταῦθα ἐπιθησόμενον τοῖς Ἕλλησιν. 19. Ἀκούσασι τοῖς στρατηγοῖς ταῦτα ἔδοξε τὸ στράτευμα συναγαγεῖν· καὶ εὐθὺς, φύλακας καταλιπόντες καὶ στρατηγὸν ἐπὶ τοῖς μένουσι Σοφαίνετον Στυμφάλιον, ἐπορεύοντο ἔχοντες ἡγεμόνα τὸν ἁλόντα ἄνθρωπον. 20. Ἐπειδὴ δὲ ὑπερέβαλλον τὰ ὄρη, οἱ πελτασταὶ προϊόντες καὶ κατιδόντες τὸ στρατόπεδον, οὐκ ἔμειναν τοὺς ὁπλίτας, ἀλλ' ἀνακραγόντες ἔθεον ἐπὶ τὸ στρατόπεδον. 21. Οἱ δὲ βάρβαροι ἀκούσαντες τὸν θόρυβον, οὐχ ὑπέμειναν, ἀλλ' ἔφευγον· ὅμως δὲ καὶ ἀπέθανόν τινες τῶν βαρβάρων· καὶ ἵπποι ἥλωσαν εἰς εἴκοσι, καὶ ἡ σκηνὴ ἡ Τιριβάζου ἑάλω, καὶ ἐν αὐτῇ κλῖναι ἀργυρόποδες, καὶ ἐκπώματα, καὶ οἱ ἀρτοκόποι καὶ οἰνοχόοι φάσκοντες εἶναι. 22. Ἐπειδὴ δὲ ἐπύθοντο ταῦτα οἱ τῶν ὁπλιτῶν στρατηγοὶ, ἐδόκει αὐτοῖς ἀπιέναι τὴν ταχίστην ἐπὶ τὸ στρατόπεδον, μή τις ἐπίθεσις γένοιτο τοῖς καταλελειμμένοις. Καὶ εὐθὺς ἀνακαλεσάμενοι τῇ σάλπιγγι ἀπῇεσαν, καὶ ἀφίκοντο αὐθημερὸν ἐπὶ τὸ στρατόπεδον.

CAP. V.

1. Τῇ δ' ὑστεραίᾳ ἐδόκει πορευτέον εἶναι, ὅπη δύναιντο τάχιστα, πρὶν ἢ συλλεγῆναι τὸ στράτευμα πάλιν, καὶ καταλαβεῖν τὰ στενά. Συσκευασάμενοι δ' εὐθὺς ἐπορεύοντο διὰ χιόνος πολλῆς, ἡγεμόνας ἔχοντες πολλούς·

καὶ αὐθημερὸν ὑπερβαλόντες τὸ ἄκρον, ἐφ' ᾧ ἔμελλεν ἐπιτίθεσθαι Τιρίβαζος, κατεστρατοπεδεύσαντο. 2. Ἐντεῦθεν ἐπορεύθησαν σταθμοὺς ἐρήμους τρεῖς, παρασάγγας πεντεκαίδεκα, ἐπὶ τὸν Εὐφράτην ποταμὸν, καὶ διέβαινον αὐτὸν βρεχόμενοι πρὸς τὸν ὀμφαλόν. Ἐλέγοντο δὲ αὐτοῦ αἱ πηγαὶ οὐ πρόσω εἶναι.

3. Ἐντεῦθεν ἐπορεύοντο διὰ χιόνος πολλῆς καὶ πεδίου σταθμοὺς τρεῖς, παρασάγγας πεντεκαίδεκα. Ὁ δὲ τρίτος ἐγένετο χαλεπὸς, καὶ ἄνεμος βορρᾶς ἐναντίος ἔπνει, παντάπασιν ἀποκαίων πάντα, καὶ πηγνὺς τοὺς ἀνθρώπους. 4. Ἔνθα δὴ τῶν μάντεών τις εἶπε σφαγιάσασθαι τῷ ἀνέμῳ· καὶ σφαγιάζεται· καὶ πᾶσι δὴ περιφανῶς ἔδοξε λῆξαι τὸ χαλεπὸν τοῦ πνεύματος. Ἦν δὲ τῆς χιόνος τὸ βάθος ὀργυιά· ὥστε καὶ τῶν ὑποζυγίων καὶ τῶν ἀνδραπόδων πολλὰ ἀπώλετο, καὶ τῶν στρατιωτῶν ὡς τριάκοντα. 5. Διεγένοντο δὲ τὴν νύκτα πῦρ καίοντες· ξύλα δ' ἦν ἐν τῷ σταθμῷ πολλά· οἱ δὲ ὀψὲ προσιόντες ξύλα οὐκ εἶχον. Οἱ οὖν πάλαι ἥκοντες καὶ τὸ πῦρ καίοντες οὐ προσίεσαν πρὸς τὸ πῦρ τοὺς ὀψίζοντας, εἰ μὴ μεταδοῖεν αὐτοῖς πυροὺς ἢ ἄλλο τι, εἴ τι ἔχοιεν βρωτόν. 6. Ἔνθα δὴ μετεδίδοσαν ἀλλήλοις, ὧν εἶχον ἕκαστοι. Ἔνθα δὲ τὸ πῦρ ἐκαίετο, διατηκομένης τῆς χιόνος, βόθροι ἐγίγνοντο μεγάλοι ἔστε ἐπὶ τὸ δάπεδον· οὗ δὴ παρῆν μετρεῖν τὸ βάθος τῆς χιόνος.

7. Ἐντεῦθεν δὲ τὴν ἐπιοῦσαν ἡμέραν ὅλην ἐπορεύοντο διὰ χιόνος, καὶ πολλοὶ τῶν ἀνθρώπων ἐβουλιμίασαν. Ξενοφῶν δὲ ὀπισθοφυλακῶν, καὶ καταλαμβάνων τοὺς πίπτοντας τῶν ἀνθρώπων, ἠγνόει, ὅ τι τὸ πάθος εἴη. 8. Ἐπειδὴ δὲ

εἶπέ τις αὐτῷ τῶν ἐμπείρων, ὅτι σαφῶς βουλιμιῶσι, κἂν τι φάγωσιν, ἀναστήσονται, περιιὼν περὶ τὰ ὑποζύγια, εἴ πού τι ὁρῴη βρωτὸν [ἢ ποτὸν], διεδίδου, καὶ διέπεμπε διδόντας τοὺς δυναμένους παρατρέχειν τοῖς βουλιμιῶσιν. Ἐπειδὴ δέ τι ἐμφάγοιεν, ἀνίσταντο καὶ ἐπορεύοντο. 9. Πορευομένων δὲ, Χειρίσοφος μὲν ἀμφὶ κνέφας πρὸς κώμην ἀφικνεῖται, καὶ ὑδροφορούσας ἐκ τῆς κώμης πρὸς τῇ κρήνῃ γυναῖκας καὶ κόρας καταλαμβάνει ἔμπροσθεν τοῦ ἐρύματος. 10. Αὗται ἠρώτων αὐτοὺς, τίνες εἶεν. Ὁ δὲ ἑρμηνεὺς εἶπε Περσιστὶ, ὅτι παρὰ βασιλέως πορεύοιντο πρὸς τὸν σατράπην. Αἱ δὲ ἀπεκρίναντο, ὅτι οὐκ ἐνταῦθα εἴη, ἀλλ' ἀπέχοι ὅσον παρασάγγην. Οἱ δ', ἐπεὶ ὀψὲ ἦν, πρὸς τὸν κωμάρχην συνεισέρχονται εἰς τὸ ἔρυμα σὺν ταῖς ὑδροφόροις.

11. Χειρίσοφος μὲν οὖν, καὶ ὅσοι ἐδυνήθησαν τοῦ στρατεύματος, ἐνταῦθα ἐστρατοπεδεύσαντο· τῶν δ' ἄλλων στρατιωτῶν οἱ μὴ δυνάμενοι διατελέσαι τὴν ὁδὸν, ἐνυκτέρευσαν ἄσιτοι καὶ ἄνευ πυρός· καὶ ἐνταῦθά τινες ἀπώλοντο τῶν στρατιωτῶν. 12. Ἐφείποντο δὲ τῶν πολεμίων συνειλεγμένοι τινὲς, καὶ τὰ μὴ δυνάμενα τῶν ὑποζυγίων ἥρπαζον, καὶ ἀλλήλοις ἐμάχοντο περὶ αὐτῶν. Ἐλείποντο δὲ καὶ τῶν στρατιωτῶν οἵ τε διεφθαρμένοι ὑπὸ τῆς χιόνος τοὺς ὀφθαλμοὺς, οἵ τε ὑπὸ τοῦ ψύχους τοὺς δακτύλους τῶν ποδῶν ἀποσεσηπότες. 13. Ἦν δὲ τοῖς μὲν ὀφθαλμοῖς ἐπικούρημα τῆς χιόνος, εἴ τις μέλαν τι ἔχων πρὸ τῶν ὀφθαλμῶν πορεύοιτο· τῶν δὲ ποδῶν, εἴ τις κινοῖτο, καὶ μηδέποτε ἡσυχίαν ἔχοι, καὶ εἰ τὴν νύκτα ὑπολύοιτο. 14. Ὅσοι δὲ ὑποδεδεμένοι ἐκοιμῶντο, εἰσεδύοντο εἰς τοὺς

πόδας οἱ ἱμάντες, καὶ τὰ ὑποδήματα περιεπήγνυντο· καὶ γὰρ ἦσαν, ἐπειδὴ ἐπέλιπε τὰ ἀρχαῖα ὑποδήματα, καρβάτιναι αὐτοῖς πεποιημέναι ἐκ τῶν νεοδάρτων βοῶν. 15. Διὰ τὰς τοιαύτας οὖν ἀνάγκας ὑπελείποντό τινες τῶν στρατιωτῶν· καὶ ἰδόντες μέλαν τι χωρίον, διὰ τὸ ἐκλελοιπέναι αὐτόθι τὴν χιόνα, εἴκαζον τετηκέναι· καὶ τετήκει διὰ κρήνην τινὰ, ἣ πλησίον ἦν ἀτμίζουσα ἐν νάπῃ. Ἐνταῦθ᾽ ἐκτραπόμενοι ἐκάθηντο, καὶ οὐκ ἔφασαν πορεύεσθαι. 16. Ὁ δὲ Ξενοφῶν ἔχων ὀπισθοφύλακας ὡς ᾔσθετο, ἐδεῖτο αὐτῶν πάσῃ τέχνῃ καὶ μηχανῇ μὴ ἀπολείπεσθαι λέγων, ὅτι ἕπονται πολλοὶ πολέμιοι συνειλεγμένοι· καὶ τελευτῶν ἐχαλέπαινεν. Οἱ δὲ σφάττειν ἐκέλευον· οὐ γὰρ ἂν δύνασθαι πορευθῆναι. 17. Ἐνταῦθα ἔδοξε κράτιστον εἶναι, τοὺς ἑπομένους πολεμίους φοβῆσαι, εἴ τις δύναιτο, μὴ ἐπίοιεν τοῖς κάμνουσι. Καὶ ἦν μὲν σκότος ἤδη, οἱ δὲ προσῄεσαν πολλῷ θορύβῳ ἀμφὶ ὧν εἶχον διαφερόμενοι. 18. Ἔνθα δὴ οἱ μὲν ὀπισθοφύλακες, ἅτε ὑγιαίνοντες, ἐξαναστάντες ἔδραμον εἰς τοὺς πολεμίους· οἱ δὲ κάμνοντες, ἀνακραγόντες ὅσον ἠδύναντο μέγιστον, τὰς ἀσπίδας πρὸς τὰ δόρατα ἔκρουσαν. Οἱ δὲ πολέμιοι δείσαντες ἧκαν ἑαυτοὺς κατὰ τῆς χιόνος εἰς τὴν νάπην, καὶ οὐδεὶς ἔτι οὐδαμοῦ ἐφθέγξατο.

19. Καὶ Ξενοφῶν μὲν καὶ οἱ σὺν αὐτῷ, εἰπόντες τοῖς ἀσθενοῦσιν, ὅτι τῇ ὑστεραίᾳ ἥξουσί τινες ἐπ᾽ αὐτούς, πορευόμενοι, πρὶν τέτταρα στάδια διελθεῖν, ἐντυγχάνουσιν ἐν τῇ ὁδῷ ἀναπαυομένοις ἐπὶ τῆς χιόνος τοῖς στρατιώταις ἐγκεκαλυμμένοις, καὶ οὐδὲ φυλακὴ οὐδεμία καθειστήκει· καὶ ἀνίστασαν αὐτούς. 20. Οἱ δ᾽ ἔλεγον, ὅτι οἱ ἔμπρο-

σθεν οὐχ ὑποχωροῖεν. Ὁ δὲ παριὼν, καὶ παραπέμπων τῶν πελταστῶν τοὺς ἰσχυροτάτους, ἐκέλευε σκέψασθαι, τί εἴη τὸ κωλῦον. Οἱ δὲ ἀπήγγελλον, ὅτι ὅλον οὕτως ἀναπαύοιτο τὸ στράτευμα. 21. Ἐνταῦθα καὶ οἱ ἀμφὶ Ξενοφῶντα ηὐλίσθησαν αὐτοῦ ἄνευ πυρὸς καὶ ἄδειπνοι, φυλακὰς, οἵας ἐδύναντο, καταστησάμενοι. Ἐπεὶ δὲ πρὸς ἡμέραν ἦν, ὁ μὲν Ξενοφῶν, πέμψας πρὸς τοὺς ἀσθενοῦντας τοὺς νεωτάτους, ἀναστήσαντας ἐκέλευσεν ἀναγκάζειν προϊέναι. 22. Ἐν δὲ τούτῳ Χειρίσοφος πέμπει τῶν ἐκ τῆς κώμης σκεψομένους, πῶς ἔχοιεν οἱ τελευταῖοι. Οἱ δὲ ἄσμενοι ἰδόντες, τοὺς μὲν ἀσθενοῦντας τούτοις παρέδοσαν κομίζειν ἐπὶ τὸ στρατόπεδον, αὐτοὶ δὲ ἐπορεύοντο· καὶ πρὶν εἴκοσι στάδια διεληλυθέναι, ἦσαν πρὸς τῇ κώμῃ, ἔνθα Χειρίσοφος ηὐλίζετο. 23. Ἐπεὶ δὲ συνεγένοντο ἀλλήλοις, ἔδοξε κατὰ τὰς κώμας ἀσφαλὲς εἶναι τὰς τάξεις σκηνοῦν. Καὶ Χειρίσοφος μὲν αὐτοῦ ἔμενεν, οἱ δὲ ἄλλοι, διαλαχόντες ἃς ἑώρων κώμας, ἐπορεύοντο, ἕκαστοι τοὺς ἑαυτῶν ἔχοντες.

24. Ἔνθα δὴ Πολυκράτης Ἀθηναῖος λοχαγὸς ἐκέλευσεν ἀφιέναι ἑαυτόν· καὶ λαβὼν τοὺς εὐζώνους, θέων ἐπὶ τὴν κώμην ἣν εἰλήχει Ξενοφῶν, καταλαμβάνει πάντας ἔνδον τοὺς κωμήτας καὶ τὸν κωμάρχην· καὶ πώλους εἰς δασμὸν βασιλεῖ τρεφομένους ἑπτακαίδεκα· καὶ τὴν θυγατέρα τοῦ κωμάρχου, ἐνάτην ἡμέραν γεγαμημένην· ὁ δ' ἀνὴρ αὐτῆς λαγὼς ᾤχετο θηράσων, καὶ οὐχ ἥλω ἐν ταῖς κώμαις. 25. Αἱ δ' οἰκίαι ἦσαν κατάγειοι, τὸ μὲν στόμα ὥσπερ φρέατος, κάτω δ' εὐρεῖαι· αἱ δὲ εἴσοδοι τοῖς μὲν ὑποζυγίοις ὀρυκταὶ, οἱ δὲ ἄνθρωποι κατέβαινον ἐπὶ κλίμακος. Ἐν δὲ

ταῖς οἰκίαις ἦσαν αἶγες, οἶες, βόες, ὄρνιθες, καὶ τὰ ἔκγονα τούτων· τὰ δὲ κτήνη πάντα χιλῷ ἔνδον ἐτρέφοντο. 26. Ἦσαν δὲ καὶ πυροὶ καὶ κριθαὶ καὶ ὄσπρια καὶ οἶνος κρίθινος ἐν κρατῆρσιν· ἐνῆσαν δὲ καὶ αὐταὶ αἱ κριθαὶ ἰσοχειλεῖς· καὶ κάλαμοι ἐνέκειντο, οἱ μὲν μείζους, οἱ δὲ ἐλάττους, γόνατα οὐκ ἔχοντες. 27. Τούτους δ' ἔδει, ὁπότε τις διψῴη, λαβόντα εἰς τὸ στόμα μύζειν. Καὶ πάνυ ἄκρατος ἦν, εἰ μή τις ὕδωρ ἐπιχέοι· καὶ πάνυ ἡδὺ συμμαθόντι τὸ πόμα ἦν. 28. Ὁ δὲ Ξενοφῶν τὸν μὲν ἄρχοντα τῆς κώμης ταύτης σύνδειπνον ἐποιήσατο, καὶ θαρρεῖν αὐτὸν ἐκέλευε, λέγων, ὅτι οὔτε τῶν τέκνων στερήσοιτο, τήν τε οἰκίαν αὐτοῦ ἀντεμπλήσαντες τῶν ἐπιτηδείων ἀπίασιν, ἢν ἀγαθόν τι τῷ στρατεύματι ἐξηγησάμενος φαίνηται, ἔστ' ἂν ἐν ἄλλῳ ἔθνει γένωνται. 29. Ὁ δὲ ταῦτα ὑπισχνεῖτο, καὶ φιλοφρονούμενος οἶνον ἔφρασεν, ἔνθα ἦν κατορωρυγμένος. Ταύτην μὲν οὖν τὴν νύκτα διασκηνήσαντες οὕτως ἐκοιμήθησαν ἐν πᾶσιν ἀφθόνοις πάντες οἱ στρατιῶται, ἐν φυλακῇ ἔχοντες τὸν κωμάρχην καὶ τὰ τέκνα αὐτοῦ ὁμοῦ ἐν ὀφθαλμοῖς. 30. Τῇ δ' ἐπιούσῃ ἡμέρᾳ Ξενοφῶν λαβὼν τὸν κωμάρχην πρὸς Χειρίσοφον ἐπορεύετο· ὅπου δὲ παρίοι κώμην, ἐτρέπετο πρὸς τοὺς ἐν ταῖς κώμαις, καὶ κατελάμβανε πανταχοῦ εὐωχουμένους καὶ εὐθυμουμένους, καὶ οὐδαμόθεν ἀφίεσαν, πρὶν παραθεῖναι αὐτοῖς ἄριστον. 31. Οὐκ ἦν δ' ὅπου οὐ παρετίθεσαν ἐπὶ τὴν αὐτὴν τράπεζαν κρέα ἄρνεια, ἐρίφεια, χοίρεια, μόσχεια, ὀρνίθεια, σὺν πολλοῖς ἄρτοις, τοῖς μὲν πυρίνοις, τοῖς δὲ κριθίνοις. 32. Ὁπότε δέ τις φιλοφρονούμενός τῳ βούλοιτο προπιεῖν, εἷλκεν ἐπὶ τὸν κρατῆρα· ἔνθεν ἐπικύψαντα ἔδει ῥοφοῦντα πίνειν, ὥσπερ βοῦν. Καὶ τῷ κωμάρχῃ ἐδίδοσαν λαμβάνειν, ὅ τι βούλοιτο. Ὁ δὲ ἄλλο μὲν οὐδὲν ἐδέχετο· ὅπου δέ τινα τῶν συγγενῶν ἴδοι, πρὸς ἑαυτὸν ἀεὶ ἐλάμβανεν.

33. Ἐπεὶ δ' ἦλθον πρὸς Χειρίσοφον, κατελάμβανον κἀκείνους σκηνοῦντας, ἐστεφανωμένους τοῦ ξηροῦ χιλοῦ στεφάνοις, καὶ διακονοῦντας Ἀρμενίους παῖδας σὺν ταῖς βαρβαρικαῖς στολαῖς· τοῖς δὲ παισὶν ἐδείκνυσαν ὥσπερ ἐνεοῖς, ὅ τι δέοι ποιεῖν. 34. Ἐπεὶ δ' ἀλλήλους ἐφιλοφρονήσαντο Χειρίσοφος καὶ Ξενοφῶν, κοινῇ δὴ ἀνηρώτων τὸν κωμάρχην διὰ τοῦ περσίζοντος ἑρμηνέως, τίς εἴη ἡ χώρα. Ὁ δ' ἔλεγεν, ὅτι Ἀρμενία. Καὶ πάλιν ἠρώτων, τίνι οἱ ἵπποι τρέφοιντο. Ὁ δ' ἔλεγεν, ὅτι βασιλεῖ δασμός· τὴν δὲ πλησίον χώραν ἔφη εἶναι Χάλυβας, καὶ τὴν ὁδὸν ἔφραζεν, ᾗ εἴη. 35. Καὶ αὐτὸν τότε μὲν ᾤχετο ἄγων ὁ Ξενοφῶν πρὸς τοὺς ἑαυτοῦ οἰκέτας, καὶ ἵππον ὃν εἰλήφει παλαίτερον, δίδωσι τῷ κωμάρχῃ ἀναθρέψαντι καταθῦσαι, ὅτι ἤκουσεν, αὐτὸν ἱερὸν εἶναι τοῦ Ἡλίου (δεδιώς, μὴ ἀποθάνῃ, ἐκεκάκωτο γὰρ ὑπὸ τῆς πορείας)· αὐτὸς δὲ τῶν πώλων λαμβάνει, καὶ τῶν ἄλλων στρατηγῶν καὶ λοχαγῶν ἔδωκεν ἑκάστῳ πῶλον. 36. Ἦσαν δ' οἱ ταύτῃ ἵπποι μείονες μὲν τῶν Περσικῶν, θυμοειδέστεροι δὲ πολύ. Ἐνταῦθα δὴ καὶ διδάσκει ὁ κωμάρχης περὶ τοὺς πόδας τῶν ἵππων καὶ τῶν ὑποζυγίων σακία περιειλεῖν, ὅταν διὰ τῆς χιόνος ἄγωσιν· ἄνευ γὰρ τῶν σακίων κατεδύοντο μέχρι τῆς γαστρός.

CAP. VI.

1. Ἐπεὶ δ' ἡμέρα ἦν ὀγδόη, τὸν μὲν ἡγεμόνα παραδίδωσι Χειρισόφῳ, τοὺς δ' οἰκέτας καταλείπει τῷ κωμάρχῃ, πλὴν τοῦ υἱοῦ τοῦ ἄρτι ἡβάσκοντος. Τοῦτον δ' Ἐπισθένει Ἀμφιπολίτῃ παραδίδωσι φυλάττειν, ὅπως, εἰ καλῶς ἡγήσαιτο, ἔχων καὶ τοῦτον ἀπίοι. Καὶ εἰς τὴν οἰκίαν αὐτοῦ εἰσεφόρησαν ὡς ἐδύναντο πλεῖστα, καὶ ἀναζεύξαντες ἐπορεύοντο. 2. Ἡγεῖτο δ' αὐτοῖς ὁ κωμάρχης λελυμένος διὰ χιόνος. Καὶ ἤδη τε ἦν ἐν τῷ τρίτῳ σταθμῷ, καὶ Χειρίσοφος αὐτῷ ἐχαλεπάνθη, ὅτι οὐκ εἰς κώμας ἦγεν. Ὁ δ' ἔλεγεν, ὅτι οὐκ εἶεν ἐν τῷ τόπῳ τούτῳ. Ὁ δὲ Χειρίσοφος αὐτὸν ἔπαισε μέν, ἔδησε δ' οὔ. 3. Ἐκ δὲ τούτου ἐκεῖνος τῆς νυκτὸς ἀποδρὰς ᾤχετο, καταλιπὼν τὸν υἱόν. Τοῦτό γε δὴ Χειρισόφῳ καὶ Ξενοφῶντι μόνον διάφορον ἐν τῇ πορείᾳ ἐγένετο, ἡ τοῦ ἡγεμόνος κάκωσις καὶ ἀμέλεια. Ἐπισθένης δὲ ἠράσθη τε τοῦ παιδὸς καὶ οἴκαδε κομίσας πιστοτάτῳ ἐχρῆτο.

4. Μετὰ τοῦτο ἐπορεύθησαν ἑπτὰ σταθμοὺς, ἀνὰ πέντε παρασάγγας τῆς ἡμέρας, παρὰ τὸν Φᾶσιν ποταμὸν, εὖρος πλεθριαῖον. 5. Ἐντεῦθεν ἐπορεύθησαν σταθμοὺς δύω, παρασάγγας δέκα· ἐπὶ δὲ τῇ εἰς τὸ πεδίον ὑπερβολῇ ἀπήντησαν αὐτοῖς Χάλυβες καὶ Τάοχοι καὶ Φασιανοί. 6. Χειρίσοφος δ' ἐπεὶ κατεῖδε τοὺς πολεμίους ἐπὶ τῇ ὑπερβολῇ, ἐπαύσατο πορευόμενος, ἀπέχων εἰς τριάκοντα σταδίους, ἵνα μὴ κατὰ κέρας ἄγων πλησιάσῃ τοῖς πολεμίοις· παρήγγειλε δὲ καὶ τοῖς ἄλλοις παράγειν τοὺς λόχους, ὅπως ἐπὶ φάλαγγος γένοιτο τὸ στράτευμα.

7. Ἐπεὶ δὲ ἦλθον οἱ ὀπισθοφύλακες, συνεκάλεσε τοὺς στρατηγοὺς καὶ λοχαγούς, καὶ ἔλεξεν ὧδε· Οἱ μὲν πολέμιοι, ὡς ὁρᾶτε, κατέχουσι τὰς ὑπερβολὰς τοῦ ὄρους· ὥρα δὲ βουλεύεσθαι, ὅπως ὡς κάλλιστα ἀγωνιούμεθα. 8. Ἐμοὶ μὲν οὖν δοκεῖ παραγγεῖλαι μὲν ἀριστοποιεῖσθαι τοῖς στρατιώταις, ἡμᾶς δὲ βουλεύεσθαι, εἴτε τήμερον εἴτε αὔριον δοκεῖ ὑπερβάλλειν τὸ ὄρος. 9. Ἐμοὶ δέ γε, ἔφη ὁ Κλεάνωρ, δοκεῖ, ἐπὰν τάχιστα ἀριστήσωμεν, ἐξοπλισαμένους ὡς τάχιστα ἰέναι ἐπὶ τοὺς ἄνδρας. Εἰ γὰρ διατρίψομεν τὴν τήμερον ἡμέραν, οἵ τε νῦν ἡμᾶς ὁρῶντες πολέμιοι θαρραλεώτεροι ἔσονται, καὶ ἄλλους εἰκὸς, τούτων θαρρούντων, πλείους προσγενέσθαι. 10. Μετὰ τοῦτον Ξενοφῶν εἶπεν·

Ἐγὼ δ' οὕτω γιγνώσκω· εἰ μὲν ἀνάγκη ἐστὶ μάχεσθαι, τοῦτο δεῖ παρασκευάσασθαι, ὅπως ὡς κράτιστα μαχούμεθα· εἰ δὲ βουλόμεθα ὡς ῥᾷστα ὑπερβάλλειν, τοῦτό μοι δοκεῖ σκεπτέον εἶναι, ὅπως ἐλάχιστα μὲν τραύματα λάβωμεν, ὡς ἐλάχιστα δὲ σώματα ἀνδρῶν ἀποβάλωμεν. 11. Τὸ μὲν οὖν ὄρος ἐστὶ τὸ ὁρώμενον πλέον ἢ ἐφ' ἑξήκοντα στάδια, ἄνδρες δ' οὐδαμοῦ φυλάττοντες ἡμᾶς φανεροί εἰσιν, ἀλλ' ἢ κατ' αὐτὴν τὴν ὁδόν· πολὺ οὖν κρεῖττον, τοῦ ἐρήμου ὄρους καὶ κλέψαι τι πειρᾶσθαι λαθόντας καὶ ἁρπάσαι φθάσαντας, εἰ δυναίμεθα, μᾶλλον ἢ πρὸς ἰσχυρὰ χωρία καὶ ἄνδρας παρεσκευασμένους μάχεσθαι. 12. Πολὺ γὰρ ῥᾷον, ὄρθιον ἀμαχεὶ ἰέναι, ἢ ὁμαλὲς ἔνθεν καὶ ἔνθεν πολεμίων ὄντων· καὶ νύκτωρ ἀμαχεὶ μᾶλλον ἂν τὰ πρὸ ποδῶν ὁρῴη τις, ἢ μεθ' ἡμέραν μαχόμενος· καὶ ἡ τραχεῖα τοῖς ποσὶν ἀμαχεὶ ἰοῦσιν εὐμενεστέρα, ἢ ἡ ὁμαλὴ τὰς κεφαλὰς βαλλομένοις. 13. Καὶ κλέψαι οὐκ ἀδύνατόν μοι δοκεῖ εἶναι, ἐξὸν μὲν νυκτὸς ἰέναι, ὡς μὴ ὁρᾶσθαι· ἐξὸν δὲ ἀπελθεῖν τοσοῦτον, ὡς μὴ αἴσθησιν παρέχειν. Δοκοῦμεν δ' ἄν μοι, ταύτῃ προσποιούμενοι προσβάλλειν, ἐρημοτέρῳ ἂν τῷ ἄλλῳ ὄρει χρῆσθαι· μένοιεν γὰρ αὐτοῦ μᾶλλον ἁθρόοι οἱ πολέμιοι.

14. Ἀτὰρ τί ἐγὼ περὶ κλοπῆς συμβάλλομαι; Ὑμᾶς γὰρ ἔγωγε, ὦ Χειρίσοφε, ἀκούω τοὺς Λακεδαιμονίους, ὅσοι ἐστὲ τῶν ὁμοίων, εὐθὺς ἐκ παίδων κλέπτειν μελετᾶν· καὶ οὐκ αἰσχρὸν εἶναι, ἀλλὰ καλόν, κλέπτειν, ὅσα μὴ κωλύει νόμος. 15. Ὅπως δὲ ὡς κράτιστα κλέπτητε καὶ πειρᾶσθε λανθάνειν, νόμιμον ἄρα ὑμῖν ἐστιν, ἐὰν ληφθῆτε κλέπτοντες, μαστιγοῦσθαι. Νῦν οὖν μάλα σοι καιρός ἐστιν ἐπιδείξασθαι τὴν παιδείαν, καὶ φυλάξασθαι μέντοι, μὴ ληφθῶμεν κλέπτοντες τοῦ ὄρους, ὡς μὴ πολλὰς πληγὰς λάβωμεν.

16. Ἀλλὰ μέντοι, ἔφη ὁ Χειρίσοφος, " κἀγὼ ὑμᾶς τοὺς Ἀθηναίους ἀκούω δεινοὺς εἶναι κλέπτειν τὰ δημόσια (καὶ μάλα ὄντος δεινοῦ τοῦ κινδύνου τῷ κλέπτοντι), καὶ τοὺς κρατίστους μέντοι μάλιστα, εἴπερ ὑμῖν οἱ κράτιστοι ἄρχειν ἀξιοῦνται· ὥστε ὥρα καὶ σοὶ ἐπιδείκνυσθαι τὴν παιδείαν. 17. Ἐγὼ μὲν τοίνυν, ἔφη ὁ Ξενοφῶν, ἕτοιμός εἰμι, τοὺς ὀπισθοφύλακας ἔχων, ἐπειδὰν δειπνήσωμεν, ἰέναι καταληψόμενος τὸ ὄρος. Ἔχω δὲ καὶ ἡγεμόνας· οἱ γὰρ γυμνῆτες τῶν ἐφεπομένων ἡμῖν κλωπῶν ἔλαβόν τινας ἐνεδρεύσαντες· καὶ τούτων πυνθάνομαι, ὅτι οὐκ ἄβατόν ἐστι τὸ ὄρος, ἀλλὰ νέμεται αἰξὶ καὶ βουσίν· ὥστε, ἐάνπερ ἅπαξ λάβωμέν τι τοῦ ὄρους, βατὰ καὶ τοῖς ὑποζυγίοις ἔσται. 18. Ἐλπίζω δέ, οὐδὲ τοὺς πολεμίους μενεῖν ἔτι,

ἐπειδὰν ἴδωσιν ἡμᾶς ἐν τῷ ὁμοίῳ ἐπὶ τῶν ἄκρων· οὐδὲ γὰρ νῦν ἐθέλουσι καταβαίνειν ἡμῖν εἰς τὸ ἴσον. 19. Ὁ δὲ Χειρίσοφος εἶπε· Καὶ τί δεῖ σὲ ἰέναι, καὶ λιπεῖν τὴν ὀπισθοφυλακίαν; ἀλλὰ ἄλλους πέμψον, ἂν μή τινες ἐθελούσιοι φαίνωνται. 20. Ἐκ τούτου Ἀριστώνυμος Μεθυδριεὺς ἔρχεται ὁπλίτας ἔχων, καὶ Ἀριστέας Χῖος γυμνῆτας, καὶ Νικόμαχος Οἰταῖος γυμνῆτας· καὶ σύνθημα ἐποιήσαντο, ὁπότε ἔχοιεν τὰ ἄκρα, πυρὰ καίειν πολλά. 21. Ταῦτα συνθέμενοι ἠρίστων· ἐκ δὲ τοῦ ἀρίστου προήγαγεν ὁ Χειρίσοφος τὸ στράτευμα πᾶν ὡς δέκα σταδίους πρὸς τοὺς πολεμίους, ὅπως ὡς μάλιστα δοκοίη ταύτῃ προσάξειν.

22. Ἐπειδὴ δὲ ἐδείπνησαν, καὶ νὺξ ἐγένετο, οἱ μὲν ταχθέντες ᾤχοντο, καὶ καταλαμβάνουσι τὸ ὄρος· οἱ δὲ ἄλλοι αὐτοῦ ἀνεπαύοντο. Οἱ δὲ πολέμιοι, ἐπεὶ ᾔσθοντο ἐχόμενον τὸ ὄρος, ἐγρηγόρεσαν, καὶ ἔκαιον πυρὰ πολλὰ διὰ νυκτός. 23. Ἐπειδὴ δὲ ἡμέρα ἐγένετο, Χειρίσοφος μὲν θυσάμενος ἦγε κατὰ τὴν ὁδόν, οἱ δὲ τὸ ὄρος καταλαβόντες κατὰ τὰ ἄκρα ἐπῇεσαν. 24. Τῶν δ᾽ αὖ πολεμίων τὸ μὲν πολὺ ἔμενεν ἐπὶ τῇ ὑπερβολῇ τοῦ ὄρους, μέρος δ᾽ αὐτῶν ἀπήντα τοῖς κατὰ τὰ ἄκρα. Πρὶν δὲ ὁμοῦ εἶναι τοὺς πολλοὺς, ἀλλήλοις συμμιγνύασιν οἱ κατὰ τὰ ἄκρα, καὶ νικῶσιν οἱ Ἕλληνες καὶ διώκουσιν. 25. Ἐν τούτῳ δὲ καὶ οἱ ἐκ τοῦ πεδίου, οἱ μὲν πελτασταὶ τῶν Ἑλλήνων δρόμῳ ἔθεον πρὸς τοὺς παρατεταγμένους, Χειρίσοφος δὲ βάδην ταχὺ ἐφείπετο σὺν τοῖς ὁπλίταις. 26. Οἱ δὲ πολέμιοι οἱ ἐν τῇ ὁδῷ, ἐπειδὴ τὸ ἄνω ἑώρων ἡττώμενον, φεύγουσι· καὶ ἀπέθανον μὲν οὐ πολλοὶ αὐτῶν,

γέρρα δὲ πάμπολλα ἐλήφθη· ἃ οἱ Ἕλληνες ταῖς μαχαίραις κόπτοντες ἀχρεῖα ἐποίουν. 27. Ὡς δ' ἀνέβησαν, θύσαντες καὶ τρόπαιον στησάμενοι, κατέβησαν εἰς τὸ πεδίον, καὶ εἰς κώμας πολλῶν καὶ ἀγαθῶν γεμούσας ἦλθον.

CAP. VII.

1. Ἐκ δὲ τούτων ἐπορεύθησαν εἰς Τάοχους, σταθμοὺς πέντε, παρασάγγας τριάκοντα· καὶ τὰ ἐπιτήδεια ἐπέλιπε· χωρία γὰρ ᾤκουν ἰσχυρὰ οἱ Τάοχοι, ἐν οἷς καὶ τὰ ἐπιτήδεια πάντα εἶχον ἀνακεκομισμένοι. 2. Ἐπεὶ δ' ἀφίκοντο πρὸς χωρίον, ὃ πόλιν μὲν οὐκ εἶχεν οὐδ' οἰκίας, συνεληλυθότες δ' ἦσαν αὐτόσε καὶ ἄνδρες καὶ γυναῖκες καὶ κτήνη πολλά, Χειρίσοφος μὲν πρὸς τοῦτο προσέβαλλεν εὐθὺς ἥκων· ἐπειδὴ δὲ ἡ πρώτη τάξις ἀπέκαμνεν, ἄλλη προσῄει, καὶ αὖθις ἄλλη· οὐ γὰρ ἦν ἁθρόοις περιστῆναι, ἀλλὰ ποταμὸς ἦν κύκλῳ. 3. Ἐπειδὴ δὲ Ξενοφῶν ἦλθε σὺν τοῖς ὀπισθοφύλαξι, καὶ πελτασταῖς καὶ ὁπλίταις, ἐνταῦθα δὴ λέγει Χειρίσοφος· Εἰς καλὸν ἥκετε· τὸ γὰρ χωρίον αἱρετέον· τῇ γὰρ στρατιᾷ οὐκ ἔστι τὰ ἐπιτήδεια, εἰ μὴ ληψόμεθα τὸ χωρίον.

4. Ἐνταῦθα δὴ κοινῇ ἐβουλεύοντο· καὶ τοῦ Ξενοφῶντος ἐρωτῶντος, τί τὸ κωλύον εἴη εἰσελθεῖν, εἶπεν ὁ Χειρίσοφος· [Ἀλλὰ] μία αὕτη πάροδός ἐστιν, ἣν ὁρᾷς· ὅταν δέ τις ταύτῃ πειρᾶται παριέναι, κυλινδοῦσι λίθους ὑπὲρ ταύτης τῆς ὑπερεχούσης πέτρας· ὃς δ' ἂν καταληφθῇ, οὕτω διατίθεται. Ἅμα δ' ἔδειξε συντετριμμένους ἀνθρώ-

πους καὶ σκέλη καὶ πλευράς. 5. Ἢν δὲ τοὺς λίθους ἀναλώσωσιν, ἔφη ὁ Ξενοφῶν, ἄλλο τι ἢ οὐδὲν κωλύει παριέναι; οὐ γὰρ δὴ ἐκ τοῦ ἐναντίου ὁρῶμεν, εἰ μὴ ὀλίγους τούτους ἀνθρώπους, καὶ τούτων δύο ἢ τρεῖς ὡπλισμένους. 6. Τὸ δὲ χωρίον, ὡς καὶ σὺ ὁρᾷς, σχεδὸν τρία ἡμίπλεθρά ἐστιν, ὃ δεῖ βαλλομένους διελθεῖν. Τούτου δὲ ὅσον πλέθρον δασὺ πίτυσι διαλειπούσαις μεγάλαις, ἀνθ᾽ ὧν ἑστηκότες ἄνδρες τί ἂν πάσχοιεν ἢ ὑπὸ τῶν φερομένων λίθων ἢ ὑπὸ τῶν κυλινδουμένων; τὸ λοιπὸν οὖν ἤδη γίγνεται ὡς ἡμίπλεθρον, ὃ δεῖ, ὅταν λωφήσωσιν οἱ λίθοι, παραδραμεῖν. 7. Ἀλλ᾽ εὐθὺς, ἔφη ὁ Χειρίσοφος, ἐπειδὰν ἀρξώμεθα εἰς τὸ δασὺ προσιέναι, φέρονται οἱ λίθοι πολλοί. Αὐτὸ ἂν, ἔφη, τὸ δέον εἴη· θᾶττον γὰρ ἀναλώσουσι τοὺς λίθους. Ἀλλὰ πορευώμεθα, ἔνθεν ἡμῖν μικρόν τι παραδραμεῖν ἔσται, ἢν δυνώμεθα, καὶ ἀπελθεῖν ῥᾴδιον, ἢν βουλώμεθα.

8. Ἐντεῦθεν ἐπορεύοντο Χειρίσοφος καὶ Ξενοφῶν καὶ Καλλίμαχος Παρράσιος λοχαγός· τούτου γὰρ ἡ ἡγεμονία ἦν τῶν ὀπισθοφυλάκων λοχαγῶν ἐκείνῃ τῇ ἡμέρᾳ· οἱ δὲ ἄλλοι λοχαγοὶ ἔμενον ἐν τῷ ἀσφαλεῖ. Μετὰ τοῦτο οὖν ἀπῆλθον ὑπὸ τὰ δένδρα ἄνθρωποι ὡς ἑβδομήκοντα, οὐκ ἀθρόοι, ἀλλὰ καθ᾽ ἕνα, ἕκαστος φυλαττόμενος ὡς ἐδύνατο. 9. Ἀγασίας δὲ ὁ Στυμφάλιος καὶ Ἀριστώνυμος Μεθυδριεὺς, καὶ οὗτοι τῶν ὀπισθοφυλάκων λοχαγοὶ ὄντες, καὶ ἄλλοι δὲ ἐφέστασαν ἔξω τῶν δένδρων· οὐ γὰρ ἦν ἀσφαλὲς ἐν τοῖς δένδροις ἑστάναι πλεῖον ἢ τὸν ἕνα λόχον.

10. Ἔνθα δὴ Καλλίμαχος μηχανᾶταί τι· προέτρεχεν ἀπὸ τοῦ δένδρου, ὑφ᾽ ᾧ ἦν αὐτός, δύο ἢ τρία βήματα·

ἐπεὶ δὲ οἱ λίθοι φέροιντο, ἀνεχάζετο εὐπετῶς· ἐφ' ἑκάστης δὲ προδρομῆς πλέον ἢ δέκα ἅμαξαι πετρῶν ἀνηλίσκοντο. 11. Ὁ δὲ Ἀγασίας, ὡς ὁρᾷ τὸν Καλλίμαχον, ἃ ἐποίει, καὶ τὸ στράτευμα πᾶν θεώμενον, δείσας, μὴ οὐ πρῶτος παραδράμοι εἰς τὸ χωρίον, οὔτε τὸν Ἀριστώνυμον πλησίον ὄντα παρακαλέσας, οὔτε Εὐρύλοχον τὸν Λουσιέα, ἑταίρους ὄντας, οὔτε ἄλλον οὐδένα, χωρεῖ αὐτός, καὶ παρέρχεται πάντας. 12. Ὁ δὲ Καλλίμαχος, ὡς ἑώρα αὐτὸν παριόντα, ἐπιλαμβάνεται αὐτοῦ τῆς ἴτυος· ἐν δὲ τούτῳ παρέθει αὐτοὺς Ἀριστώνυμος Μεθυδριεύς, καὶ μετὰ τοῦτον Εὐρύλοχος Λουσιεύς· πάντες γὰρ οὗτοι ἀντεποιοῦντο ἀρετῆς, καὶ διηγωνίζοντο πρὸς ἀλλήλους· καὶ οὕτως ἐρίζοντες αἱροῦσι τὸ χωρίον. Ὡς γὰρ ἅπαξ εἰσέδραμον, οὐδεὶς ἔτι πέτρος ἄνωθεν ἠνέχθη. 13. Ἐνταῦθα δὴ δεινὸν ἦν θέαμα· αἱ γὰρ γυναῖκες, ῥίπτουσαι τὰ παιδία, εἶτα καὶ ἑαυτὰς ἐπικατερρίπτουν· καὶ οἱ ἄνδρες ὡσαύτως. Ἔνθα δὴ καὶ Αἰνείας Στυμφάλιος λοχαγός, ἰδών τινα θέοντα ὡς ῥίψοντα ἑαυτόν, στολὴν ἔχοντα καλήν, ἐπιλαμβάνεται ὡς κωλύσων. 14. Ὁ δὲ αὐτὸν ἐπισπᾶται, καὶ ἀμφότεροι ᾤχοντο κατὰ τῶν πετρῶν φερόμενοι, καὶ ἀπέθανον. Ἐντεῦθεν ἄνθρωποι μὲν πάνυ ὀλίγοι ἐλήφθησαν, βόες δὲ καὶ ὄνοι πολλοὶ καὶ πρόβατα.

15. Ἐντεῦθεν ἐπορεύθησαν διὰ Χαλύβων σταθμοὺς ἑπτά, παρασάγγας πεντήκοντα. Οὗτοι ἦσαν ὧν διῆλθον, ἀλκιμώτατοι, καὶ εἰς χεῖρας ᾖεσαν. Εἶχον δὲ θώρακας λινοῦς μέχρι τοῦ ἤτρου, ἀντὶ δὲ τῶν πτερύγων σπάρτα πυκνὰ ἐστραμμένα. 16. Εἶχον δὲ καὶ κνημῖδας καὶ κράνη, καὶ παρὰ τὴν ζώνην μαχαίριον, ὅσον ξυήλην

Λακωνικὴν, ᾧ ἔσφαττον, ὧν κρατεῖν δύναιντο· καὶ ἀποτέμνοντες ἂν τὰς κεφαλὰς, ἔχοντες ἐπορεύοντο· καὶ ᾖδον, καὶ ἐχόρευον, ὁπότε οἱ πολέμιοι αὐτοὺς ὄψεσθαι ἔμελλον. Εἶχον δὲ καὶ δόρυ ὡς πεντεκαίδεκα πηχῶν, μίαν λόγχην ἔχον. 17. Οὗτοι ἐνέμενον ἐν τοῖς πολίσμασιν· ἐπεὶ δὲ παρέλθοιεν οἱ Ἕλληνες, εἵποντο ἀεὶ μαχόμενοι. Ὤικουν δὲ ἐν τοῖς ὀχυροῖς· καὶ τὰ ἐπιτήδεια ἐν τούτοις ἀνακεκομισμένοι ἦσαν· ὥστε μηδὲν λαμβάνειν αὐτόθεν τοὺς Ἕλληνας, ἀλλὰ διετράφησαν τοῖς κτήνεσιν, ἃ ἐκ τῶν Ταόχων ἔλαβον.

18. Ἐκ τούτου οἱ Ἕλληνες ἀφίκοντο ἐπὶ τὸν Ἅρπασον ποταμὸν, εὖρος τεττάρων πλέθρων. Ἐντεῦθεν ἐπορεύθησαν διὰ Σκυθινῶν σταθμοὺς τέτταρας, παρασάγγας εἴκοσι, διὰ πεδίου εἰς κώμας· ἐν αἷς ἔμειναν ἡμέρας τρεῖς, καὶ ἐπεσιτίσαντο. 19. Ἐντεῦθεν δὲ ἦλθον σταθμοὺς τέτταρας, παρασάγγας εἴκοσι, πρὸς πόλιν μεγάλην καὶ εὐδαίμονα καὶ οἰκουμένην, ἣ ἐκαλεῖτο Γυμνίας. Ἐκ ταύτης ὁ τῆς χώρας ἄρχων τοῖς Ἕλλησιν ἡγεμόνα πέμπει, ὅπως διὰ τῆς ἑαυτῶν πολεμίας χώρας ἄγοι αὐτούς. 20. Ἐλθὼν δ' ἐκεῖνος λέγει, ὅτι ἄξει αὐτοὺς πέντε ἡμερῶν εἰς χωρίον, ὅθεν ὄψονται θάλατταν· εἰ δὲ μὴ, τεθνάναι ἐπηγγέλλετο. Καὶ ἡγούμενος, ἐπειδὴ ἐνέβαλεν εἰς τὴν ἑαυτοῖς πολεμίαν, παρεκελεύετο αἴθειν καὶ φθείρειν τὴν χώραν· ᾧ καὶ δῆλον ἐγένετο, ὅτι τούτου ἕνεκα ἔλθοι, οὐ τῆς τῶν Ἑλλήνων εὐνοίας.

21. Καὶ ἀφικνοῦνται ἐπὶ τὸ ὄρος τῇ πέμπτῃ ἡμέρᾳ· ὄνομα δὲ τῷ ὄρει ἦν Θήχης. Ἐπειδὴ δὲ οἱ πρῶτοι ἐγένοντο ἐπὶ τοῦ ὄρους, καὶ κατεῖδον τὴν θάλατταν, κραυγὴ

πολλὴ ἐγένετο. 22. Ἀκούσας δὲ ὁ Ξενοφῶν καὶ οἱ ὀπισθοφύλακες, ᾠήθησαν ἄλλους ἔμπροσθεν ἐπιτίθεσθαι πολεμίους· εἵποντο γὰρ καὶ ὄπισθεν οἱ ἐκ τῆς καιομένης χώρας· καὶ αὐτῶν οἱ ὀπισθοφύλακες ἀπέκτεινάν τέ τινας, καὶ ἐζώγρησαν ἐνέδραν ποιησάμενοι· καὶ γέρρα ἔλαβον δασειῶν βοῶν ὠμοβόεια ἀμφὶ τὰ εἴκοσιν. 23. Ἐπειδὴ δὲ βοὴ πλείων τε ἐγίγνετο καὶ ἐγγύτερον, καὶ οἱ ἀεὶ ἐπιόντες ἔθεον δρόμῳ ἐπὶ τοὺς ἀεὶ βοῶντας, καὶ πολλῷ μείζων ἐγίγνετο ἡ βοή, ὅσῳ δὴ πλείους ἐγίγνοντο, ἐδόκει δὴ μεῖζόν τι εἶναι τῷ Ξενοφῶντι. 24. Καὶ ἀναβὰς ἐφ' ἵππον, καὶ Λύκιον καὶ τοὺς ἱππέας ἀναλαβὼν, παρεβοήθει· καὶ τάχα δὴ ἀκούουσι βοώντων τῶν στρατιωτῶν, Θάλαττα, Θάλαττα, καὶ παρεγγυώντων. Ἔνθα δὴ ἔθεον ἅπαντες καὶ οἱ ὀπισθοφύλακες, καὶ τὰ ὑποζύγια ἠλαύνετο καὶ οἱ ἵπποι. 25. Ἐπεὶ δὲ ἀφίκοντο πάντες ἐπὶ τὸ ἄκρον, ἐνταῦθα δὴ περιέβαλλον ἀλλήλους καὶ στρατηγοὺς καὶ λοχαγούς, δακρύοντες. Καὶ ἐξαπίνης, ὅτου δὴ παρεγγυήσαντος, οἱ στρατιῶται φέρουσι λίθους, καὶ ποιοῦσι κολωνὸν μέγαν. 26. Ἐνταῦθα ἀνετίθεσαν δερμάτων πλῆθος ὠμοβοείων, καὶ βακτηρίας, καὶ τὰ αἰχμάλωτα γέρρα, καὶ ὁ ἡγεμὼν αὐτός τε κατέτεμνε τὰ γέρρα, καὶ τοῖς ἄλλοις διεκελεύετο. 27. Μετὰ ταῦτα τὸν ἡγεμόνα οἱ Ἕλληνες ἀποπέμπουσι, δῶρα δόντες ἀπὸ κοινοῦ, ἵππον, καὶ φιάλην ἀργυρᾶν, καὶ σκευὴν Περσικὴν, καὶ δαρεικοὺς δέκα· ᾔτει δὲ μάλιστα τοὺς δακτυλίους, καὶ ἔλαβε πολλοὺς παρὰ τῶν στρατιωτῶν. Κώμην δὲ δείξας αὐτοῖς, οὗ σκηνήσουσι, καὶ τὴν ὁδόν, ἣν πορεύσονται εἰς Μάκρωνας, ἐπεὶ ἑσπέρα ἐγένετο, ᾤχετο τῆς νυκτὸς ἀπιών.

CAP. VIII.

1. Ἐντεῦθεν δ' ἐπορεύθησαν οἱ Ἕλληνες διὰ Μακρώνων σταθμοὺς τρεῖς, παρασάγγας δέκα. Τῇ πρώτῃ δὲ ἡμέρᾳ ἀφίκοντο ἐπὶ τὸν ποταμὸν, ὃς ὥριζε τὴν τῶν Μακρώνων καὶ τὴν τῶν Σκυθινῶν. 2. Εἶχον δ' ὑπερδέξιον χωρίον οἷον χαλεπώτατον, καὶ ἐξ ἀριστερᾶς ἄλλον ποταμὸν, εἰς ὃν ἐνέβαλλεν ὁ ὁρίζων δι' οὗ ἔδει διαβῆναι. Ἦν δὲ οὗτος δασὺς δένδρεσι, παχέσι μὲν οὔ, πυκνοῖς δέ. Ταῦτα, ἐπεὶ προσῆλθον οἱ Ἕλληνες, ἔκοπτον, σπεύδοντες ἐκ τοῦ χωρίου ὡς τάχιστα ἐξελθεῖν. 3. Οἱ δὲ Μάκρωνες, ἔχοντες γέρρα καὶ λόγχας καὶ τριχίνους χιτῶνας, καταντιπέρας τῆς διαβάσεως παρατεταγμένοι ἦσαν, καὶ ἀλλήλοις διεκελεύοντο, καὶ λίθους εἰς τὸν ποταπὸν ἐρρίπτουν· ἐξικνοῦντο δὲ οὔ, οὐδ' ἔβλαπτον οὐδέν.

4. Ἔνθα δὴ προσέρχεται τῷ Ξενοφῶντι τῶν πελταστῶν τις ἀνὴρ, Ἀθήνῃσι φάσκων δεδουλευκέναι, λέγων, ὅτι γιγνώσκοι τὴν φωνὴν τῶν ἀνθρώπων. Καὶ οἶμαι, ἔφη, ἐμὴν ταύτην πατρίδα εἶναι· καὶ, εἰ μή τι κωλύει, ἐθέλω αὐτοῖς διαλεχθῆναι. 5. Ἀλλ' οὐδὲν κωλύει, ἔφη· ἀλλὰ διαλέγου, καὶ μάθε πρῶτον αὐτῶν, τίνες εἰσίν. Οἱ δ' εἶπον, ἐρωτήσαντος, ὅτι Μάκρωνες. Ἐρώτα τοίνυν, ἔφη, αὐτοὺς, τί ἀντιτετάχαται, καὶ χρῄζουσιν ἡμῖν πολέμιοι εἶναι. 6. Οἱ δ' ἀπεκρίναντο· Ὅτι καὶ ὑμεῖς ἐπὶ τὴν ἡμετέραν χώραν ἔρχεσθε. Λέγειν ἐκέλευον οἱ στρατηγοὶ, ὅτι οὐ κακῶς γε ποιήσοντες, ἀλλὰ βασιλεῖ πολεμήσαντες, ἀπερχόμεθα εἰς τὴν Ἑλλάδα, καὶ ἐπὶ θάλατταν βουλόμεθα ἀφικέσθαι. 7. Ἠρώτων ἐκεῖνοι, εἰ δοῖεν ἂν τούτων

τὰ πιστά. Οἱ δ' ἔφασαν, καὶ δοῦναι καὶ λαβεῖν ἐθέλειν. Ἐντεῦθεν διδόασιν οἱ Μάκρωνες βαρβαρικὴν λόγχην τοῖς Ἕλλησιν, οἱ δὲ Ἕλληνες ἐκείνοις Ἑλληνικήν· ταῦτα γὰρ ἔφασαν πιστὰ εἶναι· θεοὺς δὲ ἐπεμαρτύραντο ἀμφότεροι. 8. Μετὰ δὲ τὰ πιστὰ εὐθὺς οἱ Μάκρωνες τὰ δένδρα συνεξέκοπτον, τήν τε ὁδὸν ὡδοποίουν, ὡς διαβιβάσοντες, ἐν μέσοις ἀναμεμιγμένοι τοῖς Ἕλλησι· καὶ ἀγορὰν, οἵαν ἐδύναντο, παρεῖχον· καὶ παρήγαγον ἐν τρισὶν ἡμέραις, ἕως ἐπὶ τὰ τῶν Κόλχων ὅρια κατέστησαν τοὺς Ἕλληνας. 9. Ἐνταῦθα ἦν ὄρος μέγα, προσβατὸν δέ· καὶ ἐπὶ τούτου οἱ Κόλχοι παρατεταγμένοι ἦσαν. Καὶ τὸ μὲν πρῶτον οἱ Ἕλληνες ἀντιπαρετάξαντο κατὰ φάλαγγα, ὡς οὕτως ἄξοντες πρὸς τὸ ὄρος· ἔπειτα δὲ ἔδοξε τοῖς στρατηγοῖς βουλεύσασθαι συλλεγεῖσιν, ὅπως ὡς κάλλιστα ἀγωνιοῦνται. 10. Ἔλεξεν οὖν Ξενοφῶν, ὅτι δοκεῖ, παύσαντας τὴν φάλαγγα, λόχους ὀρθίους ποιῆσαι· ἡ μὲν γὰρ φάλαγξ διασπασθήσεται εὐθύς· τῇ μὲν γὰρ ἄνοδον, τῇ δὲ εὔοδον εὑρήσομεν τὸ ὄρος· καὶ εὐθὺς τοῦτο ἀθυμίαν ποιήσει, ὅταν τεταγμένοι εἰς φάλαγγα, ταύτην διεσπασμένην ὁρῶσιν. 11. Ἔπειτα, ἢν μὲν ἐπὶ πολλοὺς τεταγμένοι προσάγωμεν, περιττεύσουσιν ἡμῶν οἱ πολέμιοι, καὶ τοῖς περιττοῖς χρήσονται, ὅ τι ἂν βούλωνται· ἐὰν δὲ ἐπ' ὀλίγων τεταγμένοι ἴωμεν, οὐδὲν ἂν εἴη θαυμαστὸν, εἰ διακοπείη ἡμῶν ἡ φάλαγξ ὑπὸ ἀθρόων καὶ βελῶν καὶ ἀνθρώπων πολλῶν ἐμπεσόντων· εἰ δέ πῃ τοῦτο ἔσται, τῇ ὅλῃ φάλαγγι κακὸν ἔσται. 12. Ἀλλά μοι δοκεῖ, ὀρθίους τοὺς λόχους ποιησαμένους, τοσοῦτον χωρίον κατασχεῖν διαλείποντας τοῖς λόχοις, ὅσον ἔξω τοὺς ἐσχάτους λόχους γενέσθαι τῶν πολεμίων κεράτων· καὶ οὕτως ἐσόμεθα τῆς τε τῶν πολεμίων φάλαγγος ἔξω οἱ ἔσχατοι λόχοι, καὶ ὀρθίους ἄγοντες, οἱ κράτιστοι ἡμῶν πρῶτοι προσίασιν, ᾗ τε ἂν εὔοδον ᾖ, ταύτῃ ἕκαστος ἄξει ὁ λόχος. 13. Καὶ εἴς τε τὸ διαλεῖπον οὐ ῥᾴδιον ἔσται τοῖς πολεμίοις εἰσελθεῖν, ἔνθεν καὶ ἔνθεν λόχων ὄντων, διακόψαι τε οὐ ῥᾴδιον ἔσται λόχον ὄρθιον προσιόντα. Ἐάν τέ τις πιέζηται τῶν λόχων, ὁ πλησίον βοηθήσει· ἤν τε εἴς πῃ δυνηθῇ τῶν λόχων ἐπὶ τὸ ἄκρον ἀναβῆναι, οὐδεὶς μηκέτι μείνῃ τῶν πολεμίων.

14. Ταῦτα ἔδοξε, καὶ ἐποίουν ὀρθίους τοὺς λόχους. Ξενοφῶν δὲ ἀπιὼν ἐπὶ τὸ εὐώνυμον ἀπὸ τοῦ δεξιοῦ, ἔλεγε τοῖς στρατιώταις· Ἄνδρες, οὗτοί εἰσιν, οὓς ὁρᾶτε, μόνοι ἔτι ἡμῖν ἐμποδὼν τοῦ μὴ ἤδη εἶναι, ἔνθα πάλαι ἐσπεύδομεν· τούτους, ἤν πως δυνώμεθα, καὶ ὠμοὺς δεῖ καταφαγεῖν. 15. Ἐπεὶ δ' ἐν ταῖς χώραις ἕκαστοι ἐγένοντο, καὶ τοὺς λόχους ὀρθίους ἐποιήσαντο, ἐγένοντο μὲν λόχοι τῶν ὁπλιτῶν ἀμφὶ τοὺς ὀγδοήκοντα, ὁ δὲ λόχος ἕκαστος σχεδὸν εἰς τοὺς ἑκατόν· τοὺς δὲ πελταστὰς καὶ τοὺς τοξότας τριχῇ ἐποιήσαντο, τοὺς μὲν τοῦ εὐωνύμου ἔξω, τοὺς δὲ τοῦ δεξιοῦ, τοὺς δὲ κατὰ μέσον, σχεδὸν ἑξακοσίους ἑκάστους.

16. Ἐκ τούτου παρηγγύησαν οἱ στρατηγοὶ εὔχεσθαι· εὐξάμενοι δὲ καὶ παιανίσαντες ἐπορεύοντο. Καὶ Χειρίσοφος μὲν καὶ Ξενοφῶν καὶ οἱ σὺν αὐτοῖς πελτασταὶ τῆς τῶν πολεμίων φάλαγγος ἔξω γενόμενοι ἐπορεύοντο. 17. Οἱ δὲ πολέμιοι ὡς εἶδον αὐτούς, ἀντιπαραθέοντες οἱ μὲν ἐπὶ τὸ δεξιὸν, οἱ δὲ ἐπὶ τὸ εὐώνυμον διεσπάσθησαν, καὶ πολὺ τῆς αὑτῶν φάλαγγος ἐν τῷ μέσῳ κενὸν ἐποίησαν.

18. Ἰδόντες δὲ αὐτοὺς διαχάζοντας οἱ κατὰ τὸ Ἀρκαδικὸν πελτασταί, ὧν ἦρχεν Αἰσχίνης ὁ Ἀκαρνὰν, νομίσαντες φεύγειν, ἀνακραγόντες ἔθεον· καὶ οὗτοι πρῶτοι ἐπὶ τὸ ὄρος ἀναβαίνουσι· συνεφείπετο δὲ αὐτοῖς καὶ τὸ Ἀρκαδικὸν ὁπλιτικὸν, ὧν ἦρχε Κλεάνωρ ὁ Ὀρχομένιος. 19. Οἱ δὲ πολέμιοι, ὡς ἤρξαντο θεῖν, οὐκέτι ἔστησαν, ἀλλὰ φυγῇ ἄλλος ἄλλῃ ἐτράπετο. Οἱ δὲ Ἕλληνες ἀναβάντες ἐστρατοπεδεύοντο ἐν πολλαῖς κώμαις καὶ τἀπιτήδεια πολλὰ ἐχούσαις.

20. Καὶ τὰ μὲν ἄλλα, οὐδὲν ἦν, ὅ τι καὶ ἐθαύμασαν· τὰ δὲ σμήνη πολλὰ ἦν αὐτόθι, καὶ τῶν κηρίων ὅσοι ἔφαγον τῶν στρατιωτῶν, πάντες ἄφρονές τε ἐγίγνοντο, καὶ ἤμουν, καὶ κάτω διεχώρει αὐτοῖς, καὶ ὀρθὸς οὐδεὶς ἠδύνατο ἵστασθαι· ἀλλ' οἱ μὲν ὀλίγον ἐδηδοκότες, σφόδρα μεθύουσιν ἐῴκεσαν· οἱ δὲ πολὺ, μαινομένοις· οἱ δὲ καὶ ἀποθνήσκουσιν. 21. Ἔκειντο δὲ οὕτω πολλοὶ, ὥσπερ τροπῆς γεγενημένης, καὶ πολλὴ ἦν ἀθυμία. Τῇ δ' ὑστεραίᾳ ἀπέθανε μὲν οὐδεὶς, ἀμφὶ δὲ τὴν αὐτήν που ὥραν ἀνεφρόνουν· τρίτῃ δὲ καὶ τετάρτῃ ἀνίσταντο ὥσπερ ἐκ φαρμακοποσίας.

22. Ἐντεῦθεν δ' ἐπορεύθησαν δύο σταθμοὺς, παρασάγγας ἑπτὰ, καὶ ἦλθον ἐπὶ θάλατταν, εἰς Τραπεζοῦντα, πόλιν Ἑλληνίδα οἰκουμένην ἐν τῷ Εὐξείνῳ Πόντῳ, Σινωπέων ἀποικίαν ἐν τῇ Κόλχων χώρᾳ. Ἐνταῦθα ἔμειναν ἡμέρας ἀμφὶ τὰς τριάκοντα, ἐν ταῖς τῶν Κόλχων κώμαις. 23. Κἀντεῦθεν ὁρμώμενοι ἐληΐζοντο τὴν Κολχίδα. Ἀγορὰν δὲ παρεῖχον τῷ στρατοπέδῳ Τραπεζούντιοι, καὶ ἐδέξαντό τε τοὺς Ἕλληνας καὶ ξένια ἔδοσαν, βοῦς καὶ ἄλφιτα καὶ οἶνον. 24. Συνδιεπράττοντο δὲ καὶ ὑπὲρ τῶν πλησίον

Κόλχων, τῶν ἐν τῷ πεδίῳ μάλιστα οἰκούντων· καὶ ξένια καὶ παρ' ἐκείνων ἦλθον, [τὸ πλέον] βόες. 25. Μετὰ δὲ τοῦτο τὴν θυσίαν, ἣν εὔξαντο, παρεσκευάζοντο. Ἦλθον δὲ αὐτοῖς ἱκανοὶ βόες ἀποθῦσαι τῷ Διὶ τῷ Σωτῆρι καὶ τῷ Ἡρακλεῖ ἡγεμόσυνα, καὶ τοῖς ἄλλοις δὲ θεοῖς ἃ εὔξαντο. Ἐποίησαν δὲ καὶ ἀγῶνα γυμνικὸν ἐν τῷ ὄρει, ἔνθαπερ ἐσκήνουν· εἵλοντο δὲ Δρακόντιον Σπαρτιάτην (ὃς ἔφυγε παῖς ὢν οἴκοθεν, παῖδα ἄκων κατακτανών, ξυήλῃ πατάξας), δρόμου τ' ἐπιμεληθῆναι καὶ τοῦ ἀγῶνος προστατῆσαι.
26. Ἐπειδὴ δὲ ἡ θυσία ἐγένετο, τὰ δέρματα παρέδοσαν τῷ Δρακοντίῳ, καὶ ἡγεῖσθαι ἐκέλευον, ὅπου τὸν δρόμον πεποιηκὼς εἴη. Ὁ δὲ δείξας, οὗπερ ἑστηκότες ἐτύγχανον, Οὗτος ὁ λόφος, ἔφη, κάλλιστος τρέχειν, ὅπου ἄν τις βούληται. Πῶς οὖν, ἔφασαν, δυνήσονται παλαίειν ἐν σκληρῷ καὶ δασεῖ οὕτως; Ὁ δ' εἶπε· Μᾶλλόν τι ἀνιάσεται ὁ καταπεσών. 27. Ἠγωνίζοντο δὲ παῖδες μὲν στάδιον τῶν αἰχμαλώτων οἱ πλεῖστοι, δόλιχον δὲ Κρῆτες πλείους ἢ ἑξήκοντα ἔθεον· πάλην δὲ, καὶ πυγμήν, καὶ παγκράτιον ἕτεροι. Καὶ καλὴ θέα ἐγένετο· πολλοὶ γὰρ κατέβησαν, καί, ἅτε θεωμένων τῶν ἑταίρων, πολλὴ φιλονεικία ἐγίγνετο. 28. Ἔθεον δὲ καὶ ἵπποι· καὶ ἔδει αὐτούς, κατὰ τοῦ πρανοῦς ἐλάσαντας, ἐν τῇ θαλάττῃ ἀναστρέψαντας πάλιν ἄνω πρὸς τὸν βωμὸν ἄγειν. Καὶ κάτω μὲν οἱ πολλοὶ ἐκυλινδοῦντο· ἄνω δὲ πρὸς τὸ ἰσχυρῶς ὄρθιον μόλις βάδην ἐπορεύοντο οἱ ἵπποι. Ἔνθα πολλὴ κραυγὴ καὶ γέλως καὶ παρακέλευσις ἐγίγνετο αὐτῶν.

ΞΕΝΟΦΩΝΤΟΣ

ΚΥΡΟΥ ΑΝΑΒΑΣΕΩΣ Ε΄.

CAP. I.

῞Οσα μὲν δὴ ἐν τῇ ἀναβάσει τῇ μετὰ Κύρου ἔπραξαν οἱ ῞Ελληνες, καὶ ὅσα ἐν τῇ πορείᾳ τῇ μέχρι ἐπὶ θάλατταν τὴν ἐν τῷ Εὐξείνῳ Πόντῳ, καὶ ὡς εἰς Τραπεζοῦντα, πόλιν Ἑλληνίδα, ἀφίκοντο, καὶ ὡς ἀπέθυσαν, ἃ εὔξαντο σωτήρια θύσειν, ἔνθα πρῶτον εἰς φιλίαν γῆν ἀφίκοιντο, ἐν τῷ πρόσθεν λόγῳ δεδήλωται.

2. Ἐκ δὲ τούτου ξυνελθόντες ἐβουλεύοντο περὶ τῆς λοιπῆς πορείας. Ἀνέστη δὲ πρῶτος Ἀντιλέων Θούριος, καὶ ἔλεξεν ὧδε· Ἐγὼ μὲν τοίνυν, ἔφη, ὦ ἄνδρες, ἀπείρηκα ἤδη ξυσκευαζόμενος, καὶ βαδίζων, καὶ τρέχων, καὶ τὰ ὅπλα φέρων, καὶ ἐν τάξει ἰών, καὶ φυλακὰς φυλάττων, καὶ μαχόμενος· ἐπιθυμῶ δὲ ἤδη, παυσάμενος τούτων τῶν πόνων, ἐπεὶ θάλατταν ἔχομεν, πλεῖν τὸ λοιπόν, καὶ ἐκταθείς, ὥσπερ Ὀδυσσεύς, καθεύδων ἀφικέσθαι εἰς τὴν Ἑλλάδα. 3. Ταῦτα ἀκούσαντες οἱ στρατιῶται ἀνεθορύβησαν, ὡς εὖ λέγοι· καὶ ἄλλος ταὐτὰ ἔλεγε, καὶ πάντες οἱ παρόντες. Ἔπειτα δὲ Χειρίσοφος ἀνέστη καὶ εἶπεν ὧδε.

4. Φίλος μοί ἐστιν, ὦ ἄνδρες, Ἀναξίβιος, ναυαρχῶν δὲ καὶ τυγχάνει. Ἢν οὖν πέμψητέ με, οἴομαι ἂν ἐλθεῖν καὶ τριήρεις ἔχων καὶ πλοῖα τὰ ἡμᾶς ἄξοντα. Ὑμεῖς δὲ, εἴπερ πλεῖν βούλεσθε, περιμένετε, ἔστ' ἂν ἐγὼ ἔλθω· ἥξω δὲ ταχέως. Ἀκούσαντες ταῦτα οἱ στρατιῶται ἥσθησάν τε καὶ ἐψηφίσαντο, πλεῖν αὐτὸν ὡς τάχιστα.

5. Μετὰ τοῦτον Ξενοφῶν ἀνέστη καὶ ἔλεξεν ὧδε· Χειρίσοφος μὲν δὴ ἐπὶ πλοῖα στέλλεται, ἡμεῖς δὲ ἀναμενοῦμεν. Ὅσα μοι οὖν δοκεῖ καιρὸς εἶναι ποιεῖν ἐν τῇ μονῇ, ταῦτα ἐρῶ. 6. Πρῶτον μὲν τὰ ἐπιτήδεια δεῖ πορίζεσθαι ἐκ τῆς πολεμίας· οὔτε γὰρ ἀγορὰ ἔστιν ἱκανή, οὔτε ὅτου ὠνησόμεθα εὐπορία, εἰ μὴ ὀλίγοις τισίν· ἡ δὲ χώρα πολεμία· κίνδυνος οὖν πολλοὺς ἀπόλλυσθαι, ἢν ἀμελῶς τε καὶ ἀφυλάκτως πορεύησθε ἐπὶ τὰ ἐπιτήδεια. 7. Ἀλλά μοι δοκεῖ σὺν προνομαῖς λαμβάνειν τὰ ἐπιτήδεια, ἄλλως δὲ μὴ πλανᾶσθαι, ὡς σώζησθε· ἡμᾶς δὲ τούτων ἐπιμελεῖσθαι. Ἔδοξε ταῦτα.

8. Ἔτι τοίνυν ἀκούσατε καὶ τάδε. Ἐπὶ λείαν γὰρ ὑμῶν ἐκπορεύσονταί τινες. Οἴομαι οὖν βέλτιστον εἶναι, ἡμῖν εἰπεῖν τὸν μέλλοντα ἐξιέναι, φράζειν δὲ καὶ ὅποι, ἵνα καὶ τὸ πλῆθος εἰδῶμεν τῶν ἐξιόντων καὶ τῶν μενόντων, καὶ ξυμπαρασκευάζωμεν, ἐάν τι δέῃ· κἂν βοηθῆσαί τισι καιρὸς ᾖ, εἰδῶμεν ὅποι δεήσει βοηθεῖν· καὶ ἐάν τις τῶν ἀπειροτέρων ἐγχειρῇ ποι, ξυμβουλεύωμεν πειρώμενοι εἰδέναι τὴν δύναμιν, ἐφ' οὓς ἂν ἴωσιν. Ἔδοξε καὶ ταῦτα.

9. Ἐννοεῖτε δὲ καὶ τόδε, ἔφη. Σχολὴ τοῖς πολεμίοις λῄζεσθαι· καὶ δικαίως ἡμῖν ἐπιβουλεύουσιν, ἔχομεν γὰρ τὰ ἐκείνων· ὑπερκάθηνται δ' ἡμῶν. Φύλακας δή μοι δοκεῖ

δεῖν περὶ τὸ στρατόπεδον εἶναι· ἐὰν οὖν κατὰ μέρος [μερισθέντες] φυλάττωμεν καὶ σκοπῶμεν, ἧττον ἂν δύναιντο ἡμᾶς θηρᾶν οἱ πολέμιοι. 10. Ἔτι τοίνυν τάδε ὁρᾶτε. Εἰ μὲν ἠπιστάμεθα σαφῶς, ὅτι ἥξει πλοῖα Χειρίσοφος ἄγων ἱκανά, οὐδὲν ἂν ἔδει, ὧν μέλλω λέγειν· νῦν δ', ἐπεὶ τοῦτο ἄδηλον, δοκεῖ μοι πειρᾶσθαι πλοῖα συμπαρασκευάζειν καὶ αὐτόθεν. Ἢν μὲν γὰρ ἔλθῃ, ὑπαρχόντων ἐνθάδε, ἐν ἀφθονωτέροις πλευσούμεθα· ἐὰν δὲ μὴ ἄγῃ, τοῖς ἐνθάδε χρησόμεθα. 11. Ὁρῶ δὲ ἐγὼ πλοῖα πολλάκις παραπλέοντα· εἰ οὖν αἰτησάμενοι παρὰ Τραπεζουντίων μακρὰ πλοῖα, κατάγοιμεν καὶ φυλάττοιμεν αὐτά, τὰ πηδάλια παραλυόμενοι, ἕως ἂν ἱκανὰ τὰ ἄξοντα γένηται, ἴσως ἂν οὐκ ἀπορήσαιμεν κομιδῆς, οἵας δεόμεθα. 12. Ἔδοξε καὶ ταῦτα.

Ἐννοήσατε δ', ἔφη, εἰ εἰκὸς καὶ τρέφειν ἀπὸ κοινοῦ, οὓς ἂν κατάγωμεν, ὅσον ἂν χρόνον ἡμῶν ἕνεκεν μένωσι, καὶ ναῦλον συνθέσθαι, ὅπως ὠφελοῦντες καὶ ὠφελῶνται. Ἔδοξε καὶ ταῦτα. 13. Δοκεῖ τοίνυν μοι, ἔφη, ἢν ἄρα καὶ ταῦτα ἡμῖν μὴ ἐκπεραίνηται ὥστε ἀρκεῖν πλοῖα, τὰς ὁδούς, ἃς δυσπόρους ἀκούομεν εἶναι, ταῖς παρὰ θάλατταν οἰκουμέναις πόλεσιν ἐντείλασθαι ὁδοποιεῖν· πείσονται γὰρ, καὶ διὰ τὸ φοβεῖσθαι καὶ διὰ τὸ βούλεσθαι ἡμῶν ἀπαλλαγῆναι.

14. Ἐνταῦθα δὲ ἀνέκραγον, ὡς οὐ δέοι ὁδοιπορεῖν. Ὁ δέ, ὡς ἔγνω τὴν ἀφροσύνην αὐτῶν, ἐπεψήφισε μὲν οὐδέν, τὰς δὲ πόλεις ἑκούσας ἔπεισεν ὁδοποιεῖν· λέγων, ὅτι θᾶττον ἀπαλλάξονται, ἢν εὔποροι γένωνται αἱ ὁδοί. 15. Ἔλαβον δὲ καὶ πεντηκόντορον παρὰ τῶν Τραπεζουν-

τίων, ᾗ ἐπέστησαν Δέξιππον Λάκωνα περίοικον. Οὗτος ἀμελήσας τοῦ ξυλλέγειν πλοῖα, ἀποδρὰς ᾤχετο ἔξω τοῦ Πόντου, ἔχων τὴν ναῦν. Οὗτος μὲν οὖν δίκαια ἔπαθεν ὕστερον· ἐν Θρᾴκῃ γὰρ παρὰ Σεύθῃ πολυπραγμονῶν τι ἀπέθανεν ὑπὸ Νικάνδρου τοῦ Λάκωνος. 16. Ἔλαβον δὲ καὶ τριακόντορον, ᾗ ἐπεστάθη Πολυκράτης Ἀθηναῖος· ὃς, ὁπόσα λαμβάνοι πλοῖα, κατῆγεν ἐπὶ τὸ στρατόπεδον. Καὶ τὰ μὲν ἀγώγιμα, εἴ τι ἦγον, ἐξαιρούμενοι, φύλακας καθίστασαν, ὅπως σῶα εἴη· τοῖς δὲ πλοίοις ἐχρήσαντο εἰς παραγωγήν. 17. Ἐν ᾧ δὲ ταῦτα ἦν, ἐπὶ λείαν ἐξῄεσαν οἱ Ἕλληνες· καὶ οἱ μὲν ἐλάμβανον, οἱ δὲ καὶ οὔ. Κλεαίνετος δ' ἐξαγαγὼν καὶ τὸν ἑαυτοῦ καὶ ἄλλον λόχον πρὸς χωρίον χαλεπὸν, αὐτός τε ἀπέθανε καὶ ἄλλοι πολλοὶ τῶν σὺν αὐτῷ.

CAP. II.

1. Ἐπεὶ δὲ τὰ ἐπιτήδεια οὐκέτι ἦν λαμβάνειν, ὥστε ἀπαυθημερίζειν ἐπὶ τὸ στράτευμα, ἐκ τούτου λαβὼν Ξενοφῶν ἡγεμόνας τῶν Τραπεζουντίων, ἐξάγει εἰς Δρίλας τὸ ἥμισυ τοῦ στρατεύματος, τὸ δὲ ἥμισυ κατέλιπε φυλάττειν τὸ στρατόπεδον· οἱ γὰρ Κόλχοι, ἅτε ἐκπεπτωκότες τῶν οἰκιῶν, πολλοὶ ἦσαν ἄθρόοι, καὶ ὑπερεκάθηντο ἐπὶ τῶν ἄκρων. 2. Οἱ δὲ Τραπεζούντιοι, ὁπόθεν μὲν τὰ ἐπιτήδεια ῥᾴδιον ἦν λαβεῖν, οὐκ ἦγον· φίλοι γὰρ αὐτοῖς ἦσαν· εἰς τοὺς Δρίλας δὲ προθύμως ἦγον, ὑφ' ὧν κακῶς ἔπασχον, εἰς χωρία τε ὀρεινὰ καὶ δύσβατα, καὶ ἀνθρώπους πολεμικωτάτους τῶν ἐν τῷ Πόντῳ.

3. Ἐπεὶ δὲ ἦσαν ἐν τῇ ἄνω χώρᾳ οἱ Ἕλληνες, ὁποῖα τῶν χωρίων τοῖς Δρίλαις ἁλώσιμα εἶναι ἐδόκει, ἐμπιπράντες ἀπῄεσαν· καὶ οὐδὲν ἦν λαμβάνειν, εἰ μὴ ὗς ἢ βοῦς, ἢ ἄλλο τι κτῆνος τὸ πῦρ διαπεφευγός. Ἓν δὲ ἦν χωρίον, μητρόπολις αὐτῶν· εἰς τοῦτο πάντες ξυνερρυήκεσαν· περὶ δὲ τοῦτο ἦν χαράδρα ἰσχυρῶς βαθεῖα, καὶ πρόσοδοι χαλεπαὶ πρὸς τὸ χωρίον. 4. Οἱ δὲ πελτασταὶ, προδραμόντες στάδια πέντε ἢ ἓξ τῶν ὁπλιτῶν, διαβάντες τὴν χαράδραν, ὁρῶντες πρόβατα πολλὰ καὶ ἄλλα χρήματα, προσέβαλλον πρὸς τὸ χωρίον. Ξυνείποντο δὲ καὶ δορυφόροι πολλοὶ, οἱ ἐπὶ τὰ ἐπιτήδεια ἐξωρμημένοι· ὥστε ἐγένοντο οἱ διαβάντες πλείους, ἢ εἰς δισχιλίους ἀνθρώπους. 5. Ἐπεὶ δὲ μαχόμενοι οὐκ ἐδύναντο λαβεῖν τὸ χωρίον (καὶ γὰρ τάφρος ἦν περὶ αὐτὸ εὐρεῖα ἀναβεβλημένη, καὶ σκόλοπες ἐπὶ τῆς ἀναβολῆς, καὶ τύρσεις πυκναὶ ξύλιναι πεποιημέναι), ἀπιέναι δὴ ἐπεχείρουν· οἱ δὲ ἐπέκειντο αὐτοῖς. 6. Ὡς δὲ οὐκ ἐδύναντο ἀποτρέχειν (ἦν γὰρ ἐφ᾽ ἑνὸς ἡ κατάβασις ἐκ τοῦ χωρίου εἰς τὴν χαράδραν), πέμπουσι πρὸς Ξενοφῶντα, ὃς ἡγεῖτο τοῖς ὁπλίταις. 7. Ὁ δ᾽ ἐλθὼν λέγει, ὅτι ἐστὶ χωρίον χρημάτων πολλῶν μεστόν· τοῦτο οὔτε λαβεῖν δυνάμεθα, ἰσχυρὸν γάρ ἐστιν· οὔτε ἀπελθεῖν ῥᾴδιον, μάχονται γὰρ ἐπεξεληλυθότες, καὶ ἡ ἄφοδος χαλεπή.

8. Ἀκούσας ταῦτα ὁ Ξενοφῶν, προσαγαγὼν πρὸς τὴν χαράδραν, τοὺς μὲν ὁπλίτας θέσθαι ἐκέλευσε τὰ ὅπλα· αὐτὸς δὲ διαβὰς σὺν τοῖς λοχαγοῖς ἐσκοπεῖτο, πότερον εἴη κρεῖττον ἀπάγειν καὶ τοὺς διαβεβηκότας, ἢ καὶ τοὺς ὁπλίτας διαβιβάζειν, ὡς ἁλόντος ἂν τοῦ χωρίου. 9. Ἐδόκει γὰρ τὸ μὲν ἀπάγειν οὐκ εἶναι ἄνευ πολλῶν νεκρῶν, ἑλεῖν

δ' ἂν ᾤοντο καὶ οἱ λοχαγοὶ τὸ χωρίον· καὶ ὁ Ξενοφῶν ξυνεχώρησε, τοῖς ἱεροῖς πιστεύσας· οἱ γὰρ μάντεις ἀποδεδειγμένοι ἦσαν, ὅτι μάχη μὲν ἔσται, τὸ δὲ τέλος καλὸν τῆς ἐξόδου. 10. Καὶ τοὺς μὲν λοχαγοὺς ἔπεμπε διαβιβάσοντας τοὺς ὁπλίτας, αὐτὸς δ' ἔμενεν ἀναχωρίσας ἅπαντας τοὺς πελταστάς, καὶ οὐδένα εἴα ἀκροβολίζεσθαι. 11. Ἐπεὶ δ' ἧκον οἱ ὁπλῖται, ἐκέλευσε τὸν λόχον ἕκαστον ποιῆσαι τῶν λοχαγῶν, ὡς ἂν κράτιστα οἴηται ἀγωνιεῖσθαι· ἦσαν γὰρ οἱ λοχαγοὶ πλησίον ἀλλήλων, οἳ πάντα τὸν χρόνον ἀλλήλοις περὶ ἀνδραγαθίας ἀντεποιοῦντο. 12. Καὶ οἱ μὲν ταῦτα ἐποίουν· ὁ δὲ τοῖς πελτασταῖς πᾶσι παρήγγελλε διηγκυλωμένους ἰέναι, ὡς, ὁπόταν σημήνῃ, ἀκοντίζειν δεήσον· καὶ τοὺς τοξότας ἐπιβεβλῆσθαι ἐπὶ ταῖς νευραῖς, ὡς, ὁπόταν σημήνῃ, τοξεύειν δεήσον· καὶ τοὺς γυμνῆτας λίθων ἔχειν μεστὰς τὰς διφθέρας· καὶ τοὺς ἐπιτηδείους ἔπεμψε τούτων ἐπιμεληθῆναι.

13. Ἐπεὶ δὲ πάντα παρεσκεύαστο, καὶ οἱ λοχαγοὶ καὶ οἱ ὑπολοχαγοὶ καὶ οἱ ἀξιοῦντες τούτων μὴ χείρους εἶναι πάντες παρατεταγμένοι ἦσαν, καὶ ἀλλήλους μὲν δὴ ξυνεώρων (μηνοειδὴς γὰρ διὰ τὸ χωρίον ἡ τάξις ἦν)· 14. ἐπεὶ δ' ἐπαιάνισαν, καὶ ἡ σάλπιγξ ἐφθέγξατο, ἅμα τε τῷ Ἐνναλίῳ ἠλάλαξαν καὶ ἔθεον δρόμῳ οἱ ὁπλῖται, καὶ τὰ βέλη ὁμοῦ ἐφέρετο, λόγχαι, τοξεύματα, σφενδόναι, καὶ πλεῖστοι δ' ἐκ τῶν χειρῶν λίθοι· ἦσαν δὲ οἳ καὶ πῦρ προσέφερον. 15. Ὑπὸ δὲ τοῦ πλήθους τῶν βελῶν ἔλιπον οἱ πολέμιοι τά τε σταυρώματα καὶ τὰς τύρσεις· ὥστε Ἀγασίας Στυμφάλιος καὶ Φιλόξενος Πελληνεύς, καταθέμενοι τὰ ὅπλα, ἐν χιτῶνι μόνον ἀνέβησαν, καὶ ἄλλος ἄλλον

εἷλκε, καὶ ἄλλος ἀναβεβήκει, καὶ ἡλώκει τὸ χωρίον, ὡς ἐδόκει. 16. Καὶ οἱ μὲν πελτασταὶ καὶ οἱ ψιλοὶ εἰσδραμόντες ἥρπαζον, ὅ τι ἕκαστος ἐδύνατο· ὁ δὲ Ξενοφῶν στὰς κατὰ τὰς πύλας, ὁπόσους ἐδύνατο, κατεκώλυε τῶν ὁπλιτῶν ἔξω· πολέμιοι γὰρ ἄλλοι ἐφαίνοντο ἐπ' ἄκροις τισὶν ἰσχυροῖς. 17. Οὐ πολλοῦ δὲ χρόνου μεταξὺ γενομένου, κραυγή τε ἐγίγνετο ἔνδον, καὶ ἔφευγον, οἱ μὲν καὶ ἔχοντες ἃ ἔλαβον, τάχα δέ τις καὶ τετρωμένος· καὶ πολὺς ἦν ὠθισμὸς ἀμφὶ τὰ θύρετρα. Καὶ ἐρωτώμενοι οἱ ἐκπίπτοντες, ἔλεγον, ὅτι ἄκρα τε ἔστιν ἔνδον, καὶ οἱ πολέμιοι πολλοί, οἳ παίουσιν ἐκδεδραμηκότες τοὺς ἔνδον ἀνθρώπους.

18. Ἐνταῦθα ἀνειπεῖν ἐκέλευσε Τολμίδην τὸν κήρυκα, ἰέναι εἴσω τὸν βουλόμενόν τι λαμβάνειν. Καὶ ἵεντο πολλοὶ εἴσω, καὶ νικῶσι τοὺς ἐκπίπτοντας οἱ εἴσω ὠθούμενοι, καὶ κατακλείουσι τοὺς πολεμίους πάλιν εἰς τὴν ἄκραν. 19. Καὶ τὰ μὲν ἔξω τῆς ἄκρας πάντα διηρπάσθη, καὶ ἐξεκομίσαντο οἱ Ἕλληνες· οἱ δὲ ὁπλῖται ἔθεντο τὰ ὅπλα, οἱ μὲν περὶ τὰ σταυρώματα, οἱ δὲ κατὰ τὴν ὁδὸν τὴν ἐπὶ τὴν ἄκραν φέρουσαν. 20. Ὁ δὲ Ξενοφῶν καὶ οἱ λοχαγοὶ ἐσκόπουν, εἰ οἷόν τε εἴη τὴν ἄκραν λαβεῖν· ἦν γὰρ οὕτω σωτηρία ἀσφαλής, ἄλλως δὲ πάνυ χαλεπὸν ἐδόκει εἶναι ἀπελθεῖν· σκοπουμένοις δὲ αὐτοῖς ἔδοξε παντάπασιν ἀνάλωτον εἶναι τὸ χωρίον. 21. Ἐνταῦθα παρεσκευάζοντο τὴν ἄφοδον, καὶ τοὺς μὲν σταυροὺς ἕκαστοι τοὺς καθ' αὑτοὺς διῄρουν, καὶ τοὺς ἀχρείους καὶ φορτία ἔχοντας ἐξεπέμποντο καὶ τῶν ὁπλιτῶν τὸ πλῆθος· κατέλιπον δὲ οἱ λοχαγοί, οἷς ἕκαστος ἐπίστευεν.

22. Ἐπεὶ δὲ ἤρξαντο ἀποχωρεῖν, ἐπεξέθεον ἔνδοθεν

πολλοὶ, γέρρα καὶ λόγχας ἔχοντες, καὶ κνημῖδας, καὶ κράνη Παφλαγονικά· καὶ ἄλλοι ἐπὶ τὰς οἰκίας ἀνέβαινον τὰς ἔνθεν καὶ ἔνθεν τῆς εἰς τὴν ἄκραν φερούσης ὁδοῦ. 23. Ὥστε οὐδὲ διώκειν ἀσφαλὲς ἦν κατὰ τὰς πύλας τὰς εἰς τὴν ἄκραν φερούσας· καὶ γὰρ ξύλα μεγάλα ἐπερρίπτουν ἄνωθεν, ὥστε χαλεπὸν ἦν καὶ μένειν καὶ ἀπιέναι· καὶ ἡ νὺξ φοβερὰ ἦν ἐπιοῦσα. 24. Μαχομένων δὲ αὐτῶν καὶ ἀπορουμένων, θεῶν τις αὐτοῖς μηχανὴν σωτηρίας δίδωσιν. Ἐξαπίνης γὰρ ἀνέλαμψεν οἰκία τῶν ἐν δεξιᾷ, ὅτου δὴ ἀνάψαντος. Ὡς δ᾽ αὕτη ξυνέπιπτεν, ἔφευγον οἱ ἀπὸ τῶν ἐν δεξιᾷ οἰκιῶν. 25. Ὡς δὲ ἔμαθεν ὁ Ξενοφῶν τοῦτο παρὰ τῆς τύχης, ἐνάπτειν ἐκέλευε καὶ τὰς ἐν ἀριστερᾷ οἰκίας· αἲ ξύλιναι ἦσαν, ὥστε καὶ ταχὺ ἐκαίοντο. Ἔφευγον οὖν καὶ οἱ ἀπὸ τούτων τῶν οἰκιῶν. 26. Οἱ δὲ κατὰ τὸ στόμα δὴ ἔτι μόνοι ἐλύπουν, καὶ δῆλοι ἦσαν, ὅτι ἐπικείσονται ἐν τῇ ἐξόδῳ τε καὶ καταβάσει. Ἐνταῦθα παραγγέλλει φέρειν ξύλα, ὅσοι ἐτύγχανον ἔξω ὄντες τῶν βελῶν, εἰς τὸ μέσον ἑαυτῶν καὶ τῶν πολεμίων. Ἐπεὶ δὲ ἱκανὰ ἤδη ἦν, ἐνῆψαν· ἐνῆπτον δὲ καὶ τὰς παρ᾽ αὐτὸ τὸ χαράκωμα οἰκίας, ὅπως οἱ πολέμιοι ἀμφὶ ταῦτα ἔχοιεν. 27. Οὕτω μόλις ἀπῆλθον ἀπὸ τοῦ χωρίου, πῦρ ἐν μέσῳ ἑαυτῶν καὶ τῶν πολεμίων ποιησάμενοι. Καὶ κατεκαύθη πᾶσα ἡ πόλις καὶ αἱ οἰκίαι καὶ αἱ τύρσεις καὶ τὰ σταυρώματα καὶ τἆλλα πάντα, πλὴν τῆς ἄκρας.

28. Τῇ δὲ ὑστεραίᾳ ἀπῄεσαν οἱ Ἕλληνες, ἔχοντες τὰ ἐπιτήδεια. Ἐπεὶ δὲ τὴν κατάβασιν ἐφοβοῦντο τὴν εἰς Τραπεζοῦντα (πρανὴς γὰρ ἦν καὶ στενή), ψευδενέδραν ἐποιήσαντο. 29. Καὶ ἀνὴρ, Μυσὸς τὸ γένος, καὶ τοὔνομα τοῦτο ἔχων, τῶν Κρητῶν λαβὼν δέκα, ἔμενεν ἐν λασίῳ

χωρίῳ, καὶ προσεποιεῖτο τοὺς πολεμίους πειρᾶσθαι λανθάνειν· αἱ δὲ πέλται αὐτῶν ἄλλοτε καὶ ἄλλοτε διεφαίνοντο, χαλκαῖ οὖσαι. 30. Οἱ μὲν οὖν πολέμιοι, ταῦτα διορῶντες, ἐφοβοῦντο ὡς ἐνέδραν οὖσαν· ἡ δὲ στρατιὰ ἐν τούτῳ κατέβαινεν. Ἐπεὶ δὲ ἐδόκει ἤδη ἱκανὸν ὑπεληλυθέναι, τῷ Μυσῷ ἐσήμηνε φεύγειν ἀνὰ κράτος· καὶ ὃς ἐξαναστὰς φεύγει καὶ οἱ σὺν αὐτῷ. 31. Καὶ οἱ μὲν ἄλλοι Κρῆτες (ἁλίσκεσθαι γὰρ ἔφασαν τῷ δρόμῳ), ἐκπεσόντες ἐκ τῆς ὁδοῦ, εἰς ὕλην κατὰ τὰς νάπας κυλινδούμενοι ἐσώθησαν· 32. ὁ Μυσὸς δὲ, κατὰ τὴν ὁδὸν φεύγων, ἐβόα βοηθεῖν· καὶ ἐβοήθησαν αὐτῷ, καὶ ἀνέλαβον τετρωμένον. Καὶ αὐτοὶ ἐπὶ πόδα ἀνεχώρουν βαλλόμενοι οἱ βοηθήσαντες, καὶ ἀντιτοξεύοντές τινες τῶν Κρητῶν. Οὕτως ἀφίκοντο ἐπὶ τὸ στρατόπεδον πάντες σῶοι ὄντες.

CAP. III.

1. Ἐπεὶ δὲ οὔτε Χειρίσοφος ἧκεν, οὔτε πλοῖα ἱκανὰ ἦν, οὔτε τὰ ἐπιτήδεια ἦν λαμβάνειν ἔτι, ἐδόκει ἀπιτέον εἶναι. Καὶ εἰς μὲν τὰ πλοῖα τούς τε ἀσθενοῦντας ἐνεβίβασαν, καὶ τοὺς ὑπὲρ τετταράκοντα ἔτη, καὶ παῖδας καὶ γυναῖκας, καὶ τῶν σκευῶν ὅσα μὴ ἀνάγκη ἦν ἔχειν· καὶ Φιλήσιον καὶ Σοφαίνετον τοὺς πρεσβυτάτους τῶν στρατηγῶν εἰσβιβάσαντες, τούτων ἐκέλευον ἐπιμελεῖσθαι· οἱ δὲ ἄλλοι ἐπορεύοντο· ἡ δὲ ὁδὸς ὡδοπεποιημένη ἦν. 2. Καὶ ἀφικνοῦνται πορευόμενοι εἰς Κερασοῦντα τριταῖοι, πόλιν Ἑλληνίδα ἐπὶ θαλάττῃ, Σινωπέων ἄποικον ἐν τῇ Κολχίδι χώρᾳ. 3. Ἐνταῦθα ἔμειναν ἡμέρας δέκα· καὶ ἐξέτασις ἐν τοῖς

ὅπλοις ἐγίγνετο καὶ ἀριθμὸς, καὶ ἐγένοντο ὀκτακισχίλιοι καὶ ἑξακόσιοι. Οὗτοι ἐσώθησαν ἐκ τῶν ἀμφὶ τοὺς μυρίους· οἱ δὲ ἄλλοι ἀπώλοντο ὑπό τε τῶν πολεμίων καὶ χιόνος, καὶ εἴ τις νόσῳ. 4. Ἐνταῦθα καὶ διαλαμβάνουσι τὸ ἀπὸ τῶν αἰχμαλώτων ἀργύριον γενόμενον· καὶ τὴν δεκάτην, ἣν τῷ Ἀπόλλωνι ἐξεῖλον καὶ τῇ Ἐφεσίᾳ Ἀρτέμιδι, διέλαβον οἱ στρατηγοί, τὸ μέρος ἕκαστος, φυλάττειν τοῖς θεοῖς· ἀντὶ δὲ Χειρισόφου Νέων ὁ Ἀσιναῖος ἔλαβε. 5. Ξενοφῶν οὖν τὸ μὲν τοῦ Ἀπόλλωνος ἀνάθημα ποιησάμενος ἀνατίθησιν εἰς τὸν ἐν Δελφοῖς τῶν Ἀθηναίων θησαυρόν, καὶ ἐπέγραψε τό τε αὐτοῦ ὄνομα καὶ τὸ Προξένου, ὃς σὺν Κλεάρχῳ ἀπέθανε· ξένος γὰρ ἦν αὐτοῦ. 6. Τὸ δὲ τῆς Ἀρτέμιδος τῆς Ἐφεσίας, ὅτε ἀπῄει σὺν Ἀγησιλάῳ ἐκ τῆς Ἀσίας τὴν εἰς Βοιωτοὺς ὁδὸν, καταλείπει παρὰ Μεγαβύζῳ τῷ τῆς Ἀρτέμιδος νεωκόρῳ, ὅτι αὐτὸς κινδυνεύσων ἐδόκει ἰέναι [μετὰ Ἀγησιλάου ἐν Κορωνείᾳ]· καὶ ἐπέστειλεν, ἢν μὲν αὐτὸς σωθῇ, αὐτῷ ἀποδοῦναι· ἢν δέ τι πάθῃ, ἀναθεῖναι ποιησάμενον τῇ Ἀρτέμιδι, ὅ τι οἴοιτο χαριεῖσθαι τῇ θεῷ. 7. Ἐπεὶ δ᾽ ἔφευγεν ὁ Ξενοφῶν, κατοικοῦντος ἤδη αὐτοῦ ἐν Σκιλλοῦντι (ὑπὸ τῶν Λακεδαιμονίων οἰκισθέντος) παρὰ τὴν Ὀλυμπίαν, ἀφικνεῖται Μεγάβυζος εἰς Ὀλυμπίαν θεωρήσων, καὶ ἀποδίδωσι τὴν παρακαταθήκην αὐτῷ. Ξενοφῶν δὲ λαβὼν, χωρίον ὠνεῖται τῇ θεῷ, ὅπου ἀνεῖλεν ὁ θεός. 8. Ἔτυχε δὲ διὰ μέσου ῥέων τοῦ χωρίου ποταμὸς Σελινοῦς. Καὶ ἐν Ἐφέσῳ δὲ παρὰ τὸν τῆς Ἀρτέμιδος νεὼν Σελινοῦς ποταμὸς παραρρεῖ, καὶ ἰχθύες δὲ ἐν ἀμφοτέροις ἔνεισι καὶ κόγχαι· ἐν δὲ τῷ ἐν Σκιλλοῦντι χωρίῳ καὶ θῆραι πάντων, ὁπόσα ἐστὶν ἀγρευόμενα θηρία. 9. Ἐποίησε δὲ καὶ βωμὸν καὶ ναὸν ἀπὸ τοῦ ἱεροῦ ἀργυρίου· καὶ τὸ λοιπὸν δὲ ἀεὶ δεκατεύων τὰ ἐκ τοῦ ἀγροῦ ὡραῖα, θυσίαν ἐποίει τῇ θεῷ· καὶ πάντες οἱ πολῖται καὶ οἱ πρόσχωροι ἄνδρες καὶ γυναῖκες μετεῖχον τῆς ἑορτῆς. Παρεῖχε δὲ ἡ θεὸς τοῖς σκηνῶσιν ἄλφιτα, ἄρτους, οἶνον, τραγήματα, καὶ τῶν θυομένων ἀπὸ τῆς ἱερᾶς νομῆς λάχος, καὶ τῶν θηρευομένων δέ. 10. Καὶ γὰρ θήραν ἐποιοῦντο εἰς τὴν ἑορτὴν οἵ τε Ξενοφῶντος παῖδες καὶ οἱ τῶν ἄλλων πολιτῶν· οἱ δὲ βουλόμενοι καὶ ἄνδρες ξυνεθήρων· καὶ ἡλίσκετο τὰ μὲν ἐξ αὐτοῦ τοῦ ἱεροῦ χώρου, τὰ δὲ καὶ ἐκ τῆς Φολόης, σύες καὶ δορκάδες καὶ ἔλαφοι. 11. Ἔστι δὲ ἡ χώρα, ᾗ ἐκ Λακεδαίμονος εἰς Ὀλυμπίαν πορεύονται, ὡς εἴκοσι στάδιοι ἀπὸ τοῦ ἐν Ὀλυμπίᾳ Διὸς ἱεροῦ. Ἔνι δ' ἐν τῷ ἱερῷ χώρῳ [καὶ λειμὼν] καὶ ἄλση καὶ ὄρη δένδρων μεστά, ἱκανὰ καὶ σῦς καὶ αἶγας καὶ βοῦς τρέφειν καὶ ἵππους, ὥστε καὶ τὰ τῶν εἰς τὴν ἑορτὴν ἰόντων ὑποζύγια εὐωχεῖσθαι. 12. Περὶ δὲ αὐτὸν τὸν ναὸν ἄλσος ἡμέρων δένδρων ἐφυτεύθη, ὅσα ἐστὶ τρωκτὰ ὡραῖα. Ὁ δὲ ναὸς, ὡς μικρὸς μεγάλῳ, τῷ ἐν Ἐφέσῳ εἴκασται· καὶ τὸ ξόανον ἔοικεν, ὡς κυπαρίττινον χρυσῷ ὄντι, τῷ ἐν Ἐφέσῳ. 13. Καὶ στήλη ἕστηκε παρὰ τὸν ναὸν, γράμματα ἔχουσα·

ΙΕΡΟΣ Ο ΧΩΡΟΣ
ΤΗΣ ΑΡΤΕΜΙΔΟΣ.
ΤΟΝ ΔΕ ΕΧΟΝΤΑ ΚΑΙ ΚΑΡΠΟΥΜΕΝΟΝ,
ΤΗΝ ΜΕΝ ΔΕΚΑΤΗΝ
ΚΑΤΑΘΥΕΙΝ ΕΚΑΣΤΟΥ ΕΤΟΥΣ,
ΕΚ ΔΕ ΤΟΥ ΠΕΡΙΤΤΟΥ
ΤΟΝ ΝΑΟΝ ΕΠΙΣΚΕΥΑΖΕΙΝ.
ΑΝ ΔΕ ΤΙΣ ΜΗ ΠΟΙΗΙ ΤΑΥΤΑ,
ΤΗΙ ΘΕΩΙ ΜΕΛΗΣΕΙ.

CAP. IV.

1. Ἐκ Κερασοῦντος δὲ κατὰ θάλατταν μὲν ἐκομίζοντο, οἵπερ καὶ πρόσθεν, οἱ δὲ ἄλλοι κατὰ γῆν ἐπορεύοντο. 2. Ἐπεὶ δὲ ἦσαν ἐπὶ τοῖς Μοσσυνοίκων ὁρίοις, πέμπουσιν εἰς αὐτοὺς Τιμησίθεον τὸν Τραπεζούντιον, πρόξενον ὄντα τῶν Μοσσυνοίκων, ἐρωτῶντες, πότερον ὡς διὰ φιλίας, ἢ ὡς διὰ πολεμίας πορεύσονται τῆς χώρας. Οἱ δὲ εἶπον, ὅτι οὐ διήσοιεν· ἐπίστευον γὰρ τοῖς χωρίοις. 3. Ἐντεῦθεν λέγει ὁ Τιμησίθεος, ὅτι πολέμιοί εἰσιν αὐτοῖς οἱ ἐκ τοῦ ἐπέκεινα. Καὶ ἐδόκει καλέσαι ἐκείνους, εἰ βούλοιντο συμμαχίαν ποιήσασθαι· καὶ πεμφθεὶς ὁ Τιμησίθεος, ἧκεν ἄγων τοὺς ἄρχοντας. 4. Ἐπεὶ δὲ ἀφίκοντο, συνῆλθον οἵ τε τῶν Μοσσυνοίκων ἄρχοντες καὶ οἱ στρατηγοὶ τῶν Ἑλλήνων· καὶ ἔλεγε μὲν Ξενοφῶν, ἡρμήνευε δὲ Τιμησίθεος·

5. Ὦ ἄνδρες Μοσσύνοικοι, ἡμεῖς βουλόμεθα διασωθῆναι πρὸς τὴν Ἑλλάδα πεζῇ· πλοῖα γὰρ οὐκ ἔχομεν· κωλύουσι δὲ οὗτοι ἡμᾶς, οὓς ἀκούομεν ὑμῖν πολεμίους εἶναι. 6. Εἰ οὖν βούλεσθε, ἔξεστιν ὑμῖν ἡμᾶς λαβεῖν ξυμμάχους, καὶ τιμωρήσασθαι, εἴ τί ποτε ὑμᾶς οὗτοι ἠδικήκασι, καὶ τὸ λοιπὸν ὑμῶν ὑπηκόους εἶναι τούτους. 7. Εἰ δὲ ἡμᾶς ἀφήσετε, σκέψασθε, πόθεν αὖθις ἂν τοσαύτην δύναμιν λάβοιτε ξύμμαχον. 8. Πρὸς ταῦτα ἀπεκρίνατο ὁ ἄρχων τῶν Μοσσυνοίκων, ὅτι καὶ βούλοιντο ταῦτα, καὶ δέχοιντο τὴν ξυμμαχίαν. 9. Ἄγετε δή, ἔφη ὁ Ξενοφῶν, τί ἡμῶν δεήσεσθε χρήσασθαι, ἂν ξύμμαχοι ὑμῶν γενώμεθα; καὶ ὑμεῖς τί οἷοί τε ἔσεσθε ἡμῖν ξυμπρᾶξαι περὶ τῆς διόδου; 10. Οἱ δὲ εἶπον, ὅτι ἱκανοί ἐσμεν εἰς τὴν χώραν εἰσβάλλειν, ἐκ

τοῦ ἐπὶ θάτερα, τὴν τῶν ὑμῖν τε καὶ ἡμῖν πολεμίων, καὶ δεῦρο ὑμῖν πέμψαι ναῦς τε καὶ ἄνδρας, οἵτινες ὑμῖν ξυμμαχοῦνταί τε καὶ τὴν ὁδὸν ἡγήσονται. 11. Ἐπὶ τούτοις πιστὰ δόντες καὶ λαβόντες ᾤχοντο· καὶ ἧκον τῇ ὑστεραίᾳ ἄγοντες τριακόσια πλοῖα μονόξυλα, καὶ ἐν ἑκάστῳ τρεῖς ἄνδρας· ὧν οἱ μὲν δύο ἐκβάντες, εἰς τάξιν ἔθεντο τὰ ὅπλα, ὁ δὲ εἷς ἔμενε. 12. Καὶ οἱ μὲν λαβόντες τὰ πλοῖα ἀπέπλευσαν· οἱ δὲ μένοντες ἐξετάξαντο ὧδε. Ἔστησαν ἀνὰ ἑκατόν, ὥσπερ μάλιστα χοροὶ ἀντιστοιχοῦντες ἀλλήλοις, ἔχοντες γέρρα πάντες λευκῶν βοῶν δασέα, εἰκασμένα κιττοῦ πετάλῳ· ἐν δὲ τῇ δεξιᾷ παλτὸν ὡς ἐξάπηχυ, ἔμπροσθεν μὲν λόγχην ἔχον, ὄπισθεν δὲ αὐτοῦ τοῦ ξύλου σφαιροειδές. 13. Χιτωνίσκους δὲ ἐνεδεδύκεσαν ὑπὲρ γονάτων, πάχος ὡς λινοῦ στρωματοδέσμου· ἐπὶ τῇ κεφαλῇ δὲ κράνη σκύτινα, οἷά περ τὰ Παφλαγονικά, κρώβυλον ἔχοντα κατὰ μέσον, ἐγγύτατα τιαροειδῆ· εἶχον δὲ καὶ σαγάρεις σιδηρᾶς. 14. Ἐντεῦθεν ἐξῆρχε μὲν αὐτῶν εἷς, οἱ δὲ ἄλλοι πάντες ἐπορεύοντο ᾄδοντες ἐν ῥυθμῷ, καὶ διελθόντες διὰ τῶν τάξεων καὶ διὰ τῶν ὅπλων τῶν Ἑλλήνων ἐπορεύοντο εὐθὺς πρὸς τοὺς πολεμίους, ἐπὶ χωρίον, ὃ ἐδόκει ἐπιμαχώτατον εἶναι. 15. Ὠικεῖτο δὲ τοῦτο πρὸ τῆς πόλεως, τῆς μητροπόλεως καλουμένης αὐτοῖς, καὶ ἐχούσης τὸ ἀκρότατον τῶν Μοσσυνοίκων. Καὶ περὶ τούτου ὁ πόλεμος ἦν· οἱ γὰρ ἀεὶ τοῦτ' ἔχοντες ἐδόκουν ἐγκρατεῖς εἶναι καὶ πάντων Μοσσυνοίκων· καὶ ἔφασαν τούτους οὐ δικαίως ἔχειν τοῦτο, ἀλλὰ κοινὸν ὂν καταλαβόντας πλεονεκτεῖν. 16. Εἵποντο δ' αὐτοῖς καὶ τῶν Ἑλλήνων τινές, οὐ ταχθέντες ὑπὸ τῶν στρατηγῶν, ἀλλ' ἁρπαγῆς ἕνεκεν. Οἱ δὲ πολέμιοι, προσιόντων, τέως μὲν ἡσύχαζον· ἐπεὶ δ' ἐγγὺς ἐγένοντο τοῦ χωρίου, ἐκδραμόντες τρέπονται αὐτούς· καὶ ἀπέκτειναν συχνοὺς τῶν βαρβάρων, καὶ τῶν ξυναναβάντων Ἑλλήνων τινὰς, καὶ ἐδίωκον, μέχρι οὗ εἶδον τοὺς Ἕλληνας βοηθοῦντας. 17. Εἶτα δὲ ἀποτραπόμενοι ᾤχοντο· καὶ ἀποτεμόντες τὰς κεφαλὰς τῶν νεκρῶν, ἐπεδείκνυσαν τοῖς τε Ἕλλησι καὶ τοῖς ἑαυτῶν πολεμίοις, καὶ ἅμα ἐχόρευον, νόμῳ τινὶ ᾄδοντες. 18. Οἱ δὲ Ἕλληνες μάλα ἤχθοντο, ὅτι τούς τε πολεμίους ἐπεποιήκεσαν θρασυτέρους, καὶ ὅτι οἱ ἐξελθόντες Ἕλληνες σὺν αὐτοῖς ἐπεφεύγεσαν, μάλα ὄντες συχνοί· ὃ οὔπω πρόσθεν ἐπεποιήκεσαν ἐν τῇ στρατείᾳ.

19. Ξενοφῶν δὲ ξυγκαλέσας τοὺς Ἕλληνας εἶπεν· Ἄνδρες στρατιῶται, μηδὲν ἀθυμήσητε ἕνεκα τῶν γεγενημένων· ἴστε γὰρ, ὅτι καὶ ἀγαθὸν οὐ μεῖον τοῦ κακοῦ γεγένηται. 20. Πρῶτον μὲν γὰρ ἐπίστασθε, ὅτι οἱ μέλλοντες ἡμῖν ἡγήσεσθαι τῷ ὄντι πολέμιοί εἰσιν, οἷσπερ καὶ ἡμᾶς ἀνάγκη· ἔπειτα δὲ καὶ τῶν Ἑλλήνων οἱ ἀφροντιστήσαντες τῆς ξὺν ἡμῖν τάξεως, καὶ ἱκανοὶ ἡγησάμενοι εἶναι ξὺν τοῖς βαρβάροις ταὐτὰ πράττειν, ἅπερ ξὺν ἡμῖν, δίκην δεδώκασιν· ὥστε αὖθις ἧττον τῆς ἡμετέρας τάξεως ἀπολείψονται. 21. Ἀλλ' ὑμᾶς δεῖ παρασκευάζεσθαι, ὅπως καὶ τοῖς φίλοις οὖσι τῶν βαρβάρων δόξητε κρείττους αὐτῶν εἶναι, καὶ τοῖς πολεμίοις δηλώσητε, ὅτι οὐχ ὁμοίοις ἀνδράσι μαχοῦνται νῦν τε καὶ ὅτε τοῖς ἀτάκτοις ἐμάχοντο.

22. Ταύτην μὲν οὖν τὴν ἡμέραν οὕτως ἔμειναν· τῇ δ' ὑστεραίᾳ θύσαντες, ἐπεὶ ἐκαλλιερήσαντο, ἀριστήσαντες, ὀρθίους τοὺς λόχους ποιησάμενοι, καὶ τοὺς βαρβάρους ἐπὶ

τὸ εὐώνυμον κατὰ ταυτὰ ταξάμενοι, ἐπορεύοντο, τοὺς τοξότας μεταξὺ τῶν λόχων [ὀρθίων ὄντων] ἔχοντες, ὑπολειπομένους δὲ μικρὸν τοῦ στόματος τῶν ὁπλιτῶν. 23. Ἦσαν γὰρ τῶν πολεμίων, οἳ εὔζωνοι κατατρέχοντες τοῖς λίθοις ἔβαλλον· τούτους οὖν ἀνέστελλον οἱ τοξόται καὶ πελτασταί. Οἱ δ' ἄλλοι βάδην ἐπορεύοντο, πρῶτον μὲν ἐπὶ τὸ χωρίον, ἀφ' οὗ τῇ προτεραίᾳ οἱ βάρβαροι ἐτρέφθησαν καὶ οἱ ξὺν αὐτοῖς· ἐνταῦθα γὰρ οἱ πολέμιοι ἦσαν ἀντιτεταγμένοι. 24. Τοὺς μὲν οὖν πελταστὰς ἐδέξαντο οἱ βάρβαροι καὶ ἐμάχοντο· ἐπειδὴ δὲ ἐγγὺς ἦσαν οἱ ὁπλῖται, ἐτράποντο. Καὶ οἱ μὲν πελτασταὶ εὐθὺς εἵποντο, διώκοντες ἄνω πρὸς τὴν μητρόπολιν· οἱ δὲ ὁπλῖται ἐν τάξει εἵποντο. 25. Ἐπεὶ δὲ ἄνω ἦσαν πρὸς ταῖς τῆς μητροπόλεως οἰκίαις, ἐνταῦθα δὴ οἱ πολέμιοι ὁμοῦ δὴ πάντες γενόμενοι ἐμάχοντο, καὶ ἐξηκόντιζον τοῖς παλτοῖς· καὶ ἄλλα δόρατα ἔχοντες παχέα μακρὰ, ὅσα ἀνὴρ ἂν φέροι μόλις, τούτοις ἐπειρῶντο ἀμύνεσθαι ἐκ χειρός.

26. Ἐπεὶ δὲ οὐχ ὑφίεντο οἱ Ἕλληνες, ἀλλ' ὁμόσε ἐχώρουν, ἔφυγον οἱ βάρβαροι καὶ ἐντεῦθεν, ἅπαντες λιπόντες τὸ χωρίον. Ὁ δὲ βασιλεὺς αὐτῶν, ὁ ἐν τῷ μόσσυνι τῷ ἐπ' ἄκρου ᾠκοδομημένῳ, ὃν τρέφουσι πάντες κοινῇ αὐτοῦ μένοντα καὶ φυλάττουσιν, οὐκ ἤθελεν ἐξελθεῖν, οὐδὲ οἱ ἐν τῷ πρότερον αἱρεθέντι χωρίῳ, ἀλλ' αὐτοῦ σὺν τοῖς μοσσύνοις κατεκαύθησαν. 27. Οἱ δὲ Ἕλληνες, διαρπάζοντες τὰ χωρία, εὕρισκον θησαυροὺς ἐν ταῖς οἰκίαις ἄρτων νενημένων πατρίους, ὡς ἔφασαν οἱ Μοσσύνοικοι· τὸν δὲ νέον σῖτον ξὺν τῇ καλάμῃ ἀποκείμενον· ἦσαν δὲ ζειαὶ αἱ πλεῖσται. 28. Καὶ δελφίνων τεμάχη ἐν ἀμφορεῦσιν εὑρίσκετο τετα-

ριχευμένα, καὶ στέαρ ἐν τεύχεσι τῶν δελφίνων, ᾧ ἐχρῶντο οἱ Μοσσύνοικοι, καθάπερ οἱ Ἕλληνες τῷ ἐλαίῳ. 29. Κάρυα δὲ ἐπὶ τῶν ἀνωγαίων ἦν πολλὰ τὰ πλατέα, οὐκ ἔχοντα διαφυὴν οὐδεμίαν. Τούτῳ καὶ πλείστῳ σίτῳ ἐχρῶντο ἕψοντες καὶ ἄρτους ὀπτῶντες. Οἶνος δὲ ηὑρίσκετο, ὃς ἄκρατος μὲν, ὀξὺς ἐφαίνετο εἶναι ὑπὸ τῆς αὐστηρότητος· κερασθεὶς δὲ, εὐώδης τε καὶ ἡδύς. 30. Οἱ μὲν δὴ Ἕλληνες ἀριστήσαντες ἐνταῦθα, ἐπορεύοντο εἰς τὸ πρόσω, παραδόντες τὸ χωρίον τοῖς ξυμμαχήσασι τῶν Μοσσυνοίκων. Ὁπόσα δὲ καὶ ἄλλα παρῇεσαν χωρία τῶν ξὺν τοῖς πολεμίοις ὄντων, τὰ εὐπροσοδώτατα οἱ μὲν ἔλειπον, οἱ δὲ ἑκόντες προσεχώρουν. 31. Τὰ δὲ πλεῖστα τοιάδε ἦν τῶν χωρίων· ἀπεῖχον αἱ πόλεις ἀπ᾽ ἀλλήλων στάδια ὀγδοήκοντα, αἱ δὲ πλεῖον, αἱ δὲ μεῖον· ἀναβοώντων δὲ ἀλλήλων ξυνήκουον εἰς τὴν ἑτέραν ἐκ τῆς ἑτέρας πόλεως· οὕτως ὑψηλή τε καὶ κοίλη ἡ χώρα ἦν. 32. Ἐπεὶ δὲ πορευόμενοι ἐν τοῖς φίλοις ἦσαν, ἐπεδείκνυσαν αὐτοῖς παῖδας τῶν εὐδαιμόνων σιτευτοὺς, τεθραμμένους καρύοις ἑφθοῖς, ἁπαλοὺς καὶ λευκοὺς σφόδρα, καὶ οὐ πολλοῦ δέοντας ἴσους τὸ μῆκος καὶ τὸ πλάτος εἶναι· ποικίλους δὲ τὰ νῶτα, καὶ τὰ ἔμπροσθεν πάντα ἐστιγμένους ἀνθέμιον. 33. Ἐζήτουν δὲ καὶ ταῖς ἑταίραις, αἷς ἦγον οἱ Ἕλληνες, ἐμφανῶς ξυγγίγνεσθαι· νόμος γὰρ ἦν οὗτός σφισι. Λευκοὶ δὲ πάντες οἱ ἄνδρες καὶ αἱ γυναῖκες. 34. Τούτους ἔλεγον οἱ στρατευσάμενοι βαρβαρωτάτους διελθεῖν, καὶ πλεῖστον τῶν Ἑλληνικῶν νόμων κεχωρισμένους. Ἔν τε γὰρ ὄχλῳ ὄντες ἐποίουν, ἅπερ ἂν ἄνθρωποι ἐν ἐρημίᾳ ποιήσειαν, ἄλλως δὲ οὐκ ἂν τολμῷεν· μόνοι τε ὄντες ὅμοια ἔπραττον, ἅπερ ἂν μετ' ἄλλων ὄντες· διελέγοντό τε ἑαυτοῖς, καὶ ἐγέλων ἐφ' ἑαυτοῖς, καὶ ὠρχοῦντο, ἐφιστάμενοι, ὅπου τύχοιεν, ὥσπερ ἄλλοις ἐπιδεικνύμενοι.

CAP. V.

1. Διὰ ταύτης τῆς χώρας οἱ Ἕλληνες, διά τε τῆς πολεμίας καὶ τῆς φιλίας, ἐπορεύθησαν ὀκτὼ σταθμοὺς, καὶ ἀφικνοῦνται εἰς Χάλυβας. Οὗτοι ὀλίγοι ἦσαν καὶ ὑπήκοοι τῶν Μοσσυνοίκων· καὶ ὁ βίος ἦν τοῖς πλείστοις αὐτῶν ἀπὸ σιδηρείας. Ἐντεῦθεν ἀφικνοῦνται εἰς Τιβαρηνούς. 2. Ἡ δὲ τῶν Τιβαρηνῶν χώρα πολὺ ἦν πεδινωτέρα, καὶ χωρία εἶχεν ἐπὶ θαλάττῃ ἧττον ἐρυμνά. Καὶ οἱ στρατηγοὶ ἔχρηζον πρὸς τὰ χωρία προσβάλλειν, καὶ τὴν στρατιὰν ὀνηθῆναί τι· καὶ τὰ ξένια, ἃ ἧκε παρὰ Τιβαρηνῶν, οὐκ ἐδέχοντο, ἀλλ' ἐπιμεῖναι κελεύσαντες, ἔστε βουλεύσαιντο, ἐθύοντο. 3. Καὶ πολλὰ καταθυσάντων, τέλος ἀπεδείξαντο οἱ μάντεις πάντες γνώμην, ὅτι οὐδαμῇ προσίοιντο οἱ θεοὶ τὸν πόλεμον. Ἐντεῦθεν δὴ τὰ ξένια ἐδέξαντο· καὶ ὡς διὰ φιλίας πορευόμενοι δύο ἡμέρας, ἀφίκοντο εἰς Κοτύωρα, πόλιν Ἑλληνίδα, Σινωπέων ἀποίκους οἰκοῦντας ἐν τῇ Τιβαρηνῶν χώρᾳ.

4. Μέχρι ἐνταῦθα ἐπέζευσεν ἡ στρατιά. Πλῆθος τῆς καταβάσεως τῆς ὁδοῦ ἀπὸ τῆς ἐν Βαβυλῶνι μάχης ἄχρι εἰς Κοτύωρα σταθμοὶ ἑκατὸν εἴκοσι δύο, παρασάγγαι ἑξακόσιοι καὶ εἴκοσι, στάδιοι μύριοι καὶ ὀκτακισχίλιοι καὶ ἑξακόσιοι· χρόνου πλῆθος ὀκτὼ μῆνες. 5. Ἐνταῦθα ἔμειναν ἡμέρας τετταράκοντα πέντε. Ἐν δὲ ταύταις πρῶ-

τον μὲν τοῖς θεοῖς ἔθυσαν, καὶ πομπὰς ἐποίησαν κατὰ ἔθνος ἕκαστοι τῶν Ἑλλήνων, καὶ ἀγῶνας γυμνικούς. 6. Τὰ δ' ἐπιτήδεια ἐλάμβανον, τὰ μὲν ἐκ τῆς Παφλαγονίας, τὰ δ' ἐκ τῶν χωρίων τῶν Κοτυωριτῶν· οὐ γὰρ παρεῖχον ἀγορὰν, οὐδ' εἰς τὸ τεῖχος τοὺς ἀσθενοῦντας ἐδέχοντο.

7. Ἐν τούτῳ ἔρχονται ἐκ Σινώπης πρέσβεις, φοβούμενοι περὶ τῶν Κοτυωριτῶν τῆς τε πόλεως (ἦν γὰρ ἐκείνων, καὶ φόρον ἐκείνοις ἔφερον), καὶ περὶ τῆς χώρας, ὅτι ἤκουον δηουμένην. Καὶ ἐλθόντες ἐς τὸ στρατόπεδον ἔλεγον (προηγόρει δὲ Ἑκατώνυμος, δεινὸς νομιζόμενος εἶναι λέγειν). 8. Ἔπεμψεν ἡμᾶς, ὦ ἄνδρες στρατιῶται, ἡ τῶν Σινωπέων πόλις, ἐπαινέσοντάς τε ὑμᾶς, ὅτι νικᾶτε Ἕλληνες ὄντες βαρβάρους, ἔπειτα δὲ καὶ ξυνησθησομένους, ὅτι διὰ πολλῶν τε καὶ δεινῶν (ὡς ἡμεῖς ἀκούομεν) πραγμάτων σεσωσμένοι πάρεστε. 9. Ἀξιοῦμεν δὲ, Ἕλληνες ὄντες καὶ αὐτοὶ, ὑφ' ὑμῶν ὄντων Ἑλλήνων ἀγαθὸν μέν τι πάσχειν, κακὸν δὲ μηδέν· οὐδὲ γὰρ ἡμεῖς ὑμᾶς οὐδὲν πώποτε ὑπήρξαμεν κακῶς ποιοῦντες. 10. Κοτυωρῖται δὲ οὗτοί εἰσι μὲν ἡμέτεροι ἄποικοι· καὶ τὴν χώραν ἡμεῖς αὐτοῖς ταύτην παραδεδώκαμεν, βαρβάρους ἀφελόμενοι· διὸ καὶ δασμὸν ἡμῖν φέρουσιν οὗτοι τεταγμένον, καὶ Κερασούντιοι καὶ Τραπεζούντιοι ὡσαύτως· ὥστε ὅ τι ἂν τούτους κακὸν ποιήσητε, ἡ Σινωπέων πόλις νομίζει πάσχειν. 11. Νῦν δὲ ἀκούομεν, ὑμᾶς εἴς τε τὴν πόλιν βίᾳ παρεληλυθότας ἐνίους σκηνοῦν ἐν ταῖς οἰκίαις, καὶ ἐκ τῶν χωρίων λαμβάνειν, ὧν ἂν δέησθε, οὐ πείθοντας. 12. Ταῦτ' οὖν οὐκ ἀξιοῦμεν· εἰ δὲ ταῦτα ποιήσετε, ἀνάγκη ἡμῖν, καὶ Κορύλαν καὶ Παφλαγόνας, καὶ ἄλλον ὅντινα ἂν δυνώμεθα φίλον ποιεῖσθαι.

13. Πρὸς ταῦτα ἀναστὰς Ξενοφῶν ὑπὲρ τῶν στρατιωτῶν εἶπεν· Ἡμεῖς δέ, ὦ ἄνδρες Σινωπεῖς, ἥκομεν ἀγαπῶντες, ὅτι τὰ σώματα διεσωσάμεθα καὶ τὰ ὅπλα· οὐ γὰρ ἦν δυνατόν, ἅμα τε χρήματα ἄγειν καὶ φέρειν, καὶ τοῖς πολεμίοις μάχεσθαι. 14. Καὶ νῦν, ἐπεὶ εἰς τὰς Ἑλληνίδας πόλεις ἤλθομεν, ἐν Τραπεζοῦντι μέν, παρεῖχον γὰρ ἡμῖν ἀγοράν, ὠνούμενοι εἴχομεν τὰ ἐπιτήδεια, καὶ ἀνθ' ὧν ἐτίμησαν ἡμᾶς καὶ ξένια ἔδωκαν τῇ στρατιᾷ, ἀντετιμῶμεν αὐτούς· καὶ εἴ τις αὐτοῖς φίλος ἦν τῶν βαρβάρων, τούτων ἀπειχόμεθα· τοὺς δὲ πολεμίους αὐτῶν, ἐφ' οὓς αὐτοὶ ἡγοῦντο, κακῶς ἐποιοῦμεν, ὅσον ἐδυνάμεθα. 15. Ἐρωτᾶτε δὲ αὐτούς, ὁποίων τινῶν ἡμῶν ἔτυχον· πάρεισι γὰρ ἐνθάδε, οὓς ἡμῖν ἡγεμόνας διὰ φιλίαν ἡ πόλις ξυνέπεμψεν. 16. Ὅποι δ' ἂν ἐλθόντες ἀγορὰν μὴ ἔχωμεν, ἄν τε εἰς βάρβαρον γῆν, ἄν τε εἰς Ἑλληνίδα, οὐχ ὕβρει ἀλλὰ ἀνάγκῃ λαμβάνομεν τὰ ἐπιτήδεια. 17. Καὶ Καρδούχους καὶ Ταόχους καὶ Χαλδαίους, καίπερ βασιλέως οὐχ ὑπηκόους ὄντας, ὅμως, καὶ μάλα φοβεροὺς ὄντας, πολεμίους ἐκτησάμεθα, διὰ τὸ ἀνάγκην εἶναι λαμβάνειν τὰ ἐπιτήδεια, ἐπεὶ ἀγορὰν οὐ παρεῖχον. 18. Μάκρωνας δέ, καίπερ βαρβάρους ὄντας, ἐπεὶ ἀγοράν, οἵαν ἐδύναντο, παρεῖχον, φίλους τε ἐνομίζομεν εἶναι, καὶ βίᾳ οὐδὲν ἐλαμβάνομεν τῶν ἐκείνων.

19. Κοτυωρίτας δέ, οὓς ὑμετέρους φατὲ εἶναι, εἴ τι αὐτῶν εἰλήφαμεν, αὐτοὶ αἴτιοί εἰσιν· οὐ γὰρ ὡς φίλοι προσεφέροντο ἡμῖν, ἀλλὰ κλείσαντες τὰς πύλας, οὔτε εἴσω ἐδέχοντο, οὔτε ἔξω ἀγορὰν ἔπεμπον· ᾐτιῶντο δὲ τὸν παρ' ὑμῶν ἁρμοστὴν τούτων αἴτιον εἶναι. 20. Ὃ δὲ λέγεις, βίᾳ παρελθόντας σκηνοῦν, ἡμεῖς ἠξιοῦμεν, τοὺς κάμνοντας

εἰς τὰς στέγας δέξασθαι· ἐπεὶ δὲ οὐκ ἀνέῳγον τὰς πύλας, ᾗ ἡμᾶς ἐδέχετο αὐτὸ τὸ χωρίον, ταύτῃ εἰσελθόντες, ἄλλο μὲν οὐδὲν βίαιον ἐποιήσαμεν· σκηνοῦσι δ' ἐν ταῖς στέγαις οἱ κάμνοντες, τὰ ἑαυτῶν δαπανῶντες· καὶ τὰς πύλας φρουροῦμεν, ὅπως μὴ ἐπὶ τῷ ὑμετέρῳ ἁρμοστῇ ὦσιν οἱ κάμνοντες ἡμῶν, ἀλλ' ἐφ' ἡμῖν ᾖ κομίσασθαι, ὅταν βουλώμεθα. 21. Οἱ δὲ ἄλλοι, ὡς ὁρᾶτε, σκηνοῦμεν ὑπαίθριοι ἐν τῇ τάξει, παρεσκευασμένοι, ἂν μέν τις εὖ ποιῇ, ἀντευποιεῖν· ἂν δὲ κακῶς, ἀλέξασθαι.

22. Ἃ δὲ ἠπείλησας, ὡς, ἢν ὑμῖν δοκῇ, Κορύλαν καὶ Παφλαγόνας ξυμμάχους ποιήσεσθε ἐφ' ἡμᾶς, ἡμεῖς δέ, ἢν μὲν ἀνάγκη ᾖ, πολεμήσομεν καὶ ἀμφοτέροις, ἤδη γὰρ καὶ ἄλλοις πολλαπλασίοις ὑμῶν ἐπολεμήσαμεν· ἂν δὲ δοκῇ ἡμῖν, καὶ φίλον ποιήσομεν τὸν Παφλαγόνα. 23. Ἀκούομεν δὲ αὐτὸν καὶ ἐπιθυμεῖν τῆς ὑμετέρας πόλεως, καὶ χωρίων τῶν ἐπιθαλαττίων. Πειρασόμεθα οὖν, συμπράττοντες αὐτῷ ὧν ἐπιθυμεῖ, φίλοι γίγνεσθαι.

24. Ἐκ τούτου μάλα μὲν δῆλοι ἦσαν οἱ ξυμπρέσβεις τῷ Ἑκατωνύμῳ χαλεπαίνοντες τοῖς εἰρημένοις. Παρελθὼν δ' αὐτῶν ἄλλος εἶπεν, ὅτι οὐ πόλεμον ποιησόμενοι ἥκοιεν, ἀλλὰ ἐπιδείξοντες ὅτι φίλοι εἰσί. Καὶ ξενίοις, ἢν μὲν ἔλθητε πρὸς τὴν Σινωπέων πόλιν, ἐκεῖ δεξόμεθα· νῦν δὲ τοὺς ἐνθάδε κελεύσομεν διδόναι, ἃ δύνανται· ὁρῶμεν γὰρ πάντα ἀληθῆ ὄντα, ἃ λέγετε. 25. Ἐκ τούτου ξένιά τε ἔπεμπον οἱ Κοτυωρῖται, καὶ οἱ στρατηγοὶ τῶν Ἑλλήνων ἐξένιζον τοὺς τῶν Σινωπέων πρέσβεις· καὶ πρὸς ἀλλήλους πολλά τε καὶ ἐπιτήδεια διελέγοντο, τά τε ἄλλα, καὶ περὶ τῆς λοιπῆς πορείας ἐπυνθάνοντο, καὶ ὧν ἑκάτεροι ἐδέοντο.

CAP. VI.

1. Ταύτη μὲν τῇ ἡμέρᾳ τοῦτο τὸ τέλος ἐγένετο. Τῇ δὲ ὑστεραίᾳ ξυνέλεξαν οἱ στρατηγοὶ τοὺς στρατιώτας, καὶ ἐδόκει αὐτοῖς περὶ τῆς λοιπῆς πορείας, παρακαλέσαντας τοὺς Σινωπέας, βουλεύεσθαι. Εἴτε γὰρ πεζῇ δέοι πορεύεσθαι, χρήσιμοι ἂν ἐδόκουν εἶναι οἱ Σινωπεῖς ἡγούμενοι, ἔμπειροι γὰρ ἦσαν τῆς Παφλαγονίας· εἴτε κατὰ θάλατταν, προσδεῖν ἐδόκει Σινωπέων· μόνοι γὰρ ἂν ἐδόκουν ἱκανοὶ εἶναι πλοῖα παρασχεῖν ἀρκοῦντα τῇ στρατιᾷ. 2. Καλέσαντες οὖν τοὺς πρέσβεις ξυνεβουλεύοντο, καὶ ἠξίουν, Ἕλληνας ὄντας Ἕλλησι τούτῳ πρῶτον καλῶς δέχεσθαι, τῷ εὔνους τε εἶναι καὶ τὰ βέλτιστα ξυμβουλεύειν. 3. Ἀναστὰς δὲ Ἑκατώνυμος, πρῶτον μὲν ἀπελογήσατο περὶ οὗ εἶπεν, ὡς τὸν Παφλαγόνα φίλον ποιήσοιντο, ὅτι οὐχ, ὡς τοῖς Ἕλλησι πολεμησόντων σφῶν, εἴποι, ἀλλ' ὅτι, ἐξὸν τοῖς βαρβάροις φίλους εἶναι, τοὺς Ἕλληνας αἱρήσονται. Ἐπεὶ δὲ ξυμβουλεύειν ἐκέλευον, ἐπευξάμενος ὧδε εἶπεν·

4. Εἰ μὲν ξυμβουλεύοιμι, ἃ βέλτιστά μοι δοκεῖ εἶναι, πολλά μοι κἀγαθὰ γένοιτο· εἰ δὲ μή, τἀναντία. Αὕτη γὰρ ἡ ἱερὰ ξυμβουλὴ λεγομένη εἶναι δοκεῖ μοι παρεῖναι· νῦν γὰρ δή, ἂν μὲν εὖ ξυμβουλεύσας φανῶ, πολλοὶ ἔσεσθε οἱ ἐπαινοῦντές με· ἂν δὲ κακῶς, πολλοὶ ἔσεσθε οἱ καταρώμενοι. 5. Πράγματα μὲν οὖν οἶδ' ὅτι πολὺ πλείω ἕξομεν, ἐὰν κατὰ θάλατταν κομίζησθε· ἡμᾶς γὰρ δεήσει τὰ πλοῖα πορίζειν· ἢν δὲ κατὰ γῆν στέλλησθε, ὑμᾶς δεήσει τοὺς μαχομένους εἶναι. 6. Ὅμως δὲ λεκτέα, ἃ γιγνώσκω· ἔμπειρος γάρ εἰμι καὶ τῆς χώρας τῶν Παφλαγόνων, καὶ

τῆς δυνάμεως. Ἔχει γὰρ [ἡ χώρα] ἀμφότερα, καὶ πεδία κάλλιστα καὶ ὄρη ὑψηλότατα. 7. Καὶ πρῶτον μὲν οἶδα εὐθὺς, ᾗ τὴν εἰσβολὴν ἀνάγκη ποιεῖσθαι· οὐ γὰρ ἔστιν ἄλλῃ, ἢ ᾗ τὰ κέρατα τοῦ ὄρους τῆς ὁδοῦ καθ᾽ ἑκάτερά ἐστιν ὑψηλά· ἃ κρατεῖν κατέχοντες καὶ πάνυ ὀλίγοι δύναιντ᾽ ἄν· τούτων δὲ κατεχομένων, οὐδ᾽ ἂν οἱ πάντες ἄνθρωποι δύναιντ᾽ ἂν διελθεῖν. Ταῦτα δὲ καὶ δείξαιμι ἂν, εἴ μοί τινα βούλοισθε ξυμπέμψαι. 8. Ἔπειτα δὲ οἶδα καὶ πεδία ὄντα καὶ ἱππείαν, ἣν αὐτοὶ οἱ βάρβαροι νομίζουσι κρείττω εἶναι ἁπάσης τῆς βασιλέως ἱππείας. Καὶ νῦν οὗτοι οὐ παρεγένοντο βασιλεῖ καλοῦντι· ἀλλὰ μεῖζον φρονεῖ ὁ ἄρχων αὐτῶν.

9. Εἰ δὲ καὶ δυνηθεῖτε τά τε ὄρη κλέψαι, ἢ φθάσαι λαβόντες, καὶ ἐν τῷ πεδίῳ κρατῆσαι μαχόμενοι τούς τε ἱππεῖς τούτων καὶ πεζῶν μυριάδας πλεῖον ἢ δώδεκα, ἥξετε ἐπὶ τοὺς ποταμούς· πρῶτον μὲν τὸν Θερμώδοντα, εὖρος τριῶν πλέθρων, ὃν χαλεπὸν οἶμαι διαβαίνειν, ἄλλως τε καὶ πολεμίων πολλῶν μὲν ἔμπροσθεν ὄντων, πολλῶν δὲ ὄπισθεν ἑπομένων· δεύτερον δ᾽ Ἶριν, τρίπλεθρον ὡσαύτως· τρίτον δ᾽ Ἅλυν, οὐ μεῖον δυοῖν σταδίοιν, ὃν οὐκ ἂν δύναισθε ἄνευ πλοίων διαβῆναι· πλοῖα δὲ τίς ἔσται ὁ παρέχων; ὡς δ᾽ αὔτως καὶ ὁ Παρθένιος ἄβατος· ἐφ᾽ ὃν ἔλθοιτε ἂν, εἰ τὸν Ἅλυν διαβαίητε. 10. Ἐγὼ μὲν οὖν οὐ χαλεπὴν ὑμῖν εἶναι νομίζω τὴν πορείαν, ἀλλὰ παντάπασιν ἀδύνατον. Ἂν δὲ πλέητε, ἔστιν ἐνθένδε μὲν εἰς Σινώπην παραπλεῦσαι, ἐκ Σινώπης δὲ εἰς Ἡράκλειαν· ἐξ Ἡρακλείας δὲ οὔτε πεζῇ, οὔτε κατὰ θάλατταν ἀπορία· πολλὰ γὰρ καὶ πλοῖά ἐστιν ἐν Ἡρακλείᾳ.

11. Ἐπεὶ δὲ ταῦτα ἔλεξεν, οἱ μὲν ὑπώπτευον, φιλίας ἕνεκα τῆς Κορύλα λέγειν (καὶ γὰρ ἦν πρόξενος αὐτῷ)· οἱ δὲ καὶ, ὡς δῶρα ληψόμενον διὰ τὴν ξυμβουλὴν ταύτην· οἱ δὲ ὑπώπτευον, καὶ τούτου ἕνεκα λέγειν, ὡς μὴ πεζῇ ἰόντες τὴν Σινωπέων χώραν κακόν τι ἐργάζοιντο. Οἱ δ᾽ οὖν Ἕλληνες ἐψηφίσαντο, κατὰ θάλατταν τὴν πορείαν ποιεῖσθαι. 12. Μετὰ ταῦτα Ξενοφῶν εἶπεν· Ὦ Σινωπεῖς, οἱ μὲν ἄνδρες ᾕρηνται πορείαν, ἣν ὑμεῖς ξυμβουλεύετε· οὕτω δὲ ἔχει· εἰ μὲν πλοῖα ἔσεσθαι μέλλει ἱκανὰ ἀριθμῷ, ὡς ἕνα μὴ καταλείπεσθαι ἐνθάδε, ἡμεῖς ἂν πλέοιμεν· εἰ δὲ μέλλοιμεν οἱ μὲν καταλείψεσθαι, οἱ δὲ πλεύσεσθαι, οὐκ ἂν ἐμβαίημεν εἰς τὰ πλοῖα. 13. Γιγνώσκομεν γὰρ, ὅτι, ὅπου μὲν ἂν κρατῶμεν, δυναίμεθ᾽ ἂν καὶ σώζεσθαι καὶ τὰ ἐπιτήδεια ἔχειν· εἰ δέ που ἥττους τῶν πολεμίων ληφθησόμεθα, εὔδηλον δὴ, ὅτι ἐν ἀνδραπόδων χώρᾳ ἐσόμεθα. 14. Ἀκούσαντες ταῦτα οἱ πρέσβεις, ἐκέλευον πέμπειν πρέσβεις. Καὶ πέμπουσι Καλλίμαχον Ἀρκάδα καὶ Ἀρίστωνα Ἀθηναῖον καὶ Σαμόλαν Ἀχαιόν. Καὶ οἱ μὲν ᾤχοντο.

15. Ἐν δὲ τούτῳ τῷ χρόνῳ Ξενοφῶντι, ὁρῶντι μὲν ὁπλίτας πολλοὺς τῶν Ἑλλήνων, ὁρῶντι δὲ καὶ πελταστὰς πολλοὺς καὶ τοξότας καὶ σφενδονήτας, καὶ ἱππεῖς δὲ, καὶ μάλα ἤδη διὰ τὴν τριβὴν ἱκανούς, ὄντας δ᾽ ἐν τῷ Πόντῳ, ἔνθα οὐκ ἂν ἀπ᾽ ὀλίγων χρημάτων τοσαύτη δύναμις παρεσκευάσθη,— καλὸν αὐτῷ ἐδόκει εἶναι, καὶ χώραν καὶ δύναμιν τῇ Ἑλλάδι προσκτήσασθαι, πόλιν κατοικίσαντας. 16. Καὶ γενέσθαι ἂν αὐτῷ ἐδόκει μεγάλη, καταλογιζομένῳ τό τε αὐτῶν πλῆθος, καὶ τοὺς περιοικοῦντας τὸν Πόντον.

Καὶ ἐπὶ τούτοις ἐθύετο, πρίν τινι εἰπεῖν τῶν στρατιωτῶν, Σιλανὸν παρακαλέσας, τὸν Κύρου μάντιν γενόμενον, τὸν Ἀμβρακιώτην. 17. Ὁ δὲ Σιλανός, δεδιὼς, μὴ γένηται ταῦτα, καὶ καταμείνῃ που ἡ στρατιὰ, ἐκφέρει εἰς τὸ στράτευμα λόγον, ὅτι Ξενοφῶν βούλεται καταμεῖναι τὴν στρατιὰν, καὶ πόλιν οἰκίσαι, καὶ ἑαυτῷ ὄνομα καὶ δύναμιν περιποιήσασθαι. 18. Αὐτὸς δ᾽ ὁ Σιλανὸς ἐβούλετο ὅτι τάχιστα εἰς τὴν Ἑλλάδα ἀφικέσθαι· οὓς γὰρ παρὰ Κύρου ἔλαβε τρισχιλίους δαρεικοὺς, ὅτε τὰς δέκα ἡμέρας ἠλήθευσε θυόμενος Κύρῳ, διεσεσώκει.

19. Τῶν δὲ στρατιωτῶν, ἐπεὶ ἤκουσαν, τοῖς μὲν ἐδόκει βέλτιστον εἶναι καταμεῖναι, τοῖς δὲ πολλοῖς οὔ. Τιμασίων δὲ ὁ Δαρδανεὺς, καὶ Θώραξ ὁ Βοιώτιος, πρὸς ἐμπόρους τινὰς παρόντας τῶν Ἡρακλεωτῶν καὶ Σινωπέων λέγουσιν, ὅτι, εἰ μὴ ἐκποριοῦσι τῇ στρατιᾷ μισθὸν, ὥστε ἔχειν τὰ ἐπιτήδεια ἐκπλέοντας, ὅτι κινδυνεύσει μεῖναι τοσαύτη δύναμις ἐν τῷ Πόντῳ· βουλεύεται γὰρ Ξενοφῶν, καὶ ἡμᾶς παρακαλεῖ, ἐπειδὰν ἔλθῃ τὰ πλοῖα, τότε εἰπεῖν ἐξαίφνης τῇ στρατιᾷ· 20. Ἄνδρες, νῦν μὲν ὁρῶμεν ἡμᾶς ἀπόρους ὄντας, καὶ ἐν τῷ ἀπόπλῳ ἔχειν τὰ ἐπιτήδεια, καὶ ὡς οἴκαδε ἀπελθόντας ὀνῆσαί τι τοὺς οἴκοι· εἰ δὲ βούλεσθε τῆς κύκλῳ χώρας περὶ τὸν Πόντον οἰκουμένης ἐκλεξάμενοι, ὅπῃ ἂν βούλησθε, κατασχεῖν, καὶ τὸν μὲν ἐθέλοντα, ἀπιέναι οἴκαδε, τὸν δὲ ἐθέλοντα, μένειν αὐτοῦ, πλοῖα δ᾽ ὑμῖν πάρεστιν, ὥστε, ὅπῃ ἂν βούλησθε, ἐξαίφνης ἂν ἐπιπέσοιτε.

21. Ἀκούσαντες ταῦτα οἱ ἔμποροι ἀπήγγελλον ταῖς πόλεσι· ξυνέπεμψε δ᾽ αὐτοῖς Τιμασίων ὁ Δαρδανεὺς Ἐρύ-

μαχόν τε τὸν Δαρδανέα, καὶ Θώρακα τὸν Βοιώτιον, τὰ αὐτὰ ταῦτα ἐροῦντας. Σινωπεῖς δὲ καὶ Ἡρακλεῶται ταῦτα ἀκούσαντες πέμπουσι πρὸς τὸν Τιμασίωνα, καὶ κελεύουσι προστατεῦσαι, λαβόντα χρήματα, ὅπως ἐκπλεύσῃ ἡ στρατιά. 22. Ὁ δὲ ἄσμενος ἀκούσας, ἐν ξυλλόγῳ τῶν στρατιωτῶν ὄντων, λέγει τάδε· Οὐ δεῖ προσέχειν τῇ μονῇ, ὦ ἄνδρες, οὐδὲ τῆς Ἑλλάδος οὐδὲν περὶ πλείονος ποιεῖσθαι. Ἀκούω δέ τινας θύεσθαι ἐπὶ τούτῳ, οὐδ᾽ ὑμῖν λέγοντας. 23. Ὑπισχνοῦμαι δὲ ὑμῖν, ἂν ἐκπλέητε, ἀπὸ νουμηνίας μισθοφορὰν παρέξειν κυζικηνὸν ἑκάστῳ τοῦ μηνός· καὶ ἄξω ὑμᾶς εἰς τὴν Τρῳάδα, ἔνθεν καὶ εἰμὶ φυγάς· καὶ ὑπάρξει ὑμῖν ἡ ἐμὴ πόλις· ἑκόντες γάρ με δέξονται. 24. Ἡγήσομαι δὲ αὐτὸς ἐγώ, ἔνθεν πολλὰ χρήματα λήψεσθε. Ἔμπειρος δέ εἰμι τῆς Αἰολίδος καὶ τῆς Φρυγίας καὶ τῆς Τρῳάδος καὶ τῆς Φαρναβάζου ἀρχῆς πάσης, τὰ μὲν διὰ τὸ ἐκεῖθεν εἶναι, τὰ δὲ διὰ τὸ ξυνεστρατεῦσθαι ἐν αὐτῇ σὺν Κλεάρχῳ τε καὶ Δερκυλλίδᾳ. 25. Ἀναστὰς δὲ αὖθις Θώραξ ὁ Βοιώτιος (ὃς ἀεὶ περὶ στρατηγίας Ξενοφῶντι ἐμάχετο) ἔφη, εἰ ἐξέλθοιεν ἐκ τοῦ Πόντου, ἔσεσθαι αὐτοῖς Χερρόνησον, χώραν καλὴν καὶ εὐδαίμονα· ὥστε τῷ βουλομένῳ, ἐνοικεῖν, τῷ δὲ μὴ βουλομένῳ, ἀπιέναι οἴκαδε· γελοῖον δὲ εἶναι, ἐν τῇ Ἑλλάδι οὔσης χώρας πολλῆς καὶ ἀφθόνου, ἐν τῇ βαρβάρων μαστεύειν. 26. Ἔστε δ᾽ ἂν, ἔφη, ἐκεῖ γένησθε, κἀγώ, καθάπερ Τιμασίων, ὑπισχνοῦμαι ὑμῖν τὴν μισθοφοράν. Ταῦτα δὲ ἔλεγεν, εἰδώς, ἃ Τιμασίωνι οἱ Ἡρακλεῶται καὶ οἱ Σινωπεῖς ὑπισχνοῦντο, ὥστε ἐκπλεῖν. 27. Ὁ δὲ Ξενοφῶν ἐν τούτῳ ἐσίγα. Ἀναστὰς δὲ Φιλήσιος καὶ Λύκων, οἱ

Ἀχαιοὶ, ἔλεγον, ὡς δεινὸν εἴη, ἰδίᾳ μὲν Ξενοφῶντα πείθειν τε καταμένειν, καὶ θύεσθαι ὑπὲρ τῆς μονῆς, μὴ κοινούμενον τῇ στρατιᾷ· εἰς δὲ τὸ κοινὸν μηδὲν ἀγορεύειν περὶ τούτων· ὥστε ἠναγκάσθη ὁ Ξενοφῶν ἀναστῆναι καὶ εἰπεῖν τάδε·

28. Ἐγώ, ὦ ἄνδρες, θύομαι μὲν, ὡς ὁρᾶτε, ὁπόσα δύναμαι, καὶ ὑπὲρ ὑμῶν καὶ ὑπὲρ ἐμαυτοῦ, ὅπως ταῦτα τυγχάνω καὶ λέγων καὶ νοῶν καὶ πράττων, ὁποῖα μέλλει ὑμῖν τε κάλλιστα καὶ ἄριστα ἔσεσθαι καὶ ἐμοί. Καὶ νῦν ἐθυόμην περὶ αὐτοῦ τούτου, εἰ ἄμεινον εἴη ἄρχεσθαι λέγειν εἰς ὑμᾶς καὶ πράττειν περὶ τούτων, ἢ παντάπασι μηδὲ ἅπτεσθαι τοῦ πράγματος. 29. Σιλανὸς δέ μοι ὁ μάντις ἀπεκρίνατο, τὸ μὲν μέγιστον, τὰ ἱερὰ καλὰ εἶναι (ᾔδει γὰρ καὶ ἐμὲ οὐκ ἄπειρον ὄντα, διὰ τὸ ἀεὶ παρεῖναι τοῖς ἱεροῖς)· ἔλεξε δὲ, ὅτι ἐν τοῖς ἱεροῖς φαίνοιτό τις δόλος καὶ ἐπιβουλὴ ἐμοί, ὡς ἄρα γιγνώσκων, ὅτι αὐτὸς ἐπεβούλευε διαβάλλειν με πρὸς ὑμᾶς. Ἐξήνεγκε γὰρ τὸν λόγον, ὡς ἐγὼ πράττειν ταῦτα διανοοίμην ἤδη, οὐ πείσας ὑμᾶς.

30. Ἐγὼ δέ, εἰ μὲν ἑώρων ἀποροῦντας ὑμᾶς, τοῦτ᾽ ἂν ἐσκόπουν, ἀφ᾽ οὗ ἂν γένοιτο, ὥστε λαβόντας ὑμᾶς πόλιν, τὸν μὲν βουλόμενον, ἀποπλεῖν ἤδη, τὸν δὲ μὴ βουλόμενον, ἐπεὶ κτήσαιτο ἱκανὰ, ὥστε καὶ τοὺς ἑαυτοῦ οἰκείους ὠφελῆσαί τι. 31. Ἐπεὶ δὲ ὁρῶ ὑμῖν καὶ τὰ πλοῖα πέμποντας Ἡρακλεώτας καὶ Σινωπεῖς, ὥστε ἐκπλεῖν, καὶ μισθὸν ὑπισχνουμένους ὑμῖν ἄνδρας ἀπὸ νουμηνίας, καλόν μοι δοκεῖ εἶναι, σωζομένους ἔνθα βουλόμεθα, μισθὸν τῆς πορείας λαμβάνειν· καὶ αὐτός τε παύομαι ἐκείνης τῆς διανοίας, καὶ ὁπόσοι πρὸς ἐμὲ προσῇσαν, λέγοντες ὡς χρὴ ταῦτα πράττειν, ἀναπαύσασθαί φημι χρῆναι. 32. Οὕτω γὰρ

γιγνώσκω· ὁμοῦ μὲν ὄντες πολλοὶ, ὥσπερ νυνὶ, δοκεῖτε ἄν μοι καὶ ἔντιμοι εἶναι, καὶ ἔχειν τὰ ἐπιτήδεια (ἐν γὰρ τῷ κρατεῖν ἐστι καὶ τὸ λαμβάνειν τὰ τῶν ἡττόνων)· διασπασθέντες δ᾽ ἂν, καὶ κατὰ μικρὰ γενομένης τῆς δυνάμεως, οὔτ᾽ ἂν τροφὴν δύναισθε λαμβάνειν, οὔτε χαίροντες ἂν ἀπαλλάξαιτε. 33. Δοκεῖ οὖν μοι, ἅπερ ὑμῖν, ἐκπορεύεσθαι εἰς τὴν Ἑλλάδα· καὶ ἐὰν τις μείνῃ, ἢ ἀπολιπών [τινα] ληφθῇ, πρὶν ἐν ἀσφαλεῖ εἶναι πᾶν τὸ στράτευμα, κρίνεσθαι αὐτὸν ὡς ἀδικοῦντα. Καὶ ὅτῳ δοκεῖ, ἔφη, ταῦτα, ἀράτω τὴν χεῖρα. Ἀνέτειναν ἅπαντες.

34. Ὁ δὲ Σιλανὸς ἐβόα, καὶ ἐπεχείρει λέγειν, ὡς δίκαιον εἴη ἀπιέναι τὸν βουλόμενον. Οἱ δὲ στρατιῶται οὐκ ἠνείχοντο, ἀλλ᾽ ἠπείλουν αὐτῷ, ὅτι, εἰ λήψονται ἀποδιδράσκοντα, τὴν δίκην ἐπιθήσοιεν. 35. Ἐντεῦθεν, ἐπεὶ ἔγνωσαν οἱ Ἡρακλεῶται, ὅτι ἐκπλεῖν δεδογμένον εἴη, καὶ Ξενοφῶν αὐτὸς ἐπεψηφικὼς εἴη, τὰ μὲν πλοῖα πέμπουσι, τὰ δὲ χρήματα, ἃ ὑπέσχοντο Τιμασίωνι καὶ Θώρακι, ἐψευσμένοι ἦσαν τῆς μισθοφορᾶς. 36. Ἐνταῦθα δὲ ἐκπεπληγμένοι ἦσαν καὶ ἐδεδοίκεσαν τὴν στρατιὰν οἱ τὴν μισθοφορὰν ὑπεσχημένοι. Παραλαβόντες οὖν οὗτοι καὶ τοὺς ἄλλους στρατηγούς, οἷς ἀνεκεκοίνωντο ἃ πρόσθεν ἔπραττον (πάντες δ᾽ ἦσαν, πλὴν Νέωνος τοῦ Ἀσιναίου, ὃς Χειρισόφῳ ὑπεστρατήγει, Χειρίσοφος δὲ οὔπω παρῆν), ἔρχονται πρὸς Ξενοφῶντα, καὶ λέγουσιν, ὅτι μεταμέλοι αὐτοῖς, καὶ δοκοίη κράτιστον εἶναι πλεῖν εἰς Φᾶσιν, ἐπεὶ πλοῖα ἔστι, καὶ κατασχεῖν τὴν Φασιανῶν χώραν. 37. Αἰήτου δὲ υἱδοῦς ἐτύγχανε βασιλεύων αὐτῶν. Ξενοφῶν δὲ ἀπεκρίνατο, ὅτι οὐδὲν ἂν τούτων εἴποι εἰς τὴν στρα-

τιάν· ὑμεῖς δὲ ξυλλέξαντες, ἔφη, εἰ βούλεσθε, λέγετε. Ἐνταῦθα ἀποδείκνυται Τιμασίων ὁ Δαρδανεὺς γνώμην, οὐκ ἐκκλησιάζειν, ἀλλὰ τοὺς αὑτοῦ ἕκαστον λοχαγοὺς πρῶτον πειρᾶσθαι πείθειν. Καὶ ἀπελθόντες ταῦτ' ἐποίουν.

CAP. VII.

1. Ταῦτα οὖν οἱ στρατιῶται ἀνεπύθοντο [τὰ] πραττόμενα. Καὶ ὁ Νέων λέγει, ὡς Ξενοφῶν, ἀναπεπεικὼς τοὺς ἄλλους στρατηγούς, διανοεῖται ἄγειν τοὺς στρατιώτας ἐξαπατήσας πάλιν εἰς Φᾶσιν. 2. Ἀκούσαντες δ' οἱ στρατιῶται χαλεπῶς ἔφερον· καὶ ξύλλογοι ἐγίγνοντο, καὶ κύκλοι ξυνίσταντο· καὶ μάλα φοβεροὶ ἦσαν, μὴ ποιήσειαν, οἷα καὶ τοὺς τῶν Κόλχων κήρυκας ἐποίησαν, καὶ τοὺς ἀγορανόμους· ὅσοι γὰρ μὴ εἰς τὴν θάλατταν κατέφυγον, κατελεύσθησαν. 3. Ἐπεὶ δὲ ᾐσθάνετο Ξενοφῶν, ἔδοξεν αὐτῷ ὡς τάχιστα ξυναγαγεῖν αὐτῶν ἀγοράν, καὶ μὴ ἐᾶσαι ξυλλεγῆναι αὐτομάτους· καὶ ἐκέλευσε τὸν κήρυκα ξυλλέγειν ἀγοράν. 4. Οἱ δ' ἐπεὶ τοῦ κήρυκος ἤκουσαν, ξυνέδραμον καὶ μάλα ἑτοίμως. Ἐνταῦθα Ξενοφῶν τῶν μὲν στρατηγῶν οὐ κατηγόρει, ὅτι ἦλθον πρὸς αὐτόν, λέγει δὲ ὧδε·

5. Ἀκούω τινὰ διαβάλλειν, ὦ ἄνδρες, ἐμέ, ὡς ἐγὼ ἄρα ἐξαπατήσας ὑμᾶς μέλλω ἄγειν εἰς Φᾶσιν. Ἀκούσατε οὖν μου, πρὸς θεῶν· καὶ ἐὰν μὲν ἐγὼ φαίνωμαι ἀδικεῖν, οὐ χρή με ἐνθένδε ἀπελθεῖν, πρὶν ἂν δῶ δίκην· ἂν δ' ὑμῖν φαίνωνται ἀδικεῖν οἱ ἐμὲ διαβάλλοντες, οὕτως αὐτοῖς χρῆσθε, ὥσπερ ἄξιον. 6. Ὑμεῖς δ', ἔφη, ἴστε δήπου,

ὅθεν ἥλιος ἀνίσχει, καὶ ὅπου δύεται· καὶ ὅτι, ἐὰν μέν τις εἰς τὴν Ἑλλάδα μέλλῃ ἰέναι, πρὸς ἑσπέραν δεῖ πορεύεσθαι· ἢν δέ τις βούληται εἰς τοὺς βαρβάρους, τοὔμπαλιν πρὸς ἕω. Ἔστιν οὖν ὅστις τοῦτο ἂν δύναιτο ὑμᾶς ἐξαπατῆσαι, ὡς ἥλιος, ἔνθεν μὲν ἀνίσχει, δύεται δὲ ἐνταῦθα, ἔνθα δὲ δύεται, ἀνίσχει δ' ἐντεῦθεν; 7. Ἀλλὰ μὴν καὶ τοῦτό γε ἐπίστασθε, ὅτι βορέας μὲν ἔξω τοῦ Πόντου εἰς τὴν Ἑλλάδα φέρει, νότος δὲ εἴσω εἰς Φᾶσιν· καὶ λέγετε, ὅταν βορρᾶς πνέῃ, ὡς καλοὶ πλοῖ εἰσιν εἰς τὴν Ἑλλάδα. Τοῦτο οὖν ἔστιν, ὅπως τις ἂν ὑμᾶς ἐξαπατήσαι, ὥστε ἐμβαίνειν, ὁπόταν νότος πνέῃ; 8. Ἀλλὰ γὰρ [ὑμᾶς], ὁπόταν γαλήνη ᾖ, ἐμβιβῶ. Οὐκοῦν ἐγὼ μὲν ἐν ἑνὶ πλοίῳ πλεύσομαι, ὑμεῖς δὲ τοὐλάχιστον ἐν ἑκατόν; Πῶς ἂν οὖν ἐγὼ ἢ βιασαίμην ὑμᾶς ξὺν ἐμοὶ πλεῖν, μὴ βουλομένους, ἢ ἐξαπατήσας ἄγοιμι; 9. Ποιῶ δ' ὑμᾶς ἐξαπατηθέντας καὶ καταγοητευθέντας ὑπ' ἐμοῦ ἥκειν εἰς Φᾶσιν· καὶ δὴ καὶ ἀποβαίνομεν εἰς τὴν χώραν. Γνώσεσθε δήπου, ὅτι οὐκ ἐν τῇ Ἑλλάδι ἐστέ· καὶ ἐγὼ μὲν ἔσομαι ὁ ἐξηπατηκὼς εἷς, ὑμεῖς δὲ οἱ ἐξηπατημένοι ἐγγὺς μυρίων, ἔχοντες ὅπλα. Πῶς ἂν οὖν [εἷς] ἀνὴρ μᾶλλον δοίη δίκην, ἢ οὕτω περὶ αὑτοῦ τε καὶ ὑμῶν βουλευόμενος;

10. Ἀλλ' οὗτοί εἰσιν οἱ λόγοι ἀνδρῶν καὶ ἠλιθίων κἀμοὶ φθονούντων, ὅτι ἐγὼ ὑφ' ὑμῶν τιμῶμαι. Καίτοι οὐ δικαίως γ' ἄν μοι φθονοῖεν. Τίνα γὰρ αὐτῶν ἐγὼ κωλύω ἢ λέγειν, εἴ τίς τι ἀγαθὸν δύναται ἐν ὑμῖν, ἢ μάχεσθαι, εἴ τις ἐθέλει, ὑπὲρ ὑμῶν τε καὶ ἑαυτοῦ, ἢ ἐγρηγορέναι περὶ τῆς ὑμετέρας ἀσφαλείας ἐπιμελόμενον; Τί γάρ; ἄρχοντας αἱρουμένων ὑμῶν, ἐγώ τινι ἐμποδών εἰμι; Πα-

ρίημι, ἀρχέτω· μόνον ἀγαθόν τι ποιῶν ὑμᾶς φαινέσθω. 11. Ἀλλὰ γὰρ ἐμοὶ μὲν ἀρκεῖ περὶ τούτων τὰ εἰρημένα· εἰ δέ τις ὑμῶν ἢ αὐτὸς ἐξαπατηθῆναι ἂν οἴεται ταῦτα, ἢ ἄλλον ἐξαπατῆσαι ταῦτα, λέγων διδασκέτω. 12. Ὅταν δὲ τούτων ἅλις ἔχητε, μὴ ἀπέλθητε, πρὶν ἂν ἀκούσητε, οἷον ὁρῶ ἐν τῇ στρατιᾷ ἀρχόμενον πρᾶγμα· ὃ εἰ ἔπεισι, καὶ ἔσται οἷον ὑποδείκνυσιν, ὥρα ἡμῖν βουλεύεσθαι ὑπὲρ ἡμῶν αὐτῶν, μὴ κάκιστοί τε καὶ αἴσχιστοι ἄνδρες ἀποφαινώμεθα καὶ πρὸς θεῶν καὶ πρὸς ἀνθρώπων καὶ φίλων καὶ πολεμίων, καὶ καταφρονηθῶμεν.

13. Ἀκούσαντες δὲ ταῦτα οἱ στρατιῶται, ἐθαύμασάν τε, ὅ τι εἴη, καὶ λέγειν ἐκέλευον. Ἐκ τούτου ἄρχεται πάλιν· Ἐπίστασθέ που, ὅτι χωρία ἦν ἐν τοῖς ὄρεσι βαρβαρικὰ, φίλια τοῖς Κερασουντίοις, ὅθεν κατιόντες τινὲς καὶ ἱερεῖα ἐπώλουν ἡμῖν, καὶ ἄλλα ὧν εἶχον· δοκοῦσι δέ μοι καὶ ὑμῶν τινες, εἰς τὸ ἐγγυτάτω χωρίον τούτων ἐλθόντες, ἀγοράσαντές τι, πάλιν ἐλθεῖν. 14. Τοῦτο καταμαθὼν Κλεάρετος ὁ λοχαγός, ὅτι καὶ μικρὸν εἴη καὶ ἀφύλακτον διὰ τὸ φίλιον νομίζειν εἶναι, ἔρχεται ἐπ' αὐτοὺς τῆς νυκτός, ὡς πορθήσων, οὐδενὶ ἡμῶν εἰπών. 15. Διενενόητο δέ, εἰ λάβοι τόδε τὸ χωρίον, εἰς μὲν τὸ στράτευμα μηκέτι ἐλθεῖν, ἐμβὰς δὲ εἰς πλοῖον, ἐν ᾧ ἐτύγχανον οἱ σύσκηνοι αὐτοῦ παραπλέοντες, καὶ ἐνθέμενος, εἴ τι λάβοι, ἀποπλέων οἴχεσθαι ἔξω τοῦ Πόντου. Καὶ ταῦτα ξυνωμολόγησαν αὐτῷ οἱ ἐκ τοῦ πλοίου σύσκηνοι, ὡς ἐγὼ νῦν αἰσθάνομαι. 16. Παρακαλέσας οὖν, ὁπόσους ἔπειθεν, ἦγεν ἐπὶ τὸ χωρίον. Πορευόμενον δ' αὐτὸν φθάνει ἡμέρα γενομένη, καὶ ξυστάντες οἱ ἄνθρωποι, ἀπὸ ἰσχυρῶν τόπων

βάλλοντες καὶ παίοντες, τόν τε Κλεάρετον ἀποκτείνουσι καὶ τῶν ἄλλων συχνούς· οἱ δέ τινες καὶ εἰς Κερασοῦντα αὐτῶν ἀποχωροῦσι. 17. Ταῦτα δ' ἦν ἐν τῇ ἡμέρᾳ, ᾗ ἡμεῖς δεῦρο ἐξωρμῶμεν πεζῇ. Τῶν δὲ πλεόντων ἔτι τινὲς ἦσαν ἐν Κερασοῦντι, οὔπω ἀνηγμένοι.

Μετὰ τοῦτο, ὡς οἱ Κερασούντιοι λέγουσιν, ἀφικνοῦνται τῶν ἐκ τοῦ χωρίου τρεῖς ἄνδρες τῶν γεραιτέρων, πρὸς τὸ κοινὸν τὸ ἡμέτερον χρῄζοντες ἐλθεῖν. 18. Ἐπεὶ δ' ἡμᾶς οὐ κατέλαβον, πρὸς τοὺς Κερασουντίους ἔλεγον, ὅτι θαυμάζοιεν, τί ἡμῖν δόξειεν ἐλθεῖν ἐπ' αὐτούς. Ἐπεὶ μέντοι σφεῖς λέγειν, ἔφασαν, ὅτι οὐκ ἀπὸ κοινοῦ γένοιτο τὸ πρᾶγμα, ἥδεσθαί τε αὐτοὺς καὶ μέλλειν ἐνθάδε πλεῖν, ὡς ἡμῖν λέξαι τὰ γενόμενα, καὶ τοὺς νεκροὺς κελεύειν αὐτοὺς θάπτειν λαβόντας τοὺς τούτου δεομένους. 19. Τῶν δ' ἀποφυγόντων τινὲς Ἑλλήνων ἔτυχον ἔτι ὄντες ἐν Κερασοῦντι· αἰσθόμενοι δὲ τοὺς βαρβάρους, ὅποι ἴοιεν, αὐτοί τε ἐτόλμησαν βάλλειν τοῖς λίθοις, καὶ τοῖς ἄλλοις παρεκελεύοντο. Καὶ οἱ ἄνδρες ἀποθνήσκουσι, τρεῖς ὄντες, οἱ πρέσβεις, καταλευσθέντες.

20. Ἐπεὶ δὲ τοῦτο ἐγένετο, ἔρχονται πρὸς ἡμᾶς οἱ Κερασούντιοι, καὶ λέγουσι τὸ πρᾶγμα· καὶ ἡμεῖς οἱ στρατηγοὶ ἀκούσαντες ἠχθόμεθά τε τοῖς γεγενημένοις, καὶ ἐβουλευόμεθα ξὺν τοῖς Κερασουντίοις, ὅπως ἂν ταφείησαν οἱ τῶν Ἑλλήνων νεκροί. 21. Συγκαθήμενοι δ' ἔξωθεν τῶν ὅπλων, ἐξαίφνης ἀκούομεν θορύβου πολλοῦ, Παῖε, παῖε, βάλλε, βάλλε· καὶ τάχα δὴ ὁρῶμεν πολλοὺς προσθέοντας, λίθους ἔχοντας ἐν ταῖς χερσὶ, τοὺς δὲ καὶ ἀναιρουμένους. 22. Καὶ οἱ μὲν Κερασούντιοι, ὡς ἂν καὶ ἑωρακότες τὸ

παρ' ἑαυτοῖς πρᾶγμα, δείσαντες ἀποχωροῦσι πρὸς τὰ πλοῖα. Ἦσαν δὲ, νὴ Δία, καὶ ἡμῶν, οἳ ἔδεισαν. 23. Ἔγωγε μὴν ἦλθον πρὸς αὐτοὺς, καὶ ἠρώτων, ὅ τι ἐστὶ τὸ πρᾶγμα. Τῶν δὲ ἦσαν μὲν, οἳ οὐδὲν ᾔδεσαν, ὅμως δὲ λίθους εἶχον ἐν ταῖς χερσίν. Ἐπεὶ δὲ εἰδότι τινὶ ἐπέτυχον, λέγει μοι, ὅτι οἱ ἀγορανόμοι δεινότατα ποιοῦσι τὸ στράτευμα. 24. Ἐν τούτῳ τις ὁρᾷ τὸν ἀγορανόμον Ζήλαρχον πρὸς τὴν θάλατταν ἀποχωροῦντα, καὶ ἀνέκραγεν· οἱ δὲ, ὡς ἤκουσαν, ὥσπερ ἢ συὸς ἀγρίου ἢ ἐλάφου φανέντος, ἵενται ἐπ' αὐτόν. 25. Οἱ δ' αὖ Κερασούντιοι, ὡς εἶδον ὁρμῶντας καθ' αὑτοὺς, σαφῶς νομίζοντες ἐπὶ σφᾶς ἵεσθαι, φεύγουσι δρόμῳ, καὶ ἐμπίπτουσιν εἰς τὴν θάλατταν. Ξυνεισέπεσον δὲ καὶ ἡμῶν αὐτῶν τινες, καὶ ἐπνίγετο, ὅστις νεῖν μὴ ἐτύγχανεν ἐπιστάμενος. 26. Καὶ τούτους τί δοκεῖτε; Ἠδίκουν μὲν οὐδὲν, ἔδεισαν δὲ, μὴ λύττα τις ὥσπερ κυσὶν ἡμῖν ἐμπεπτώκοι.

Εἰ οὖν ταῦτα τοιαῦτα ἔσται, θεάσασθε, οἵα ἡ κατάστασις ἡμῖν ἔσται τῆς στρατιᾶς. 27. Ὑμεῖς μὲν οἱ πάντες οὐκ ἔσεσθε κύριοι οὔτε ἀνελέσθαι πόλεμον, ᾧ ἂν βούλησθε, οὔτε καταλῦσαι· ἰδίᾳ δὲ ὁ βουλόμενος ἄξει στράτευμα, ἐφ' ὅ τι ἂν ἐθέλῃ. Κἄν τινες πρὸς ὑμᾶς ἴωσι πρέσβεις ἢ εἰρήνης δεόμενοι ἢ ἄλλου τινὸς, κατακτείναντες τούτους οἱ βουλόμενοι, ποιήσουσιν ὑμᾶς τῶν λόγων μὴ ἀκοῦσαι τῶν πρὸς ὑμᾶς ἰόντων. 28. Ἔπειτα δὲ, οὓς μὲν ἂν ὑμεῖς ἅπαντες ἕλησθε ἄρχοντας, ἐν οὐδεμιᾷ χώρᾳ ἔσονται· ὅστις δ' ἂν ἑαυτὸν ἕληται στρατηγὸν, καὶ ἐθέλῃ λέγειν, Βάλλε, βάλλε, οὗτος ἔσται ἱκανὸς καὶ ἄρχοντα κατακανεῖν καὶ ἰδιώτην, ὃν ἂν ὑμῶν ἐθέλῃ, ἄκριτον, ἢν ὦσιν οἱ πεισόμενοι αὐτῷ, ὥσπερ καὶ νῦν ἐγένετο.

29. Οἷα δὲ ὑμῖν καὶ διαπεπράχασιν οἱ αὐθαίρετοι οὗτοι στρατηγοί, σκέψασθε. Ζήλαρχος μὲν γὰρ ὁ ἀγορανόμος, εἰ μὲν ἀδικεῖ ὑμᾶς, οἴχεται ἀποπλέων, οὐ δοὺς ὑμῖν δίκην· εἰ δὲ μὴ ἀδικεῖ, φεύγει ἐκ τοῦ στρατεύματος, δείσας, μὴ ἀδίκως ἄκριτος ἀποθάνῃ. 30. Οἱ δὲ καταλεύσαντες τοὺς πρέσβεις διεπράξαντο, ὑμῖν μόνοις μὲν τῶν Ἑλλήνων εἰς Κερασοῦντα μὴ ἀσφαλὲς εἶναι, ἂν μὴ σὺν ἰσχύι, ἀφικνεῖσθαι· τοὺς δὲ νεκρούς, οὓς πρόσθεν αὐτοὶ οἱ κατακανόντες ἐκέλευον θάπτειν, τούτους διεπράξαντο μηδὲ ξὺν κηρυκίῳ ἔτι ἀσφαλὲς εἶναι ἀνελέσθαι. Τίς γὰρ ἐθελήσει κῆρυξ ἰέναι, κήρυκας ἀπεκτονώς; 31. Ἀλλ' ἡμεῖς Κερασουντίων θάψαι αὐτοὺς ἐδεήθημεν.

Εἰ μὲν οὖν ταῦτα καλῶς ἔχει, δοξάτω ὑμῖν· ἵνα, ὡς τοιούτων ἐσομένων, καὶ φυλακὴν ἰδίᾳ ποιήσῃ τις, καὶ τὰ ἐρυμνὰ ὑπερδέξια πειρᾶται ἔχων σκηνοῦν. 32. Εἰ μέντοι ὑμῖν δοκεῖ θηρίων, ἀλλὰ μὴ ἀνθρώπων, εἶναι τὰ τοιαῦτα ἔργα, σκοπεῖτε παυλάν τινα αὐτῶν· εἰ δὲ μή, πρὸς Διός, πῶς ἢ θεοῖς θύσομεν ἡδέως, ποιοῦντες ἔργα ἀσεβῆ, ἢ πολεμίοις πῶς μαχούμεθα, ἢν ἀλλήλους κατακαίνωμεν; 33. Πόλις δὲ φιλία τίς ἡμᾶς δέξεται, ἥτις ἂν ὁρᾷ τοσαύτην ἀνομίαν ἐν ἡμῖν; Ἀγορὰν δὲ τίς ἄξει θαρρῶν, ἢν περὶ τὰ μέγιστα τοιαῦτα ἐξαμαρτάνοντες φαινώμεθα; Οὗ δὲ δὴ πάντων οἰόμεθα τεύξεσθαι ἐπαίνου, τίς ἂν ἡμᾶς τοιούτους ὄντας ἐπαινέσειεν; ἡμεῖς μὲν γὰρ οἶδ' ὅτι πονηροὺς ἂν φαίημεν εἶναι τοὺς τὰ τοιαῦτα ποιοῦντας.

34. Ἐκ τούτου ἀνιστάμενοι πάντες ἔλεγον, τοὺς μὲν τούτων ἄρξαντας δοῦναι δίκην, τοῦ δὲ λοιποῦ μηκέτι ἐξεῖναι ἀνομίας ἄρξαι· ἐὰν δέ τις ἄρξῃ, ἄγεσθαι αὐτοὺς ἐπὶ

θανάτῳ· τοὺς δὲ στρατηγοὺς εἰς δίκας πάντας καταστῆσαι· εἶναι δὲ δίκας καὶ εἴ τι ἄλλο τις ἠδίκητο, ἐξ οὗ Κῦρος ἀπέθανε· δικαστὰς δὲ τοὺς λοχαγοὺς ἐποιήσαντο. 35. Παραινοῦντος δὲ Ξενοφῶντος, καὶ τῶν μάντεων συμβουλευόντων, ἔδοξε καὶ καθῆραι τὸ στράτευμα. Καὶ ἐγένετο καθαρμός.

CAP. VIII.

1. Ἔδοξε δὲ καὶ τοὺς στρατηγοὺς δίκην ὑποσχεῖν τοῦ παρεληλυθότος χρόνου. Καὶ διδόντων, Φιλήσιος μὲν ὦφλε καὶ Ξανθικλῆς τῆς φυλακῆς τῶν γαυλικῶν χρημάτων τὸ μείωμα, εἴκοσι μνᾶς· Σοφαίνετος δὲ, ὅτι ἄρχων αἱρεθεὶς κατημέλει, δέκα μνᾶς. Ξενοφῶντος δὲ κατηγόρησάν τινες, φάσκοντες παίεσθαι ὑπ' αὐτοῦ, καὶ ὡς ὑβρίζοντος τὴν κατηγορίαν ἐποιοῦντο. 2. Καὶ ὁ Ξενοφῶν ἀναστὰς ἐκέλευσεν εἰπεῖν τὸν πρῶτον λέξαντα, ποῦ καὶ ἐπλήγη. Ὁ δὲ ἀποκρίνεται· Ὅπου καὶ τῷ ῥίγει ἀπωλλύμεθα, καὶ χιὼν πλείστη ἦν. 3. Ὁ δὲ εἶπεν· Ἀλλὰ μὴν καὶ χειμῶνός γε ὄντος οἵου λέγεις, σίτου δὲ ἐπιλελοιπότος, οἴνου δὲ μηδ' ὀσφραίνεσθαι παρὸν, ὑπὸ δὲ πόνων πολλῶν ἀπαγορευόντων, πολεμίων δὲ ἑπομένων, — εἰ ἐν τοιούτῳ καιρῷ ὕβριζον, ὁμολογῶ καὶ τῶν ὄνων ὑβριστότερος εἶναι· οἷς φασιν ὑπὸ τῆς ὕβρεως κόπον οὐκ ἐγγίγνεσθαι. 4. Ὅμως δὲ καὶ λέξον, ἔφη, ἐκ τίνος ἐπλήγης. Πότερον ᾔτουν σέ τι, καὶ, ἐπεί μοι οὐκ ἐδίδως, ἔπαιον; Ἀλλ' ἀπῄτουν; Ἀλλὰ περὶ παιδικῶν μαχόμενος, ἀλλὰ μεθύων ἐπαρῴνησα; 5. Ἐπεὶ δὲ τούτων οὐδὲν ἔφησεν, ἐπήρετο αὐτὸν, εἰ ὁπλιτεύοι.

Οὐκ ἔφη. Πάλιν, εἰ πελτάζοι. Οὐδὲ τοῦτ' ἔφη· ἀλλ' ἡμίονον ἐλαύνειν, ταχθεὶς ὑπὸ τῶν συσκήνων, ἐλεύθερος ὤν.

6. Ἐνταῦθα δὴ ἀναγιγνώσκει τε αὐτὸν, καὶ ἤρετο· Ἦ σὺ εἶ ὁ τὸν κάμνοντα ἀπάγων; Ναὶ μὰ Δί', ἔφη· σὺ γὰρ ἠνάγκαζες· τὰ δὲ τῶν ἐμῶν συσκήνων σκεύη διέρριψας. 7. Ἀλλ' ἡ μὲν διάρριψις, ἔφη ὁ Ξενοφῶν, τοιαύτη τις ἐγένετο. Διέδωκα ἄλλοις ἄγειν, καὶ ἐκέλευσα πρὸς ἐμὲ ἀπαγαγεῖν· καὶ ἀπολαβὼν ἅπαντα σῶα ἀπέδωκά σοι, ἐπεὶ καὶ σὺ ἐμοὶ ἀπέδειξας τὸν ἄνδρα. Οἷον δὲ τὸ πρᾶγμα ἐγένετο, ἀκούσατε, ἔφη· καὶ γὰρ ἄξιον. 8. Ἀνὴρ κατελείπετο διὰ τὸ μηκέτι δύνασθαι πορεύεσθαι. Καὶ ἐγὼ τὸν μὲν ἄνδρα τοσοῦτον ἐγίγνωσκον, ὅτι εἷς ἡμῶν εἴη· ἠνάγκασα δέ σε τοῦτον ἄγειν, ὡς μὴ ἀπόλοιτο· καὶ γὰρ, ὡς ἐγὼ οἶμαι, πολέμιοι ἡμῖν ἐφείποντο. Συνέφη τοῦτο ὁ ἄνθρωπος.

9. Οὐκοῦν, ἔφη ὁ Ξενοφῶν, ἐπεὶ προύπεμψά σε, καταλαμβάνω αὖθις, σὺν τοῖς ὀπισθοφύλαξι προσιὼν, βόθρον ὀρύττοντα, ὡς κατορύξοντα τὸν ἄνθρωπον· καὶ ἐπιστὰς ἐπῄνουν σε. 10. Ἐπεὶ δὲ παρεστηκότων ἡμῶν συνέκαμψε τὸ σκέλος ὁ ἀνὴρ, ἀνέκραγον οἱ παρόντες, ὅτι ζῇ ὁ ἀνήρ· σὺ δ' εἶπας· Ὁπόσα γε βούλεται, ὡς ἔγωγε αὐτὸν οὐκ ἄξω. Ἐνταῦθα ἔπαισά σε· ἀληθῆ λέγεις· ἔδοξας γάρ μοι εἰδότι ἐοικέναι, ὅτι ἔζη. 11. Τί οὖν; ἔφη, ἧττόν τι ἀπέθανεν, ἐπεὶ ἐγώ σοι ἀπέδειξα αὐτόν; Καὶ γὰρ ἡμεῖς, ἔφη ὁ Ξενοφῶν, πάντες ἀποθανούμεθα· τούτου οὖν ἕνεκα ζῶντας ἡμᾶς δεῖ κατορυχθῆναι; 12. Τοῦτον μὲν ἀνέκραγον πάντες ὡς ὀλίγας παίσειεν· ἄλλους δ' ἐκέλευε

λέγειν, διὰ τί ἕκαστος ἐπλήγη. Ἐπεὶ δὲ οὐκ ἀνίσταντο, αὐτὸς ἔλεγεν·

13. Ἐγὼ, ὦ ἄνδρες, ὁμολογῶ παῖσαι δὴ ἄνδρας πολλοὺς ἕνεκεν ἀταξίας, ὅσοις σώζεσθαι μὲν ἤρκει δι' ἡμᾶς, ἐν τάξει τε ἰόντων καὶ μαχομένων, ὅπου δέοι· αὐτοὶ δὲ λιπόντες τὰς τάξεις, προθέοντες ἁρπάζειν ἤθελον, καὶ ἡμῶν πλεονεκτεῖν. Εἰ δὲ τοῦτο πάντες ἐποιοῦμεν, ἅπαντες ἂν ἀπωλόμεθα. 14. Ἤδη δὲ καὶ μαλακιζόμενόν τινα, καὶ οὐκ ἐθέλοντα ἀνίστασθαι, ἀλλὰ προϊέμενον αὐτὸν τοῖς πολεμίοις, καὶ ἔπαισα καὶ ἐβιασάμην πορεύεσθαι. Ἐν γὰρ τῷ ἰσχυρῷ χειμῶνι καὶ αὐτός ποτε ἀναμένων τινὰς συσκευαζομένους, καθεζόμενος συχνὸν χρόνον, κατέμαθον ἀναστὰς μόλις, καὶ τὰ σκέλη ἐκτείνας. 15. Ἐν ἐμαυτῷ οὖν πεῖραν λαβὼν, ἐκ τούτου καὶ ἄλλον, ὁπότε ἴδοιμι καθήμενον καὶ βλακεύοντα, ἤλαυνον· τὸ γὰρ κινεῖσθαι καὶ ἀνδρίζεσθαι παρεῖχε θερμασίαν τινὰ καὶ ὑγρότητα· τὸ δὲ καθῆσθαι καὶ ἡσυχίαν ἔχειν ἑώρων ὑπουργὸν ὂν τῷ τε ἀποπήγνυσθαι τὸ αἷμα, καὶ τῷ ἀποσήπεσθαι τοὺς τῶν ποδῶν δακτύλους· ἅπερ πολλοὺς καὶ ὑμεῖς ἴστε παθόντας. 16. Ἄλλον δέ γε ἴσως ὑπολειπόμενόν που διὰ ῥαστώνην, καὶ κωλύοντα καὶ ὑμᾶς τοὺς πρόσθεν καὶ ἡμᾶς τοὺς ὄπισθεν πορεύεσθαι, ἔπαισα πύξ, ὅπως μὴ λόγχῃ ὑπὸ τῶν πολεμίων παίοιτο. 17. Καὶ γὰρ οὖν νῦν ἔξεστιν αὐτοῖς σωθεῖσιν, εἴ τι ὑπ' ἐμοῦ ἔπαθον παρὰ τὸ δίκαιον, δίκην λαβεῖν. Εἰ δ' ἐπὶ τοῖς πολεμίοις ἐγένοντο, τί μέγα ἂν οὕτως ἔπαθον, ὅτου δίκην ἂν ἠξίουν λαμβάνειν;

18. Ἁπλοῦς μοι, ἔφη, ὁ λόγος. [Ἐγὼ γὰρ] εἰ μὲν ἐπ' ἀγαθῷ ἐκόλασά τινα, ἀξιῶ ὑπέχειν δίκην, οἵαν καὶ

γονεῖς υἱοῖς καὶ διδάσκαλοι παισί. Καὶ γὰρ οἱ ἰατροὶ καίουσι καὶ τέμνουσιν ἐπ' ἀγαθῷ. 19. Εἰ δὲ ὕβρει νομίζετέ με ταῦτα πράττειν, ἐνθυμήθητε, ὅτι νῦν ἐγὼ θαρρῶ σὺν τοῖς θεοῖς μᾶλλον ἢ τότε, καὶ θρασύτερός εἰμι νῦν ἢ τότε, καὶ οἶνον πλείω πίνω· ἀλλ' ὅμως οὐδένα παίω· ἐν εὐδίᾳ γὰρ ὁρῶ ὑμᾶς. 20. Ὅταν δὲ χειμὼν ᾖ, καὶ θάλαττα μεγάλη ἐπιφέρηται, οὐχ ὁρᾶτε, ὅτι καὶ νεύματος μόνου ἕνεκα χαλεπαίνει μὲν πρωρεὺς τοῖς ἐν πρώρᾳ, χαλεπαίνει δὲ κυβερνήτης τοῖς ἐν πρύμνῃ; Ἱκανὰ γὰρ ἐν τῷ τοιούτῳ καὶ μικρὰ ἁμαρτηθέντα, πάντα συνεπιτρῖψαι. 21. Ὅτι δὲ δικαίως ἔπαιον αὐτούς, καὶ ὑμεῖς κατεδικάσατε τότε· ἔχοντες γὰρ ξίφη, οὐ ψήφους, παρέστητε, καὶ ἐξῆν ὑμῖν ἐπικουρεῖν αὐτοῖς, εἰ ἐβούλεσθε. Ἀλλὰ μὰ Δία οὔτε τούτοις ἐπεκουρεῖτε, οὔτε σὺν ἐμοὶ τὸν ἀτακτοῦντα ἐπαίετε. 22. Τοιγαροῦν ἐξουσίαν ἐποιήσατε τοῖς κακοῖς αὐτῶν, ὑβρίζειν ἐῶντες αὐτούς. Οἶμαι γάρ, εἰ ἐθέλετε σκοπεῖν, τοὺς αὐτοὺς εὑρήσετε καὶ τότε κακίστους, καὶ νῦν ὑβριστοτάτους. 23. Βοΐσκος γοῦν ὁ πύκτης ὁ Θετταλὸς τότε μὲν διεμάχετο, ὡς κάμνων, ἀσπίδα μὴ φέρειν· νῦν δ', ὡς ἀκούω, Κοτυωριτῶν πολλοὺς ἤδη ἀποδέδυκεν. 24. Ἢν οὖν σωφρονῆτε, τοῦτον τἀναντία ποιήσετε, ἢ τοὺς κύνας ποιοῦσι· τοὺς μὲν γὰρ κύνας τοὺς χαλεποὺς τὰς μὲν ἡμέρας διδέασι, τὰς δὲ νύκτας ἀφιᾶσι· τοῦτον δέ, ἢν σωφρονῆτε, τὴν νύκτα μὲν δήσετε, τὴν δὲ ἡμέραν ἀφήσετε.

25. Ἀλλὰ γάρ, ἔφη, θαυμάζω, ὅτι, εἰ μέν τινι ὑμῶν ἀπηχθόμην, μέμνησθε, καὶ οὐ σιωπᾶτε· εἰ δέ τῳ ἢ χειμῶνα ἐπεκούρησα, ἢ πολέμιον ἀπήρυξα, ἢ ἀσθενοῦντι ἢ ἀποροῦντι συνεξεπόρισά τι, τούτων οὐδεὶς μέμνηται· οὐδ' εἴ τινα

καλῶς τι ποιοῦντα ἐπῄνεσα, οὐδ' εἴ τιν' ἄνδρα ὄντα ἀγαθὸν ἐτίμησα, ὡς ἐδυνάμην, οὐδὲν τούτων μέμνησθε. 26. Ἀλλὰ μὴν καλόν τε καὶ δίκαιον, καὶ ὅσιον καὶ ἥδιον, τῶν ἀγαθῶν μᾶλλον ἢ τῶν κακῶν μεμνῆσθαι. Ἐκ τούτου μὲν δὴ ἀνίσταντο καὶ ἀνεμίμνησκον· καὶ περιεγένετο, ὥστε καλῶς ἔχειν.

ΞΕΝΟΦΩΝΤΟΣ

ΚΥΡΟΥ ΑΝΑΒΑΣΕΩΣ F'.

CAP. I.

Ἐκ τούτου δὲ ἐν τῇ διατριβῇ οἱ μὲν ἀπὸ τῆς ἀγορᾶς ἔζων, οἱ δὲ καὶ ληϊζόμενοι ἐκ τῆς Παφλαγονίας. Ἐκλώπευον δὲ καὶ οἱ Παφλαγόνες εὖ μάλα τοὺς ἀποσκεδαννυμένους, καὶ τῆς νυκτὸς τοὺς πρόσω σκηνοῦντας ἐπειρῶντο κακουργεῖν· καὶ πολεμικώτατα πρὸς ἀλλήλους εἶχον ἐκ τούτων. 2. Ὁ δὲ Κορύλας, ὃς ἐτύγχανε τότε Παφλαγονίας ἄρχων, πέμπει παρὰ τοὺς Ἕλληνας πρέσβεις, ἔχοντας ἵππους καὶ στολὰς καλὰς, λέγοντας, ὅτι Κορύλας ἕτοιμος εἴη, τοὺς Ἕλληνας μήτε ἀδικεῖν, μήτε ἀδικεῖσθαι. 3. Οἱ δὲ στρατηγοὶ ἀπεκρίναντο, ὅτι περὶ μὲν τούτων σὺν τῇ στρατιᾷ βουλεύσοιντο, ἐπὶ ξενίᾳ δὲ ἐδέχοντο αὐτούς· παρεκάλεσαν δὲ καὶ τῶν ἄλλων ἀνδρῶν, οὓς ἐδόκουν δικαιοτάτους εἶναι. 4. Θύσαντες δὲ βοῦς τῶν αἰχμαλώτων καὶ ἄλλα ἱερεῖα, εὐωχίαν μὲν ἀρκοῦσαν παρεῖχον, κατακείμενοι δὲ ἐν σκίμποσιν ἐδείπνουν, καὶ ἔπινον ἐκ κερατίνων ποτηρίων, οἷς ἐνετύγχανον ἐν τῇ χώρᾳ. 5. Ἐπεὶ δὲ σπονδαί τ' ἐγένοντο καὶ ἐπαιώνισαν, ἀνέστησαν πρῶτον μὲν Θρᾷκες, καὶ πρὸς αὐλὸν ὠρχήσαντο σὺν τοῖς ὅπλοις, καὶ ἥλλοντο ὑψηλά τε καὶ κούφως, καὶ ταῖς μαχαίραις ἐχρῶντο· τέλος δὲ ὁ ἕτερος τὸν ἕτερον παίει, ὡς πᾶσιν ἐδόκει πεπληγέναι τὸν ἄνδρα· ὁ δ᾽ ἔπεσε τεχνικῶς πως. 6. Καὶ ἀνέκραγον οἱ Παφλαγόνες. Καὶ ὁ μὲν σκυλεύσας τὰ ὅπλα τοῦ ἑτέρου, ἐξῄει ᾄδων τὸν Σιτάλκαν· ἄλλοι δὲ τῶν Θρᾳκῶν τὸν ἕτερον ἐξέφερον ὡς τεθνηκότα· ἦν δὲ οὐδὲν πεπονθώς. 7. Μετὰ τοῦτο Αἰνιᾶνες καὶ Μάγνητες ἀνέστησαν, οἳ ὠρχοῦντο τὴν καρπαίαν καλουμένην ἐν τοῖς ὅπλοις. 8. Ὁ δὲ τρόπος τῆς ὀρχήσεως ἦν [ὅδε]· ὁ μὲν παραθέμενος τὰ ὅπλα σπείρει καὶ ζευγηλατεῖ, πυκνὰ μεταστρεφόμενος ὡς φοβούμενος· λῃστὴς δὲ προσέρχεται· ὁ δ᾽ ἐπειδὰν προΐδηται, ἀπαντᾷ ἁρπάσας τὰ ὅπλα, καὶ μάχεται πρὸ τοῦ ζεύγους· (καὶ οὗτοι ταῦτ᾽ ἐποίουν ἐν ῥυθμῷ πρὸς τὸν αὐλόν·) καὶ τέλος ὁ λῃστὴς δήσας τὸν ἄνδρα καὶ τὸ ζεῦγος ἀπάγει· ἐνίοτε δὲ καὶ ὁ ζευγηλάτης τὸν λῃστήν· εἶτα παρὰ τοὺς βοῦς ζεύξας, ὀπίσω τὼ χεῖρε δεδεμένον ἐλαύνει.

9. Μετὰ τοῦτο Μυσὸς εἰσῆλθεν, ἐν ἑκατέρᾳ τῇ χειρὶ ἔχων πέλτην· καὶ τοτὲ μὲν ὡς δύο ἀντιταττομένων μιμούμενος ὠρχεῖτο, τοτὲ δὲ ὡς πρὸς ἕνα ἐχρῆτο ταῖς πέλταις, τοτὲ δ᾽ ἐδινεῖτο καὶ ἐξεκυβίστα ἔχων τὰς πέλτας· ὥστε ὄψιν καλὴν φαίνεσθαι. 10. Τέλος δὲ τὸ Περσικὸν ὠρχεῖτο, κρούων τὰς πέλτας· καὶ ὤκλαζε καὶ ἐξανίστατο· καὶ ταῦτα πάντα ἐν ῥυθμῷ ἐποίει πρὸς τὸν αὐλόν. 11. Ἐπὶ δὲ τούτῳ ἐπιόντες οἱ Μαντινεῖς, καὶ ἄλλοι τινὲς τῶν Ἀρκάδων ἀναστάντες, ἐξοπλισάμενοι ὡς ἐδύναντο κάλλιστα, ᾖσάν τε ἐν ῥυθμῷ, πρὸς τὸν ἐνόπλιον ῥυθμὸν

αὐλούμενοι, καὶ ἐπαιώνισαν καὶ ὠρχήσαντο, ὥσπερ ἐν ταῖς πρὸς τοὺς θεοὺς προσόδοις. Ὁρῶντες δὲ οἱ Παφλαγόνες, δεινὰ ἐποιοῦντο, πάσας τὰς ὀρχήσεις ἐν ὅπλοις εἶναι. 12. Ἐπὶ τούτοις ὁρῶν ὁ Μυσὸς ἐκπεπληγμένους αὐτοὺς, πείσας τῶν Ἀρκάδων τινὰ πεπαμένον ὀρχηστρίδα, εἰσάγει, σκευάσας ὡς ἐδύνατο κάλλιστα, καὶ ἀσπίδα δοὺς κούφην αὐτῇ. Ἡ δὲ ὠρχήσατο πυρρίχην ἐλαφρῶς. 13. Ἐνταῦθα κρότος ἦν πολύς· καὶ οἱ Παφλαγόνες ἤροντο, εἰ καὶ γυναῖκες συνεμάχοντο αὐτοῖς. Οἱ δ' ἔλεγον, ὅτι αὗται καὶ αἱ τρεψάμεναι εἶεν βασιλέα ἐκ τοῦ στρατοπέδου. Τῇ μὲν οὖν νυκτὶ ταύτῃ τοῦτο τὸ τέλος ἐγένετο.

14. Τῇ δὲ ὑστεραίᾳ προσῆγον αὐτοὺς εἰς τὸ στράτευμα· καὶ ἔδοξε τοῖς στρατιώταις, μήτε ἀδικεῖν Παφλαγόνας, μήτε ἀδικεῖσθαι. Μετὰ τοῦτο οἱ μὲν πρέσβεις ᾤχοντο· οἱ δὲ Ἕλληνες, ἐπειδὴ πλοῖα ἱκανὰ ἐδόκει παρεῖναι, ἀναβάντες ἔπλεον ἡμέραν καὶ νύκτα πνεύματι καλῷ, ἐν ἀριστερᾷ ἔχοντες τὴν Παφλαγονίαν. 15. Τῇ δ' ἄλλῃ ἀφικνοῦνται εἰς Σινώπην, καὶ ὡρμίσαντο εἰς Ἁρμήνην τῆς Σινώπης. Σινωπεῖς δὲ οἰκοῦσι μὲν ἐν τῇ Παφλαγονικῇ, Μιλησίων δὲ ἄποικοί εἰσιν. Οὗτοι δὲ ξένια πέμπουσι τοῖς Ἕλλησιν, ἀλφίτων μὲν μεδίμνους τρισχιλίους, οἴνου δὲ κεράμια χίλια καὶ πεντακόσια. 16. Καὶ Χειρίσοφος ἐνταῦθα ἦλθε τριήρη ἔχων. Καὶ οἱ μὲν στρατιῶται προσεδόκων, ἄγοντά τι σφίσιν ἥκειν· ὁ δ' ἦγε μὲν οὐδὲν, ἀπήγγελλε δὲ, ὅτι ἐπαινοίη αὐτοὺς καὶ Ἀναξίβιος ὁ ναύαρχος καὶ οἱ ἄλλοι, καὶ ὅτι ὑπισχνεῖτο Ἀναξίβιος, εἰ ἀφικνοῖντο ἔξω τοῦ Πόντου, μισθοφορὰν αὐτοῖς ἔσεσθαι.

17. Καὶ ἐν ταύτῃ τῇ Ἁρμήνῃ ἔμειναν οἱ στρατιῶται

ἡμέρας πέντε. Ὡς δὲ τῆς Ἑλλάδος ἐδόκουν ἐγγὺς γίγνεσθαι, ἤδη μᾶλλον ἢ πρόσθεν εἰσῄει αὐτοὺς, ὅπως ἂν καὶ ἔχοντές τι οἴκαδε ἀφίκωνται. 18. Ἡγήσαντο οὖν, εἰ ἕνα ἕλοιντο ἄρχοντα, μᾶλλον ἂν ἢ πολυαρχίας οὔσης δύνασθαι τὸν ἕνα χρῆσθαι τῷ στρατεύματι καὶ νυκτὸς καὶ ἡμέρας· καὶ εἴ τι δέοι λανθάνειν, μᾶλλον ἂν κρύπτεσθαι· καὶ εἴ τι αὖ δέοι φθάνειν, ἧττον ἂν ὑστερίζειν· οὐ γὰρ ἂν λόγων δεῖν πρὸς ἀλλήλους, ἀλλὰ τὸ δόξαν τῷ ἑνὶ περαίνεσθαι ἄν· τὸν δ' ἔμπροσθεν χρόνον ἐκ τῆς νικώσης ἔπραττον πάντα οἱ στρατηγοί. 19. Ὡς δὲ ταῦτα διενοοῦντο, ἐτράποντο ἐπὶ τὸν Ξενοφῶντα· καὶ οἱ λοχαγοὶ ἔλεγον προσιόντες αὐτῷ, ὅτι ἡ στρατιὰ οὕτω γιγνώσκει· καὶ εὔνοιαν ἐνδεικνύμενος ἕκαστος ἔπειθεν αὐτὸν ὑποστῆναι τὴν ἀρχήν. 20. Ὁ δὲ Ξενοφῶν πῇ μὲν ἐβούλετο ταῦτα, νομίζων καὶ τὴν τιμὴν μείζω οὕτως ἑαυτῷ γίγνεσθαι, καὶ πρὸς τοὺς φίλους καὶ εἰς τὴν πόλιν τοὔνομα μεῖζον ἀφίξεσθαι αὐτοῦ· τυχὸν δὲ καὶ ἀγαθοῦ τινος ἂν αἴτιος τῇ στρατιᾷ γενέσθαι.

21. Τὰ μὲν δὴ τοιαῦτα ἐνθυμήματα ἐπῆρεν αὐτὸν ἐπιθυμεῖν αὐτοκράτορα γενέσθαι ἄρχοντα. Ὁπότε δ' αὖ ἐνθυμοῖτο, ὅτι ἄδηλον μὲν παντὶ ἀνθρώπῳ, ὅπη τὸ μέλλον ἕξει, διὰ τοῦτο δὲ καὶ κίνδυνος εἴη καὶ τὴν προειργασμένην δόξαν ἀποβαλεῖν, ἠπορεῖτο. 22. Διαπορουμένῳ δὲ αὐτῷ διακρῖναι ἔδοξε κράτιστον εἶναι, τοῖς θεοῖς ἀνακοινῶσαι· καὶ παραστησάμενος δύο ἱερεῖα, ἐθύετο τῷ Διὶ τῷ Βασιλεῖ, ὅσπερ αὐτῷ μαντευτὸς ἦν ἐκ Δελφῶν· καὶ τὸ ὄναρ δὴ ἀπὸ τούτου τοῦ θεοῦ ἐνόμιζεν ἑωρακέναι, ὃ εἶδεν, ὅτε ἤρχετο ἐπὶ τὸ συνεπιμελεῖσθαι τῆς στρατιᾶς καθίστασθαι. 23. Καὶ ὅτε ἐξ Ἐφέσου δὲ ὡρμᾶτο Κύρῳ συσταθησόμενος, ἀετὸν

ἀνεμιμνήσκετο ἑαυτῷ δεξιὸν φθεγγόμενον, καθήμενον μέντοι, ὥσπερ ὁ μάντις ὁ προπέμπων αὐτὸν ἔλεγεν, ὅτι μέγας μὲν οἰωνὸς εἴη καὶ οὐκ ἰδιωτικὸς, καὶ ἔνδοξος, ἐπίπονος μέντοι· τὰ γὰρ ὄρνεα μάλιστα ἐπιτίθεσθαι τῷ ἀετῷ καθημένῳ· οὐ μέντοι χρηματιστικὸν εἶναι τὸν οἰωνόν· τὸν γὰρ ἀετὸν πετόμενον μᾶλλον λαμβάνειν τὰ ἐπιτήδεια. 24. Οὕτω δὴ θυομένῳ αὐτῷ διαφανῶς ὁ θεὸς σημαίνει, μήτε προσδεῖσθαι τῆς ἀρχῆς, μήτε, εἰ αἱροῖντο, ἀποδέχεσθαι. Τοῦτο μὲν δὴ οὕτως ἐγένετο. 25. Ἡ δὲ στρατιὰ συνῆλθε, καὶ πάντες ἔλεγον ἕνα αἱρεῖσθαι· καὶ ἐπεὶ τοῦτο ἔδοξε, προεβάλλοντο αὐτόν. Ἐπεὶ δὲ ἐδόκει δῆλον εἶναι, ὅτι αἱρήσονται αὐτὸν, εἴ τις ἐπιψηφίζοι, ἀνέστη καὶ ἔλεξε τάδε·

26. Ἐγὼ, ὦ ἄνδρες, ἥδομαι μὲν ὑπὸ ὑμῶν τιμώμενος, εἴπερ ἄνθρωπός εἰμι, καὶ χάριν ἔχω, καὶ εὔχομαι δοῦναί μοι τοὺς θεοὺς αἴτιόν τινος ὑμῖν ἀγαθοῦ γενέσθαι· τὸ μέντοι ἐμὲ προκριθῆναι ὑφ᾽ ὑμῶν ἄρχοντα, Λακεδαιμονίου ἀνδρὸς παρόντος, οὔτε ὑμῖν μοι δοκεῖ συμφέρον εἶναι, ἀλλ᾽ ἧττον ἂν διὰ τοῦτο τυγχάνειν, εἴ τι δέοισθε, παρ᾽ αὐτῶν· ἐμοί τε αὖ οὐ πάνυ τι νομίζω ἀσφαλὲς εἶναι τοῦτο. 27. Ὁρῶ γὰρ, ὅτι καὶ τῇ πατρίδι μου οὐ πρόσθεν ἐπαύσαντο πολεμοῦντες, πρὶν ἐποίησαν πᾶσαν τὴν πόλιν ὁμολογεῖν, Λακεδαιμονίους καὶ αὐτῶν ἡγεμόνας εἶναι. 28. Ἐπεὶ δὲ τοῦτο ὡμολόγησαν, εὐθὺς ἐπαύσαντο πολεμοῦντες, καὶ οὐκέτι πέρα ἐπολιόρκησαν τὴν πόλιν. Εἰ οὖν ταῦτα ὁρῶν ἐγὼ δοκοίην, ὅπου δυναίμην, ἐνταῦθ᾽ ἄκυρον ποιεῖν τὸ ἐκείνων ἀξίωμα, ἐκεῖνο ἐννοῶ, μὴ λίαν ἂν ταχὺ σωφρονισθείην. 29. Ὃ δὲ ὑμεῖς ἐννοεῖτε, ὅτι ἧττον ἂν στάσις εἴη ἑνὸς ἄρχοντος, ἢ πολλῶν, εὖ ἴστε, ὅτι ἄλλον μὲν ἑλόμενοι οὐχ

εὑρήσετε ἐμὲ στασιάζοντα· νομίζω γὰρ, ὅστις ἐν πολέμῳ ὢν στασιάζει πρὸς ἄρχοντα, τοῦτον πρὸς τὴν ἑαυτοῦ σωτηρίαν στασιάζειν· ἐὰν δ' ἐμὲ ἕλησθε, οὐκ ἂν θαυμάσαιμι, εἴ τινα εὕροιτε καὶ ὑμῖν καὶ ἐμοὶ ἀχθόμενον. 30. Ἐπεὶ δὲ ταῦτα εἶπε, πολὺ πλείονες ἐξανίσταντο, λέγοντες, ὡς δέοι αὐτὸν ἄρχειν. Ἀγασίας δὲ Στυμφάλιος εἶπεν, ὅτι γελοῖον εἴη, εἰ οὕτως ἔχοι, εἰ ὀργιοῦνται Λακεδαιμόνιοι, καὶ ἐὰν σύνδειπνοι συνελθόντες μὴ Λακεδαιμόνιον συμποσίαρχον αἱρῶνται. Ἐπεὶ εἰ οὕτω γε τοῦτο ἔχει, ἔφη, οὐδὲ λοχαγεῖν ἡμῖν ἔξεστιν, ὡς ἔοικεν, ὅτι Ἀρκάδες ἐσμέν. Ἐνταῦθα δὴ, ὡς εὖ εἰπόντος τοῦ Ἀγασίου, ἀνεθορύβησαν. 31. Καὶ ὁ Ξενοφῶν, ἐπεὶ ἑώρα πλείονος ἐνδέον, παρελθὼν εἶπεν· Ἀλλ', ὦ ἄνδρες, ἔφη, ὡς πάνυ εἰδῆτε, ὀμνύω ὑμῖν θεοὺς πάντας καὶ πάσας, ἦ μὴν ἐγὼ, ἐπεὶ τὴν ὑμετέραν γνώμην ᾐσθανόμην, ἐθυόμην, εἰ βέλτιον εἴη ὑμῖν τε, ἐμοὶ ἐπιτρέψαι ταύτην τὴν ἀρχὴν, καὶ ἐμοὶ, ὑποστῆναι· καί μοι οἱ θεοὶ οὕτως ἐν τοῖς ἱεροῖς ἐσήμηναν, ὥστε καὶ ἰδιώτην ἂν γνῶναι, ὅτι ταύτης τῆς μοναρχίας ἀπέχεσθαί με δεῖ.

32. Οὕτω δὴ Χειρίσοφον αἱροῦνται. Χειρίσοφος δ' ἐπεὶ ᾑρέθη, παρελθὼν εἶπεν· Ἀλλ', ὦ ἄνδρες, τοῦτο μὲν ἴστε, ὅτι οὐδ' ἂν ἔγωγε ἐστασίαζον, εἰ ἄλλον εἵλεσθε. Ξενοφῶντα μέντοι, ἔφη, ὠνήσατε, οὐχ ἑλόμενοι· ὡς καὶ νῦν Δέξιππος ἤδη διέβαλλεν αὐτὸν πρὸς Ἀναξίβιον, ὅ τι ἐδύνατο, καὶ μάλα ἐμοῦ αὐτὸν σιγάζοντος. (Ὁ δ' ἔφη νομίζειν, αὐτὸν Τιμασίωνι μᾶλλον συνάρχειν ἐθελῆσαι, Δαρδανεῖ ὄντι, τοῦ Κλεάρχου στρατεύματος, ἢ ἑαυτῷ, Λάκωνι ὄντι.) 33. Ἐπεὶ μέντοι ἐμὲ εἵλεσθε, ἔφη, καὶ ἐγὼ πει-

ράσομαι, ὅ τι ἂν δύνωμαι, ὑμᾶς ἀγαθὸν ποιεῖν. Καὶ ὑμεῖς οὕτω παρασκευάζεσθε, ὡς αὔριον, ἐὰν πλοῦς ᾖ, ἀναξόμενοι· ὁ δὲ πλοῦς ἔσται εἰς Ἡράκλειαν· ἅπαντας οὖν δεῖ ἐκεῖσε πειρᾶσθαι κατασχεῖν· τὰ δ' ἄλλα, ἐπειδὰν ἐκεῖσε ἔλθωμεν, βουλευσόμεθα.

CAP. II.

1. Ἐντεῦθεν τῇ ὑστεραίᾳ ἀναγόμενοι πνεύματι ἔπλεον καλῷ ἡμέρας δύο παρὰ γῆν. Καὶ παραπλέοντες ἐθεώρουν τήν τ' Ἰασονίαν ἀκτήν, ἔνθα ἡ Ἀργὼ λέγεται ὁρμίσασθαι, καὶ τῶν ποταμῶν τὰ στόματα· πρῶτον μὲν τοῦ Θερμώδοντος, ἔπειτα δὲ τοῦ Ἴριος, ἔπειτα δὲ τοῦ Ἅλυος, μετὰ δὲ τοῦτον τοῦ Παρθενίου· τοῦτον δὲ παραπλεύσαντες, ἀφίκοντο εἰς Ἡράκλειαν, πόλιν Ἑλληνίδα, Μεγαρέων ἄποικον, οὖσαν δ' ἐν τῇ Μαριανδυνῶν χώρᾳ. 2. Καὶ ὡρμίσαντο παρὰ τῇ Ἀχερουσιάδι Χερρονήσῳ· ἔνθα λέγεται ὁ Ἡρακλῆς ἐπὶ τὸν Κέρβερον κύνα καταβῆναι, ᾗ νῦν τὰ σημεῖα δεικνύουσι τῆς καταβάσεως, τὸ βάθος πλέον ἢ ἐπὶ δύο στάδια. 3. Ἐνταῦθα τοῖς Ἕλλησιν οἱ Ἡρακλεῶται ξένια πέμπουσιν, ἀλφίτων μεδίμνους τρισχιλίους, καὶ οἴνου κεράμια δισχίλια, καὶ βοῦς εἴκοσι, καὶ οἷς ἑκατόν. Ἐνταῦθα διὰ τοῦ πεδίου ῥεῖ ποταμός, Λύκος ὄνομα, εὖρος ὡς δύο πλέθρων.

4. Οἱ δὲ στρατιῶται συλλεγέντες ἐβουλεύοντο, τὴν λοιπὴν πορείαν πότερον κατὰ γῆν ἢ κατὰ θάλατταν χρὴ πορευθῆναι ἐκ τοῦ Πόντου. Ἀναστὰς δὲ Λύκων Ἀχαιὸς εἶπε· Θαυμάζω μέν, ὦ ἄνδρες, τῶν στρατηγῶν, ὅτι οὐ

πειρῶνται ἡμῖν ἐκπορίζειν σιτηρέσιον· τὰ μὲν γὰρ ξένια οὐ μὴ γένηται τῇ στρατιᾷ τριῶν ἡμερῶν σιτία· ὁπόθεν δ' ἐπισιτισάμενοι πορευσόμεθα, οὐκ ἔστιν, ἔφη. Ἐμοὶ οὖν δοκεῖ, αἰτεῖν τοὺς Ἡρακλεώτας μὴ ἔλαττον ἢ τρισχιλίους κυζικηνούς. 5. Ἄλλος δ' εἶπε, [μηνὸς μισθὸν,] μὴ ἔλαττον ἢ μυρίους· καὶ ἑλομένους πρέσβεις αὐτίκα μάλα, ἡμῶν καθημένων, πέμπειν πρὸς τὴν πόλιν, καὶ εἰδέναι ὅ τι ἂν ἀπαγγέλλωσι, καὶ πρὸς ταῦτα βουλεύεσθαι. 6. Ἐντεῦθεν προὐβάλλοντο πρέσβεις, πρῶτον μὲν Χειρίσοφον, ὅτι ἄρχων ᾕρητο· ἔστι δ' οἳ καὶ Ξενοφῶντα. Οἱ δὲ ἰσχυρῶς ἀπεμάχοντο· ἀμφοῖν γὰρ ταὐτὰ ἐδόκει, μὴ ἀναγκάζειν πόλιν Ἑλληνίδα καὶ φιλίαν, ὅ τι μὴ αὐτοὶ ἐθέλοντες διδοῖεν. 7. Ἐπεὶ δ' οὖν οὗτοι ἐδόκουν ἀπρόθυμοι εἶναι, πέμπουσι Λύκωνα Ἀχαιὸν, καὶ Καλλίμαχον Παρράσιον, καὶ Ἀγασίαν Στυμφάλιον. Οὗτοι ἐλθόντες ἔλεγον τὰ δεδογμένα· τὸν δὲ Λύκωνα ἔφασαν καὶ ἐπαπειλεῖν, εἰ μὴ ποιήσοιεν ταῦτα. 8. Ἀκούσαντες δ' οἱ Ἡρακλεῶται, βουλεύσεσθαι ἔφασαν· καὶ εὐθὺς τά τε χρήματα ἐκ τῶν ἀγρῶν συνῆγον, καὶ τὴν ἀγορὰν εἴσω ἀνεσκεύασαν, καὶ αἱ πύλαι ἐκέκλειντο, καὶ ἐπὶ τῶν τειχῶν ὅπλα ἐφαίνετο.

9. Ἐκ τούτου οἱ ταράξαντες ταῦτα τοὺς στρατηγοὺς ᾐτιῶντο διαφθείρειν τὴν πρᾶξιν· καὶ συνίσταντο οἱ Ἀρκάδες καὶ οἱ Ἀχαιοί· προειστήκει δὲ μάλιστα αὐτῶν Καλλίμαχός τε ὁ Παρράσιος καὶ Λύκων ὁ Ἀχαιός. 10. Οἱ δὲ λόγοι ἦσαν αὐτοῖς, ὡς αἰσχρὸν εἴη ἄρχειν ἕνα Ἀθηναῖον Πελοποννησίων καὶ Λακεδαιμονίων, μηδεμίαν δύναμιν παρεχόμενον εἰς τὴν στρατιάν· καὶ τοὺς μὲν πόνους σφᾶς ἔχειν, τὰ δὲ κέρδη ἄλλους, καὶ ταῦτα τὴν σωτηρίαν σφῶν

κατειργασμένων· είναι γὰρ τοὺς κατειργασμένους Ἀρκάδας καὶ Ἀχαιούς, τὸ δ' ἄλλο στράτευμα οὐδὲν εἶναι. (Καὶ ἦν δὲ τῇ ἀληθείᾳ ὑπὲρ ἥμισυ τοῦ ὅλου στρατεύματος Ἀρκάδες καὶ Ἀχαιοί.) 11. Εἰ οὖν σωφρονοῖεν οὗτοι, συστάντες καὶ στρατηγοὺς ἑλόμενοι ἑαυτῶν, καθ' ἑαυτοὺς ἂν τὴν πορείαν ποιοῖντο, καὶ πειρῷντο ἀγαθόν τι λαμβάνειν. 12. Ταῦτ' ἔδοξε· καὶ ἀπολιπόντες Χειρίσοφον, εἴ τινες ἦσαν παρ' αὐτῷ Ἀρκάδες ἢ Ἀχαιοί, καὶ Ξενοφῶντα, συνέστησαν· καὶ στρατηγοὺς αἱροῦνται ἑαυτῶν δέκα· τούτους δὲ ἐψηφίσαντο ἐκ τῆς νικώσης, ὅ τι δοκοίη, τοῦτο ποιεῖν. Ἡ μὲν οὖν τοῦ παντὸς ἀρχὴ Χειρισόφῳ ἐνταῦθα κατελύθη, ἡμέρᾳ ἕκτῃ ἢ ἑβδόμῃ ἀφ' ἧς ᾑρέθη.

13. Ξενοφῶν μέντοι ἐβούλετο κοινῇ μετ' αὐτῶν τὴν πορείαν ποιεῖσθαι, νομίζων, οὕτως ἀσφαλεστέραν εἶναι, ἢ ἰδίᾳ ἕκαστον στέλλεσθαι· ἀλλὰ Νέων ἔπειθεν αὐτὸν καθ' αὑτὸν πορεύεσθαι, ἀκούσας τοῦ Χειρισόφου, ὅτι Κλέανδρος ὁ ἐν Βυζαντίῳ ἁρμοστὴς φαίη, τριήρεις ἔχων ἥξειν εἰς Κάλπης λιμένα. 14. Ὅπως οὖν μηδεὶς μετάσχοι, ἀλλ' αὐτοὶ καὶ οἱ αὐτῶν στρατιῶται ἐκπλεύσειαν ἐπὶ τῶν τριήρων, διὰ ταῦτα συνεβούλευε. Καὶ Χειρίσοφος, ἅμα μὲν ἀθυμῶν τοῖς γεγενημένοις, ἅμα δὲ μισῶν ἐκ τούτου τὸ στράτευμα, ἐπιτρέπει αὐτῷ ποιεῖν ὅ τι βούλεται. 15. Ξενοφῶν δὲ ἔτι μὲν ἐπεχείρησεν ἀπαλλαγεὶς τῆς στρατιᾶς ἐκπλεῦσαι· θυομένῳ δὲ αὐτῷ τῷ Ἡγεμόνι Ἡρακλεῖ, καὶ κοινουμένῳ, πότερα λῷον καὶ ἄμεινον εἴη στρατεύεσθαι ἔχοντι τοὺς παραμείναντας τῶν στρατιωτῶν, ἢ ἀπαλλάττεσθαι, ἐσήμηνεν ὁ θεὸς τοῖς ἱεροῖς, συστρατεύεσθαι. 16. Οὕτω γίγνεται τὸ στράτευμα τριχῇ· Ἀρκάδες μὲν καὶ Ἀχαιοὶ πλείους ἢ

τετρακισχίλιοι [καὶ πεντακόσιοι], ὁπλῖται πάντες· Χειρισόφῳ δ' ὁπλῖται μὲν εἰς τετρακοσίους καὶ χιλίους, πελτασταὶ δὲ εἰς ἑπτακοσίους, οἱ Κλεάρχου Θρᾷκες· Ξενοφῶντι δὲ ὁπλῖται μὲν εἰς ἑπτακοσίους καὶ χιλίους, πελτασταὶ δὲ εἰς τριακοσίους· ἱππικὸν δὲ μόνος οὗτος εἶχεν, ἀμφὶ τετταράκοντα ἱππέας. 17. Καὶ οἱ μὲν Ἀρκάδες, διαπραξάμενοι πλοῖα παρὰ τῶν Ἡρακλεωτῶν, πρῶτοι πλέουσιν, ὅπως ἐξαίφνης ἐπιπεσόντες τοῖς Βιθυνοῖς, λάβοιεν ὅτι πλεῖστα· καὶ ἀποβαίνουσιν εἰς Κάλπης λιμένα, κατὰ μέσον πως τῆς Θρᾴκης. 18. Χειρίσοφος δ' εὐθὺς ἀπὸ τῆς πόλεως τῶν Ἡρακλεωτῶν ἀρξάμενος, πεζῇ ἐπορεύετο διὰ τῆς χώρας· ἐπεὶ δὲ εἰς τὴν Θρᾴκην ἐνέβαλε, παρὰ τὴν θάλατταν ᾔει· καὶ γὰρ ἤδη ἠσθένει. 19. Ξενοφῶν δὲ πλοῖα λαβὼν, ἀποβαίνει ἐπὶ τὰ ὅρια τῆς Θρᾴκης καὶ τῆς Ἡρακλεώτιδος, καὶ διὰ μεσογαίας ἐπορεύετο.

CAP. III.

1. [Ὃν μὲν οὖν τρόπον ἥ τε Χειρισόφου ἀρχὴ τοῦ παντὸς κατελύθη, καὶ τῶν Ἑλλήνων τὸ στράτευμα ἐσχίσθη, ἐν τοῖς ἐπάνω εἴρηται.] 2. Ἔπραξαν δ' αὐτῶν ἕκαστοι τάδε. Οἱ μὲν Ἀρκάδες, ὡς ἀπέβησαν νυκτὸς εἰς Κάλπης λιμένα, πορεύονται εἰς τὰς πρώτας κώμας, στάδια ἀπὸ θαλάττης ὡς τριάκοντα. Ἐπεὶ δὲ φῶς ἐγένετο, ἦγεν ἕκαστος στρατηγὸς τὸ αὑτοῦ λάχος ἐπὶ κώμην· ὁποία δὲ μείζων ἐδόκει εἶναι, σύνδυο λόχους ἦγον οἱ στρατηγοί. 3. Συνεβάλοντο δὲ καὶ λόφον, εἰς ὃν δέοι πάντας ἁλίζε-

σθαι. Καὶ, ἅτε ἐξαίφνης ἐπιπεσόντες, ἀνδράποδά τε πολλὰ ἔλαβον, καὶ πρόβατα πολλὰ περιεβάλοντο. 4. Οἱ δὲ Θρᾷκες ἠθροίζοντο οἱ διαφυγόντες· πολλοὶ δὲ διέφυγον, πελτασταὶ ὄντες, ὁπλίτας ἐξ αὐτῶν τῶν χειρῶν. Ἐπεὶ δὲ συνελέγησαν, πρῶτον μὲν τῷ Σμίκρητος λόχῳ, ἑνὸς τῶν Ἀρκάδων στρατηγῶν, ἀπιόντι ἤδη εἰς τὸ συγκείμενον καὶ πολλὰ χρήματα ἄγοντι, ἐπιτίθενται. 5. Καὶ τέως μὲν ἐμάχοντο ἅμα πορευόμενοι οἱ Ἕλληνες· ἐπὶ δὲ διαβάσει χαράδρας τρέπονται αὐτούς, καὶ αὐτόν τε τὸν Σμίκρητα ἀποκτιννύασι, καὶ τοὺς ἄλλους πάντας. Ἄλλου δὲ λόχου τῶν δέκα στρατηγῶν, τοῦ Ἡγησάνδρου, ὀκτὼ μόνους κατέλιπον· καὶ αὐτὸς Ἡγήσανδρος ἐσώθη. 6. Καὶ οἱ ἄλλοι μὲν λοχαγοὶ συνῆλθον, οἱ μὲν σὺν πράγμασιν, οἱ δὲ ἄνευ πραγμάτων· οἱ δὲ Θρᾷκες, ἐπεὶ εὐτύχησαν τοῦτο τὸ εὐτύχημα, συνεβόων τε ἀλλήλους, καὶ συνελέγοντο ἐρρωμένως τῆς νυκτός. Καὶ ἅμα ἡμέρᾳ κύκλῳ περὶ τὸν λόφον, ἔνθα οἱ Ἕλληνες ἐστρατοπεδεύοντο, ἐτάττοντο καὶ ἱππεῖς πολλοὶ καὶ πελτασταὶ, καὶ ἀεὶ πλείονες συνέρρεον. 7. Καὶ προσέβαλλον πρὸς τοὺς ὁπλίτας ἀσφαλῶς· οἱ μὲν γὰρ Ἕλληνες οὔτε τοξότην εἶχον οὔτε ἀκοντιστὴν οὔτε ἱππέα· οἱ δὲ προσθέοντες καὶ προσελαύνοντες ἠκόντιζον· ὁπότε δὲ αὐτοῖς ἐπίοιεν, ῥᾳδίως ἀπέφευγον· ἄλλοι δὲ ἄλλῃ ἐπετίθεντο. 8. Καὶ τῶν μὲν πολλοὶ ἐτιτρώσκοντο, τῶν δὲ οὐδείς· ὥστε κινηθῆναι οὐκ ἐδύναντο ἐκ τοῦ χωρίου, ἀλλὰ τελευτῶντες καὶ ἀπὸ τοῦ ὕδατος εἶργον αὐτοὺς οἱ Θρᾷκες. 9. Ἐπεὶ δὲ ἀπορία πολλὴ ἦν, διελέγοντο περὶ σπονδῶν· καὶ τὰ μὲν ἄλλα ὡμολόγητο αὐτοῖς, ὁμήρους δὲ οὐκ ἐδίδοσαν οἱ Θρᾷκες, αἰτούντων τῶν Ἑλλήνων·

ἀλλ' ἐν τούτῳ ἴσχετο. Τὰ μὲν δὴ τῶν Ἀρκάδων οὕτως εἶχε.

10. Χειρίσοφος δέ, ἀσφαλῶς πορευόμενος παρὰ θάλατταν, ἀφικνεῖται εἰς Κάλπης λιμένα. Ξενοφῶντι δὲ διὰ τῆς μεσογαίας πορευομένῳ οἱ ἱππεῖς προκαταθέοντες ἐντυγχάνουσι πρεσβύταις πορευομένοις ποι. Καὶ ἐπεὶ ἤχθησαν παρὰ Ξενοφῶντα, ἐρωτᾷ αὐτούς, εἴ που ᾔσθηνται ἄλλου στρατεύματος ὄντος Ἑλληνικοῦ. 11. Οἱ δὲ ἔλεγον πάντα τὰ γεγενημένα, καὶ νῦν ὅτι πολιορκοῦνται ἐπὶ λόφου, οἱ δὲ Θρᾷκες πάντες περικεκυκλωμένοι εἶεν αὐτούς. Ἐνταῦθα τοὺς μὲν ἀνθρώπους τούτους ἐφύλαττεν ἰσχυρῶς, ὅπως ἡγεμόνες εἶεν, ὅπου δέοι· σκοποὺς δὲ καταστήσας, συνέλεξε τοὺς στρατιώτας καὶ ἔλεξεν·

12. Ἄνδρες στρατιῶται, τῶν Ἀρκάδων οἱ μὲν τεθνᾶσιν, οἱ δὲ λοιποὶ ἐπὶ λόφου τινὸς πολιορκοῦνται. Νομίζω δ' ἔγωγε, εἰ ἐκεῖνοι ἀπολοῦνται, οὐδ' ἡμῖν εἶναι οὐδεμίαν σωτηρίαν, οὕτω μὲν πολλῶν ὄντων πολεμίων, οὕτω δὲ τεθαρρηκότων. 13. Κράτιστον οὖν ἡμῖν, ὡς τάχιστα βοηθεῖν τοῖς ἀνδράσιν, ὅπως, εἰ ἔτι εἰσὶ σῶοι, σὺν ἐκείνοις μαχώμεθα, καὶ μή, μόνοι λειφθέντες, μόνοι καὶ κινδυνεύωμεν. 14. Νῦν μὲν οὖν στρατοπεδευώμεθα, προελθόντες, ὅσον ἂν δοκῇ καιρὸς εἶναι εἰς τὸ δειπνοποιεῖσθαι· ἕως δ' ἂν πορευώμεθα, Τιμασίων ἔχων τοὺς ἱππέας προελαυνέτω, ἐφορῶν ἡμᾶς, καὶ σκοπείτω τὰ ἔμπροσθεν, ὡς μηδὲν ἡμᾶς λάθῃ. 15. Παρέπεμψε δὲ καὶ τῶν γυμνήτων ἀνθρώπους εὐζώνους εἰς τὰ πλάγια καὶ εἰς τὰ ἄκρα, ὅπως, εἴ πού τι ποθεν καθορῷεν, σημαίνοιεν· ἐκέλευε δὲ καίειν ἅπαντα, ὅτῳ ἐντυγχάνοιεν καυσίμῳ.

16. Ἡμεῖς γὰρ ἀποδραίημεν ἂν οὐδαμοῦ ἐνθένδε· πολλὴ μὲν γὰρ, ἔφη, εἰς Ἡράκλειαν πάλιν ἀπιέναι, πολλὴ δὲ εἰς Χρυσόπολιν διελθεῖν· οἱ δὲ πολέμιοι πλησίον· εἰς Κάλπης δὲ λιμένα, ἔνθα Χειρίσοφον εἰκάζομεν εἶναι, εἰ σέσωσται, ἐλαχίστη ὁδός. Ἀλλὰ δὴ ἐκεῖ μὲν οὔτε πλοῖά ἐστιν, οἷς ἀποπλευσούμεθα· μένουσι δὲ αὐτοῦ οὐδὲ μιᾶς ἡμέρας ἐστὶ τὰ ἐπιτήδεια. 17. Τῶν δὲ πολιορκουμένων ἀπολομένων, σὺν τοῖς Χειρισόφου μόνοις κάκιόν ἐστι διακινδυνεύειν, ἢ τῶνδε σωθέντων, πάντας εἰς ταὐτὸν ἐλθόντας κοινῇ τῆς σωτηρίας ἔχεσθαι. Ἀλλὰ χρὴ παρασκευασαμένους τὴν γνώμην πορεύεσθαι, ὡς νῦν ἢ εὐκλεῶς τελευτῆσαι ἔστιν, ἢ κάλλιστον ἔργον ἐργάσασθαι, Ἕλληνας τοσούτους σώσαντας. 18. Καὶ ὁ θεὸς ἴσως ἄγει οὕτως, ὃς τοὺς μεγαληγορήσαντας, ὡς πλέον φρονοῦντας, ταπεινῶσαι βούλεται· ἡμᾶς δὲ, τοὺς ἀπὸ θεῶν ἀρχομένους, ἐντιμοτέρους ἐκείνων καταστῆσαι. Ἀλλ' ἕπεσθαι χρὴ, καὶ προσέχειν τὸν νοῦν, ὡς ἂν τὸ παραγγελλόμενον δύνησθε ποιεῖν.

19. Ταῦτ' εἰπὼν ἡγεῖτο. Οἱ δ' ἱππεῖς διασπειρόμενοι ἐφ' ὅσον καλῶς εἶχεν, ἔκαιον ᾗ ἐβάδιζον· καὶ οἱ πελτασταὶ ἐπιπαριόντες κατὰ τὰ ἄκρα, ἔκαιον πάντα, ὅσα καύσιμα ἑώρων· καὶ ἡ στρατιὰ δὲ, εἴ τινι παραλειπομένῳ ἐντυγχάνοιεν· ὥστε πᾶσα ἡ χώρα αἴθεσθαι ἐδόκει, καὶ τὸ στράτευμα πολὺ εἶναι. 20. Ἐπεὶ δὲ ὥρα ἦν, κατεστρατοπεδεύσαντο ἐπὶ λόφον ἐκβάντες, καὶ τά τε τῶν πολεμίων πυρὰ ἑώρων (ἀπεῖχον δὲ ὡς τετταράκοντα σταδίους), καὶ αὐτοὶ ὡς ἐδύναντο πλεῖστα πυρὰ ἔκαιον. 21. Ἐπεὶ δὲ ἐδείπνησαν τάχιστα, παρηγγέλθη τὰ πυρὰ κατασβεννύναι πάντα. Καὶ τὴν μὲν νύκτα φυλακὰς ποιησάμενοι ἐκάθευδον· ἅμα

δὲ τῇ ἡμέρᾳ προσευξάμενοι τοῖς θεοῖς, καὶ συνταξάμενοι ὡς εἰς μάχην, ἐπορεύοντο ᾗ ἐδύναντο τάχιστα. 22. Τιμασίων δὲ καὶ οἱ ἱππεῖς, ἔχοντες τοὺς ἡγεμόνας καὶ προελαύνοντες, ἐλάνθανον αὑτοὺς ἐπὶ τῷ λόφῳ γενόμενοι, ἔνθα ἐπολιορκοῦντο οἱ Ἕλληνες. Καὶ οὐχ ὁρῶσιν οὔτε τὸ φίλιον στράτευμα οὔτε τὸ πολέμιον (καὶ ταῦτα ἀπαγγέλλουσι πρὸς τὸν Ξενοφῶντα καὶ τὸ στράτευμα), γραΐδια δὲ καὶ γερόντια καὶ πρόβατα ὀλίγα καὶ βοῦς καταλελειμμένους. 23. Καὶ τὸ μὲν πρῶτον θαῦμα ἦν, τί εἴη τὸ γεγενημένον· ἔπειτα δὲ καὶ τῶν καταλελειμμένων ἐπυνθάνοντο, ὅτι οἱ μὲν Θρᾷκες εὐθὺς ἀφ' ἑσπέρας ᾤχοντο ἀπιόντες· ἕωθεν δὲ καὶ τοὺς Ἕλληνας ἔφασαν οἴχεσθαι· ὅπου δὲ, οὐκ εἰδέναι.

24. Ταῦτα ἀκούσαντες οἱ ἀμφὶ Ξενοφῶντα, ἐπεὶ ἠρίστησαν, συσκευασάμενοι ἐπορεύοντο, βουλόμενοι ὡς τάχιστα συμμῖξαι τοῖς ἄλλοις εἰς Κάλπης λιμένα. Καὶ πορευόμενοι ἑώρων τὸν στίβον τῶν Ἀρκάδων καὶ Ἀχαιῶν κατὰ τὴν ἐπὶ Κάλπης ὁδόν. Ἐπεὶ δὲ ἀφίκοντο εἰς τὸ αὐτὸ, ἄσμενοί τε εἶδον ἀλλήλους, καὶ ἠσπάζοντο ὥσπερ ἀδελφούς. 25. Καὶ ἐπυνθάνοντο οἱ Ἀρκάδες τῶν περὶ Ξενοφῶντα, τί τὰ πυρὰ κατασβέσειαν. Ἡμεῖς μὲν γὰρ, ἔφασαν, ᾠόμεθα ὑμᾶς τὸ μὲν πρῶτον, ἐπειδὴ τὰ πυρὰ οὐχ ἑωρῶμεν, τῆς νυκτὸς ἥξειν ἐπὶ τοὺς πολεμίους· καὶ οἱ πολέμιοι δὲ, ὥς γε ἡμῖν ἐδόκουν, τοῦτο δείσαντες ἀπῆλθον· σχεδὸν γὰρ ἀμφὶ τοῦτον τὸν χρόνον ἀπῇσαν. 26. Ἐπεὶ δὲ οὐκ ἀφίκεσθε, ὁ δὲ χρόνος ἐξῆκεν, ᾠόμεθα ὑμᾶς πυθομένους τὰ παρ' ἡμῖν, φοβηθέντας οἴχεσθαι ἀποδράντας ἐπὶ θάλατταν· καὶ ἐδόκει ἡμῖν, μὴ ἀπολιπέσθαι ὑμῶν. Οὕτως οὖν καὶ ἡμεῖς δεῦρο ἐπορεύθημεν.

CAP. IV.

1. Ταύτην μὲν οὖν τὴν ἡμέραν αὐτοῦ ηὐλίζοντο ἐπὶ τοῦ αἰγιαλοῦ πρὸς τῷ λιμένι. Τὸ δὲ χωρίον τοῦτο, ὃ καλεῖται Κάλπης λιμὴν, ἔστι μὲν ἐν τῇ Θρᾴκῃ τῇ ἐν τῇ Ἀσίᾳ· ἀρξαμένη δὲ ἡ Θρᾴκη αὕτη ἐστὶν ἀπὸ τοῦ στόματος τοῦ Πόντου μέχρι Ἡρακλείας, ἐπὶ δεξιὰ εἰς τὸν Πόντον εἰσπλέοντι. 2. Καὶ τριήρει μέν ἐστιν εἰς Ἡράκλειαν ἐκ Βυζαντίου κώπαις ἡμέρας μάλα μακρᾶς πλοῦς· ἐν δὲ τῷ μέσῳ ἄλλη μὲν πόλις οὐδεμία οὔτε φιλία οὔτε Ἑλληνίς, ἀλλὰ Θρᾷκες Βιθυνοί· καὶ οὓς ἂν λάβωσι τῶν Ἑλλήνων ἢ ἐκπίπτοντας ἢ ἄλλως πως, δεινὰ ὑβρίζειν λέγονται τοὺς Ἕλληνας.

3. Ὁ δὲ Κάλπης λιμὴν ἐν μέσῳ μὲν κεῖται ἑκατέρωθεν πλεόντων ἐξ Ἡρακλείας καὶ Βυζαντίου· ἔστι δ' ἐν τῇ θαλάττῃ προκείμενον χωρίον, τὸ μὲν εἰς τὴν θάλατταν καθῆκον αὐτοῦ, πέτρα ἀπορρὼξ, ὕψος, ὅπη ἐλάχιστον, οὐ μεῖον εἴκοσιν ὀργυιῶν· ὁ δὲ αὐχὴν, ὁ εἰς τὴν γῆν ἀνήκων τοῦ χωρίου, μάλιστα τεττάρων πλέθρων τὸ εὖρος· τὸ δ' ἐντὸς τοῦ αὐχένος χωρίον ἱκανὸν μυρίοις ἀνθρώποις οἰκῆσαι. 4. Λιμὴν δ' ὑπ' αὐτῇ τῇ πέτρᾳ, τὸ πρὸς ἑσπέραν αἰγιαλὸν ἔχων. Κρήνη δὲ ἡδέος ὕδατος καὶ ἄφθονος ῥέουσα ἐπ' αὐτῇ τῇ θαλάττῃ, ὑπὸ τῇ ἐπικρατείᾳ τοῦ χωρίου. Ξύλα δὲ, πολλὰ μὲν καὶ ἄλλα, πάνυ δὲ πολλὰ καὶ καλὰ ναυπηγήσιμα ἐπ' αὐτῇ τῇ θαλάττῃ. 5. Τὸ δὲ ὄρος τὸ ἐν τῷ λιμένι εἰς μεσόγαιαν μὲν ἀνήκει ὅσον ἐπὶ εἴκοσι σταδίους, καὶ τοῦτο γεῶδες καὶ ἄλιθον· τὸ δὲ παρὰ θάλατταν, πλέον ἢ ἐπὶ εἴκοσι σταδίους, δασὺ πολλοῖς καὶ παντοδαποῖς καὶ

μεγάλοις ξύλοις. 6. Ἡ δὲ ἄλλη χώρα καλὴ καὶ πολλή, καὶ κῶμαι ἐν αὐτῇ εἰσι πολλαὶ καὶ εὖ οἰκούμεναι· φέρει γὰρ ἡ γῆ καὶ κριθὰς καὶ πυροὺς καὶ ὄσπρια πάντα καὶ μελίνας καὶ σήσαμα καὶ σῦκα ἀρκοῦντα, καὶ ἀμπέλους πολλὰς καὶ ἡδυοίνους, καὶ τἆλλα πάντα πλὴν ἐλαιῶν. Ἡ μὲν χώρα ἦν τοιαύτη.

7. Ἐσκήνουν δὲ ἐν τῷ αἰγιαλῷ πρὸς τῇ θαλάττῃ· εἰς δὲ τὸ πόλισμα ἂν γενόμενον οὐκ ἐβούλοντο στρατοπεδεύεσθαι· ἀλλὰ ἐδόκει καὶ τὸ ἐλθεῖν ἐνταῦθα ἐξ ἐπιβουλῆς εἶναι, βουλομένων τινῶν κατοικίσαι πόλιν. 8. Τῶν γὰρ στρατιωτῶν οἱ πλεῖστοι ἦσαν οὐ σπάνει βίου ἐκπεπλευκότες ἐπὶ ταύτην τὴν μισθοφοράν, ἀλλὰ τὴν Κύρου ἀρετὴν ἀκούοντες, οἱ μὲν καὶ ἄνδρας ἄγοντες, οἱ δὲ καὶ προσανηλωκότες χρήματα, καὶ τούτων ἕτεροι ἀποδεδρακότες πατέρας καὶ μητέρας, οἱ δὲ καὶ τέκνα καταλιπόντες, ὡς, χρήματ' αὐτοῖς κτησάμενοι, ἥξοντες πάλιν, ἀκούοντες καὶ τοὺς ἄλλους τοὺς παρὰ Κύρῳ πολλὰ καὶ ἀγαθὰ πράττειν. Τοιοῦτοι οὖν ὄντες, ἐπόθουν εἰς τὴν Ἑλλάδα σώζεσθαι.

9. Ἐπειδὴ δὲ ὑστέρα ἡμέρα ἐγένετο τῆς εἰς ταὐτὸν συνόδου, ἐπ' ἐξόδῳ ἐθύετο Ξενοφῶν· ἀνάγκη γὰρ ἦν ἐπὶ τὰ ἐπιτήδεια ἐξάγειν· ἐπενόει δὲ καὶ τοὺς νεκροὺς θάπτειν. Ἐπεὶ δὲ τὰ ἱερὰ καλὰ ἐγένετο, εἵποντο καὶ οἱ Ἀρκάδες, καὶ τοὺς μὲν νεκροὺς τοὺς πλείστους ἔνθαπερ ἔπεσον ἑκάστους ἔθαψαν (ἤδη γὰρ ἦσαν πεμπταῖοι, καὶ οὐχ οἷόν τε ἀναιρεῖν ἔτι ἦν)· ἐνίους δὲ τοὺς ἐκ τῶν ὁδῶν συνενεγκόντες, ἔθαψαν ἐκ τῶν ὑπαρχόντων ὡς ἐδύναντο κάλλιστα· οὓς δὲ μὴ εὕρισκον, κενοτάφιον αὐτοῖς ἐποίησαν μέγα, [καὶ πυρὰν μεγάλην,] καὶ στεφάνους ἐπέθεσαν. 10. Ταῦτα δὲ

ποιήσαντες ἀνεχώρησαν ἐπὶ τὸ στρατόπεδον. Καὶ τότε μὲν δειπνήσαντες ἐκοιμήθησαν. Τῇ δὲ ὑστεραίᾳ συνῆλθον οἱ στρατιῶται πάντες (συνῆγε δὲ [αὐτοὺς] μάλιστα Ἀγασίας τε Στυμφάλιος λοχαγὸς, καὶ Ἱερώνυμος Ἠλεῖος λοχαγὸς, καὶ οἱ ἄλλοι οἱ πρεσβύτατοι τῶν Ἀρκάδων)· 11. καὶ δόγμα ἐποιήσαντο, ἐάν τις τοῦ λοιποῦ μνησθῇ δίχα τὸ στράτευμα ποιεῖν, θανάτῳ αὐτὸν ζημιοῦσθαι· καὶ κατὰ χώραν ἀπιέναι, ᾗπερ πρόσθεν εἶχε τὸ στράτευμα, καὶ ἄρχειν τοὺς πρόσθεν στρατηγούς. Καὶ Χειρίσοφος μὲν ἤδη τετελευτήκει, φάρμακον πιών, πυρέττων· τὰ δ᾿ ἐκείνου Νέων ὁ Ἀσιναῖος παρέλαβε.

12. Μετὰ δὲ ταῦτα ἀναστὰς εἶπε Ξενοφῶν· Ὦ ἄνδρες στρατιῶται, τὴν μὲν πορείαν, ὡς ἔοικε, δῆλον ὅτι πεζῇ ποιητέον, οὐ γὰρ ἔστι πλοῖα· ἀνάγκη δὲ πορεύεσθαι ἤδη, οὐ γὰρ ἔστι μένουσι τὰ ἐπιτήδεια. Ἡμεῖς μὲν οὖν, ἔφη, θυσόμεθα· ὑμᾶς δὲ δεῖ παρασκευάζεσθαι ὡς μαχουμένους, εἴ ποτε καὶ ἄλλοτε· οἱ γὰρ πολέμιοι ἀνατεθαρρήκασιν. 13. Ἐκ τούτου ἐθύοντο οἱ στρατηγοί, μάντις δὲ παρῆν Ἀρηξίων Ἀρκάς· ὁ δὲ Σιλανὸς ὁ Ἀμβρακιώτης ἤδη ἀποδεδράκει, πλοῖον μισθωσάμενος, ἐξ Ἡρακλείας. Θυομένοις δὲ ἐπὶ τῇ ἀφόδῳ οὐκ ἐγίγνετο τὰ ἱερά. 14. Ταύτην μὲν οὖν τὴν ἡμέραν ἐπαύσαντο. Καί τινες ἐτόλμων λέγειν, ὡς ὁ Ξενοφῶν, βουλόμενος τὸ χωρίον οἰκίσαι, πέπεικε τὸν μάντιν λέγειν, ὡς τὰ ἱερὰ οὐ γίγνεται ἐπὶ ἀφόδῳ. 15. Ἐντεῦθεν κηρύξας, τῇ αὔριον παρεῖναι ἐπὶ τὴν θυσίαν τὸν βουλόμενον, καὶ, μάντις εἴ τις εἴη, παραγγείλας παρεῖναι ὡς συνθεασόμενον τὰ ἱερά, ἔθυε· καὶ ἐνταῦθα παρῆσαν πολλοί. 16. Θυομένων δὲ πάλιν εἰς τρὶς ἐπὶ τῇ ἀφόδῳ,

οὐκ ἐγίγνετο τὰ ἱερά. Ἐκ τούτου χαλεπῶς εἶχον οἱ στρατιῶται· καὶ γὰρ τὰ ἐπιτήδεια ἐπέλιπεν, ἃ ἔχοντες ἦλθον, καὶ ἀγορὰ οὐδεμία παρῆν. 17. Ἐκ τούτου ξυνελθόντων, εἶπε πάλιν Ξενοφῶν· Ὦ ἄνδρες, ἐπὶ μὲν τῇ πορείᾳ, ὡς ὁρᾶτε, τὰ ἱερὰ οὔπω γίγνεται· τῶν δ' ἐπιτηδείων ὁρῶ ὑμᾶς δεομένους· ἀνάγκη οὖν μοι δοκεῖ εἶναι, θύεσθαι περὶ αὐτοῦ τούτου. 18. Ἀναστὰς δέ τις εἶπε· Καὶ εἰκότως ἄρα ἡμῖν οὐ γίγνεται τὰ ἱερά· ὡς γὰρ ἐγὼ, ἀπὸ τοῦ αὐτομάτου χθὲς ἥκοντος πλοίου, ἤκουσά τινος, ὅτι Κλέανδρος ὁ ἐκ Βυζαντίου ἁρμοστὴς μέλλει ἥξειν, πλοῖα καὶ τριήρεις ἔχων. 19. Ἐκ τούτου δὲ ἀναμένειν μὲν πᾶσιν ἐδόκει· ἐπὶ δὲ τὰ ἐπιτήδεια ἀναγκαῖον ἦν ἐξιέναι. Καὶ ἐπὶ τούτῳ πάλιν ἐθύετο εἰς τρὶς, καὶ οὐκ ἐγίγνετο τὰ ἱερά. Καὶ ἤδη καὶ ἐπὶ σκηνὴν ἰόντες τὴν Ξενοφῶντος, ἔλεγον, ὅτι οὐκ ἔχοιεν τὰ ἐπιτήδεια· ὁ δ' οὐκ ἂν ἔφη ἐξαγαγεῖν, μὴ γιγνομένων τῶν ἱερῶν.

20. Καὶ πάλιν τῇ ὑστεραίᾳ ἐθύετο, καὶ σχεδόν τι πᾶσα ἡ στρατιὰ, διὰ τὸ μέλειν ἅπασιν, ἐκυκλοῦντο περὶ τὰ ἱερά· τὰ δὲ θύματα ἐπιλελοίπει. Οἱ δὲ στρατηγοὶ ἐξῆγον μὲν οὒ, συνεκάλεσαν δέ. 21. Εἶπεν οὖν ὁ Ξενοφῶν· Ἴσως οἱ πολέμιοι συνειλεγμένοι εἰσὶ, καὶ ἀνάγκη μάχεσθαι· εἰ οὖν, καταλιπόντες τὰ σκεύη ἐν τῷ ἐρυμνῷ χωρίῳ, ὡς εἰς μάχην παρεσκευασμένοι ἴοιμεν, ἴσως ἂν τὰ ἱερὰ μᾶλλον προχωροίη ἡμῖν. 22. Ἀκούσαντες δ' οἱ στρατιῶται ἀνέκραγον, ὡς οὐδὲν δέον εἰς τὸ χωρίον ἄγειν, ἀλλὰ θύεσθαι ὡς τάχιστα. Καὶ πρόβατα μὲν οὐκέτι ἦν, βοῦς δὲ ὑπὸ ἁμάξης πριάμενοι ἐθύοντο· καὶ Ξενοφῶν Κλεάνορος ἐδεήθη τοῦ Ἀρκάδος προθυμεῖσθαι, εἴ τι ἐν τούτῳ εἴη. Ἀλλ' οὐδ' ὡς ἐγένετο [τὰ ἱερά].

23. Νέων δὲ ἦν μὲν στρατηγὸς κατὰ τὸ Χειρισόφου μέρος· ἐπεὶ δὲ ἑώρα τοὺς ἀνθρώπους, ὡς εἶχον δεινῶς τῇ ἐνδείᾳ, βουλόμενος αὐτοῖς χαρίσασθαι, εὑρών τινα ἄνθρωπον Ἡρακλεώτην, ὃς ἔφη κώμας ἐγγὺς εἰδέναι, ὅθεν εἴη λαβεῖν τὰ ἐπιτήδεια, ἐκήρυξε, τὸν βουλόμενον ἰέναι ἐπὶ τὰ ἐπιτήδεια, ὡς ἡγεμόνος ἐσομένου. Ἐξέρχονται δὴ σὺν δορατίοις καὶ ἀσκοῖς καὶ θυλάκοις καὶ ἄλλοις ἀγγείοις, εἰς δισχιλίους ἀνθρώπους. 24. Ἐπειδὴ δὲ ἦσαν ἐν ταῖς κώμαις, καὶ διεσπείροντο ὡς ἐπὶ τὸ λαμβάνειν, ἐπιπίπτουσιν αὐτοῖς οἱ Φαρναβάζου ἱππεῖς πρῶτοι· βεβοηθηκότες γὰρ ἦσαν τοῖς Βιθυνοῖς, βουλόμενοι σὺν τοῖς Βιθυνοῖς, εἰ δύναιντο, ἀποκωλῦσαι τοὺς Ἕλληνας μὴ ἐλθεῖν εἰς τὴν Φρυγίαν. Οὗτοι οἱ ἱππεῖς ἀποκτείνουσι τῶν ἀνδρῶν οὐ μεῖον πεντακοσίους· οἱ δὲ λοιποὶ ἐπὶ τὸ ὄρος ἀνέφυγον.

25. Ἐκ τούτου ἀπαγγέλλει τις ταῦτα τῶν ἀποπεφευγότων εἰς τὸ στρατόπεδον. Καὶ ὁ Ξενοφῶν, ἐπειδὴ οὐκ ἐγεγένητο τὰ ἱερὰ ταύτῃ τῇ ἡμέρᾳ, λαβὼν βοῦν ὑπὸ ἁμάξης (οὐ γὰρ ἦν ἄλλα ἱερεῖα), σφαγιασάμενος ἐβοήθει, καὶ οἱ ἄλλοι οἱ μέχρι τριάκοντα ἐτῶν ἅπαντες. 26. Καὶ ἀναλαβόντες τοὺς λοιποὺς ἄνδρας, εἰς τὸ στρατόπεδον ἀφικνοῦνται. Καὶ ἤδη μὲν ἀμφὶ ἡλίου δυσμὰς ἦν, καὶ οἱ Ἕλληνες μάλ' ἀθύμως ἔχοντες ἐδειπνοποιοῦντο· καὶ ἐξαπίνης διὰ τῶν λασίων τῶν Βιθυνῶν τινες ἐπιγενόμενοι τοῖς προφύλαξι, τοὺς μὲν κατέκανον, τοὺς δὲ ἐδίωξαν μέχρι εἰς τὸ στρατόπεδον. 27. Καὶ κραυγῆς γενομένης, εἰς τὰ ὅπλα πάντες ἔδραμον οἱ Ἕλληνες· καὶ διώκειν μὲν καὶ κινεῖν τὸ στρατόπεδον νυκτὸς οὐκ ἀσφαλὲς ἐδόκει εἶναι, δασέα γὰρ ἦν τὰ χωρία· ἐν δὲ τοῖς ὅπλοις ἐνυκτέρευον, φυλαττόμενοι ἱκανοῖς φύλαξι.

CAP. V.

1. Τὴν μὲν νύκτα οὕτω διήγαγον· ἅμα δὲ τῇ ἡμέρᾳ οἱ στρατηγοὶ εἰς τὸ ἐρυμνὸν χωρίον ἡγοῦντο· οἱ δὲ εἵποντο, ἀναλαβόντες τὰ ὅπλα καὶ σκεύη. Πρὶν δὲ ἀρίστου ὥραν εἶναι, ἀπετάφρευσαν, ᾗ ἡ εἴσοδος ἦν εἰς τὸ χωρίον, καὶ ἀπεσταύρωσαν ἅπαν, καταλιπόντες τρεῖς πύλας. Καὶ πλοῖον ἐξ Ἡρακλείας ἧκεν, ἄλφιτα ἄγον καὶ ἱερεῖα καὶ οἶνον. 2. Πρωῒ δ' ἀναστὰς Ξενοφῶν ἐθύετο ἐπεξόδια, καὶ γίγνεται τὰ ἱερὰ ἐπὶ τοῦ πρώτου ἱερείου. Καὶ ἤδη τέλος ἐχόντων τῶν ἱερῶν, ὁρᾷ ἀετὸν αἴσιον ὁ μάντις Ἀρηξίων Παρράσιος, καὶ ἡγεῖσθαι κελεύει τὸν Ξενοφῶντα. 3. Καὶ διαβάντες τὴν τάφρον, τὰ ὅπλα τίθενται, καὶ ἐκήρυξαν, ἀριστήσαντας ἐξιέναι τοὺς στρατιώτας σὺν τοῖς ὅπλοις, τὸν δὲ ὄχλον καὶ τὰ ἀνδράποδα αὐτοῦ καταλιπεῖν.

4. Οἱ μὲν δὴ ἄλλοι πάντες ἐξῇεσαν, Νέων δὲ οὔ· ἐδόκει γὰρ κάλλιστον εἶναι, τοῦτον φύλακα καταλιπεῖν τῶν ἐπὶ τοῦ στρατοπέδου. Ἐπεὶ δ' οἱ λοχαγοὶ καὶ οἱ στρατιῶται ἀπέλειπον αὐτούς, αἰσχυνόμενοι μὴ ἕπεσθαι, τῶν ἄλλων ἐξιόντων, κατέλιπον αὐτοῦ τοὺς ὑπὲρ πέντε καὶ τετταράκοντα ἔτη. Καὶ οὗτοι μὲν ἔμενον, οἱ δ' ἄλλοι ἐπορεύοντο.

5. Πρὶν δὲ πεντεκαίδεκα στάδια διεληλυθέναι, ἐνέτυχον ἤδη νεκροῖς· καὶ τὴν οὐρὰν τοῦ κέρατος ποιησάμενοι κατὰ τοὺς πρώτους φανέντας νεκρούς, ἔθαπτον πάντας, ὁπόσους ἐπελάμβανε τὸ κέρας. 6. Ἐπεὶ δὲ τοὺς πρώτους ἔθαψαν, προαγαγόντες, καὶ τὴν οὐρὰν αὖθις ποιησάμενοι κατὰ τοὺς πρώτους τῶν ἀτάφων, ἔθαπτον τὸν αὐτὸν τρόπον, ὁπόσους ἐπελάμβανεν ἡ στρατιά.. Ἐπεὶ δὲ εἰς τὴν ὁδὸν ἧκον τὴν

ἐκ τῶν κωμῶν, ἔνθα ἔκειντο ἁθρόοι, συνενεγκόντες αὐτοὺς ἔθαψαν.

7. Ἤδη δὲ πέρα μεσούσης τῆς ἡμέρας προαγαγόντες τὸ στράτευμα ἔξω τῶν κωμῶν, ἐλάμβανον τὰ ἐπιτήδεια, ὅ τι τις ὁρῴη ἐντὸς τῆς φάλαγγος. Καὶ ἐξαίφνης ὁρῶσι τοὺς πολεμίους ὑπερβάλλοντας κατὰ λόφους τινὰς ἐκ τοῦ ἐναντίου, τεταγμένους ἐπὶ φάλαγγος, ἱππέας τε πολλοὺς καὶ πεζούς· καὶ γὰρ Σπιθριδάτης καὶ Ῥαθίνης ἧκον παρὰ Φαρναβάζου ἔχοντες δύναμιν. 8. Ἐπεὶ δὲ κατεῖδον τοὺς Ἕλληνας οἱ πολέμιοι, ἔστησαν ἀπέχοντες αὐτῶν ὅσον πεντεκαίδεκα σταδίους. Ἐκ τούτου εὐθὺς Ἀρηξίων ὁ μάντις τῶν Ἑλλήνων σφαγιάζεται, καὶ ἐγένετο ἐπὶ τοῦ πρώτου καλὰ τὰ σφάγια. 9. Ἔνθα δὴ Ξενοφῶν λέγει· Δοκεῖ μοι, ὦ ἄνδρες στρατηγοί, ἐπιτάξασθαι τῇ φάλαγγι λόχους φύλακας, ἵνα, ἄν που δέῃ, ὦσιν οἱ ἐπιβοηθήσοντες τῇ φάλαγγι, καὶ οἱ πολέμιοι τεταραγμένοι ἐμπίπτωσιν εἰς τεταγμένους καὶ ἀκεραίους. 10. Συνεδόκει ταῦτα πᾶσιν. Ὑμεῖς μὲν τοίνυν, ἔφη, προηγεῖσθε τὴν πρὸς τοὺς ἐναντίους, ὡς μὴ ἐστήκωμεν, ἐπεὶ ὤφθημεν καὶ εἴδομεν τοὺς πολεμίους· ἐγὼ δὲ ἥξω, τοὺς τελευταίους λόχους καταχωρίσας, ᾗπερ ὑμῖν δοκεῖ.

11. Ἐκ τούτου οἱ μὲν ἥσυχοι προῆγον· ὁ δὲ, τρεῖς ἀφελὼν τὰς τελευταίας τάξεις, ἀνὰ διακοσίους ἄνδρας, τὴν μὲν ἐπὶ τὸ δεξιὸν ἐπέτρεψεν ἐφέπεσθαι, ἀπολιπόντας ὡς πλέθρον (Σαμόλας Ἀχαιὸς ταύτης ἦρχε τῆς τάξεως), τὴν δ' ἐπὶ τῷ μέσῳ ἐχώρισεν ἕπεσθαι (Πυρρίας Ἀρκὰς ταύτης ἦρχε), τὴν δὲ μίαν ἐπὶ τῷ εὐωνύμῳ (Φρασίας Ἀθηναῖος ταύτῃ ἐφειστήκει). 12. Προϊόντες δὲ, ἐπεὶ ἐγένοντο οἱ

ἡγούμενοι ἐπὶ νάπει μεγάλῳ καὶ δυσπόρῳ, ἔστησαν, ἀγνοοῦντες, εἰ διαβατέον εἴη τὸ νάπος· καὶ παρεγγυῶσι στρατηγοὺς καὶ λοχαγοὺς παριέναι ἐπὶ τὸ ἡγούμενον. 13. Καὶ ὁ Ξενοφῶν, θαυμάσας ὅ τι τὸ ἴσχον εἴη τὴν πορείαν, καὶ ταχὺ ἀκούων τὴν παρεγγυὴν, ἐλαύνει ᾗ ἐδύνατο τάχιστα. Ἐπεὶ δὲ συνῆλθον, λέγει Σοφαίνετος, πρεσβύτατος ὢν τῶν στρατηγῶν, ὅτι βουλῆς οὐκ ἄξιον εἴη εἰ διαβατέον ἐστὶ τοιοῦτον ὂν τὸ νάπος. 14. Καὶ ὁ Ξενοφῶν σπουδῇ ὑπολαβὼν ἔλεξεν·

Ἀλλ' ἴστε μέν με, ὦ ἄνδρες, οὐδένα πω κίνδυνον προξενήσαντα ὑμῖν ἐθελούσιον· οὐ γὰρ δόξης ὁρῶ δεομένους ὑμᾶς εἰς ἀνδρειότητα, ἀλλὰ σωτηρίας. 15. Νῦν δὲ οὕτως ἔχει· ἀμαχεὶ μὲν ἐνθένδε οὐκ ἔστιν ἀπελθεῖν· ἢν γὰρ μὴ ἡμεῖς ἴωμεν ἐπὶ τοὺς πολεμίους, οὗτοι ἡμῖν, ὁπόταν ἀπίωμεν, ἕψονται καὶ ἐπιπεσοῦνται. 16. Ὁρᾶτε δὴ, πότερον κρεῖττον ἰέναι ἐπὶ τοὺς ἄνδρας, προβαλλομένους τὰ ὅπλα, ἢ μεταβαλλομένους ὄπισθεν ἡμῶν ἐπιόντας τοὺς πολεμίους θεᾶσθαι. 17. Ἴστε γε μέντοι, ὅτι τὸ μὲν ἀπιέναι ἀπὸ πολεμίων οὐδενὶ καλῷ ἔοικε· τὸ δὲ ἐφέπεσθαι καὶ τοῖς κακίοσι θάρρος ἐμποιεῖ. Ἐγὼ γοῦν ἥδιον ἂν σὺν ἡμίσεσιν ἐποίμην, ἢ σὺν διπλασίοις ἀποχωροίην. Καὶ τούτους οἶδ' ὅτι, ἐπιόντων μὲν ἡμῶν, οὐδ' ὑμεῖς ἐλπίζετε αὐτοὺς δέξασθαι ἡμᾶς· ἀπιόντων δὲ, πάντες ἐπιστάμεθα, ὅτι τολμήσουσιν ἐφέπεσθαι.

18. Τὸ δὲ διαβάντας ὄπισθεν νάπος χαλεπὸν ποιήσασθαι, μέλλοντας μάχεσθαι, ἆρ' οὐχὶ καὶ ἁρπάσαι ἄξιον; Τοῖς μὲν γὰρ πολεμίοις ἔγωγε βουλοίμην ἂν εὔπορα πάντα φαίνεσθαι, ὥστε ἀποχωρεῖν· ἡμᾶς δὲ καὶ ἀπὸ τοῦ

χωρίου δεῖ διδάσκεσθαι, ὅτι οὐκ ἔστι μὴ νικῶσι σωτηρία. 19. Θαυμάζω δ' ἔγωγε καὶ τὸ νάπος τοῦτο εἴ τις μᾶλλον φοβερὸν νομίζει εἶναι τῶν ἄλλων ὧν διαπεπορεύμεθα χωρίων. Πῶς μὲν γὰρ διαβατὸν τὸ πεδίον, εἰ μὴ νικήσομεν τοὺς ἱππέας; πῶς δέ, ἃ διεληλύθαμεν ὄρη, ἢν πελτασταὶ τοσοίδε ἐφέπωνται; 20. Ἢν δὲ δὴ καὶ σωθῶμεν ἐπὶ θάλατταν, πόσον τι νάπος ὁ Πόντος; ἔνθα οὔτε πλοῖα ἔστι τὰ ἀπάξοντα, οὔτε σῖτος, ᾧ θρεψόμεθα μένοντες· δεήσει δέ, ἢν θᾶττον ἐκεῖ γενώμεθα, θᾶττον πάλιν ἐξιέναι ἐπὶ τὰ ἐπιτήδεια. 21. Οὐκοῦν νῦν κρεῖττον ἠριστηκότας μάχεσθαι, ἢ αὔριον ἀναρίστους; Ἄνδρες, τά τε ἱερὰ ἡμῖν καλά, οἵ τε οἰωνοὶ αἴσιοι, τά τε σφάγια κάλλιστα. Ἴωμεν ἐπὶ τοὺς ἄνδρας. Οὐ δεῖ ἔτι τούτους, ἐπεὶ ἡμᾶς πάντως εἶδον, ἡδέως δειπνῆσαι, οὐδ' ὅπου ἂν θέλωσι σκηνῆσαι.

22. Ἐντεῦθεν οἱ λοχαγοὶ ἡγεῖσθαι ἐκέλευον, καὶ οὐδεὶς ἀντέλεγε. Καὶ ὃς ἡγεῖτο, παραγγείλας διαβαίνειν, ᾗ ἕκαστος ἐτύγχανε τοῦ νάπους ὤν· θᾶττον γὰρ ἂν ἁθρόον ἐδόκει οὕτω πέραν γενέσθαι τὸ στράτευμα, ἢ εἰ κατὰ τὴν γέφυραν, ἣ ἐπὶ τῷ νάπει ἦν, ἐξεμηρύοντο. 23. Ἐπεὶ δὲ διέβησαν, παριὼν παρὰ τὴν φάλαγγα ἔλεγεν· Ἄνδρες, ἀναμιμνήσκεσθε, ὅσας δὴ μάχας σὺν τοῖς θεοῖς ὁμόσε ἰόντες νενικήκατε, καὶ οἷα πάσχουσιν οἱ πολεμίους φεύγοντες· καὶ τοῦτο ἐννοήσατε, ὅτι ἐπὶ ταῖς θύραις τῆς Ἑλλάδος ἐσμέν. 24. Ἀλλ' ἕπεσθε ἡγεμόνι τῷ Ἡρακλεῖ, καὶ ἀλλήλους παρακαλεῖτε ὀνομαστί. Ἡδύ τοι, ἀνδρεῖόν τι καὶ καλὸν νῦν εἰπόντα καὶ ποιήσαντα, μνήμην, ἐν οἷς ἐθέλει, παρέχειν ἑαυτοῦ.

25. Ταῦτα παρελαύνων ἔλεγε, καὶ ἅμα ὑφηγεῖτο ἐπὶ

φάλαγγος, καὶ τοὺς πελταστὰς ἑκατέρωθεν ποιησάμενοι ἐπορεύοντο ἐπὶ τοὺς πολεμίους. Παρηγγέλλετο δὲ, τὰ μὲν δόρατα ἐπὶ τὸν δεξιὸν ὦμον ἔχειν, ἕως σημαίνοι τῇ σάλπιγγι· ἔπειτα δὲ εἰς προβολὴν καθέντας ἕπεσθαι βάδην, καὶ μηδένα δρόμῳ διώκειν. Ἐκ τούτου σύνθημα παρῄει, ΖΕΥΣ ΣΩΤΗΡ, ΗΡΑΚΛΗΣ ΗΓΕΜΩΝ. 26. Οἱ δὲ πολέμιοι ὑπέμενον, νομίζοντες καλὸν ἔχειν τὸ χωρίον. Ἐπεὶ δ' ἐπλησίαζον, ἀλαλάξαντες οἱ Ἕλληνες πελτασταὶ ἔθεον ἐπὶ τοὺς πολεμίους, πρίν τινα κελεύειν· οἱ δὲ πολέμιοι ἀντίοι ὥρμησαν, οἵ θ' ἱππεῖς καὶ τὸ στῖφος τῶν Βιθυνῶν· καὶ τρέπονται τοὺς πελταστάς. 27. Ἀλλ' ἐπεὶ ὑπηντίαζεν ἡ φάλαγξ τῶν ὁπλιτῶν ταχὺ πορευομένη, καὶ ἅμα ἡ σάλπιγξ ἐφθέγξατο, καὶ ἐπαιώνιζον, καὶ μετὰ ταῦτα ἠλάλαζον, καὶ ἅμα τὰ δόρατα καθίεσαν, ἐνταῦθα οὐκέτι ἐδέξαντο οἱ πολέμιοι, ἀλλὰ ἔφευγον.

28. Καὶ Τιμασίων μὲν ἔχων τοὺς ἱππεῖς ἐφείπετο, καὶ ἀπεκτίννυσαν, ὅσουσπερ ἐδύναντο ὡς ὀλίγοι ὄντες. Τῶν δὲ πολεμίων τὸ μὲν εὐώνυμον εὐθὺς διεσπάρη, καθ' ὃ οἱ Ἕλληνες ἱππεῖς ἦσαν· τὸ δὲ δεξιὸν, ἅτε οὐ σφόδρα διωκόμενον, ἐπὶ λόφου συνέστη. 29. Ἐπεὶ δὲ εἶδον οἱ Ἕλληνες ὑπομένοντας αὐτούς, ἐδόκει ῥᾷστόν τε καὶ ἀκινδυνότατον εἶναι, ἰέναι [ἤδη] ἐπ' αὐτούς. Παιανίσαντες οὖν εὐθὺς ἐπέκειντο· οἱ δ' οὐχ ὑπέμειναν. Καὶ ἐνταῦθα οἱ πελτασταὶ ἐδίωκον, μέχρι τὸ δεξιὸν αὖ διεσπάρη· ἀπέθανον δὲ ὀλίγοι· τὸ γὰρ ἱππικὸν φόβον παρεῖχε τὸ τῶν πολεμίων, πολὺ ὄν. 30. Ἐπεὶ δὲ εἶδον οἱ Ἕλληνες τό τε Φαρναβάζου ἱππικὸν ἔτι συνεστηκός, καὶ τοὺς Βιθυνοὺς ἱππέας πρὸς τοῦτο συναθροιζομένους, καὶ ἀπὸ λόφου τινὸς κατα-

θεωμένους τὰ γιγνόμενα, ἀπειρήκεσαν μὲν, ὅμως δ' ἐδόκει καὶ ἐπὶ τούτους ἰτέον εἶναι οὕτως ὅπως δύναιντο, ὡς μὴ τεθαρρηκότες ἀναπαύσαιντο. Συνταξάμενοι δὴ πορεύονται. 31. Ἐντεῦθεν οἱ πολέμιοι ἱππεῖς φεύγουσι κατὰ τοῦ πρανοῦς, ὁμοίως ὥσπερ οἱ ὑπὸ ἱππέων διωκόμενοι· νάπος γὰρ αὐτοὺς ὑπεδέχετο, ὃ οὐκ ᾔδεσαν οἱ Ἕλληνες, ἀλλὰ προαπετράποντο διώκοντες· ὀψὲ γὰρ ἦν. 32. Ἐπανελθόντες δὲ, ἔνθα ἡ πρώτη συμβολὴ ἐγένετο, στησάμενοι τρόπαιον, ἀπῄεσαν ἐπὶ θάλατταν περὶ ἡλίου δυσμάς· στάδιοι δ' ἦσαν ὡς ἑξήκοντα ἐπὶ τὸ στρατόπεδον.

CAP. VI.

1. Ἐντεῦθεν οἱ μὲν πολέμιοι εἶχον ἀμφὶ τὰ ἑαυτῶν, καὶ ἀπήγοντο καὶ τοὺς οἰκέτας καὶ τὰ χρήματα, ὅποι ἐδύναντο προσωτάτω· οἱ δὲ Ἕλληνες προσέμενον μὲν Κλέανδρον καὶ τὰς τριήρεις καὶ τὰ πλοῖα, ὡς ἥξοντα· ἐξιόντες δὲ ἑκάστης ἡμέρας σὺν τοῖς ὑποζυγίοις καὶ τοῖς ἀνδραπόδοις, ἐφέροντο ἀδεῶς πυροὺς, κριθὰς, οἶνον, ὄσπρια, μελίνας, σῦκα· ἅπαντα γὰρ ἀγαθὰ εἶχεν ἡ χώρα, πλὴν ἐλαίου. 2. Καὶ ὁπότε μὲν καταμένοι τὸ στράτευμα ἀναπαυόμενον, ἐξῆν ἐπὶ λείαν ἰέναι· καὶ ἐλάμβανον οἱ ἐξιόντες· ὁπότε δ' ἐξίοι πᾶν τὸ στράτευμα, εἴ τις χωρὶς ἀπελθὼν λάβοι τι, δημόσιον ἔδοξεν εἶναι. 3. Ἤδη δὲ ἦν πολλὴ πάντων ἀφθονία· καὶ γὰρ ἀγοραὶ πάντοθεν ἀφικνοῦντο ἐκ τῶν Ἑλληνίδων πόλεων, καὶ οἱ παραπλέοντες ἄσμενοι κατῆγον, ἀκούοντες, ὡς οἰκίζοιτο πόλις καὶ λιμὴν εἴη. 4. Ἔπεμπον δὲ καὶ οἱ πολέμιοι ἤδη, οἳ πλησίον ᾤκουν, πρὸς Ξενοφῶντα,

ἀκούοντες, ὅτι οὗτος πολίζει τὸ χωρίον, ἐρωτῶντες, ὅ τι δέοι ποιοῦντας φίλους εἶναι. Ὁ δ' ἐπεδείκνυεν αὐτοὺς τοῖς στρατιώταις. 5. Καὶ ἐν τούτῳ Κλέανδρος ἀφικνεῖται, δύο τριήρεις ἔχων, πλοῖον δ' οὐδέν. Ἐτύγχανε δὲ τὸ στράτευμα ἔξω ὄν, ὅτε ἀφίκετο, καὶ ἐπὶ λείαν τινὲς οἰχόμενοι ἄλλοι ἄλλῃ εἰς τὸ ὄρος· καὶ εἰλήφεσαν πρόβατα πολλά· ὀκνοῦντες δέ, μὴ ἀφαιρεθεῖεν, τῷ Δεξίππῳ λέγουσιν (ὃς ἀπέδρα τὴν πεντηκόντορον ἔχων ἐκ Τραπεζοῦντος), καὶ κελεύουσι διασώσαντα αὐτοῖς τὰ πρόβατα, τὰ μὲν αὐτὸν λαβεῖν, τὰ δὲ σφίσιν ἀποδοῦναι. 6. Εὐθὺς δ' ἐκεῖνος ἀπελαύνει τοὺς περιεστῶτας τῶν στρατιωτῶν, καὶ λέγοντας, ὅτι δημόσια ταῦτ' εἴη· καὶ τῷ Κλεάνδρῳ ἐλθὼν λέγει, ὅτι ἁρπάζειν ἐπιχειροῦσιν. Ὁ δὲ κελεύει τὸν ἁρπάζοντα ἄγειν πρὸς αὐτόν. 7. Καὶ ὁ μὲν λαβὼν ἦγέ τινα· περιτυχὼν δ' Ἀγασίας ἀφαιρεῖται· καὶ γὰρ ἦν αὐτῷ ὁ ἀγόμενος λοχίτης. Οἱ δ' ἄλλοι οἱ παρόντες τῶν στρατιωτῶν ἐπιχειροῦσι βάλλειν τὸν Δέξιππον, ἀνακαλοῦντες τὸν προδότην. Ἔδεισαν δὲ καὶ τῶν τριηριτῶν πολλοί, καὶ ἔφευγον εἰς τὴν θάλατταν· καὶ Κλέανδρος δ' ἔφευγε. 8. Ξενοφῶν δὲ καὶ οἱ ἄλλοι στρατηγοὶ κατεκώλυόν τε καὶ τῷ Κλεάνδρῳ ἔλεγον, ὅτι οὐδὲν εἴη πρᾶγμα, ἀλλὰ τὸ δόγμα αἴτιον εἴη τὸ τοῦ στρατεύματος, ταῦτα γενέσθαι. 9. Ὁ δὲ Κλέανδρος, ὑπὸ τοῦ Δεξίππου τε ἀνερεθιζόμενος, καὶ αὐτὸς ἀχθεσθεὶς ὅτι ἐφοβήθη, ἀποπλευσεῖσθαι ἔφη καὶ κηρύξειν, μηδεμίαν πόλιν δέχεσθαι αὐτούς, ὡς πολεμίους. Ἦρχον δὲ τότε πάντων τῶν Ἑλλήνων οἱ Λακεδαιμόνιοι.

10. Ἐνταῦθα πονηρὸν τὸ πρᾶγμα ἐδόκει εἶναι τοῖς

Ἕλλησι, καὶ ἐδέοντο, μὴ ποιεῖν ταῦτα. Ὁ δ' οὐκ ἂν ἄλλως ἔφη γενέσθαι, εἰ μή τις ἐκδώσει τὸν ἄρξαντα βάλλειν καὶ τὸν ἀφελόμενον. 11. Ἦν δέ, ὃν ἐζήτει, Ἀγασίας, διὰ τέλους φίλος τῷ Ξενοφῶντι· ἐξ οὗ καὶ διέβαλεν αὐτὸν ὁ Δέξιππος. Καὶ ἐντεῦθεν, ἐπειδὴ ἀπορία ἦν, συνήγαγον τὸ στράτευμα οἱ ἄρχοντες· καὶ ἔνιοι μὲν αὐτῶν παρ' ὀλίγον ἐποιοῦντο τὸν Κλέανδρον· τῷ δὲ Ξενοφῶντι οὐκ ἐδόκει φαῦλον εἶναι τὸ πρᾶγμα, ἀλλ' ἀναστὰς ἔλεξεν·

12. Ὦ ἄνδρες στρατιῶται, ἐμοὶ δὲ οὐ φαῦλον δοκεῖ εἶναι τὸ πρᾶγμα, εἰ ἡμῖν οὕτως ἔχων τὴν γνώμην Κλέανδρος ἄπεισιν, ὥσπερ λέγει. Εἰσὶ μὲν γὰρ ἤδη ἐγγὺς αἱ Ἑλληνίδες πόλεις· τῆς δὲ Ἑλλάδος Λακεδαιμόνιοι προεστήκασιν· ἱκανοὶ δέ εἰσι καὶ εἷς ἕκαστος Λακεδαιμονίων ἐν ταῖς πόλεσιν, ὅ τι βούλονται, διαπράττεσθαι. 13. Εἰ οὖν οὗτος πρῶτον μὲν ἡμᾶς Βυζαντίου ἀποκλείσει, ἔπειτα δὲ τοῖς ἄλλοις ἁρμοσταῖς παραγγελεῖ, εἰς τὰς πόλεις μὴ δέχεσθαι, ὡς ἀπιστοῦντας Λακεδαιμονίοις καὶ ἀνόμους ὄντας· ἔτι δὲ πρὸς Ἀναξίβιον τὸν ναύαρχον οὗτος ὁ λόγος περὶ ἡμῶν ἥξει· χαλεπὸν ἔσται καὶ μένειν καὶ ἀποπλεῖν· καὶ γὰρ ἐν τῇ γῇ ἄρχουσι Λακεδαιμόνιοι καὶ ἐν τῇ θαλάττῃ τὸν νῦν χρόνον. 14. Οὔκουν δεῖ οὔτε ἑνὸς ἀνδρὸς ἕνεκα οὔτε δυοῖν ἡμᾶς τοὺς ἄλλους τῆς Ἑλλάδος ἀπέχεσθαι, ἀλλὰ πειστέον, ὅ τι ἂν κελεύωσι· καὶ γὰρ αἱ πόλεις ἡμῶν, ὅθεν ἐσμέν, πείθονται αὐτοῖς.

15. Ἐγὼ μὲν οὖν, — καὶ γὰρ ἀκούω, Δέξιππον λέγειν πρὸς Κλέανδρον, ὡς οὐκ ἂν ἐποίησεν Ἀγασίας ταῦτα, εἰ μὴ ἐγὼ αὐτὸν ἐκέλευσα, — ἐγὼ μὲν οὖν ἀπολύω καὶ ὑμᾶς τῆς αἰτίας, καὶ Ἀγασίαν, ἂν αὐτὸς Ἀγασίας φήσῃ ἐμέ τι

τούτων αἴτιον εἶναι, καὶ καταδικάζω ἐμαυτοῦ, εἰ ἐγὼ πετροβολίας ἢ ἄλλου τινὸς βιαίου ἐξάρχω, τῆς ἐσχάτης δίκης ἄξιος εἶναι, καὶ ὑφέξω τὴν δίκην. 16. Φημὶ δὲ, καὶ εἴ τινα ἄλλον αἰτιᾶται, χρῆναι ἑαυτὸν παρασχεῖν Κλεάνδρῳ κρῖναι· οὕτω γὰρ ἂν ὑμεῖς ἀπολελυμένοι τῆς αἰτίας εἴητε. Ὡς δὲ νῦν ἔχει, χαλεπὸν, εἰ οἰόμενοι ἐν τῇ Ἑλλάδι καὶ ἐπαίνου καὶ τιμῆς τεύξεσθαι, ἀντὶ δὲ τούτων οὐδ' ὅμοιοι τοῖς ἄλλοις ἐσόμεθα, ἀλλ' εἰρξόμεθα ἐκ τῶν Ἑλληνίδων πόλεων.

17. Μετὰ ταῦτα ἀναστὰς εἶπεν Ἀγασίας· Ἐγὼ, ὦ ἄνδρες, ὄμνυμι θεοὺς καὶ θεὰς, ἦ μὴν μήτε με Ξενοφῶντα κελεῦσαι ἀφελέσθαι τὸν ἄνδρα, μήτε ἄλλον ὑμῶν μηδένα· ἰδόντι δέ μοι ἄνδρα ἀγαθὸν ἀγόμενον τῶν ἐμῶν λοχιτῶν ὑπὸ Δεξίππου, ὃν ὑμεῖς ἐπίστασθε ὑμᾶς προδόντα, δεινὸν ἔδοξεν εἶναι· καὶ ἀφειλόμην, ὁμολογῶ. 18. Καὶ ὑμεῖς μὲν μὴ ἐκδῶτέ με, ἐγὼ δὲ ἐμαυτὸν, ὥσπερ Ξενοφῶν λέγει, παρασχήσω κρίναντι Κλεάνδρῳ, ὅ τι ἂν βούληται, ποιῆσαι· τούτου ἕνεκα μήτε πολεμεῖτε Λακεδαιμονίοις, σώζοισθέ τε ἀσφαλῶς, ὅποι θέλει ἕκαστος. Συμπέμψατε μέντοι μοι ὑμῶν αὐτῶν ἑλόμενοι πρὸς Κλέανδρον, οἵτινες, ἄν τι ἐγὼ παραλείπω, καὶ λέξουσιν ὑπὲρ ἐμοῦ καὶ πράξουσιν.

19. Ἐκ τούτου ἔδωκεν ἡ στρατιὰ οὕστινας βούλοιτο προελόμενον ἰέναι. Ὁ δὲ προείλετο τοὺς στρατηγούς. Μετὰ ταῦτα ἐπορεύοντο πρὸς Κλέανδρον Ἀγασίας καὶ οἱ στρατηγοὶ, καὶ ὁ ἀφαιρεθεὶς ἀνὴρ ὑπὸ Ἀγασίου· καὶ ἔλεγον οἱ στρατηγοί· 20. Ἔπεμψεν ἡμᾶς ἡ στρατιὰ πρός σε, ὦ Κλέανδρε, καὶ ἐκέλευσέ σε, εἴτε πάντας αἰτιᾷ, κρί-

ναντα σὲ αὐτὸν χρῆσθαι, ὅ τι ἂν βούλῃ· εἴτε ἕνα τινὰ ἢ δύο ἢ καὶ πλείους αἰτιᾷ, τούτους ἀξιοῦσι παρασχεῖν σοι ἑαυτοὺς εἰς κρίσιν. Εἴτε οὖν ἡμῶν τινα αἰτιᾷ, πάρεσμέν σοι ἡμεῖς· εἴτε δὲ ἄλλον τινὰ, φράσον· οὐδεὶς γάρ σοι ἀπέσται, ὅστις ἂν ἡμῖν ἐθέλῃ πείθεσθαι.

21. Μετὰ ταῦτα παρελθὼν ὁ Ἀγασίας εἶπεν· Ἐγώ εἰμι, ὦ Κλέανδρε, ὁ ἀφελόμενος Δεξίππου ἄγοντος τοῦτον τὸν ἄνδρα, καὶ παίειν κελεύσας Δέξιππον. 22. Τοῦτον μὲν γὰρ οἶδα ἄνδρα ἀγαθὸν ὄντα· Δέξιππον δὲ οἶδα αἱρεθέντα ὑπὸ τῆς στρατιᾶς ἄρχειν τῆς πεντηκοντόρου, ἧς ᾐτησάμεθα παρὰ Τραπεζουντίων, ἐφ᾽ ᾧτε πλοῖα συλλέγειν, ὡς σωζοίμεθα· καὶ ἀποδράντα Δέξιππον, καὶ προδόντα τοὺς στρατιώτας, μεθ᾽ ὧν ἐσώθη. 23. Καὶ τούς τε Τραπεζουντίους ἀπεστερήκαμεν τὴν πεντηκόντορον, καὶ κακοὶ δοκοῦμεν εἶναι διὰ τοῦτον· αὐτοί τε, τὸ ἐπὶ τούτῳ, ἀπολώλαμεν [πάντες]. Ἤκουε γὰρ, ὥσπερ ἡμεῖς, ὡς ἄπορον εἴη, πεζῇ ἀπιόντας τοὺς ποταμούς τε διαβῆναι, καὶ σωθῆναι εἰς τὴν Ἑλλάδα. Τοῦτον οὖν τοιοῦτον ὄντα ἀφειλόμην. 24. Εἰ δὲ σὺ ἦγες, ἢ ἄλλος τις τῶν παρὰ σοῦ, καὶ μὴ τῶν παρ᾽ ἡμῶν ἀποδράντων, εὖ ἴσθι, ὅτι οὐδὲν ἂν τούτων ἐποίησα. Νόμιζε δ᾽, ἐὰν ἐμὲ νῦν ἀποκτείνῃς, δι᾽ ἄνδρα δειλόν τε καὶ πονηρὸν ἄνδρα ἀγαθὸν ἀποκτείνων.

25. Ἀκούσας ταῦτα ὁ Κλέανδρος εἶπεν, ὅτι Δέξιππον μὲν οὐκ ἐπαινοίη, εἰ ταῦτα πεποιηκὼς εἴη· οὐ μέντοι ἔφη νομίζειν, οὐδ᾽ εἰ παμπόνηρος ἦν Δέξιππος, βίαν χρῆναι πάσχειν αὐτὸν, ἀλλὰ κριθέντα (ὥσπερ καὶ ὑμεῖς νῦν ἀξιοῦτε) τῆς δίκης τυχεῖν. 26. Νῦν μὲν οὖν ἄπιτε,

καταλιπόντες τόνδε τὸν ἄνδρα· ὅταν δ' ἐγὼ κελεύσω, πάρεστε πρὸς τὴν κρίσιν. Αἰτιῶμαι δὲ οὔτε τὴν στρατιὰν οὔτε ἄλλον οὐδένα ἔτι, ἐπεί γε οὗτος αὐτὸς ὁμολογεῖ ἀφελέσθαι τὸν ἄνδρα.

27. Ὁ δ' ἀφαιρεθεὶς εἶπεν· Ἐγώ, ὦ Κλέανδρε, εἰ καὶ οἴει με ἀδικοῦντά τι ἄγεσθαι, οὔτε ἔπαιον οὐδένα οὔτε ἔβαλλον, ἀλλ' εἶπον, ὅτι δημόσια εἴη τὰ πρόβατα· ἦν γὰρ τῶν στρατιωτῶν δόγμα, εἴ τις, ὁπότε ἡ στρατιὰ ἐξίοι, ἰδίᾳ ληΐζοιτο, δημόσια εἶναι τὰ ληφθέντα. 28. Ταῦτα εἶπον· καὶ ἐκ τούτου με λαβὼν οὗτος ἦγεν, ἵνα μὴ φθέγγοιτο μηδείς, ἀλλ' αὐτός, λαβὼν τὸ μέρος, διασώσειε τοῖς λῃσταῖς παρὰ τὴν ῥήτραν τὰ χρήματα. Πρὸς ταῦτα ὁ Κλέανδρος εἶπεν· Ἐπεὶ τοίνυν τοιοῦτος εἶ, κατάμενε, ἵνα καὶ περὶ σοῦ βουλευσώμεθα.

29. Ἐκ τούτου οἱ μὲν ἀμφὶ Κλέανδρον ἠρίστων· τὴν δὲ στρατιὰν συνήγαγε Ξενοφῶν, καὶ συνεβούλευε πέμψαι ἄνδρας πρὸς Κλέανδρον παραιτησομένους περὶ τῶν ἀνδρῶν. 30. Ἐκ τούτου ἔδοξεν αὐτοῖς, πέμψαντας στρατηγοὺς καὶ λοχαγοὺς καὶ Δρακόντιον τὸν Σπαρτιάτην, καὶ τῶν ἄλλων οἳ ἐδόκουν ἐπιτήδειοι εἶναι, δεῖσθαι Κλεάνδρου κατὰ πάντα τρόπον, ἀφεῖναι τὼ ἄνδρε. 31. Ἐλθὼν οὖν ὁ Ξενοφῶν λέγει· Ἔχεις μέν, ὦ Κλέανδρε, τοὺς ἄνδρας, καὶ ἡ στρατιά σοι ὑφεῖτο, ὅ τι ἐβούλου, ποιῆσαι καὶ περὶ τούτων καὶ περὶ ἑαυτῶν ἁπάντων· νῦν δέ σε αἰτοῦνται καὶ δέονται, δοῦναι σφίσι τὼ ἄνδρε, καὶ μὴ κατακαίνειν· πολλὰ γὰρ ἐν τῷ ἔμπροσθεν χρόνῳ περὶ τὴν στρατιὰν ἐμοχθησάτην. 32. Ταῦτα δέ σου τυχόντες, ὑπισχνοῦνταί σοι ἀντὶ τούτων, ἢν βούλῃ ἡγεῖσθαι αὐτῶν, καὶ ἢν οἱ θεοὶ

ἵλεῳ ὦσιν, ἐπιδείξειν σοι, καὶ ὡς κόσμιοί εἰσι, καὶ ὡς ἱκανοὶ, τῷ ἄρχοντι πειθόμενοι, τοὺς πολεμίους σὺν τοῖς θεοῖς μὴ φοβεῖσθαι. 33. Δέονται δέ σου καὶ τοῦτο, παραγενόμενον καὶ ἄρξαντα ἑαυτῶν πεῖραν λαβεῖν καὶ Δεξίππου καὶ σφῶν τῶν ἄλλων, οἷος ἕκαστός ἐστι, καὶ τὴν ἀξίαν ἑκάστοις νεῖμαι.

34. Ἀκούσας ταῦτα ὁ Κλέανδρος, Ἀλλὰ ναὶ τὼ Σιὼ, ἔφη, ταχύ τοι ὑμῖν ἀποκρινοῦμαι. Καὶ τώ τε ἄνδρε ὑμῖν δίδωμι, καὶ αὐτὸς παρέσομαι· καὶ, ἢν οἱ θεοὶ παραδιδῶσιν, ἐξηγήσομαι εἰς τὴν Ἑλλάδα. Καὶ πολὺ οἱ λόγοι οὗτοι ἀντίοι εἰσὶν, ἢ οὓς ἐγὼ περὶ ὑμῶν ἐνίων ἤκουον, ὡς τὸ στράτευμα ἀφίστατε ἀπὸ Λακεδαιμονίων.

35. Ἐκ τούτου οἱ μὲν ἐπαινοῦντες ἀπῆλθον, ἔχοντες τὼ ἄνδρε· Κλέανδρος δὲ ἐθύετο ἐπὶ τῇ πορείᾳ, καὶ ξυνῆν Ξενοφῶντι φιλικῶς, καὶ ξενίαν ξυνεβάλοντο. Ἐπεὶ δὲ καὶ ἑώρα αὐτοὺς τὸ παραγγελλόμενον εὐτάκτως ποιοῦντας, καὶ μᾶλλον ἔτι ἐπεθύμει ἡγεμὼν γενέσθαι αὐτῶν. 36. Ἐπεὶ μέντοι θυομένῳ αὐτῷ ἐπὶ τρεῖς ἡμέρας οὐκ ἐγίγνετο τὰ ἱερά, συγκαλέσας τοὺς στρατηγοὺς εἶπεν· Ἐμοὶ μὲν οὐκ ἐθέλει γενέσθαι τὰ ἱερὰ ἐξάγειν· ὑμεῖς μέντοι μὴ ἀθυμεῖτε τούτου ἕνεκα· ὑμῖν γὰρ, ὡς ἔοικε, δέδοται ἐκκομίσαι τοὺς ἄνδρας· ἀλλὰ πορεύεσθε. Ἡμεῖς δὲ ὑμᾶς, ἐπειδὰν ἐκεῖσε ἥκητε, δεξόμεθα ὡς ἂν δυνώμεθα κάλλιστα.

37. Ἐκ τούτου ἔδοξε τοῖς στρατιώταις, δοῦναι αὐτῷ τὰ δημόσια πρόβατα· ὁ δὲ δεξάμενος, πάλιν αὐτοῖς ἀπέδωκε. Καὶ οὗτος μὲν ἀπέπλει· οἱ δὲ στρατιῶται, διαθέμενοι τὸν σῖτον ὃν ἦσαν συγκεκομισμένοι, καὶ τἆλλα ἃ εἰλήφεσαν, ἐξεπορεύοντο διὰ τῶν Βιθυνῶν. 38. Ἐπεὶ δὲ οὐδενὶ

ἐνέτυχον πορευόμενοι τὴν ὀρθὴν ὁδὸν, ὥστε ἔχοντές τι εἰς τὴν φιλίαν διεξελθεῖν, ἔδοξεν αὐτοῖς, τοὔμπαλιν ὑποστρέψαντας ἐλθεῖν μίαν ἡμέραν καὶ νύκτα. Τοῦτο δὲ ποιήσαντες, ἔλαβον πολλὰ καὶ ἀνδράποδα καὶ πρόβατα· καὶ ἀφίκοντο ἑκταῖοι εἰς Χρυσόπολιν τῆς Χαλκηδονίας, καὶ ἐκεῖ ἔμειναν ἡμέρας ἑπτὰ λαφυροπωλοῦντες.

ΞΕΝΟΦΩΝΤΟΣ

ΚΥΡΟΥ ΑΝΑΒΑΣΕΩΣ Ζ΄.

CAP. I.

Ὅσα μὲν δὴ ἐν τῇ ἀναβάσει τῇ μετὰ Κύρου ἔπραξαν οἱ Ἕλληνες μέχρι τῆς μάχης, καὶ ὅσα, ἐπεὶ Κῦρος ἐτελεύτησεν, ἐν τῇ πορείᾳ, μέχρι εἰς τὸν Πόντον ἀφίκοντο, καὶ ὅσα ἐκ τοῦ Πόντου πεζῇ ἐξιόντες καὶ ἐκπλέοντες ἐποίουν, μέχρι ἔξω τοῦ στόματος ἐγένοντο ἐν Χρυσοπόλει τῆς Ἀσίας, ἐν τῷ πρόσθεν λόγῳ δεδήλωται.

2. Ἐκ τούτου δὲ Φαρνάβαζος, φοβούμενος τὸ στράτευμα, μὴ ἐπὶ τὴν αὐτοῦ χώραν στρατεύηται, πέμψας πρὸς Ἀναξίβιον τὸν ναύαρχον (ὁ δ᾽ ἔτυχεν ἐν Βυζαντίῳ ὤν), ἐδεῖτο διαβιβάσαι τὸ στράτευμα ἐκ τῆς Ἀσίας, καὶ ὑπισχνεῖτο πάντα ποιήσειν αὐτῷ, ὅσα δέοι. 3. Καὶ Ἀναξίβιος μετεπέμψατο τοὺς στρατηγοὺς καὶ λοχαγοὺς τῶν στρατιωτῶν εἰς Βυζάντιον, καὶ ὑπισχνεῖτο, εἰ διαβαῖεν, μισθοφορὰν ἔσεσθαι τοῖς στρατιώταις. 4. Οἱ μὲν δὴ ἄλλοι ἔφασαν βουλευσάμενοι ἀπαγγελεῖν· Ξενοφῶν δὲ εἶπεν αὐτῷ, ὅτι ἀπαλλάξοιτο ἤδη ἀπὸ τῆς στρατιᾶς, καὶ βούλοιτο ἀποπλεῖν. Ὁ δὲ Ἀναξίβιος ἐκέλευσεν αὐτὸν,

συνδιαβάντα, ἔπειτα οὕτως ἀπαλλάττεσθαι. Ἔφη οὖν ταῦτα ποιήσειν.

5. Σεύθης δὲ ὁ Θρᾷξ πέμπει Μηδοσάδην, καὶ κελεύει Ξενοφῶντα συμπροθυμεῖσθαι, ὅπως διαβῇ τὸ στράτευμα, καὶ ἔφη αὐτῷ ταῦτα συμπροθυμηθέντι, ὅτι οὐ μεταμελήσει. 6. Ὁ δ᾽ εἶπεν· Ἀλλὰ τὸ μὲν στράτευμα διαβήσεται· τούτου ἕνεκα μηδὲν τελείτω μήτε ἐμοὶ, μήτε ἄλλῳ μηδενί· ἐπειδὰν δὲ διαβῇ, ἐγὼ μὲν ἀπαλλάξομαι, πρὸς δὲ τοὺς διαμένοντας καὶ ἐπικαιρίους ὄντας προσφερέσθω, ὡς ἂν αὐτῷ δοκῇ ἀσφαλές. 7. Ἐκ τούτου διαβαίνουσι πάντες εἰς Βυζάντιον οἱ στρατιῶται. Καὶ μισθὸν μὲν οὐκ ἐδίδου ὁ Ἀναξίβιος· ἐκήρυξε δὲ, λαβόντας τὰ ὅπλα καὶ τὰ σκεύη τοὺς στρατιώτας ἐξιέναι, ὡς ἀποπέμψων τε ἅμα καὶ ἀριθμὸν ποιήσων. Ἐνταῦθα οἱ στρατιῶται ἤχθοντο, ὅτι οὐκ εἶχον ἀργύριον ἐπισιτίζεσθαι εἰς τὴν πορείαν, καὶ ὀκνηρῶς συνεσκευάζοντο.

8. Καὶ ὁ Ξενοφῶν, Κλεάνδρῳ τῷ ἁρμοστῇ ξένος γεγενημένος, προσελθὼν ἠσπάζετο αὐτόν, ὡς ἀποπλευσούμενος ἤδη. Ὁ δὲ αὐτῷ λέγει· Μὴ ποιήσῃς ταῦτα· εἰ δὲ μὴ, ἔφη, αἰτίαν ἕξεις· ἐπεὶ καὶ νῦν τινὲς ἤδη σὲ αἰτιῶνται, ὅτι οὐ ταχὺ ἐξέρπει τὸ στράτευμα. 9. Ὁ δ᾽ εἶπεν· Ἀλλ᾽ αἴτιος μὲν ἔγωγε οὐκ εἰμὶ τούτου, οἱ δὲ στρατιῶται αὐτοί, ἐπισιτισμοῦ δεόμενοι, [καὶ οὐκ ἔχοντες,] διὰ τοῦτο ἀθυμοῦσι πρὸς τὴν ἔξοδον. 10. Ἀλλ᾽ ὅμως, ἔφη, ἐγώ σοι συμβουλεύω, ἐξελθεῖν μὲν ὡς πορευσόμενον, ἐπειδὰν δ᾽ ἔξω γένηται τὸ στράτευμα, τότε ἀπαλλάττεσθαι. Ταῦτα τοίνυν, ἔφη ὁ Ξενοφῶν, ἐλθόντες πρὸς Ἀναξίβιον δια-

πραξόμεθα. Οὕτως ἐλθόντες ἔλεγον ταῦτα. 11. Ὁ δὲ ἐκέλευσεν οὕτω ποιεῖν, καὶ ἐξιέναι τὴν ταχίστην συνεσκευασμένους, καὶ προσανειπεῖν, ὃς ἂν μὴ παρῇ εἰς τὴν ἐξέτασιν καὶ εἰς τὸν ἀριθμὸν, ὅτι αὐτὸς αὑτὸν αἰτιάσεται. 12. Ἐντεῦθεν ἐξῄεσαν οἵ τε στρατηγοὶ πρῶτον, καὶ οἱ ἄλλοι. Καὶ ἄρδην πάντες πλὴν ὀλίγων ἔξω ἦσαν, καὶ Ἐτεόνικος εἱστήκει παρὰ τὰς πύλας, ὡς, ὁπότε ἔξω γένοιντο πάντες, συγκλείσων τὰς πύλας, καὶ τὸν μοχλὸν ἐμβαλῶν. 13. Ὁ δὲ Ἀναξίβιος, συγκαλέσας τοὺς στρατηγοὺς καὶ τοὺς λοχαγοὺς, ἔλεξε· Τὰ μὲν ἐπιτήδεια, ἔφη, λαμβάνετε ἐκ τῶν Θρᾳκίων κωμῶν· εἰσὶ δὲ αὐτόθι πολλαὶ κριθαὶ καὶ πυροὶ, καὶ τἆλλα τὰ ἐπιτήδεια· λαβόντες δὲ πορεύεσθε εἰς Χερρόνησον, ἐκεῖ δὲ Κυνίσκος ὑμῖν μισθοδοτήσει. 14. Ἐπακούσαντες δέ τινες τῶν στρατιωτῶν ταῦτα, ἢ καὶ τῶν λοχαγῶν τις διαγγέλλει εἰς τὸ στράτευμα. Καὶ οἱ μὲν στρατηγοὶ ἐπυνθάνοντο περὶ τοῦ Σεύθου, πότερα πολέμιος εἴη ἢ φίλος, καὶ πότερα διὰ τοῦ Ἱεροῦ ὄρους δέοι πορεύεσθαι, ἢ κύκλῳ διὰ μέσης τῆς Θρᾴκης. 15. Ἐν ᾧ δὲ ταῦτα διελέγοντο, οἱ στρατιῶται ἀναρπάσαντες τὰ ὅπλα θέουσι δρόμῳ πρὸς τὰς πύλας, ὡς πάλιν εἰς τὸ τεῖχος εἰσιόντες. Ὁ δὲ Ἐτεόνικος καὶ οἱ σὺν αὐτῷ, ὡς εἶδον προσθέοντας τοὺς ὁπλίτας, συγκλείουσι τὰς πύλας, καὶ τὸν μοχλὸν ἐμβάλλουσιν. 16. Οἱ δὲ στρατιῶται ἔκοπτόν τε τὰς πύλας, καὶ ἔλεγον, ὅτι ἀδικώτατα πάσχοιεν ἐκβαλλόμενοι εἰς τοὺς πολεμίους· καὶ κατασχίσειν τὰς πύλας ἔφασαν, εἰ μὴ ἑκόντες ἀνοίξουσιν. 17. Ἄλλοι δὲ ἔθεον ἐπὶ θάλατταν, καὶ παρὰ τὴν χηλὴν τοῦ τείχους ὑπερβαίνουσιν εἰς τὴν πόλιν· ἄλλοι δὲ, οἳ ἐτύγχανον ἔνδον ὄντες τῶν στρατιωτῶν, ὡς ὁρῶσι τὰ ἐπὶ ταῖς πύλαις πράγματα, διακόπτοντες ταῖς ἀξίναις τὰ κλεῖθρα, ἀναπετανύουσι τὰς πύλας· οἱ δ' εἰσπίπτουσιν. 18. Ὁ δὲ Ξενοφῶν, ὡς εἶδε τὰ γιγνόμενα, δείσας, μὴ ἐφ' ἁρπαγὴν τράποιτο τὸ στράτευμα, καὶ ἀνήκεστα κακὰ γένοιτο τῇ πόλει καὶ ἑαυτῷ καὶ τοῖς στρατιώταις, ἔθει, καὶ συνεισπίπτει εἴσω τῶν πυλῶν σὺν τῷ ὄχλῳ. 19. Οἱ δὲ Βυζάντιοι, ὡς εἶδον τὸ στράτευμα βίᾳ εἰσπίπτον, φεύγουσιν ἐκ τῆς ἀγορᾶς, οἱ μὲν εἰς τὰ πλοῖα, οἱ δὲ οἴκαδε· ὅσοι δὲ ἔνδον ἐτύγχανον ὄντες, ἔξω ἔθεον· οἱ δὲ καθεῖλκον τὰς τριήρεις, ὡς ἐν ταῖς τριήρεσι σώζοιντο· πάντες δὲ ᾤοντο ἀπολωλέναι, ὡς ἑαλωκυίας τῆς πόλεως. 20. Ὁ δὲ Ἐτεόνικος εἰς τὴν ἄκραν ἀποφεύγει. Ὁ δὲ Ἀναξίβιος, καταδραμὼν ἐπὶ θάλατταν, ἐν ἁλιευτικῷ πλοίῳ περιέπλει εἰς τὴν ἀκρόπολιν, καὶ εὐθὺς μεταπέμπεται ἐκ Χαλκηδόνος φρουρούς· οὐ γὰρ ἱκανοὶ ἐδόκουν εἶναι οἱ ἐν τῇ ἀκροπόλει σχεῖν τοὺς ἄνδρας.

21. Οἱ δὲ στρατιῶται ὡς εἶδον τὸν Ξενοφῶντα, προσπίπτουσιν αὐτῷ πολλοί, καὶ λέγουσι· Νῦν σοὶ ἔξεστιν, ὦ Ξενοφῶν, ἀνδρὶ γενέσθαι. Ἔχεις πόλιν, ἔχεις τριήρεις, ἔχεις χρήματα, ἔχεις ἄνδρας τοσούτους. Νῦν ἂν, εἰ βούλοιο, σύ τε ἡμᾶς ὀνήσαις, καὶ ἡμεῖς σὲ μέγαν ποιήσαιμεν. 22. Ὁ δ' ἀπεκρίνατο, Ἀλλ' εὖ τε λέγετε, καὶ ποιήσω ταῦτα· εἰ δὲ τούτων ἐπιθυμεῖτε, θέσθε τὰ ὅπλα ἐν τάξει ὡς τάχιστα, βουλόμενος αὐτοὺς κατηρεμίσαι· καὶ αὐτός τε παρηγγύα ταῦτα, καὶ τοὺς ἄλλους ἐκέλευσε παρεγγυᾶν [καὶ] τίθεσθαι τὰ ὅπλα. 23. Οἱ δὲ, αὐτοὶ ὑφ' ἑαυτῶν

ταττόμενοι, οἵ τε ὁπλῖται ἐν ὀλίγῳ χρόνῳ εἰς ὀκτὼ ἐγένοντο, καὶ οἱ πελτασταὶ ἐπὶ τὸ κέρας ἑκάτερον παραδεδραμήκεσαν. 24. Τὸ δὲ χωρίον οἷον κάλλιστον ἐκτάξασθαί ἐστι, τὸ Θρᾴκιον καλούμενον, ἔρημον οἰκιῶν καὶ πεδινόν. Ἐπεὶ δὲ ἔκειτο τὰ ὅπλα, καὶ κατηρεμίσθησαν, συγκαλεῖ Ξενοφῶν τὴν στρατιὰν, καὶ λέγει τάδε·

25. Ὅτι μὲν ὀργίζεσθε, ὦ ἄνδρες στρατιῶται, καὶ νομίζετε δεινὰ πάσχειν ἐξαπατώμενοι, οὐ θαυμάζω. Ἢν δὲ τῷ θυμῷ χαριζώμεθα, καὶ Λακεδαιμονίους τε τοὺς παρόντας τῆς ἐξαπάτης τιμωρησώμεθα, καὶ τὴν πόλιν τὴν οὐδὲν αἰτίαν διαρπάσωμεν, ἐνθυμεῖσθε, ἃ ἔσται ἐντεῦθεν. 26. Πολέμιοι μὲν ἐσόμεθα ἀποδεδειγμένοι Λακεδαιμονίοις καὶ τοῖς συμμάχοις· οἷος δ' ὁ πόλεμος ἂν γένοιτο, εἰκάζειν δὴ πάρεστιν, ἑωρακότας καὶ ἀναμνησθέντας τὰ νῦν ἤδη γεγενημένα. 27. Ἡμεῖς γὰρ οἱ Ἀθηναῖοι εἰσήλθομεν εἰς τὸν πόλεμον τὸν πρὸς τοὺς Λακεδαιμονίους καὶ τοὺς συμμάχους, ἔχοντες τριήρεις, τὰς μὲν ἐν θαλάττῃ τὰς δ' ἐν τοῖς νεωρίοις, οὐκ ἐλάττους τριακοσίων, ὑπαρχόντων δὲ πολλῶν χρημάτων ἐν τῇ πόλει, καὶ προσόδου οὔσης κατ' ἐνιαυτὸν, ἀπό τε τῶν ἐνδήμων καὶ ἐκ τῆς ὑπερορίας, οὐ μεῖον χιλίων ταλάντων· ἄρχοντές τε τῶν νήσων ἁπασῶν, καὶ ἔν τε τῇ Ἀσίᾳ πολλὰς ἔχοντες πόλεις, καὶ ἐν τῇ Εὐρώπῃ ἄλλας τε πολλὰς καὶ αὐτὸ τοῦτο τὸ Βυζάντιον, ὅπου νῦν ἐσμεν, ἔχοντες, κατεπολεμήθημεν οὕτως, ὡς πάντες ὑμεῖς ἐπίστασθε.

28. Νῦν δὲ δὴ τί ἂν οἰόμεθα παθεῖν, Λακεδαιμονίων μὲν καὶ τῶν Ἀχαιῶν συμμάχων ὑπαρχόντων, Ἀθηναίων δὲ, καὶ ὅσοι ἐκείνοις τότε ἦσαν σύμμαχοι, πάντων προσγε-

γενημένων, Τισσαφέρνους δὲ καὶ τῶν ἐπὶ θαλάττῃ ἄλλων βαρβάρων πάντων πολεμίων ἡμῖν ὄντων, πολεμιωτάτου δὲ αὐτοῦ τοῦ ἄνω βασιλέως, ὃν ἤλθομεν ἀφαιρησόμενοί τε τὴν ἀρχὴν καὶ ἀποκτενοῦντες, εἰ δυναίμεθα; Τούτων δὴ πάντων ὁμοῦ ὄντων, ἔστι τις οὕτως ἄφρων, ὅστις οἴεται ἂν ἡμᾶς περιγενέσθαι; 29. Μὴ, πρὸς θεῶν, μαινώμεθα, μηδ᾽ αἰσχρῶς ἀπολώμεθα, πολέμιοι ὄντες καὶ ταῖς πατρίσι, καὶ τοῖς ἡμετέροις αὐτῶν φίλοις τε καὶ οἰκείοις. Ἐν γὰρ ταῖς πόλεσίν εἰσι πάντες ταῖς ἐφ᾽ ἡμᾶς στρατευσομέναις· καὶ δικαίως, εἰ βάρβαρον μὲν πόλιν οὐδεμίαν ἠθελήσαμεν κατασχεῖν, καὶ ταῦτα κρατοῦντες, Ἑλληνίδα δὲ εἰς ἣν πρώτην πόλιν ἤλθομεν, ταύτην ἐξαλαπάξομεν.

30. Ἐγὼ μὲν τοίνυν εὔχομαι, πρὶν ταῦτα ἐπιδεῖν ὑφ᾽ ὑμῶν γενόμενα, μυρίας ἔμεγε κατὰ γῆς ὀργυιὰς γενέσθαι. Καὶ ὑμῖν δὲ συμβουλεύω, Ἕλληνας ὄντας τοῖς τῶν Ἑλλήνων προεστηκόσι πειθομένους πειρᾶσθαι τῶν δικαίων τυγχάνειν. Ἐὰν δὲ μὴ δύνησθε ταῦτα, ἡμᾶς δεῖ ἀδικουμένους τῆς γοῦν Ἑλλάδος μὴ στέρεσθαι. 31. Καὶ νῦν μοι δοκεῖ, πέμψαντας Ἀναξιβίῳ εἰπεῖν, ὅτι ἡμεῖς οὐδὲν βίαιον ποιήσοντες παρεληλύθαμεν εἰς τὴν πόλιν, ἀλλ᾽ ἢν μὲν δυνώμεθα παρ᾽ ὑμῶν ἀγαθόν τι εὑρίσκεσθαι· εἰ δὲ μή, ἀλλὰ δηλώσοντες, ὅτι οὐκ ἐξαπατώμενοι, ἀλλὰ πειθόμενοι ἐξερχόμεθα. 32. Ταῦτα ἔδοξε· καὶ πέμπουσιν Ἱερώνυμόν τε Ἠλεῖον ἐροῦντα ταῦτα, καὶ Εὐρύλοχον Ἀρκάδα, καὶ Φιλήσιον Ἀχαιόν. Οἱ μὲν ταῦτα ᾤχοντο ἐροῦντες.

33. Ἔτι δὲ καθημένων τῶν στρατιωτῶν, προσέρχεται Κοιρατάδης Θηβαῖος, ὃς οὐ φεύγων τὴν Ἑλλάδα περιῄει, ἀλλὰ στρατηγιῶν, καὶ ἐπαγγελλόμενος, εἴ τις ἢ πόλις

ἢ ἔθνος στρατηγοῦ δέοιτο. Καὶ τότε προσελθὼν ἔλεγεν, ὅτι ἕτοιμος εἴη ἡγεῖσθαι αὐτοῖς εἰς τὸ Δέλτα καλούμενον τῆς Θρᾴκης, ἔνθα πολλὰ καὶ ἀγαθὰ λήψοιντο· ἔστε δ' ἂν μόλωσιν, εἰς ἀφθονίαν παρέξειν ἔφη καὶ σιτία καὶ ποτά. 34. Ἀκούουσι ταῦτα τοῖς στρατιώταις, καὶ τὰ παρὰ Ἀναξιβίου ἅμα ἀπαγγελλόμενα, — ἀπεκρίνατο γὰρ, ὅτι πειθομένοις αὐτοῖς οὐ μεταμελήσει, ἀλλὰ τοῖς τε οἴκοι τέλεσι ταῦτα ἀπαγγελεῖ, καὶ αὐτὸς βουλεύσοιτο περὶ αὐτῶν, ὅ τι δύναιτο ἀγαθόν· — 35. ἐκ τούτου οἱ στρατιῶται τόν τε Κοιρατάδην δέχονται στρατηγὸν, καὶ ἔξω τοῦ τείχους ἀπῆλθον. Ὁ δὲ Κοιρατάδης συντίθεται αὐτοῖς εἰς τὴν ὑστεραίαν παρέσεσθαι ἐπὶ τὸ στράτευμα, ἔχων καὶ ἱερεῖα καὶ μάντιν, καὶ σιτία καὶ ποτὰ τῇ στρατιᾷ. 36. Ἐπεὶ δὲ ἐξῆλθον, ὁ Ἀναξίβιος ἔκλεισε τὰς πύλας, καὶ ἐκήρυξεν, ὅστις ἂν ἁλῷ ἔνδον ὢν τῶν στρατιωτῶν, ὅτι πεπράσεται. 37. Τῇ δ' ὑστεραίᾳ ὁ Κοιρατάδης μὲν ἔχων τὰ ἱερεῖα καὶ τὸν μάντιν ἧκε, καὶ ἄλφιτα φέροντες εἵποντο αὐτῷ εἴκοσιν ἄνδρες, καὶ οἶνον ἄλλοι εἴκοσι, καὶ ἐλαιῶν τρεῖς καὶ σκορόδων εἷς ἀνὴρ ὅσον ἐδύνατο μέγιστον φορτίον, καὶ ἄλλος κρομμύων. Ταῦτα δὲ καταθέμενος ὡς ἐπὶ δάσμευσιν, ἐθύετο.

38. Ξενοφῶν δὲ μεταπεμψάμενος Κλέανδρον ἐκέλευε διαπρᾶξαι, ὅπως εἰς τὸ τεῖχός τε εἰσέλθοι, καὶ ἀποπλεῦσαι ἐκ Βυζαντίου. 39. Ἐλθὼν δ' ὁ Κλέανδρος, Μάλα μόλις, ἔφη, διαπραξάμενος ἥκω· λέγειν γὰρ Ἀναξίβιον, ὅτι οὐκ ἐπιτήδειον εἴη, τοὺς μὲν στρατιώτας πλησίον εἶναι τοῦ τείχους, Ξενοφῶντα δὲ ἔνδον· τοὺς Βυζαντίους δὲ στασιάζειν καὶ πονηροὺς εἶναι πρὸς ἀλλήλους· ὅμως δὲ εἰσιέναι,

ἔφη, ἐκέλευεν, εἰ μέλλοις σὺν αὐτῷ ἐκπλεῖν. 40. Ὁ μὲν δὴ Ξενοφῶν, ἀσπασάμενος τοὺς στρατιώτας, εἴσω τοῦ τείχους ἀπῄει σὺν Κλεάνδρῳ. Ὁ δὲ Κοιρατάδης τῇ μὲν πρώτῃ ἡμέρᾳ οὐκ ἐκαλλιέρει, οὐδὲ διεμέτρησεν οὐδὲν τοῖς στρατιώταις· τῇ δ' ὑστεραίᾳ τὰ μὲν ἱερεῖα εἱστήκει παρὰ τὸν βωμὸν, καὶ Κοιρατάδης ἐστεφανωμένος, ὡς θύσων· προσελθὼν δὲ Τιμασίων ὁ Δαρδανεὺς καὶ Νέων ὁ Ἀσιναῖος καὶ Κλεάνωρ ὁ Ὀρχομένιος ἔλεγον Κοιρατάδῃ, μὴ θύειν, ὡς οὐχ ἡγησόμενον τῇ στρατιᾷ, εἰ μὴ δώσει τὰ ἐπιτήδεια. 41. Ὁ δὲ κελεύει διαμετρεῖσθαι. Ἐπεὶ δὲ πολλῶν ἐνέδει αὐτῷ, ὥστε ἡμέρας σῖτον ἑκάστῳ γενέσθαι τῶν στρατιωτῶν, ἀναλαβὼν τὰ ἱερεῖα ἀπῄει, καὶ τὴν στρατηγίαν ἀπειπών.

CAP. II.

1. Νέων δὲ ὁ Ἀσιναῖος καὶ Φρυνίσκος ὁ Ἀχαιὸς καὶ Φιλήσιος ὁ Ἀχαιὸς καὶ Ξανθικλῆς ὁ Ἀχαιὸς καὶ Τιμασίων ὁ Δαρδανεὺς ἐπέμενον ἐπὶ τῇ στρατιᾷ, καὶ εἰς κώμας τῶν Θρακῶν προελθόντες τὰς κατὰ Βυζάντιον, ἐστρατοπεδεύοντο. 2. Καὶ οἱ στρατηγοὶ ἐστασίαζον, Κλεάνωρ μὲν καὶ Φρυνίσκος πρὸς Σεύθην βουλόμενοι ἄγειν (ἔπειθε γὰρ αὐτοὺς, καὶ ἔδωκε τῷ μὲν ἵππον, τῷ δὲ γυναῖκα)· Νέων δὲ εἰς Χερρόνησον, οἰόμενος, εἰ ὑπὸ Λακεδαιμονίοις γένοιντο, παντὸς ἂν προεστάναι τοῦ στρατεύματος· Τιμασίων δὲ προυθυμεῖτο πέραν εἰς τὴν Ἀσίαν πάλιν διαβῆναι, οἰόμενος ἂν οἴκαδε κατελθεῖν. Καὶ οἱ στρατιῶται ταὐτὰ ἐβούλοντο. 3. Διατριβομένου δὲ τοῦ χρόνου, πολλοὶ τῶν

στρατιωτῶν, οἱ μὲν τὰ ὅπλα ἀποδιδόμενοι κατὰ τοὺς χώρους ἀπέπλεον ὡς ἐδύναντο, οἱ δὲ καὶ [διαδόντες τὰ ὅπλα κατὰ τοὺς χώρους] εἰς τὰς πόλεις κατεμιγνύοντο. 4. Ἀναξίβιος δ' ἔχαιρε ταῦτα ἀκούων, διαφθειρόμενον τὸ στράτευμα· τούτων γὰρ γιγνομένων, ᾤετο μάλιστα χαρίζεσθαι Φαρναβάζῳ.

5. Ἀποπλέοντι δὲ Ἀναξιβίῳ ἐκ Βυζαντίου συναντᾷ Ἀρίσταρχος ἐν Κυζίκῳ, διάδοχος Κλεάνδρῳ, Βυζαντίου ἁρμοστής· ἐλέγετο δέ, ὅτι καὶ ναύαρχος διάδοχος Πῶλος ὅσον οὐ παρείη ἤδη εἰς Ἑλλήσποντον. 6. Καὶ Ἀναξίβιος τῷ μὲν Ἀριστάρχῳ ἐπιστέλλει, ὁπόσους ἂν εὕρῃ ἐν Βυζαντίῳ τῶν Κύρου στρατιωτῶν ὑπολελειμμένους, ἀποδόσθαι· ὁ δὲ Κλέανδρος οὐδένα ἐπεπράκει, ἀλλὰ καὶ τοὺς κάμνοντας ἐθεράπευεν, οἰκτείρων, καὶ ἀναγκάζων οἰκίᾳ δέχεσθαι. Ἀρίσταρχος δ' ἐπεὶ ἦλθε τάχιστα, οὐκ ἐλάττους τετρακοσίων ἀπέδοτο. 7. Ἀναξίβιος δὲ παραπλεύσας εἰς Πάριον, πέμπει παρὰ Φαρνάβαζον κατὰ τὰ συγκείμενα. Ὁ δ' ἐπεὶ ᾔσθετο Ἀρίσταρχόν τε ἥκοντα εἰς Βυζάντιον ἁρμοστήν, καὶ Ἀναξίβιον οὐκέτι ναυαρχοῦντα, Ἀναξιβίου μὲν ἠμέλησε, πρὸς Ἀρίσταρχον δὲ διεπράττετο τὰ αὐτὰ περὶ τοῦ Κυρείου στρατεύματος, ἅπερ καὶ πρὸς Ἀναξίβιον.

8. Ἐκ τούτου δὴ ὁ Ἀναξίβιος, καλέσας Ξενοφῶντα, κελεύει πάσῃ τέχνῃ καὶ μηχανῇ πλεῦσαι ἐπὶ τὸ στράτευμα ὡς τάχιστα, καὶ συνέχειν τε αὐτό, καὶ συναθροίζειν τῶν διεσπαρμένων ὡς ἂν πλείστους δύνηται, καὶ παραγαγόντα εἰς τὴν Πέρινθον, διαβιβάζειν εἰς τὴν Ἀσίαν ὅτι τάχιστα· καὶ δίδωσιν αὐτῷ τριακόντορον καὶ ἐπιστολήν, καὶ ἄνδρα συμπέμπει, κελεύσοντα τοὺς Περινθίους ὡς τάχιστα Ξενο-

φῶντα προπέμψαι τοῖς ἵπποις ἐπὶ τὸ στράτευμα. 9. Καὶ ὁ μὲν Ξενοφῶν διαπλεύσας ἀφικνεῖται ἐπὶ τὸ στράτευμα· οἱ δὲ στρατιῶται ἐδέξαντο ἡδέως, καὶ εὐθὺς εἵποντο ἄσμενοι, ὡς διαβησόμενοι ἐκ τῆς Θράκης εἰς τὴν Ἀσίαν. 10. Ὁ δὲ Σεύθης, ἀκούσας ἥκοντα πάλιν [Ξενοφῶντα], πέμψας πρὸς αὐτὸν κατὰ θάλατταν Μηδοσάδην, ἐδεῖτο τὴν στρατιὰν ἄγειν πρὸς ἑαυτόν, ὑπισχνούμενος αὐτῷ, ὅ τι ᾤετο λέγων πείσειν. Ὁ δ' ἀπεκρίνατο αὐτῷ, ὅτι οὐδὲν οἷόν τε εἴη τούτων γενέσθαι. 11. Καὶ ὁ μὲν ταῦτα ἀκούσας ᾤχετο. Οἱ δὲ Ἕλληνες ἐπεὶ ἀφίκοντο εἰς Πέρινθον, Νέων μὲν ἀποσπάσας ἐστρατοπεδεύσατο χωρὶς, ἔχων ὡς ὀκτακοσίους ἀνθρώπους· τὸ δ' ἄλλο στράτευμα πᾶν ἐν τῷ αὐτῷ παρὰ τὸ τεῖχος τὸ Περινθίων ἦν.

12. Μετὰ ταῦτα Ξενοφῶν μὲν ἔπραττε περὶ πλοίων, ὅπως ὅτι τάχιστα διαβαῖεν [εἰς τὴν Ἀσίαν]. Ἐν δὲ τούτῳ ἀφικόμενος Ἀρίσταρχος ὁ ἐκ Βυζαντίου ἁρμοστὴς, ἔχων δύο τριήρεις, πεπεισμένος ὑπὸ Φαρναβάζου, τοῖς τε ναυκλήροις ἀπεῖπε μὴ διάγειν, ἐλθών τε ἐπὶ τὸ στράτευμα, τοῖς στρατιώταις εἶπε μὴ περαιοῦσθαι εἰς τὴν Ἀσίαν. 13. Ὁ δὲ Ξενοφῶν ἔλεγεν, ὅτι Ἀναξίβιος ἐκέλευσε, καὶ ἐμὲ πρὸς τοῦτο ἔπεμψεν ἐνθάδε. Πάλιν δ' Ἀρίσταρχος ἔλεξεν· Ἀναξίβιος μὲν τοίνυν οὐκέτι ναύαρχος, ἐγὼ δὲ τῇδε ἁρμοστής· εἰ δέ τινα ὑμῶν λήψομαι ἐν τῇ θαλάττῃ, καταδύσω. Ταῦτ' εἰπών, ᾤχετο εἰς τὸ τεῖχος. 14. Τῇ δ' ὑστεραίᾳ μεταπέμπεται τοὺς στρατηγοὺς καὶ λοχαγοὺς τοῦ στρατεύματος. Ἤδη δὲ ὄντων πρὸς τῷ τείχει, ἐξαγγέλλει τις τῷ Ξενοφῶντι, ὅτι, εἰ εἴσεισι, συλληφθήσεται, καὶ ἢ αὐτοῦ τι πείσεται, ἢ καὶ Φαρναβάζῳ παραδοθήσεται. Ὁ

δὲ ἀκούσας ταῦτα, τοὺς μὲν προπέμπεται, αὐτὸς δὲ εἶπεν ὅτι θῦσαί τι βούλοιτο.

15. Καὶ ἀπελθὼν ἐθύετο, εἰ παρεῖεν αὐτῷ οἱ θεοὶ πειρᾶσθαι πρὸς Σεύθην ἄγειν τὸ στράτευμα· ἑώρα γὰρ οὔτε διαβαίνειν ἀσφαλὲς ὂν, τριήρεις ἔχοντος τοῦ κωλύσοντος· οὔτ' ἐπὶ Χερρόνησον ἐλθὼν κατακλεισθῆναι ἐβούλετο, καὶ τὸ στράτευμα ἐν πολλῇ σπάνει πάντων γενέσθαι· ἔνθα δὴ πείθεσθαι μὲν ἀνάγκη τῷ ἐκεῖ ἁρμοστῇ, τῶν δὲ ἐπιτηδείων οὐδὲν ἔμελλεν ἕξειν τὸ στράτευμα. 16. Καὶ ὁ μὲν ἀμφὶ ταῦτ' εἶχεν· οἱ δὲ στρατηγοὶ καὶ οἱ λοχαγοὶ ἥκοντες παρὰ τοῦ Ἀριστάρχου ἀπήγγελλον, ὅτι νῦν μὲν ἀπιέναι σφᾶς κελεύει, τῆς δείλης δὲ ἥκειν· ἔνθα καὶ δήλη μᾶλλον ἐδόκει ἡ ἐπιβουλή. 17. Ὁ οὖν Ξενοφῶν, ἐπεὶ ἐδόκει τὰ ἱερὰ καλὰ εἶναι αὐτῷ καὶ τῷ στρατεύματι ἀσφαλῶς πρὸς Σεύθην ἰέναι, παραλαβὼν Πολυκράτην τὸν Ἀθηναῖον λοχαγὸν, καὶ παρὰ τῶν στρατηγῶν ἑκάστου ἄνδρα (πλὴν παρὰ Νέωνος), ᾧ ἕκαστος ἐπίστευεν, ᾤχετο τῆς νυκτὸς ἐπὶ τὸ Σεύθου στράτευμα ἑξήκοντα στάδια.

18. Ἐπεὶ δ' ἐγγὺς ἦσαν αὐτοῦ, ἐπιτυγχάνει πυροῖς ἐρήμοις. Καὶ τὸ μὲν πρῶτον ᾤετο μετακεχωρηκέναι ποι τὸν Σεύθην· ἐπεὶ δὲ θορύβου τε ᾔσθετο καὶ σημαινόντων ἀλλήλοις τῶν περὶ Σεύθην, κατέμαθεν, ὅτι τούτου ἕνεκα τὰ πυρὰ κεκαυμένα εἴη τῷ Σεύθῃ πρὸ τῶν νυκτοφυλάκων, ὅπως οἱ μὲν φύλακες μὴ ὁρῷντο ἐν τῷ σκότει ὄντες, μήτε ὑπόσοι μήτε ὅπου εἶεν, οἱ δὲ προσιόντες μὴ λανθάνοιεν, ἀλλὰ διὰ τὸ φῶς καταφανεῖς εἶεν. 19. Ἐπεὶ δὲ ᾔσθετο, προπέμπει τὸν ἑρμηνέα, ὃν ἐτύγχανεν ἔχων, καὶ εἰπεῖν κελεύει Σεύθῃ, ὅτι Ξενοφῶν πάρεστι βουλόμενος συγγενέ-

σθαι αὐτῷ. Οἱ δὲ ἤροντο, εἰ ὁ Ἀθηναῖος ὁ ἀπὸ τοῦ στρατεύματος. 20. Ἐπειδὴ δὲ ἔφη οὗτος εἶναι, ἀναπηδήσαντες ἐδίωκον· καὶ ὀλίγον ὕστερον παρῆσαν πελτασταὶ ὅσον διακόσιοι, καὶ παραλαβόντες Ξενοφῶντα καὶ τοὺς σὺν αὐτῷ, ἦγον πρὸς Σεύθην. 21. Ὁ δ' ἦν ἐν τύρσει μάλα φυλαττόμενος, καὶ ἵπποι περὶ αὐτὴν κύκλῳ ἐγκεχαλινωμένοι· διὰ γὰρ τὸν φόβον τὰς μὲν ἡμέρας ἐχίλου τοὺς ἵππους, τὰς δὲ νύκτας ἐγκεχαλινωμένοις ἐφυλάττετο. 22. Ἐλέγετο γὰρ καὶ πρόσθεν Τήρης ὁ τούτου πρόγονος, ἐν ταύτῃ τῇ χώρᾳ, πολὺ ἔχων στράτευμα, ὑπὸ τούτων τῶν ἀνδρῶν πολλοὺς ἀπολέσαι, καὶ τὰ σκευοφόρα ἀφαιρεθῆναι. Ἦσαν δ' οὗτοι Θυνοί, πάντων λεγόμενοι εἶναι μάλιστα νυκτὸς πολεμικώτατοι.

23. Ἐπεὶ δ' ἐγγὺς ἦσαν, ἐκέλευσεν εἰσελθεῖν Ξενοφῶντα, ἔχοντα δύο, οὓς βούλοιτο. Ἐπειδὴ δὲ ἔνδον ἦσαν, ἠσπάζοντο μὲν πρῶτον ἀλλήλους, καὶ κατὰ τὸν Θράκιον νόμον κέρατα οἴνου προῦπινον· παρῆν δὲ καὶ Μηδοσάδης τῷ Σεύθῃ, ὅσπερ ἐπρέσβευεν αὐτῷ πάντοσε. 24. Ἔπειτα δὲ Ξενοφῶν ἤρχετο λέγειν· Ἔπεμψας πρὸς ἐμὲ, ὦ Σεύθη, εἰς Χαλκηδόνα πρῶτον Μηδοσάδην τουτονί, δεόμενός μου, συμπροθυμηθῆναι διαβῆναι τὸ στράτευμα ἐκ τῆς Ἀσίας, καὶ ὑπισχνούμενός μοι, εἰ ταῦτα πράξαιμι, εὖ ποιήσειν, ὡς ἔφη Μηδοσάδης οὑτοσί. 25. Ταῦτα εἰπὼν, ἐπήρετο τὸν Μηδοσάδην, εἰ ἀληθῆ ταῦτ' εἴη. Ὁ δ' ἔφη. Αὖθις ἦλθε Μηδοσάδης οὗτος, ἐπεὶ ἐγὼ διέβην πάλιν ἐπὶ τὸ στράτευμα ἐκ Παρίου, ὑπισχνούμενος, εἰ ἄγοιμι τὸ στράτευμα πρὸς σὲ, τἄλλα τέ σε φίλῳ μοι χρήσεσθαι καὶ ἀδελφῷ, καὶ τὰ παρὰ θαλάττῃ μοι χωρία, ὧν σὺ κρατεῖς, ἔσεσθαι

παρὰ σοῦ. 26. Ἐπὶ τούτοις πάλιν ἐπήρετο τὸν Μηδοσάδην, εἰ ἔλεγε ταῦτα. Ὁ δὲ συνέφη καὶ ταῦτα. Ἴθι νῦν, ἔφη, ἀφήγησαι τούτῳ, τί σοι ἀπεκρινάμην ἐν Χαλκηδόνι πρῶτον. 27. Ἀπεκρίνω, ὅτι τὸ στράτευμα διαβήσοιτο εἰς Βυζάντιον, καὶ οὐδὲν τούτου ἕνεκα δέοι τελεῖν οὔτε σοὶ οὔτε ἄλλῳ· αὐτὸς δέ, ἐπεὶ διαβαίης, ἀπιέναι ἔφησθα· καὶ ἐγένετο οὕτως, ὥσπερ σὺ ἔλεγες. 28. Τί γὰρ ἔλεγον, ἔφη, ὅτε κατὰ Σηλυβρίαν ἀφίκου; Οὐκ ἔφησθα οἷόν τε εἶναι, ἀλλ᾽ εἰς Πέρινθον ἐλθόντας διαβαίνειν εἰς τὴν Ἀσίαν. 29. Νῦν τοίνυν, ἔφη ὁ Ξενοφῶν, πάρειμι καὶ ἐγὼ καὶ οὗτος Φρυνίσκος, εἷς τῶν στρατηγῶν, καὶ Πολυκράτης οὗτος, εἷς τῶν λοχαγῶν· καὶ ἔξω εἰσὶν ἀπὸ τῶν στρατηγῶν ὁ πιστότατος ἑκάστῳ, πλὴν Νέωνος τοῦ Λακωνικοῦ. 30. Εἰ οὖν βούλει πιστοτέραν εἶναι τὴν πρᾶξιν, καὶ ἐκείνους κάλεσαι. Τὰ δὲ ὅπλα, σὺ ἐλθὼν εἰπέ, ὦ Πολύκρατες, ὅτι ἐγὼ κελεύω καταλιπεῖν· καὶ αὐτὸς ἐκεῖ καταλιπὼν τὴν μάχαιραν εἴσιθι. 31. Ἀκούσας ταῦτα ὁ Σεύθης εἶπεν, ὅτι οὐδενὶ ἂν ἀπιστήσειεν Ἀθηναίων· καὶ γὰρ, ὅτι συγγενεῖς εἶεν, εἰδέναι, καὶ φίλους εὔνους ἔφη νομίζειν. Μετὰ ταῦτα δ᾽ ἐπεὶ εἰσῆλθον, οὓς ἔδει, πρῶτον μὲν Ξενοφῶν ἐπήρετο Σεύθην, ὅ τι δέοιτο χρῆσθαι τῇ στρατιᾷ. 32. Ὁ δὲ εἶπεν ὧδε·

Μαισάδης ἦν πατήρ μοι· ἐκείνου δὲ ἦν ἀρχὴ Μελανδῖται, καὶ Θυνοὶ, καὶ Τρανίψαι. Ἐκ ταύτης οὖν τῆς χώρας, ἐπεὶ τὰ Ὀδρυσῶν πράγματα ἐνόσησεν, ἐκπεσὼν ὁ πατὴρ, αὐτὸς μὲν ἀποθνήσκει νόσῳ· ἐγὼ δ᾽ ἐξετράφην ὀρφανὸς παρὰ Μηδόκῳ τῷ νῦν βασιλεῖ. 33. Ἐπεὶ δὲ νεανίσκος ἐγενόμην, οὐκ ἐδυνάμην ζῆν εἰς ἀλλοτρίαν τράπεζαν ἀποβλέπων· καὶ ἐκαθεζόμην ἐνδίφριος αὐτῷ ἱκέτης, δοῦναί μοι, ὁπόσους δυνατὸς εἴη ἄνδρας, ὅπως καὶ τοὺς ἐκβαλόντας ἡμᾶς, εἴ τι δυναίμην, κακὸν ποιοίην, καὶ ζῴην, μὴ εἰς τὴν ἐκείνου τράπεζαν ἀποβλέπων ὥσπερ κύων. 34. Ἐκ τούτου μοι δίδωσι τοὺς ἄνδρας καὶ τοὺς ἵππους, οὓς ὑμεῖς ὄψεσθε, ἐπειδὰν ἡμέρα γένηται. Καὶ νῦν ἐγὼ ζῶ τούτους ἔχων, ληϊζόμενος τὴν ἐμαυτοῦ πατρῴαν χώραν. Εἰ δέ μοι ὑμεῖς παραγένοισθε, οἶμαι ἂν σὺν τοῖς θεοῖς ῥᾳδίως ἀπολαβεῖν τὴν ἀρχήν. Ταῦτ᾽ ἐστὶν, ἃ ἐγὼ ὑμῶν δέομαι.

35. Τί ἂν οὖν, ἔφη ὁ Ξενοφῶν, σὺ δύναιο, εἰ ἔλθοιμεν, τῇ τε στρατιᾷ διδόναι καὶ τοῖς λοχαγοῖς καὶ τοῖς στρατηγοῖς; Λέξον, ἵνα οὗτοι ἀπαγγέλλωσιν. 36. Ὁ δὲ ὑπέσχετο τῷ μὲν στρατιώτῃ κυζικηνὸν, τῷ δὲ λοχαγῷ διμοιρίαν, τῷ δὲ στρατηγῷ τετραμοιρίαν, καὶ γῆν ὁπόσην ἂν βούλωνται, καὶ ζεύγη, καὶ χωρίον ἐπὶ θαλάττῃ τετειχισμένον. 37. Ἐὰν δὲ, ἔφη ὁ Ξενοφῶν, ταῦτα πειρώμενοι μὴ διαπράξωμεν, ἀλλά τις φόβος ἀπὸ Λακεδαιμονίων ᾖ, δέξῃ εἰς τὴν σεαυτοῦ, ἐάν τις ἀπιέναι βούληται παρὰ σέ; 38. Ὁ δ᾽ εἶπε· Καὶ ἀδελφούς γε ποιήσομαι, καὶ ἐνδιφρίους, καὶ κοινωνοὺς ἁπάντων, ὧν ἂν δυνώμεθα κτᾶσθαι. Σοὶ δὲ, ὦ Ξενοφῶν, καὶ θυγατέρα δώσω, καὶ εἴ τις σοὶ ἔστι θυγάτηρ, ὠνήσομαι Θρακίῳ νόμῳ· καὶ Βισάνθην οἴκησιν δώσω, ὅπερ ἐμοὶ κάλλιστον χωρίον ἐστὶ τῶν ἐπὶ θαλάττῃ.

CAP. III.

1. Ἀκούσαντες ταῦτα, καὶ δεξιὰς δόντες καὶ λαβόντες, ἀπήλαυνον· καὶ πρὸ ἡμέρας ἐγένοντο ἐπὶ τῷ στρατοπέδῳ, καὶ ἀπήγγειλαν ἕκαστοι τοῖς πέμψασιν. 2. Ἐπεὶ δὲ ἡμέρα ἐγένετο, ὁ μὲν Ἀρίσταρχος πάλιν ἐκάλει τοὺς στρατηγοὺς καὶ λοχαγούς· τοῖς δ' ἔδοξε τὴν μὲν πρὸς Ἀρίσταρχον ὁδὸν ἐᾶσαι, τὸ δὲ στράτευμα συγκαλέσαι. Καὶ συνῆλθον πάντες, πλὴν οἱ Νέωνος· οὗτοι δὲ ἀπεῖχον ὡς δέκα στάδια.

3. Ἐπεὶ δὲ συνῆλθον, ἀναστὰς Ξενοφῶν εἶπε τάδε· Ἄνδρες, διαπλεῖν μὲν, ἔνθα βουλόμεθα, Ἀρίσταρχος τριήρεις ἔχων κωλύει· ὥστε εἰς πλοῖα οὐκ ἀσφαλὲς ἐμβαίνειν· οὗτος δὲ ὁ αὐτὸς κελεύει εἰς Χερρόνησον βίᾳ διὰ τοῦ Ἱεροῦ ὄρους πορεύεσθαι· ἢν δὲ κρατήσαντες τούτου ἐκεῖσε ἔλθωμεν, οὔτε πωλήσειν ἔτι φησὶν ὑμᾶς ὥσπερ ἐν Βυζαντίῳ, οὔτε ἐξαπατήσεσθαι ἔτι ὑμᾶς, ἀλλὰ λήψεσθαι μισθὸν, οὔτε περιόψεσθαι ἔτι, ὥσπερ νυνὶ, δεομένους τῶν ἐπιτηδείων. 4. Οὗτος μὲν ταῦτα λέγει· Σεύθης δέ φησιν, ἂν πρὸς ἐκεῖνον ἴητε, εὖ ποιήσειν ὑμᾶς. Νῦν οὖν σκέψασθε, πότερον ἐνθάδε μένοντες τοῦτο βουλεύσεσθε, ἢ εἰς τὰ ἐπιτήδεια ἐπανελθόντες. 5. Ἐμοὶ μὲν οὖν δοκεῖ, ἐπεὶ ἐνθάδε οὔτε ἀργύριον ἔχομεν ὥστε ἀγοράζειν, οὔτε ἄνευ ἀργυρίου ἐῶσι λαμβάνειν τὰ ἐπιτήδεια, ἐπανελθόντας εἰς τὰς κώμας ὅθεν οἱ ἥττους ἐῶσι λαμβάνειν, ἐκεῖ ἔχοντας τὰ ἐπιτήδεια, ἀκούοντας ὅ τι τις ὑμῶν δεῖται, αἱρεῖσθαι ὅ τι ἂν ὑμῖν δοκῇ κράτιστον εἶναι. 6. Καὶ ὅτῳ, ἔφη, ταῦτα δοκεῖ, ἀράτω τὴν χεῖρα. Ἀνέτειναν ἅπαντες. Ἀπιόντες τοίνυν, ἔφη,

συσκευάζεσθε, καὶ ἐπειδὰν παραγγείλῃ τις, ἕπεσθε τῷ ἡγουμένῳ. 7. Μετὰ ταῦτα Ξενοφῶν μὲν ἡγεῖτο, οἱ δ' εἵποντο. Νέων δὲ καὶ παρὰ Ἀριστάρχου ἄλλοι ἔπειθον ἀποτρέπεσθαι· οἱ δ' οὐχ ὑπήκουον. Ἐπεὶ δ' ὅσον τριάκοντα σταδίους προεληλύθεσαν, ἀπαντᾷ Σεύθης. Καὶ ὁ Ξενοφῶν ἰδὼν αὐτὸν προσελάσαι ἐκέλευσεν, ὅπως ὅτι πλείστων ἀκουόντων εἴποι αὐτῷ, ἃ ἐδόκει συμφέρειν. 8. Ἐπεὶ δὲ προσῆλθεν, εἶπε Ξενοφῶν· Ἡμεῖς πορευόμεθα, ὅπου μέλλει ἕξειν τὸ στράτευμα τροφήν· ἐκεῖ δ' ἀκούοντες καὶ σοῦ καὶ τῶν τοῦ Λακωνικοῦ, αἱρησόμεθα ἃ ἂν κράτιστα δοκῇ εἶναι. Ἢν οὖν ἡμῖν ἡγήσῃ, ὅπου πλεῖστά ἐστιν ἐπιτήδεια, ὑπὸ σοῦ νομιοῦμεν ἐξενίσθαι. 9. Καὶ ὁ Σεύθης εἶπεν· Ἀλλὰ οἶδα κώμας πολλὰς ἀθρόας, καὶ πάντα ἐχούσας τὰ ἐπιτήδεια, ἀπεχούσας ἡμῶν ὅσον διελθόντες ἂν ἡδέως ἀριστῴητε. Ἡγοῦ τοίνυν, ἔφη ὁ Ξενοφῶν.

10. Ἐπεὶ δ' ἀφίκοντο εἰς αὐτὰς τῆς δείλης, συνῆλθον οἱ στρατιῶται, καὶ εἶπε Σεύθης τοιάδε· Ἐγὼ, ὦ ἄνδρες, δέομαι ὑμῶν στρατεύεσθαι σὺν ἐμοί· καὶ ὑπισχνοῦμαι ὑμῖν [τοῦ μηνὸς] δώσειν τοῖς στρατιώταις κυζικηνὸν, λοχαγοῖς δὲ καὶ στρατηγοῖς τὰ νομιζόμενα· ἔξω δὲ τούτων τὸν ἄξιον τιμήσω. Σῖτα δὲ καὶ ποτὰ, ὥσπερ καὶ νῦν, ἐκ τῆς χώρας λαμβάνοντες ἕξετε· ὁπόσα δ' ἂν ἁλίσκηται, ἀξιώσω αὐτὸς ἔχειν, ἵνα ταῦτα διατιθέμενος ὑμῖν τὸν μισθὸν πορίζω. 11. Καὶ τὰ μὲν φεύγοντα καὶ ἀποδιδράσκοντα ἡμεῖς ἱκανοὶ ἐσόμεθα διώκειν καὶ μαστεύειν· ἂν δέ τις ἀνθίστηται, σὺν ὑμῖν πειρασόμεθα χειροῦσθαι. 12. Ἐπήρετο ὁ Ξενοφῶν· Πόσον δὲ ἀπὸ θαλάττης ἀξιώ-

σεις συνέπεσθαί σοι τὸ στράτευμα; Ὁ δ' ἀπεκρίνατο· Οὐδαμῇ πλεῖον ἑπτὰ ἡμερῶν, μεῖον δὲ πολλαχῇ.

13. Μετὰ ταῦτα ἐδίδοτο λέγειν τῷ βουλομένῳ. Καὶ ἔλεγον πολλοὶ κατὰ ταὐτά, ὅτι παντὸς ἄξια λέγοι Σεύθης· χειμὼν γὰρ εἴη, καὶ οὔτε οἴκαδε ἀποπλεῖν τῷ τοῦτο βουλομένῳ δυνατὸν εἴη, διαγενέσθαι τε ἐν φιλίᾳ οὐχ οἷόν τ' εἴη, εἰ δέοι ὠνουμένους ζῆν· ἐν δὲ τῇ πολεμίᾳ διατρίβειν καὶ τρέφεσθαι ἀσφαλέστερον μετὰ Σεύθου, ἢ μόνους, ὄντων ἀγαθῶν τοσούτων, εἰ δὲ μισθὸν προσλήψοιντο, εὕρημα ἐδόκει εἶναι. 14. Ἐπὶ τούτοις εἶπε Ξενοφῶν· Εἴ τις ἀντιλέγει, λεγέτω· εἰ δὲ μή, ἐπιψηφιζέτω ταῦτα. Ἐπεὶ δὲ οὐδεὶς ἀντέλεγεν, ἐπεψήφισε, καὶ ἔδοξε ταῦτα. Εὐθὺς δὲ Σεύθῃ εἶπε ταῦτα, ὅτι συστρατεύσοιντο αὐτῷ.

15. Μετὰ τοῦτο οἱ μὲν ἄλλοι κατὰ τάξεις ἐσκήνησαν· στρατηγοὺς δὲ καὶ λοχαγοὺς ἐπὶ δεῖπνον Σεύθης ἐκάλεσε, πλησίον κώμην ἔχων. 16. Ἐπεὶ δ' ἐπὶ θύραις ἦσαν, ὡς ἐπὶ δεῖπνον παριόντες, ἦν τις Ἡρακλείδης Μαρωνείτης· οὗτος προσιὼν ἑνὶ ἑκάστῳ, οὕστινας ᾤετο ἔχειν τι δοῦναι Σεύθῃ, πρῶτον μὲν πρὸς Παριανούς τινας, οἳ παρῆσαν φιλίαν διαπραξόμενοι πρὸς Μήδοκον τὸν Ὀδρυσῶν βασιλέα, καὶ δῶρα ἄγοντες αὐτῷ τε καὶ τῇ γυναικί, ἔλεγεν, ὅτι Μήδοκος μὲν ἄνω εἴη δώδεκα ἡμερῶν ἀπὸ θαλάττης ὁδόν· Σεύθης δ', ἐπεὶ τὸ στράτευμα τοῦτο εἴληφεν, ἄρχων ἔσοιτο ἐπὶ θαλάττῃ. 17. Γείτων οὖν ὢν, ἱκανώτατος ἔσται ὑμᾶς καὶ εὖ καὶ κακῶς ποιεῖν. Ἢν οὖν σωφρονῆτε, τούτῳ δώσετε, ὅ τι ἂν ἄγητε· καὶ ἄμεινον ὑμῖν διακείσεται, ἢ ἐὰν Μηδόκῳ τῷ πρόσω οἰκοῦντι δῶτε. Τούτους μὲν οὕτως ἔπειθεν.

18. Αὖθις δὲ Τιμασίωνι τῷ Δαρδανεῖ προσελθὼν, ἐπεὶ ἤκουσεν αὐτῷ εἶναι καὶ ἐκπώματα καὶ τάπιδας βαρβαρικὰς, ἔλεγεν, ὅτι νομίζοιτο, ὁπότε ἐπὶ δεῖπνον καλέσαιτο Σεύθης, δωρεῖσθαι αὐτῷ τοὺς κληθέντας· οὗτος δ' ἦν μέγας ἐνθάδε γένηται, ἱκανὸς ἔσται σε καὶ οἴκαδε καταγαγεῖν, καὶ ἐνθάδε πλούσιον ποιῆσαι. Τοιαῦτα προὐμνᾶτο, ἑκάστῳ προσιών. 19. Προσελθὼν δὲ καὶ Ξενοφῶντι, ἔλεγε· Σὺ καὶ πόλεως μεγίστης εἶ, καὶ παρὰ Σεύθῃ τὸ σὸν ὄνομα μέγιστόν ἐστι· καὶ ἐν τῇδε τῇ χώρᾳ ἴσως ἀξιώσεις καὶ τείχη λαμβάνειν, ὥσπερ καὶ ἄλλοι τῶν ὑμετέρων ἔλαβον, καὶ χώραν· ἄξιον οὖν σοι καὶ μεγαλοπρεπέστατα τιμῆσαι Σεύθην. 20. Εὔνους δέ σοι ὢν παραινῶ· εὖ οἶδα γὰρ, ὅτι, ὅσῳ ἂν μείζω τούτῳ δωρήσῃ, τοσούτῳ μείζω ὑπὸ τούτου ἀγαθὰ πείσῃ. Ἀκούων ταῦτα ὁ Ξενοφῶν ἠπόρει· οὐ γὰρ διαβεβήκει ἔχων ἐκ Παρίου, εἰ μὴ παῖδα καὶ ὅσον ἐφόδιον.

21. Ἐπεὶ δὲ εἰσῆλθον ἐπὶ τὸ δεῖπνον τῶν τε Θρᾳκῶν οἱ κράτιστοι τῶν παρόντων, καὶ οἱ στρατηγοὶ καὶ οἱ λοχαγοὶ τῶν Ἑλλήνων, καὶ εἴ τις πρεσβεία παρῆν ἀπὸ πόλεως, τὸ δεῖπνον μὲν ἦν καθημένοις κύκλῳ· ἔπειτα δὲ τρίποδες εἰσηνέχθησαν πᾶσιν· οὗτοι δ' ἦσαν κρεῶν μεστοὶ νενεμημένων, καὶ ἄρτοι ζυμῖται μεγάλοι προσπεπερονημένοι ἦσαν πρὸς τοῖς κρέασι. 22. Μάλιστα δ' αἱ τράπεζαι κατὰ τοὺς ξένους ἀεὶ ἐτίθεντο· νόμος γὰρ ἦν. Καὶ πρῶτος τοῦτο ἐποίει Σεύθης· ἀνελόμενος τοὺς ἑαυτῷ παρακειμένους ἄρτους, διέκλα κατὰ μικρὸν, καὶ διερρίπτει, οἷς αὐτῷ ἐδόκει· καὶ τὰ κρέα ὡσαύτως, ὅσον μόνον γεύσασθαι ἑαυτῷ καταλιπών. 23. Καὶ οἱ ἄλλοι δὲ κατὰ ταὐτὰ ἐποίουν,

καθ' οὓς αἱ τράπεζαι ἔκειντο. Ἀρκὰς δέ τις, Ἀρύστας ὄνομα, φαγεῖν δεινός, τὸ μὲν διαρρίπτειν εἴα χαίρειν, λαβὼν δὲ εἰς τὴν χεῖρα ὅσον τριχοίνικον ἄρτον, καὶ κρέα θέμενος ἐπὶ τὰ γόνατα, ἐδείπνει. 24. Κέρατα δὲ οἴνου περιέφερον, καὶ πάντες ἐδέχοντο· ὁ δ' Ἀρύστας, ἐπεὶ παρ' αὐτὸν φέρων τὸ κέρας ὁ οἰνοχόος ἧκεν, εἶπεν, ἰδὼν τὸν Ξενοφῶντα οὐκέτι δειπνοῦντα· Ἐκείνῳ, ἔφη, δός· σχολάζει γὰρ ἤδη, ἐγὼ δὲ οὐδέπω. 25. Ἀκούσας ὁ Σεύθης τὴν φωνήν, ἠρώτα τὸν οἰνοχόον, τί λέγοι. Ὁ δὲ οἰνοχόος εἶπεν· ἑλληνίζειν γὰρ ἠπίστατο. Ἐνταῦθα μὲν δὴ γέλως ἐγένετο.

26. Ἐπειδὴ δὲ προὐχώρει ὁ πότος, εἰσῆλθεν ἀνὴρ Θρᾷξ ἵππον ἔχων λευκόν, καὶ λαβὼν κέρας μεστὸν εἶπε· Προπίνω σοι, ὦ Σεύθη, καὶ τὸν ἵππον τοῦτον δωροῦμαι, ἐφ' οὗ καὶ διώκων, ὃν ἂν θέλῃς, αἱρήσεις, καὶ ἀποχωρῶν οὐ μὴ δείσῃς τὸν πολέμιον. 27. Ἄλλος, παῖδα εἰσαγαγών, οὕτως ἐδωρήσατο προπίνων, καὶ ἄλλος ἱμάτια τῇ γυναικί. Καὶ Τιμασίων προπίνων ἐδωρήσατο φιάλην τε ἀργυρᾶν καὶ τάπιδα ἀξίαν δέκα μνῶν. 28. Γνήσιππος δέ τις Ἀθηναῖος ἀναστὰς εἶπεν, ὅτι ἀρχαῖος εἴη νόμος κάλλιστος, τοὺς μὲν ἔχοντας διδόναι τῷ βασιλεῖ τιμῆς ἕνεκα, τοῖς δὲ μὴ ἔχουσι διδόναι τὸν βασιλέα· ἵνα καὶ ἐγώ, ἔφη, σοὶ ἔχω δωρεῖσθαι καὶ τιμᾶν.

29. Ὁ δὲ Ξενοφῶν ἠπορεῖτο, ὅ τι ποιήσοι· καὶ γὰρ ἐτύγχανεν, ὡς τιμώμενος, ἐν τῷ πλησιαιτάτῳ δίφρῳ Σεύθῃ καθήμενος. Ὁ δὲ Ἡρακλείδης ἐκέλευσεν, αὐτῷ τὸ κέρας ὀρέξαι τὸν οἰνοχόον. Ὁ δὲ Ξενοφῶν, ἤδη γὰρ ὑποπεπωκὼς ἐτύγχανεν, ἀνέστη, θαρραλέως δεξάμενος τὸ κέρας, καὶ

εἶπεν· 30. Ἐγὼ δέ σοι, ὦ Σεύθη, δίδωμι ἐμαυτὸν καὶ τοὺς ἐμοὺς τούτους ἑταίρους, φίλους εἶναι πιστούς· καὶ οὐδένα ἄκοντα, ἀλλὰ πάντας μᾶλλον ἔτι ἐμοῦ σοι βουλομένους φίλους εἶναι. 31. Καὶ νῦν πάρεισιν οὐδέν σε προσαιτοῦντες, ἀλλὰ καὶ προϊέμενοι καὶ πονεῖν ὑπὲρ σοῦ καὶ προκινδυνεύειν ἐθέλοντες· μεθ' ὧν, ἂν οἱ θεοὶ θέλωσι, πολλὴν χώραν τὴν μὲν ἀπολήψῃ πατρῴαν οὖσαν, τὴν δὲ κτήσῃ, πολλοὺς δὲ ἵππους, πολλοὺς δὲ ἄνδρας καὶ γυναῖκας καλὰς κτήσῃ, οὓς οὐ λῃΐζεσθαι δεήσει, ἀλλ' αὐτοὶ φέροντες παρέσονται πρός σε δῶρα. 32. Καὶ ἀναστὰς ὁ Σεύθης συνεξέπιε καὶ συγκατεσκεδάσατο μετὰ τοῦτο τὸ κέρας. Μετὰ ταῦτα εἰσῆλθον κέρασί τε, οἵοις σημαίνουσιν, αὐλοῦντες, καὶ σάλπιγξιν ὠμοβοΐναις, ῥυθμούς τε καὶ οἷον μαγάδι σαλπίζοντες. 33. Καὶ αὐτὸς Σεύθης ἀναστὰς ἀνέκραγέ τε πολεμικὸν, καὶ ἐξήλατο, ὥσπερ βέλος φυλαττόμενος, μάλα ἐλαφρῶς. Εἰσῄεσαν δὲ καὶ γελωτοποιοί. 34. Ὡς δ' ἦν ἥλιος ἐπὶ δυσμαῖς, ἀνέστησαν οἱ Ἕλληνες, καὶ εἶπον, ὅτι ὥρα νυκτοφύλακας καθιστάναι, καὶ σύνθημα παραδιδόναι. Καὶ Σεύθην ἐκέλευον παραγγεῖλαι, ὅπως εἰς τὰ Ἑλληνικὰ στρατόπεδα μηδεὶς τῶν Θρᾳκῶν εἴσεισι νυκτός· οἵ τε γὰρ πολέμιοι Θρᾷκες ὑμῖν, καὶ ἡμῖν οἱ φίλοι. 35. Ὡς δ' ἐξῄεσαν, συνανέστη ὁ Σεύθης, οὐδὲν ἔτι μεθύοντι ἐοικώς. Ἐξελθὼν δ' εἶπεν, αὐτοὺς τοὺς στρατηγοὺς ἀποκαλέσας· Ὦ ἄνδρες, οἱ πολέμιοι ἡμῶν οὐκ ἴσασί πω τὴν ἡμετέραν συμμαχίαν· ἢν οὖν ἔλθωμεν ἐπ' αὐτούς, πρὶν φυλάξασθαι ὥστε μὴ ληφθῆναι, ἢ παρασκευάσασθαι ὥστε ἀμύνασθαι, μάλιστα ἂν λάβοιμεν καὶ ἀνθρώπους καὶ χρήματα. 36. Συνεπῄνουν ταῦτα οἱ στρατηγοί, καὶ ἡγεῖσθαι ἐκέλευον. Ὁ δ' εἶπε· Παρασκευασάμενοι ἀναμένετε· ἐγὼ δέ, ὁπόταν καιρὸς ᾖ, ἥξω πρὸς ὑμᾶς· καὶ τοὺς πελταστὰς καὶ ὑμᾶς ἀναλαβών, ἡγήσομαι σὺν τοῖς θεοῖς.

37. Καὶ ὁ Ξενοφῶν εἶπε· Σκέψαι τοίνυν, εἴπερ νυκτὸς πορευσόμεθα, εἰ ὁ Ἑλληνικὸς νόμος κάλλιον ἔχει· μεθ' ἡμέραν μὲν γὰρ ἐν ταῖς πορείαις ἡγεῖται τοῦ στρατεύματος ὁποῖον ἂν ἀεὶ πρὸς τὴν χώραν συμφέρει, ἐάν τε ὁπλιτικόν, ἐάν τε πελταστικόν, ἐάν τε ἱππικόν· νύκτωρ δὲ νόμος τοῖς Ἕλλησίν ἐστιν ἡγεῖσθαι τὸ βραδύτατον. 38. Οὕτω γὰρ ἥκιστα διασπᾶται τὰ στρατεύματα, καὶ ἥκιστα λανθάνουσιν ἀποδιδράσκοντες ἀλλήλους· οἱ δὲ διασπασθέντες πολλάκις καὶ περιπίπτουσιν ἀλλήλοις, καὶ ἀγνοοῦντες κακῶς ποιοῦσι καὶ πάσχουσιν. 39. Εἶπεν οὖν Σεύθης· Ὀρθῶς τε λέγετε, καὶ ἐγὼ τῷ νόμῳ τῷ ὑμετέρῳ πείσομαι. Καὶ ὑμῖν μὲν ἡγεμόνας δώσω, τῶν πρεσβυτάτων τοὺς ἐμπειροτάτους τῆς χώρας, αὐτὸς δ' ἐφέψομαι τελευταῖος, τοὺς ἵππους ἔχων· ταχὺ γὰρ πρῶτος, ἂν δέῃ, παρέσομαι. Σύνθημα δ' εἶπον Ἀθηναίαν κατὰ τὴν συγγένειαν. Ταῦτ' εἰπόντες ἀνεπαύοντο.

40. Ἡνίκα δ' ἦν ἀμφὶ μέσας νύκτας, παρῆν Σεύθης, ἔχων τοὺς ἱππέας τεθωρακισμένους, καὶ τοὺς πελταστὰς σὺν τοῖς ὅπλοις. Καὶ ἐπεὶ παρέδωκε τοὺς ἡγεμόνας, οἱ μὲν ὁπλῖται ἡγοῦντο, οἱ δὲ πελτασταὶ εἵποντο, οἱ δ' ἱππεῖς ὠπισθοφυλάκουν. 41. Ἐπεὶ δ' ἡμέρα ἦν, ὁ Σεύθης παρήλαυνεν εἰς τὸ πρόσθεν, καὶ ἐπῄνεσε τὸν Ἑλληνικὸν νόμον. Πολλάκις γὰρ ἔφη νύκτωρ αὐτός, καὶ σὺν ὀλίγοις πορευόμενος, ἀποσπασθῆναι σὺν τοῖς ἵπποις ἀπὸ τῶν

πεζῶν· νῦν δ', ὥσπερ δεῖ, ἀθρόοι πάντες ἅμα τῇ ἡμέρᾳ φαινόμεθα. Ἀλλὰ ὑμεῖς μὲν περιμένετε αὐτοῦ, καὶ ἀναπαύεσθε· ἐγὼ δὲ σκεψάμενός τι ἥξω. 42. Ταῦτ' εἰπὼν ἤλαυνε δι' ὄρους ὁδόν τινα λαβών. Ἐπεὶ δ' ἀφίκετο εἰς χιόνα πολλήν, ἐσκέψατο [ἐν τῇ ὁδῷ], εἰ εἴη ἴχνη ἀνθρώπων ἢ πρόσω ἡγούμενα, ἢ ἐναντία. Ἐπεὶ δὲ ἀτριβῆ ἑώρα τὴν ὁδόν, ἧκε ταχὺ πάλιν, καὶ ἔλεγεν· 43. Ἄνδρες, καλῶς ἔσται, ἢν θεὸς θέλῃ· τοὺς γὰρ ἀνθρώπους λήσομεν ἐπιπεσόντες. Ἀλλ' ἐγὼ μὲν ἡγήσομαι τοῖς ἵπποις, ὅπως, ἄν τινα ἴδωμεν, μὴ διαφυγὼν σημήνῃ τοῖς πολεμίοις· ὑμεῖς δ' ἕπεσθε· κἂν λειφθῆτε, τῷ στίβῳ τῶν ἵππων ἕπεσθε. Ὑπερβάντες δὲ τὰ ὄρη, ἥξομεν εἰς κώμας πολλάς τε καὶ εὐδαίμονας.

44. Ἡνίκα δ' ἦν μέσον ἡμέρας, ἤδη τε ἦν ἐπὶ τοῖς ἄκροις, καὶ κατιδὼν τὰς κώμας, ἧκεν ἐλαύνων πρὸς τοὺς ὁπλίτας, καὶ ἔλεγεν· Ἀφήσω ἤδη καταθεῖν τοὺς μὲν ἱππέας εἰς τὸ πεδίον, τοὺς δὲ πελταστὰς ἐπὶ τὰς κώμας. Ἀλλ' ἕπεσθε ὡς ἂν δύνησθε τάχιστα, ὅπως, ἐάν τις ὑφιστῆται, ἀλέξησθε. 45. Ἀκούσας ταῦτα ὁ Ξενοφῶν κατέβη ἀπὸ τοῦ ἵππου. Καὶ ὃς ἤρετο· Τί καταβαίνεις, ἐπεὶ σπεύδειν δεῖ; Οἶδα, ἔφη, ὅτι οὐκ ἐμοῦ μόνου δέῃ· οἱ δ' ὁπλῖται θᾶττον δραμοῦνται καὶ ἥδιον, ἐὰν καὶ ἐγὼ πεζὸς ἡγῶμαι.

46. Μετὰ ταῦτα ᾤχετο, καὶ Τιμασίων μετ' αὐτοῦ, ἔχων ἱππέας ὡς τετταράκοντα τῶν Ἑλλήνων. Ξενοφῶν δὲ παρηγγύησε τοὺς εἰς τριάκοντα ἔτη παριέναι ἀπὸ τῶν λόχων εὐζώνους. Καὶ αὐτὸς μὲν ἐτρόχαζε, τούτους ἔχων· Κλεάνωρ δ' ἡγεῖτο τῶν ἄλλων Ἑλλήνων. 47. Ἐπεὶ δ'

ἐν ταῖς κώμαις ἦσαν, Σεύθης, ἔχων ὅσον τριάκοντα ἱππέας, προσελάσας εἶπε· Τάδε δὴ, ὦ Ξενοφῶν, ἃ σὺ ἔλεγες· ἔχονται οἱ ἄνθρωποι· ἀλλὰ γὰρ ἔρημοι οἱ ἱππεῖς οἴχονταί μοι, ἄλλος ἄλλῃ διώκων· καὶ δέδοικα, μὴ συστάντες ἀθρόοι που κακόν τι ἐργάσωνται οἱ πολέμιοι. Δεῖ δὲ καὶ ἐν ταῖς κώμαις καταμένειν τινὰς ἡμῶν· μεσταὶ γάρ εἰσιν ἀνθρώπων. 48. Ἀλλ' ἐγὼ μὲν, ἔφη ὁ Ξενοφῶν, σὺν οἷς ἔχω, τὰ ἄκρα καταλήψομαι· σὺ δὲ Κλεάνορα κέλευε διὰ τοῦ πεδίου παρατεῖναι τὴν φάλαγγα παρὰ τὰς κώμας. Ἐπεὶ δὲ ταῦτα ἐποίησαν, συνηλίσθησαν ἀνδράποδα μὲν ὡς χίλια, βόες δὲ δισχίλιοι, καὶ πρόβατα ἄλλα μύρια. Τότε μὲν δὴ αὐτοῦ ηὐλίσθησαν.

CAP. IV.

1. Τῇ δ' ὑστεραίᾳ κατακαύσας ὁ Σεύθης τὰς κώμας παντελῶς, καὶ οἰκίαν οὐδεμίαν λιπὼν (ὅπως φόβον ἐνθείη καὶ ἄλλοις, οἷα πείσονται, ἂν μὴ πείθωνται), ἀπῄει πάλιν. 2. Καὶ τὴν μὲν λείαν ἀπέπεμψε διατίθεσθαι Ἡρακλείδην εἰς Πέρινθον, ὅπως ἂν μισθὸς γένοιτο τοῖς στρατιώταις· αὐτὸς δὲ καὶ οἱ Ἕλληνες ἐστρατοπεδεύοντο ἀνὰ τὸ Θυνῶν πεδίον. Οἱ δ' ἐκλιπόντες ἔφευγον εἰς τὰ ὄρη. 3. Ἦν δὲ χιὼν πολλὴ, καὶ ψῦχος οὕτως ὥστε τὸ ὕδωρ, ὃ ἐφέροντο ἐπὶ δεῖπνον, ἐπήγνυτο, καὶ ὁ οἶνος ὁ ἐν τοῖς ἀγγείοις, καὶ τῶν Ἑλλήνων πολλῶν καὶ ῥῖνες ἀπεκαίοντο καὶ ὦτα. 4. Καὶ τότε δῆλον ἐγένετο, οὗ ἕνεκα οἱ Θρᾷκες τὰς ἀλωπεκίδας ἐπὶ ταῖς κεφαλαῖς φοροῦσι καὶ τοῖς ὠσὶ, καὶ χιτῶνας οὐ μόνον περὶ τοῖς στέρνοις, ἀλλὰ καὶ περὶ

τοῖς μηροῖς· καὶ χειρὰς μέχρι τῶν ποδῶν ἐπὶ τῶν ἵππων ἔχουσιν, ἀλλ' οὐ χλαμύδας. 5. Ἀφιεὶς δὲ τῶν αἰχμαλώτων ὁ Σεύθης εἰς τὰ ὄρη, ἔλεγεν, ὅτι, εἰ μὴ καταβήσονται οἰκήσοντες καὶ πείσονται, ὅτι κατακαύσει καὶ τούτων τὰς κώμας καὶ τὸν σῖτον, καὶ ἀπολοῦνται τῷ λιμῷ. Ἐκ τούτου κατέβαινον καὶ γυναῖκες καὶ παῖδες καὶ οἱ πρεσβύτεροι· οἱ δὲ νεώτεροι ἐν ταῖς ὑπὸ τὸ ὄρος κώμαις ηὐλίζοντο. 6. Καὶ ὁ Σεύθης καταμαθὼν, ἐκέλευσε τὸν Ξενοφῶντα τῶν ὁπλιτῶν τοὺς νεωτάτους λαβόντα συνεπισπέσθαι. Καὶ ἀναστάντες τῆς νυκτὸς, ἅμα τῇ ἡμέρᾳ παρῆσαν ἐπὶ τὰς κώμας. Καὶ οἱ μὲν πλεῖστοι ἐξέφυγον· πλησίον γὰρ ἦν τὸ ὄρος· ὅσους δὲ ἔλαβε, κατηκόντισεν ἀφειδῶς Σεύθης. 7. Ἐπισθένης δ' ἦν τις Ὀλύνθιος παιδεραστὴς, ὃς ἰδὼν παῖδα καλὸν ἡβάσκοντα ἄρτι, πέλτην ἔχοντα, μέλλοντα ἀποθνήσκειν, προσδραμὼν Ξενοφῶντα ἱκέτευσε βοηθῆσαι παιδὶ καλῷ. 8. Καὶ ὃς προσελθὼν τῷ Σεύθῃ δεῖται, μὴ ἀποκτεῖναι τὸν παῖδα· καὶ τοῦ Ἐπισθένους διηγεῖται τὸν τρόπον, καὶ ὅτι λόχον ποτὲ συνελέξατο, σκοπῶν οὐδὲν ἄλλο, ἢ εἴ τινες εἶεν καλοί· καὶ μετὰ τούτων ἦν ἀνὴρ ἀγαθός. 9. Ὁ δὲ Σεύθης ἤρετο, Ἦ καὶ θέλοις ἂν, ὦ Ἐπίσθενες, ὑπὲρ τούτου ἀποθανεῖν; Ὁ δ' εἶπεν, ἀνατείνας τὸν τράχηλον· Παῖε, ἔφη, εἰ κελεύει ὁ παῖς, καὶ μέλλει χάριν εἰδέναι. 10. Ἐπήρετο ὁ Σεύθης τὸν παῖδα, εἰ παίσειεν αὐτὸν ἀντ' ἐκείνου. Οὐκ εἴα ὁ παῖς, ἀλλ' ἱκέτευε μηδέτερον κατακαίνειν. Ἐνταῦθα δὴ ὁ Ἐπισθένης, περιλαβὼν τὸν παῖδα, εἶπεν· Ὥρα σοι, ὦ Σεύθη, περὶ τοῦδέ μοι διαμάχεσθαι· οὐ γὰρ μεθήσω τὸν παῖδα. 11. Ὁ δὲ Σεύθης γελῶν, ταῦτα μὲν εἴα. Ἔδοξε δὲ αὐτῷ αὐτοῦ αὐλισθῆναι, ἵνα μὴ ἐκ τούτων τῶν κωμῶν οἱ ἐπὶ τοῦ ὄρους τρέφοιντο. Καὶ αὐτὸς μὲν ἐν τῷ πεδίῳ ὑποκαταβὰς ἐσκήνου· ὁ δὲ Ξενοφῶν, ἔχων τοὺς ἐπιλέκτους, ἐν τῇ ὑπὸ τὸ ὄρος ἀνωτάτω κώμῃ· καὶ οἱ ἄλλοι Ἕλληνες ἐν τοῖς ὀρεινοῖς καλουμένοις Θραξὶ πλησίον κατεσκήνησαν.

12. Ἐκ τούτου ἡμέραι οὐ πολλαὶ διετρίβοντο, καὶ οἱ ἐκ τοῦ ὄρους Θρᾷκες, καταβαίνοντες πρὸς τὸν Σεύθην, περὶ σπονδῶν καὶ ὁμήρων διεπράττοντο. Καὶ ὁ Ξενοφῶν ἐλθὼν ἔλεγε τῷ Σεύθῃ, ὅτι ἐν πονηροῖς τόποις σκηνῷεν, καὶ πλησίον εἶεν οἱ πολέμιοι· ἥδιον τ' ἂν ἔξω αὐλίζεσθαι ἔφη ἐν ἐχυροῖς ἂν χωρίοις μᾶλλον, ἢ ἐν τοῖς στεγνοῖς ὥστε ἀπολέσθαι. 13. Ὁ δὲ θαρρεῖν ἐκέλευε, καὶ ἔδειξεν ὁμήρους παρόντας αὐτῷ. Ἐδέοντο δὲ καὶ τοῦ Ξενοφῶντος καταβαίνοντές τινες τῶν ἐκ τοῦ ὄρους, συμπρᾶξαί σφισι τὰς σπονδάς. Ὁ δ' ὡμολόγει, καὶ θαρρεῖν ἐκέλευε, καὶ ἠγγυᾶτο μηδὲν αὐτοὺς κακὸν πείσεσθαι πειθομένους Σεύθῃ. Οἱ δ' ἄρα ταῦτ' ἔλεγον κατασκοπῆς ἕνεκα.

14. Ταῦτα μὲν τῆς ἡμέρας ἐγένετο· εἰς δὲ τὴν ἐπιοῦσαν νύκτα ἐπιτίθενται ἐλθόντες ἐκ τοῦ ὄρους οἱ Θυνοί. Καὶ ἡγεμὼν μὲν ἦν ὁ δεσπότης ἑκάστης τῆς οἰκίας· χαλεπὸν γὰρ ἦν ἄλλῳ τὰς οἰκίας, σκότους ὄντος, ἀνευρίσκειν ἐν ταῖς κώμαις· καὶ γὰρ αἱ οἰκίαι κύκλῳ περιεσταυρωντο μεγάλοις σταυροῖς τῶν προβάτων ἕνεκα. 15. Ἐπεὶ δ' ἐγένοντο κατὰ τὰς θύρας ἑκάστου τοῦ οἰκήματος, οἱ μὲν εἰσηκόντιζον, οἱ δὲ τοῖς σκυτάλοις ἔβαλλον, ἃ ἔχειν ἔφασαν, ὡς ἀποκόψοντες τῶν δοράτων τὰς λόγχας· οἱ δ' ἐνεπίμπρασαν, καὶ Ξενοφῶντα ὀνομαστὶ καλοῦντες, ἐξιόντα

ἐκέλευον ἀποθνήσκειν, ἢ αὐτοῦ ἔφασαν κατακαυθήσεσθαι αὐτόν.

16. Καὶ ἤδη τε διὰ τοῦ ὀρόφου ἐφαίνετο πῦρ, καὶ ἐντεθωρακισμένοι οἱ περὶ Ξενοφῶντα ἔνδον ἦσαν, ἀσπίδας καὶ μαχαίρας καὶ κράνη ἔχοντες. Καὶ Σιλανὸς Μακέστιος, ἐτῶν ἤδη ὡς ὀκτωκαίδεκα ὤν, σημαίνει τῇ σάλπιγγι· καὶ εὐθὺς ἐκπηδῶσιν ἐσπασμένοι τὰ ξίφη, καὶ οἱ ἐκ τῶν ἄλλων σκηνωμάτων. 17. Οἱ δὲ Θρᾷκες φεύγουσιν, ὥσπερ δὴ τρόπος ἦν αὐτοῖς, ὄπισθεν περιβαλλόμενοι τὰς πέλτας· καὶ αὐτῶν ὑπεραλλομένων τοὺς σταυροὺς ἐλήφθησάν τινες κρεμασθέντες, ἐνεχομένων τῶν πελτῶν τοῖς σταυροῖς· οἱ δὲ καὶ ἀπέθανον, διαμαρτόντες τῶν ἐξόδων· οἱ δὲ Ἕλληνες ἐδίωκον ἔξω τῆς κώμης. 18. Τῶν δὲ Θυνῶν ὑποστραφέντες τινὲς ἐν τῷ σκότει, τοὺς παρατρέχοντας παρ' οἰκίαν καιομένην ἠκόντιζον εἰς τὸ φῶς ἐκ τοῦ σκότους· καὶ ἔτρωσαν Ἱερώνυμόν τε [καὶ] Εὐοδέα λοχαγὸν, καὶ Θεογένην Λοκρὸν λοχαγόν· ἀπέθανε δὲ οὐδείς· κατεκαύθη μέντοι καὶ ἐσθής τινων καὶ σκεύη. 19. Σεύθης δὲ ἧκε βοηθήσων σὺν ἑπτὰ ἱππεῦσι τοῖς πρώτοις, καὶ τὸν σαλπιγκτὴν ἔχων τὸν Θρᾴκιον. Καὶ ἐπείπερ ᾔσθετο, ὅσονπερ χρόνον ἐβοήθει, τοσοῦτον καὶ τὸ κέρας ἐφθέγγετο αὐτῷ· ὥστε καὶ τοῦτο φόβον συμπαρέσχε τοῖς πολεμίοις. Ἐπεὶ δ' ἦλθεν, ἐδεξιοῦτό τε καὶ ἔλεγεν, ὅτι οἴοιτο τεθνεῶτας πολλοὺς εὑρήσειν.

20. Ἐκ τούτου ὁ Ξενοφῶν δεῖται τοὺς ὁμήρους τε αὐτῷ παραδοῦναι, καὶ ἐπὶ τὸ ὄρος, εἰ βούλεται, συστρατεύεσθαι· εἰ δὲ μή, αὐτὸν ἐᾶσαι. 21. Τῇ οὖν ὑστεραίᾳ παραδίδωσιν ὁ Σεύθης τοὺς ὁμήρους, πρεσβυτέρους ἄνδρας ἤδη, τοὺς

κρατίστους, ὡς ἔφασαν, τῶν ὀρεινῶν· καὶ αὐτὸς ἔρχεται σὺν τῇ δυνάμει. Ἤδη δὲ εἶχε καὶ τριπλασίαν δύναμιν ὁ Σεύθης· ἐκ γὰρ τῶν Ὀδρυσῶν, ἀκούοντες ἃ πράττοι ὁ Σεύθης, πολλοὶ κατέβαινον συστρατευσόμενοι. 22. Οἱ δὲ Θυνοί, ἐπεὶ εἶδον ἀπὸ τοῦ ὄρους πολλοὺς μὲν ὁπλίτας, πολλοὺς δὲ πελταστάς, πολλοὺς δὲ ἱππεῖς, καταβάντες ἱκέτευον σπείσασθαι· καὶ πάντα ὡμολόγουν ποιήσειν, καὶ τὰ πιστὰ λαμβάνειν ἐκέλευον. 23. Ὁ δὲ Σεύθης, καλέσας τὸν Ξενοφῶντα, ἐπεδείκνυεν, ἃ λέγοιεν· καὶ οὐκ ἂν ἔφη σπείσασθαι, εἰ Ξενοφῶν βούλοιτο τιμωρήσασθαι αὐτοὺς τῆς ἐπιθέσεως. 24. Ὁ δ᾽ εἶπεν· Ἀλλ᾽ ἔγωγε ἱκανὴν νομίζω καὶ νῦν δίκην ἔχειν, εἰ οὗτοι δοῦλοι ἔσονται ἀντ᾽ ἐλευθέρων. Συμβουλεύειν μέντοι ἔφη αὐτῷ, τὸ λοιπὸν ὁμήρους λαμβάνειν τοὺς δυνατωτάτους κακόν τι ποιεῖν, τοὺς δὲ γέροντας οἴκοι ἐᾶν. Οἱ μὲν οὖν ταύτῃ πάντες δὴ προσωμολόγουν.

CAP. V.

1. Ὑπερβάλλουσι δὲ πρὸς τοὺς ὑπὲρ Βυζαντίου Θρᾷκας, εἰς τὸ Δέλτα καλούμενον· αὕτη δ᾽ ἦν οὐκέτι ἀρχὴ Μαισάδου, ἀλλὰ Τήρους τοῦ Ὀδρύσου, ἀρχαίου τινός. 2. Καὶ ὁ Ἡρακλείδης ἐνταῦθα ἔχων τὴν τιμὴν τῆς λείας παρῆν. Καὶ Σεύθης, ἐξαγαγὼν ζεύγη ἡμιονικὰ τρία (οὐ γὰρ ἦν πλείω), τὰ δὲ ἄλλα βοεικά, καλέσας Ξενοφῶντα ἐκέλευε λαβεῖν, τὰ δὲ ἄλλα διανεῖμαι τοῖς στρατηγοῖς καὶ λοχαγοῖς. 3. Ξενοφῶν δὲ εἶπεν· Ἐμοὶ μὲν τοίνυν ἀρκεῖ καὶ αὖθις λαβεῖν· τούτοις δὲ τοῖς στρατηγοῖς δωροῦ, οἳ

σὺν ἐμοὶ ἠκολούθησαν, καὶ λοχαγοῖς. 4. Καὶ τῶν ζευγῶν λαμβάνει ἓν μὲν Τιμασίων ὁ Δαρδανεύς, ἓν δὲ Κλεάνωρ ὁ Ὀρχομένιος, ἓν δὲ Φρυνίσκος ὁ Ἀχαιός· τὰ δὲ βοεικὰ ζεύγη τοῖς λοχαγοῖς κατεμερίσθη. Τὸν δὲ μισθὸν ἀποδίδωσιν, ἐξεληλυθότος ἤδη τοῦ μηνός, εἴκοσι μόνον ἡμερῶν· ὁ γὰρ Ἡρακλείδης ἔλεγεν, ὅτι οὐ πλεῖον ἐμπολῆσαι. 5. Ὁ οὖν Ξενοφῶν ἀχθεσθεὶς εἶπεν ἐπομόσας· Δοκεῖς μοι, ὦ Ἡρακλείδη, οὐχ ὡς δεῖ κήδεσθαι Σεύθου· εἰ γὰρ ἐκήδου, ἧκες ἂν φέρων πλήρη τὸν μισθόν, καὶ προσδανεισάμενος, εἰ μὴ ἄλλως ἐδύνω, καὶ ἀποδόμενος τὰ σαυτοῦ ἱμάτια.

6. Ἐντεῦθεν ὁ Ἡρακλείδης ἠχθέσθη τε, καὶ ἔδεισε μὴ ἐκ τῆς Σεύθου φιλίας ἐκβληθείη· καὶ, ὅ τι ἐδύνατο, ἀπὸ ταύτης τῆς ἡμέρας Ξενοφῶντα διέβαλλε πρὸς Σεύθην. 7. Οἱ μὲν δὴ στρατιῶται Ξενοφῶντι ἐνεκάλουν, ὅτι οὐκ εἶχον τὸν μισθόν· Σεύθης δὲ ἤχθετο αὐτῷ, ὅτι ἐντόνως τοῖς στρατιώταις ἀπῄτει τὸν μισθόν. 8. Καὶ τέως μὲν ἀεὶ ἐμέμνητο, ὡς, ἐπειδὰν ἐπὶ θάλατταν ἀπέλθῃ, παραδώσοι αὐτῷ Βισάνθην καὶ Γάνον καὶ Νέον τεῖχος· ἀπὸ δὲ τούτου τοῦ χρόνου οὐδενὸς ἔτι τούτων ἐμέμνητο. Ὁ γὰρ Ἡρακλείδης καὶ τοῦτο διεβεβλήκει, ὡς οὐκ ἀσφαλὲς εἴη, τείχη παραδιδόναι ἀνδρὶ δύναμιν ἔχοντι.

9. Ἐκ τούτου ὁ μὲν Ξενοφῶν ἐβουλεύετο, τί χρὴ ποιεῖν περὶ τοῦ ἔτι ἄνω στρατεύεσθαι· ὁ δ᾽ Ἡρακλείδης, εἰσαγαγὼν τοὺς ἄλλους στρατηγοὺς πρὸς Σεύθην, λέγειν τε ἐκέλευεν αὐτούς, ὅτι οὐδὲν ἂν ἧττον σφεῖς ἀγάγοιεν τὴν στρατιὰν ἢ Ξενοφῶν, τόν τε μισθὸν ὑπισχνεῖτο αὐτοῖς ἐντὸς ὀλίγων ἡμερῶν ἔκπλεων παρέσεσθαι δυοῖν μηνοῖν·

καὶ συστρατεύεσθαι ἐκέλευε. 10. Καὶ ὁ Τιμασίων εἶπεν· Ἐγὼ μὲν τοίνυν, οὐδ' ἂν πέντε μηνῶν μισθὸς μέλλῃ εἶναι, στρατευσαίμην ἂν ἄνευ Ξενοφῶντος. Καὶ ὁ Φρυνίσκος καὶ ὁ Κλεάνωρ συνωμολόγουν Τιμασίωνι.

11. Ἐντεῦθεν ὁ Σεύθης ἐλοιδόρει τὸν Ἡρακλείδην, ὅτι οὐ παρεκάλει καὶ Ξενοφῶντα. Ἐκ δὲ τούτου παρακαλοῦσιν αὐτὸν μόνον. Ὁ δὲ γνοὺς τοῦ Ἡρακλείδου τὴν πανουργίαν, ὅτι βούλοιτο αὐτὸν διαβάλλειν πρὸς τοὺς ἄλλους στρατηγοὺς, παρέρχεται λαβὼν τούς τε στρατηγοὺς πάντας καὶ τοὺς λοχαγούς. 12. Καὶ ἐπεὶ πάντες ἐπείσθησαν, συνεστρατεύοντο, καὶ ἀφικνοῦνται, ἐν δεξιᾷ ἔχοντες τὸν Πόντον, διὰ τῶν Μελινοφάγων καλουμένων Θρᾳκῶν, εἰς τὸν Σαλμυδησσόν. Ἔνθα τῶν εἰς τὸν Πόντον πλεουσῶν νεῶν πολλαὶ ὀκέλλουσι καὶ ἐκπίπτουσι· τέναγος γάρ ἐστιν ἐπὶ πάμπολυ τῆς θαλάττης. 13. Καὶ οἱ Θρᾷκες οἱ κατὰ ταῦτα οἰκοῦντες, στήλας ὁρισάμενοι, τὰ καθ' αὑτοὺς ἐκπίπτοντα ἕκαστοι λῄζονται· τέως δὲ ἔλεγον, πρὶν ὁρίσασθαι, ἁρπάζοντας πολλοὺς ὑπ' ἀλλήλων ἀποθνήσκειν. 14. Ἐνταῦθα εὑρίσκοντο πολλαὶ μὲν κλῖναι, πολλὰ δὲ κιβώτια, πολλαὶ δὲ βίβλοι γεγραμμέναι, καὶ τἆλλα πολλά, ὅσα ἐν ξυλίνοις τεύχεσι ναύκληροι ἄγουσιν. Ἐντεῦθεν ταῦτα καταστρεψάμενοι ἀπῇεσαν πάλιν.

15. Ἔνθα δὴ Σεύθης εἶχε στράτευμα ἤδη πλέον τοῦ Ἑλληνικοῦ· ἔκ τε γὰρ Ὀδρυσῶν πολὺ ἔτι πλείους καταβεβήκεσαν, καὶ οἱ ἀεὶ πειθόμενοι συνεστρατεύοντο. Κατηυλίσθησαν δ' ἐν τῷ πεδίῳ ὑπὲρ Σηλυβρίας, ὅσον τριάκοντα σταδίους ἀπέχοντες τῆς θαλάττης. 16. Καὶ μισθὸς μὲν οὐδείς πω ἐφαίνετο· πρὸς δὲ τὸν Ξενοφῶντα

οἵ τε στρατιῶται παγχαλέπως εἶχον, ὅ τε Σεύθης οὐκέτι οἰκείως διέκειτο, ἀλλ' ὁπότε συγγενέσθαι αὐτῷ βουλόμενος ἔλθοι, πολλαὶ ἤδη ἀσχολίαι ἐφαίνοντο.

CAP. VI.

1. Ἐν δὲ τούτῳ τῷ χρόνῳ, σχεδὸν ἤδη δύο μηνῶν ὄντων, ἀφικνεῖται Χαρμῖνός τε ὁ Λάκων καὶ Πολύνικος παρὰ Θίβρωνος· καὶ λέγουσιν, ὅτι Λακεδαιμονίοις δοκεῖ στρατεύεσθαι ἐπὶ Τισσαφέρνην, καὶ Θίβρων ἐκπέπλευκεν ὡς πολεμήσων· καὶ δεῖται ταύτης τῆς στρατιᾶς, καὶ λέγει, ὅτι δαρεικὸς ἑκάστῳ ἔσται μισθὸς τοῦ μηνός, καὶ τοῖς λοχαγοῖς διμοιρία, τοῖς δὲ στρατηγοῖς τετραμοιρία. 2. Ἐπεὶ δ' ἦλθον οἱ Λακεδαιμόνιοι, εὐθὺς ὁ Ἡρακλείδης, πυθόμενος ὅτι ἐπὶ τὸ στράτευμα ἤκουσι, λέγει τῷ Σεύθῃ, ὅτι κάλλιστον γεγένηται· οἱ μὲν γὰρ Λακεδαιμόνιοι δέονται τοῦ στρατεύματος, σὺ δὲ οὐκέτι δέῃ· ἀποδιδοὺς δὲ τὸ στράτευμα χαριεῖ αὐτοῖς, σὲ δὲ οὐκέτι ἀπαιτήσουσι τὸν μισθόν, ἀλλ' ἀπαλλάξονται ἐκ τῆς χώρας.

3. Ἀκούσας ταῦτα ὁ Σεύθης κελεύει παράγειν· καὶ ἐπεὶ εἶπον, ὅτι ἐπὶ τὸ στράτευμα ἤκουσιν, ἔλεγεν, ὅτι τὸ στράτευμα ἀποδίδωσι, φίλος τε καὶ σύμμαχος εἶναι βούλεται. Καλεῖ τε αὐτοὺς ἐπὶ ξενίᾳ· καὶ ἐξένιζε μεγαλοπρεπῶς. Ξενοφῶντα δὲ οὐκ ἐκάλει, οὐδὲ τῶν ἄλλων στρατηγῶν οὐδένα. 4. Ἐρωτώντων δὲ τῶν Λακεδαιμονίων, τίς ἀνὴρ εἴη Ξενοφῶν, ἀπεκρίνατο, ὅτι τὰ μὲν ἄλλα εἴη οὐ κακός, φιλοστρατιώτης δέ· καὶ διὰ τοῦτο χεῖρόν ἐστιν αὐτῷ. Καὶ οἳ εἶπον· Ἀλλ' ἦ δημαγωγεῖ ὁ ἀνὴρ

τοὺς ἄνδρας; Καὶ ὁ Ἡρακλείδης, Πάνυ μὲν οὖν, ἔφη. 5. Ἆρ' οὖν, ἔφασαν, μὴ καὶ ἡμῖν ἐναντιώσεται περὶ τῆς ἀπαγωγῆς; Ἀλλ' ἢν ὑμεῖς, ἔφη ὁ Ἡρακλείδης, συλλέξαντες αὐτοὺς ὑπόσχησθε τὸν μισθὸν, ὀλίγον ἐκείνῳ προσχόντες ἀποδραμοῦνται σὺν ὑμῖν. 6. Πῶς ἂν οὖν, ἔφασαν, ἡμῖν συλλεγεῖεν; Αὔριον ὑμᾶς, ἔφη ὁ Ἡρακλείδης, πρωὶ ἄξομεν πρὸς αὐτούς· καὶ οἶδα, ἔφη, ὅτι, ἐπειδὰν ὑμᾶς ἴδωσιν, ἄσμενοι συνδραμοῦνται. Αὕτη μὲν ἡ ἡμέρα οὕτως ἔληξε.

7. Τῇ δ' ὑστεραίᾳ ἄγουσιν ἐπὶ τὸ στράτευμα τοὺς Λάκωνας Σεύθης τε καὶ Ἡρακλείδης, καὶ συλλέγεται ἡ στρατιά· τὼ δὲ Λάκωνε ἐλεγέτην, ὅτι Λακεδαιμονίοις δοκεῖ πολεμεῖν Τισσαφέρνει, τῷ ὑμᾶς ἀδικήσαντι· ἢν οὖν ἴητε σὺν ἡμῖν, τόν τε ἐχθρὸν τιμωρήσεσθε, καὶ δαρεικὸν ἕκαστος οἴσει τοῦ μηνὸς ὑμῶν· λοχαγὸς δὲ τὸ διπλοῦν· στρατηγὸς δὲ τὸ τετραπλοῦν. 8. Καὶ οἱ στρατιῶται ἄσμενοί τε ἤκουσαν, καὶ εὐθὺς ἀνίσταταί τις τῶν Ἀρκάδων, τοῦ Ξενοφῶντος κατηγορήσων. Παρῆν δὲ καὶ Σεύθης, βουλόμενος εἰδέναι τί πραχθήσεται, καὶ ἐν ἐπηκόῳ εἱστήκει ἔχων ἑρμηνέα· ξυνίει δὲ καὶ αὐτὸς Ἑλληνιστὶ τὰ πλεῖστα. 9. Ἔνθα δὴ λέγει ὁ Ἀρκάς· Ἀλλ' ἡμεῖς μὲν, ὦ Λακεδαιμόνιοι, καὶ πάλαι ἂν ἦμεν παρ' ὑμῖν, εἰ μὴ Ξενοφῶν ἡμᾶς δεῦρο πείσας ἀπήγαγεν· ἔνθα δὴ ἡμεῖς μὲν τὸν δεινὸν χειμῶνα στρατευόμενοι καὶ νύκτα καὶ ἡμέραν οὐδὲν πεπαύμεθα· ὁ δὲ τοὺς ἡμετέρους πόνους ἔχει· καὶ Σεύθης ἐκεῖνον μὲν ἰδίᾳ πεπλούτικεν, ἡμᾶς δὲ ἀποστερεῖ τὸν μισθόν· 10. ὥστε ὅ γε πρῶτος λέγων ἐγὼ μὲν, εἰ τοῦτον ἴδοιμι καταλευσθέντα καὶ δόντα δίκην ὧν ἡμᾶς περιεῖλκε, καὶ τὸν

μισθὸν ἄν μοι δοκῶ ἔχειν, καὶ οὐδὲν ἔτι τοῖς πεπονημένοις ἄχθεσθαι. Μετὰ τοῦτον ἄλλος ἀνέστη ὁμοίως καὶ ἄλλος. Ἐκ δὲ τούτου Ξενοφῶν ἔλεξεν ὧδε·

11. Ἀλλὰ πάντα μὲν ἄρα ἄνθρωπον ὄντα προσδοκᾶν δεῖ, ὁπότε γε καὶ ἐγὼ νῦν ὑφ' ὑμῶν αἰτίας ἔχω, ἐν ᾧ πλείστην προθυμίαν ἐμαυτῷ γε δοκῶ συνειδέναι περὶ ὑμᾶς παρεσχημένος. Ἀπετραπόμην μέν γε ἤδη οἴκαδε ὡρμημένος, οὐ μὰ τὸν Δία, οὔτοι πυνθανόμενος ὑμᾶς εὖ πράττειν, ἀλλὰ μᾶλλον ἀκούων ἐν ἀπόροις εἶναι, ὡς ὠφελήσων εἴ τι δυναίμην. 12. Ἐπεὶ δὲ ἦλθον, Σεύθου τουτουΐ πολλοὺς ἀγγέλους πρὸς ἐμὲ πέμποντος, καὶ πολλὰ ὑπισχνουμένου μοι, εἰ πείσαιμι ὑμᾶς πρὸς αὐτὸν ἐλθεῖν, τοῦτο μὲν οὐκ ἐπεχείρησα ποιεῖν, ὡς αὐτοὶ ὑμεῖς ἐπίστασθε· ἦγον δὲ, ὅθεν ᾠόμην τάχιστ' ἂν ὑμᾶς εἰς τὴν Ἀσίαν διαβῆναι. Ταῦτα γὰρ καὶ βέλτιστα ἐνόμιζον ὑμῖν εἶναι, καὶ ὑμᾶς ᾔδειν βουλομένους.

13. Ἐπεὶ δ' Ἀρίσταρχος, ἐλθὼν σὺν τριήρεσιν, ἐκώλυε διαπλεῖν ἡμᾶς, ἐκ τούτου (ὅπερ εἰκὸς δήπου ἦν) συνέλεξα ὑμᾶς, ὅπως βουλευσαίμεθα, ὅ τι χρὴ ποιεῖν. 14. Οὐκοῦν ὑμεῖς ἀκούοντες μὲν Ἀριστάρχου ἐπιτάττοντος ὑμῖν εἰς Χερρόνησον πορεύεσθαι, ἀκούοντες δὲ Σεύθου πείθοντος ἑαυτῷ συστρατεύεσθαι, πάντες μὲν ἐλέγετε σὺν Σεύθῃ ἰέναι, πάντες δ' ἐψηφίσασθε ταῦτα; Τί οὖν ἐγὼ ἐνταῦθα ἠδίκησα, ἀγαγὼν ὑμᾶς, ἔνθα πᾶσιν ὑμῖν ἐδόκει; 15. Ἐπεί γε μὴν ψεύδεσθαι ἤρξατο Σεύθης περὶ τοῦ μισθοῦ, εἰ μὲν ἐπαινῶ αὐτὸν, δικαίως ἄν με καὶ αἰτιῷσθε καὶ μισοῖτε· εἰ δὲ πρόσθεν αὐτῷ πάντων μάλιστα φίλος ὤν, νῦν πάντων διαφορώτατός εἰμι, πῶς ἂν ἔτι δικαίως, ὑμᾶς αἱρούμενος

ἀντὶ Σεύθου, ὑφ' ὑμῶν αἰτίαν ἔχοιμι περὶ ὧν πρὸς τοῦτον διαφέρομαι;

16. Ἀλλ' εἴποιτε ἂν, ὅτι ἔξεστι, καὶ τὰ ὑμέτερα ἔχοντα παρὰ Σεύθου, τεχνάζειν. Οὐκοῦν δῆλον τοῦτό γε, ὅτι, εἴπερ ἐμοὶ ἐτέλει τι Σεύθης, οὐχ οὕτως ἐτέλει δήπου, ὡς ὧν τε ἐμοὶ δοίη στέροιτο, καὶ ἄλλα ὑμῖν ἀποτίσειεν; Ἀλλ', οἶμαι, εἰ ἐδίδου, ἐπὶ τούτῳ ἂν ἐδίδου, ὅπως ἐμοὶ δοὺς μεῖον, μὴ ἀποδοίη ὑμῖν τὸ πλεῖον. 17. Εἰ τοίνυν οὕτως ἔχειν οἴεσθε, ἔξεστιν ὑμῖν αὐτίκα μάλα ματαίαν ταύτην τὴν πρᾶξιν ἀμφοτέροις ἡμῖν ποιῆσαι, ἐὰν πράττητε αὐτὸν τὰ χρήματα. Δῆλον γὰρ, ὅτι Σεύθης, εἰ ἔχω τι παρ' αὐτοῦ, ἀπαιτήσει με, καὶ ἀπαιτήσει μέντοι δικαίως, ἐὰν μὴ βεβαιῶ τὴν πρᾶξιν αὐτῷ, ἐφ' ᾗ ἐδωροδόκουν.

18. Ἀλλὰ πολλοῦ μοι δοκῶ δεῖν τὰ ὑμέτερα ἔχειν· ὀμνύω γὰρ ὑμῖν θεοὺς ἅπαντας καὶ πάσας, μηδ', ἃ ἐμοὶ ἰδίᾳ ὑπέσχετο Σεύθης, ἔχειν· πάρεστι δὲ καὶ αὐτὸς, καὶ ἀκούων σύνοιδέ μοι, εἰ ἐπιορκῶ. 19. Ἵνα δὲ μᾶλλον θαυμάσητε, συνεπόμνυμι, μηδὲ, ἃ οἱ ἄλλοι στρατηγοὶ ἔλαβον, εἰληφέναι, μὴ τοίνυν μηδὲ ὅσα τῶν λοχαγῶν ἔνιοι. 20. Καὶ τί δὴ ταῦτ' ἐποίουν; Ὤιμην, ὦ ἄνδρες, ὅσῳ μᾶλλον συμφέροιμι τούτῳ τὴν τότε πενίαν, τοσούτῳ μᾶλλον αὐτὸν φίλον ποιήσεσθαι, ὁπότε δυνασθείη. Ἐγὼ δὲ ἅμα τε αὐτὸν ὁρῶ εὖ πράττοντα, καὶ γιγνώσκω δὴ αὐτοῦ τὴν γνώμην. 21. Εἴποι δή τις ἄν· Οὐκοῦν αἰσχύνῃ οὕτω μωρῶς ἐξαπατώμενος; Ναὶ μὰ Δία ᾐσχυνόμην μέντοι, εἰ ὑπὸ πολεμίου γε ὄντος ἐξηπατήθην· φίλῳ δὲ ὄντι ἐξαπατᾶν αἴσχιόν μοι δοκεῖ εἶναι ἢ ἐξαπατᾶσθαι. 22. Ἐπεὶ, εἴ γε πρὸς φίλους ἐστὶ φυλακή, πᾶσαν οἶδα ἡμᾶς φυλαξα-

μένους, ὡς μὴ παρασχεῖν τούτῳ πρόφασιν δικαίαν, μὴ ἀποδιδόναι ἡμῖν ἃ ὑπέσχετο· οὔτε γὰρ ἠδικήσαμεν τοῦτον οὐδὲν, οὔτε κατεβλακεύσαμεν τὰ τούτου, οὔτε μὴν κατεδειλιάσαμεν οὐδὲν, ἐφ᾽ ὅ τι ἡμᾶς οὗτος παρεκάλεσεν. 23. Ἀλλὰ, φαίητε ἄν, ἔδει τὰ ἐνέχυρα τότε λαβεῖν, ὡς μηδ᾽, εἰ ἐβούλετο, ἐδύνατο ἂν ταῦτα ἐξαπατᾶν. Πρὸς ταῦτα δὲ ἀκούσατε, ἃ ἐγὼ οὐκ ἄν ποτε εἶπον τούτου ἐναντίον, εἰ μή μοι παντάπασιν ἀγνώμονες ἐδοκεῖτε εἶναι, ἢ λίαν εἰς ἐμὲ ἀχάριστοι. 24. Ἀναμνήσθητε γὰρ, ἐν ποίοις τισὶ πράγμασιν ὄντες ἐτυγχάνετε, ἐξ ὧν ὑμᾶς ἐγὼ ἀνήγαγον πρὸς Σεύθην. Οὐκ εἰς μὲν Πέρινθον προσῇτε πόλιν; Ἀρίσταρχος δ᾽ ὑμᾶς ὁ Λακεδαιμόνιος οὐκ εἴα εἰσιέναι, ἀποκλείσας τὰς πύλας· ὑπαίθριοι δ᾽ ἔξω ἐστρατοπεδεύετε· μέσος δὲ χειμὼν ἦν· ἀγορᾷ δὲ ἐχρῆσθε, σπάνια μὲν ὁρῶντες τὰ ὤνια, σπάνια δ᾽ ἔχοντες, ὅτων ὠνήσεσθε. 25. Ἀνάγκη δὲ ἦν μένειν ἐπὶ Θρᾴκης (τριήρεις γὰρ ἐφορμοῦσαι ἐκώλυον διαπλεῖν)· εἰ δὲ μένοι τις, ἐν πολεμίᾳ εἶναι, ἔνθα πολλοὶ μὲν ἱππεῖς ἦσαν ἐναντίοι, πολλοὶ δὲ πελτασταί. 26. Ἡμῖν δὲ ὁπλιτικὸν μὲν ἦν, ᾧ ἁθρόοι μὲν ἰόντες ἐπὶ τὰς κώμας, ἴσως ἂν ἐδυνάμεθα σῖτον λαμβάνειν οὐδέν τι ἄφθονον· ὅτῳ δὲ διώκοντες ἂν ἢ ἀνδράποδα ἢ πρόβατα κατελαμβάνομεν, οὐκ ἦν ἡμῖν· οὔτε γὰρ ἱππικὸν οὔτε πελταστικὸν ἔτι ἐγὼ συνεστηκὸς κατέλαβον παρ᾽ ὑμῖν.

27. Εἰ οὖν, ἐν τοιαύτῃ ἀνάγκῃ ὄντων ὑμῶν, μηδ᾽ ὁντιναοῦν μισθὸν προσαιτήσας, Σεύθην σύμμαχον ὑμῖν προσέλαβον, ἔχοντα καὶ ἱππέας καὶ πελταστάς, ὧν ὑμεῖς προσεδεῖσθε, ἦ κακῶς ἂν ἐδόκουν ὑμῖν βεβουλεῦσθαι πρὸ ὑμῶν;

28. Τούτων γὰρ δήπου κοινωνήσαντες, καὶ σῖτον ἀφθονώτερον ἐν ταῖς κώμαις εὑρίσκετε, διὰ τὸ ἀναγκάζεσθαι τοὺς Θρᾷκας κατὰ σπουδὴν μᾶλλον φεύγειν, καὶ προβάτων καὶ ἀνδραπόδων μετέσχετε. 29. Καὶ πολέμιον οὐκέτι οὐδένα ἑωρῶμεν, ἐπειδὴ τὸ ἱππικὸν ἡμῖν προσεγένετο· τέως δὲ θαρραλέως ἡμῖν ἐφείποντο οἱ πολέμιοι καὶ ἱππικῷ καὶ πελταστικῷ, κωλύοντες μηδαμῇ κατ' ὀλίγους ἀποσκεδαννυμένους τὰ ἐπιτήδεια ἀφθονώτερα ἡμᾶς πορίζεσθαι. 30. Εἰ δὲ δὴ ὁ συμπαρέχων ὑμῖν ταύτην τὴν ἀσφάλειαν μὴ πάνυ πολὺν μισθὸν προσετέλει τῆς ἀσφαλείας, τοῦτο δὴ τὸ σχέτλιον πάθημα, καὶ διὰ τοῦτο οὐδαμῇ οἴεσθε χρῆναι ζῶντα ἐμὲ ἐᾶν εἶναι;

31. Νῦν δὲ δὴ πῶς ἀπέρχεσθε; Οὐ διαχειμάσαντες μὲν ἐν ἀφθόνοις τοῖς ἐπιτηδείοις, περιττὸν δ' ἔχοντες τοῦτο, εἴ τι ἐλάβετε παρὰ Σεύθου; Τὰ γὰρ τῶν πολεμίων ἐδαπανᾶτε· καὶ ταῦτα πράττοντες, οὔτε ἄνδρας ἐπείδετε ὑμῶν αὐτῶν ἀποθανόντας, οὔτε ζῶντας ἀπεβάλετε. 32. Εἰ δέ τι καλὸν πρὸς τοὺς ἐν τῇ Ἀσίᾳ βαρβάρους ἐπέπρακτο ὑμῖν, οὐ καὶ ἐκεῖνο σῶν ἔχετε, καὶ πρὸς ἐκείνοις νῦν ἄλλην εὔκλειαν προσειλήφατε, καὶ τοὺς ἐν τῇ Εὐρώπῃ Θρᾷκας, ἐφ' οὓς ἐστρατεύσασθε, κρατήσαντες; Ἐγὼ μὲν ὑμᾶς φημι δικαίως ἂν, ὧν ἐμοὶ χαλεπαίνετε, τούτων τοῖς θεοῖς χάριν εἰδέναι ὡς ἀγαθῶν.

33. Καὶ τὰ μὲν δὴ ὑμέτερα τοιαῦτα. Ἄγετε δὲ, πρὸς θεῶν, καὶ τὰ ἐμὰ σκέψασθε, ὡς ἔχει. Ἐγὼ γὰρ, ὅτε μὲν πρότερον ἀπῆρα οἴκαδε, ἔχων μὲν ἔπαινον πολὺν πρὸς ὑμῶν ἀπεπορευόμην, ἔχων δὲ δι' ὑμᾶς καὶ ὑπὸ τῶν ἄλλων Ἑλλήνων εὔκλειαν· ἐπιστευόμην δὲ ὑπὸ Λακεδαιμονίων·

οὐ γὰρ ἄν με ἔπεμπον πάλιν πρὸς ὑμᾶς. 34. Νῦν δὲ ἀπέρχομαι, πρὸς μὲν Λακεδαιμονίους ὑφ' ὑμῶν διαβεβλημένος, Σεύθῃ δὲ ἀπηχθημένος ὑπὲρ ὑμῶν, ὃν ἤλπιζον εὖ ποιήσας μεθ' ὑμῶν, ἀποστροφὴν καὶ ἐμοὶ καλὴν καὶ παισὶν, εἰ γένοιντο, καταθήσεσθαι. 35. Ὑμεῖς δ', ὑπὲρ ὧν ἐγὼ ἀπήχθημαί τε πλεῖστα, καὶ ταῦτα πολὺ κρείττοσιν ἐμαυτοῦ, πραγματευόμενός τε οὐδὲ νῦν πω πέπαυμαι ὅ τι δύναμαι ἀγαθὸν ὑμῖν, τοιαύτην ἔχετε γνώμην περὶ ἐμοῦ. 36. Ἀλλ' ἔχετε μέν με, οὔτε φεύγοντα λαβόντες, οὔτε ἀποδιδράσκοντα· ἢν δὲ ποιήσητε ἃ λέγετε, ἴστε, ὅτι ἄνδρα κατακανόντες ἔσεσθε πολλὰ μὲν δὴ πρὸ ὑμῶν ἀγρυπνήσαντα, πολλὰ δὲ σὺν ὑμῖν πονήσαντα καὶ κινδυνεύσαντα, καὶ ἐν τῷ μέρει καὶ παρὰ τὸ μέρος· θεῶν δ' ἴλεων ὄντων, καὶ τρόπαια βαρβάρων πολλὰ δὴ σὺν ὑμῖν στησάμενον· ὅπως δέ γε μηδενὶ τῶν Ἑλλήνων πολέμιοι γένοισθε, πᾶν, ὅσον ἐγὼ ἐδυνάμην, πρὸς ὑμᾶς διατεινάμενον. 37. Καὶ γὰρ οὖν νῦν ὑμῖν ἔξεστιν ἀνεπιλήπτως πορεύεσθαι, ὅπη ἂν ἔλησθε, καὶ κατὰ γῆν καὶ κατὰ θάλατταν. Ὑμεῖς δὲ, ὅτε πολλὴ ὑμῖν εὐπορία φαίνεται, καὶ πλεῖτε ἔνθα δὴ ἐπεθυμεῖτε πάλαι, δέονταί τε ὑμῶν οἱ μέγιστον δυνάμενοι, μισθὸς δὲ φαίνεται, ἡγεμόνες δὲ ἥκουσι Λακεδαιμόνιοι, οἱ κράτιστοι νομιζόμενοι εἶναι,—νῦν δὴ καιρὸς ὑμῖν δοκεῖ εἶναι, ὡς τάχιστα ἐμὲ κατακανεῖν; 38. Οὐ μὴν, ὅτε γε ἐν τοῖς ἀπόροις ἦμεν, ὦ πάντων μνημονικώτατοι, ἀλλὰ καὶ πατέρα ἐμὲ ἐκαλεῖτε, καὶ ἀεὶ ὡς εὐεργέτου μεμνῆσθαι ὑπισχνεῖσθε. Οὐ μέντοι ἀγνώμονες οὐδὲ οὗτοί εἰσιν, οἱ νῦν ἥκοντες ἐφ' ὑμᾶς· ὥστε, ὡς ἐγὼ οἶμαι, οὐδὲ τούτοις δοκεῖτε βελτίονες εἶναι, τοιοῦτοι ὄντες περὶ ἐμέ. Ταῦτα εἰπὼν ἐπαύσατο.

39. Χαρμῖνος δὲ ὁ Λακεδαιμόνιος ἀναστὰς εἶπεν οὑτωσίν· Ἀλλ' ἐμοὶ μέντοι, ὦ ἄνδρες, οὐ δικαίως γε δοκεῖτε τῷ ἀνδρὶ τούτῳ χαλεπαίνειν· ἔχω γὰρ καὶ αὐτὸς αὐτῷ μαρτυρῆσαι. Σεύθης γὰρ, ἐρωτῶντος ἐμοῦ καὶ Πολυνίκου περὶ Ξενοφῶντος, τίς ἀνὴρ εἴη, ἄλλο μὲν οὐδὲν εἶχε μέμψασθαι, ἄγαν δὲ φιλοστρατιώτην ἔφη αὐτὸν εἶναι· διὸ καὶ χεῖρον αὐτῷ εἶναι πρὸς ἡμῶν τε τῶν Λακεδαιμονίων καὶ πρὸς αὑτοῦ. 40. Ἀναστὰς ἐπὶ τούτῳ Εὐρύλοχος Λουσιάτης Ἀρκὰς εἶπε· Καὶ δοκεῖ γέ μοι, ἄνδρες Λακεδαιμόνιοι, τοῦτο ὑμᾶς πρῶτον ἡμῶν στρατηγῆσαι, παρὰ Σεύθου ἡμῖν τὸν μισθὸν ἀναπρᾶξαι ἢ ἑκόντος ἢ ἄκοντος, καὶ μὴ πρότερον ἡμᾶς ἀπαγαγεῖν.

41. Πολυκράτης δὲ Ἀθηναῖος εἶπεν ἀναστὰς ὑπὲρ Ξενοφῶντος· Ὁρῶ γε μὴν, ἔφη, ὦ ἄνδρες, καὶ Ἡρακλείδην ἐνταῦθα παρόντα· ὃς παραλαβὼν τὰ χρήματα, ἃ ἡμεῖς ἐπονήσαμεν, ταῦτα ἀποδόμενος, οὔτε Σεύθῃ ἀπέδωκεν οὔτε ἡμῖν τὰ γιγνόμενα, ἀλλ' αὐτὸς κλέψας πέπαται. Ἢν οὖν σωφρονῶμεν, ἑξόμεθα αὐτοῦ· οὐ γὰρ δὴ οὗτός γε, ἔφη, Θρᾷξ ἐστιν, ἀλλὰ Ἕλλην ὢν Ἕλληνας ἀδικεῖ. 42. Ταῦτα ἀκούσας ὁ Ἡρακλείδης μάλα ἐξεπλάγη, καὶ προσελθὼν τῷ Σεύθῃ λέγει· Ἡμεῖς, ἢν σωφρονῶμεν, ἄπιμεν ἐντεῦθεν ἐκ τῆς τούτων ἐπικρατείας. Καὶ ἀναβάντες ἐπὶ τοὺς ἵππους, ᾤχοντο ἀπελαύνοντες εἰς τὸ ἑαυτῶν στρατόπεδον.

43. Καὶ ἐντεῦθεν Σεύθης πέμπει Ἀβροζέλμην τὸν ἑαυτοῦ ἑρμηνέα πρὸς Ξενοφῶντα, καὶ κελεύει αὐτὸν καταμεῖναι παρ' ἑαυτῷ ἔχοντα χιλίους ὁπλίτας· καὶ ὑπισχνεῖται αὐτῷ ἀποδώσειν τά τε χωρία τὰ ἐπὶ θαλάττῃ, καὶ τἆλλα ἃ ὑπέσχετο. Καὶ ἐν ἀπορρήτῳ ποιησάμενος λέγει,

ὅτι ἀκήκοε Πολυνίκου, ὡς, εἰ ὑποχείριος ἔσται Λακεδαιμονίοις, σαφῶς ἀποθανοῖτο ὑπὸ Θίβρωνος. 44. Ἐπέστελλον δὲ ταῦτα καὶ ἄλλοι πολλοὶ τῷ Ξενοφῶντι, ὡς διαβεβλημένος εἴη, καὶ φυλάττεσθαι δέοι. Ὁ δὲ ἀκούων ταῦτα, δύο ἱερεῖα λαβὼν, ἐθύετο τῷ Διὶ τῷ Βασιλεῖ, πότερά οἱ λῷον καὶ ἄμεινον εἴη μένειν παρὰ Σεύθῃ, ἐφ' οἷς Σεύθης λέγει, ἢ ἀπιέναι σὺν τῷ στρατεύματι. Ἀναιρεῖ δὲ αὐτῷ ἀπιέναι.

CAP. VII.

1. Ἐντεῦθεν Σεύθης μὲν ἀπεστρατοπεδεύσατο προσωτέρω· οἱ δὲ Ἕλληνες ἐσκήνησαν εἰς κώμας, ὅθεν ἔμελλον πλεῖστα ἐπισιτισάμενοι ἐπὶ θάλατταν ἥξειν. Αἱ δὲ κῶμαι αὗται ἦσαν δεδομέναι ὑπὸ Σεύθου Μηδοσάδῃ. 2. Ὁρῶν οὖν ὁ Μηδοσάδης δαπανώμενα τὰ ἑαυτοῦ ἐν ταῖς κώμαις ὑπὸ τῶν Ἑλλήνων, χαλεπῶς ἔφερε· καὶ λαβὼν ἄνδρα Ὀδρύσην, δυνατώτατον τῶν ἄνωθεν καταβεβηκότων, καὶ ἱππέας ὅσον τριάκοντα, ἔρχεται καὶ προκαλεῖται Ξενοφῶντα ἐκ τοῦ Ἑλληνικοῦ στρατεύματος. Καὶ ὃς, λαβὼν τινας τῶν λοχαγῶν καὶ ἄλλους τῶν ἐπιτηδείων, προσέρχεται. 3. Ἔνθα δὴ λέγει Μηδοσάδης· Ἀδικεῖτε, ὦ Ξενοφῶν, τὰς ἡμετέρας κώμας πορθοῦντες. Προλέγομεν οὖν ὑμῖν, ἐγώ τε ὑπὲρ Σεύθου, καὶ ὅδε ὁ ἀνὴρ, παρὰ Μηδόκου ἥκων τοῦ ἄνω βασιλέως, ἀπιέναι ἐκ τῆς χώρας· εἰ δὲ μὴ, οὐκ ἐπιτρέψομεν ὑμῖν, ἀλλ' ἐὰν ποιῆτε κακῶς τὴν ἡμετέραν χώραν, ὡς πολεμίους ἀλεξησόμεθα. 4. Ὁ δὲ Ξενοφῶν ἀκούσας ταῦτα, εἶπεν· Ἀλλὰ σοὶ

μὲν τοιαῦτα λέγοντι καὶ ἀποκρίνασθαι χαλεπόν· τοῦδε δ᾽ ἕνεκα τοῦ νεανίσκου λέξω, ἵν᾽ εἰδῇ, οἷοί τε ὑμεῖς ἐστε, καὶ οἷοι ἡμεῖς. 5. Ἡμεῖς μὲν γὰρ, ἔφη, πρὶν ὑμῖν φίλοι γενέσθαι, ἐπορευόμεθα διὰ ταύτης τῆς χώρας ὅποι ἐβουλόμεθα, ἣν μὲν ἐθέλοιμεν πορθοῦντες, ἣν δ᾽ ἐθέλοιμεν καίοντες. 6. Καὶ σὺ, ὁπότε πρὸς ἡμᾶς ἔλθοις πρεσβεύων, ηὐλίζου παρ᾽ ἡμῖν, οὐδένα φοβούμενος τῶν πολεμίων. Ὑμεῖς δὲ οὐκ ἦτε εἰς τήνδε τὴν χώραν, ἤ, εἴ ποτε ἔλθοιτε, ὡς ἐν κρειττόνων χώρᾳ ηὐλίζεσθε ἐγκεχαλινωμένοις τοῖς ἵπποις. 7. Ἐπεὶ δὲ ἡμῖν φίλοι ἐγένεσθε, καὶ δι᾽ ἡμᾶς σὺν θεοῖς ἔχετε τήνδε τὴν χώραν, νῦν δὴ ἐξελαύνετε ἡμᾶς ἐκ τῆσδε τῆς χώρας, ἣν παρ᾽ ἡμῶν, ἐχόντων κατὰ κράτος, παρελάβετε· ὡς γὰρ αὐτὸς οἶσθα, οἱ πολέμιοι οὐχ ἱκανοὶ ἦσαν ἡμᾶς ἐξελαύνειν. 8. Καὶ οὐχ ὅπως δῶρα δοὺς καὶ εὖ ποιήσας, ἀνθ᾽ ὧν εὖ ἔπαθες, ἀξιοῖς ἡμᾶς ἀποπέμψασθαι, ἀλλ᾽ ἀποπορευομένους ἡμᾶς οὐδ᾽ ἐναυλισθῆναι, ὅσον δύνασαι, ἐπιτρέπεις. 9. Καὶ ταῦτα λέγων οὔτε θεοὺς αἰσχύνῃ οὔτε τόνδε τὸν ἄνδρα, ὃς νῦν μέν σε ὁρᾷ πλουτοῦντα, πρὶν δὲ ἡμῖν φίλον γενέσθαι, ἀπὸ λῃστείας τὸν βίον ἔχοντα, ὡς αὐτὸς ἔφησθα. 10. Ἀτὰρ τί καὶ πρὸς ἐμὲ ταῦτα λέγεις; ἔφη· οὐ γὰρ ἔγωγ᾽ ἔτι ἄρχω, ἀλλὰ Λακεδαιμόνιοι, οἷς ὑμεῖς παρεδώκατε τὸ στράτευμα ἀπαγαγεῖν, οὐδὲν ἐμὲ παρακαλέσαντες, ὦ θαυμαστότατοι, ὅπως, ὥσπερ ἀπηχθανόμην αὐτοῖς ὅτε πρὸς ὑμᾶς ἦγον, οὕτω καὶ χαρισαίμην νῦν ἀποδιδούς.

11. Ἐπεὶ δὲ ταῦτα ἤκουσεν ὁ Ὀδρύσης, εἶπεν· Ἐγὼ μὲν, ὦ Μηδόσαδες, κατὰ τῆς γῆς καταδύομαι ὑπὸ τῆς αἰσχύνης, ἀκούων ταῦτα. Καὶ εἰ μὲν πρόσθεν ἠπιστάμην,

οὐδ' ἂν συνηκολούθησά σοι· καὶ νῦν ἄπειμι· οὐδὲ γὰρ ἂν Μήδοκός με ὁ βασιλεὺς ἐπαινοίη, εἰ ἐξελαύνοιμι τοὺς εὐεργέτας. 12. Ταῦτ' εἰπὼν, ἀναβὰς ἐπὶ τὸν ἵππον ἀπήλαυνε, καὶ σὺν αὐτῷ οἱ ἄλλοι ἱππεῖς πλὴν τεττάρων ἢ πέντε. Ὁ δὲ Μηδοσάδης, ἐλύπει γὰρ αὐτὸν ἡ χώρα πορθουμένη, ἐκέλευε τὸν Ξενοφῶντα καλέσαι τὼ Λακεδαιμονίω. 13. Καὶ ὃς, λαβὼν τοὺς ἐπιτηδειοτάτους, προσῆλθε τῷ Χαρμίνῳ καὶ τῷ Πολυνίκῳ, καὶ ἔλεξεν, ὅτι καλεῖ αὐτοὺς Μηδοσάδης, προερῶν ἅπερ αὐτῷ, ἀπιέναι ἐκ τῆς χώρας. 14. Οἶμαι ἂν οὖν, ἔφη, ὑμᾶς ἀπολαβεῖν τῇ στρατιᾷ τὸν ὀφειλόμενον μισθὸν, εἰ εἴποιτε, ὅτι δεδέηται ὑμῶν ἡ στρατιὰ συναναπρᾶξαι τὸν μισθὸν ἢ παρ' ἑκόντος ἢ παρ' ἄκοντος Σεύθου· καὶ ὅτι τούτων τυχόντες, προθύμως ἂν συνέπεσθαι ὑμῖν φασι· καὶ ὅτι δίκαια ὑμῖν δοκοῦσι λέγειν· καὶ ὅτι ὑπέσχεσθε αὐτοῖς τότε ἀπιέναι, ὅταν τὰ δίκαια ἔχωσιν οἱ στρατιῶται.

15. Ἀκούσαντες οἱ Λάκωνες, ταῦτα ἔφασαν ἐρεῖν, καὶ ἄλλα ὁποῖα ἂν δύνωνται κράτιστα· καὶ εὐθὺς ἐπορεύοντο ἔχοντες πάντας τοὺς ἐπικαιρίους. Ἐλθὼν δὲ ἔλεξε Χαρμῖνος· Εἰ μὲν σύ τι ἔχεις, ὦ Μηδόσαδες, πρὸς ἡμᾶς λέγειν· εἰ δὲ μὴ, ἡμεῖς πρὸς σὲ ἔχομεν. 16. Ὁ δὲ Μηδοσάδης μάλα δὴ ὑφειμένως, Ἀλλ' ἐγὼ μὲν λέγω, ἔφη, καὶ Σεύθης τὰ αὐτὰ, ὅτι ἀξιοῦμεν, τοὺς φίλους ἡμῖν γεγενημένους μὴ κακῶς πάσχειν ὑφ' ὑμῶν· ὅ τι γὰρ ἂν τούτους κακῶς ποιῆτε, ἡμᾶς ἤδη ποιεῖτε· ἡμέτεροι γάρ εἰσιν. 17. Ἡμεῖς τοίνυν, ἔφασαν οἱ Λάκωνες, ἀπίοιμεν ἂν, ὁπότε τὸν μισθὸν ἔχοιεν οἱ ταῦτα ὑμῖν καταπράξαντες· εἰ δὲ μὴ, ἐρχόμεθα μὲν καὶ νῦν βοηθήσοντες τούτοις, καὶ τιμωρησό-

μενοι ἄνδρας, οἳ τούτους παρὰ τοὺς ὅρκους ἠδίκησαν· ἢν δὲ δὴ καὶ ὑμεῖς τοιοῦτοι ἦτε, ἐνθένδε ἀρξόμεθα τὰ δίκαια λαμβάνειν.

18. Ὁ δὲ Ξενοφῶν εἶπεν· Ἐθέλοιτε δ' ἂν τούτοις, ὦ Μηδόσαδες, ἐπιτρέψαι (ἐπειδὴ φίλους ἔφατε εἶναι ὑμῖν), ἐν ὧν τῇ χώρᾳ ἐσμὲν, ὁπότερα ἂν ψηφίσωνται, εἴθ' ὑμᾶς προσῆκεν ἐκ τῆς χώρας ἀπιέναι, εἴτε ἡμᾶς; 19. Ὁ δὲ ταῦτα μὲν οὐκ ἔφη· ἐκέλευε δὲ μάλιστα μὲν αὐτὼ ἐλθεῖν τὼ Λάκωνε παρὰ Σεύθην περὶ τοῦ μισθοῦ, καὶ οἴεσθαι ἂν Σεύθην πεῖσαι· εἰ δὲ μὴ, Ξενοφῶντα σὺν αὐτῷ πέμπειν, καὶ συμπράξειν ὑπισχνεῖτο· ἐδεῖτο δὲ τὰς κώμας μὴ καίειν. 20. Ἐντεῦθεν πέμπουσι τὸν Ξενοφῶντα, καὶ σὺν αὐτῷ, οἳ ἐδόκουν ἐπιτηδειότατοι εἶναι. Ὁ δὲ ἐλθὼν λέγει πρὸς τὸν Σεύθην·

21. Οὐδὲν ἀπαιτήσων, ὦ Σεύθη, πάρειμι, ἀλλὰ διδάξων, ἢν δύνωμαι, ὡς οὐ δικαίως μοι ἠχθέσθης, ὅτι ὑπὲρ τῶν στρατιωτῶν ἀπήτουν σε προθύμως, ἃ ὑπέσχου αὐτοῖς· σοὶ γὰρ ἔγωγε οὐχ ἧττον ἐνόμιζον εἶναι συμφέρον ἀποδοῦναι, ἢ ἐκείνοις ἀπολαβεῖν. 22. Πρῶτον μὲν γὰρ οἶδα μετὰ τοὺς θεοὺς εἰς τὸ φανερόν σε τούτους καταστήσαντας, ἐπεί γε βασιλέα σε ἐποίησαν πολλῆς χώρας καὶ πολλῶν ἀνθρώπων· ὥστε οὐχ οἷόν τέ σοι λανθάνειν, οὔτε ἤν τι καλὸν, οὔτε ἤν τι αἰσχρὸν ποιήσῃς. 23. Τοιούτῳ δὲ ὄντι ἀνδρὶ μέγα μέν μοι ἐδόκει εἶναι, μὴ δοκεῖν ἀχαρίστως ἀποπέμψασθαι ἄνδρας εὐεργέτας· μέγα δὲ, εὖ ἀκούειν ὑπὸ ἑξακισχιλίων ἀνθρώπων· τὸ δὲ μέγιστον, μηδαμῶς ἄπιστον σαυτὸν καταστῆσαι, ὅ τι λέγοις.

24. Ὁρῶ γὰρ, τῶν μὲν ἀπίστων ματαίους καὶ ἀδυνά-

τους καὶ ἀτίμους τοὺς λόγους πλανωμένους· οἱ δ' ἂν φανεροὶ ὦσιν ἀλήθειαν ἀσκοῦντες, τούτων οἱ λόγοι, ἤν τι δέωνται, οὐδὲν μεῖον δύνανται ἀνύσασθαι, ἢ ἄλλων ἡ βία· ἤν τέ τινας σωφρονίζειν βούλωνται, γιγνώσκω τὰς τούτων ἀπειλὰς οὐχ ἧττον σωφρονιζούσας, ἢ ἄλλων τὸ ἤδη κολάζειν· ἤν τέ τῳ τι ὑπισχνῶνται οἱ τοιοῦτοι ἄνδρες, οὐδὲν μεῖον διαπράττονται, ἢ ἄλλοι παραχρῆμα διδόντες. 25. Ἀναμνήσθητι δὲ καὶ σύ, τί προτελέσας ἡμῖν συμμάχους ἡμᾶς ἔλαβες. Οἶσθ', ὅτι οὐδέν· ἀλλὰ πιστευθεὶς ἀληθεύσειν, ἃ ἔλεγες, ἐπῆρας τοσούτους ἀνθρώπους συστρατεύσασθαί τε καὶ συγκατεργάσασθαί σοι ἀρχήν, οὐ τριάκοντα μόνον ἀξίαν ταλάντων (ὅσα οἴονται δεῖν οὗτοι νῦν ἀπολαβεῖν), ἀλλὰ πολλαπλασίων. 26. Οὐκοῦν τοῦτο μὲν πρῶτον, τὸ πιστεύεσθαί σε, τὸ καὶ τὴν βασιλείαν σοι κατεργασάμενον, τούτων τῶν χρημάτων ὑπὸ σοῦ πιπράσκεται;

27. Ἴθι δή, ἀναμνήσθητι, πῶς μέγα ἡγοῦ τότε καταπράξασθαι, ἃ νῦν καταστρεψάμενος ἔχεις. Ἐγὼ μὲν εὖ οἶδ', ὅτι εὔξω ἄν, τὰ νῦν πεπραγμένα μᾶλλόν σοι καταπραχθῆναι, ἢ πολλαπλάσια τούτων τῶν χρημάτων γενέσθαι. 28. Ἐμοὶ τοίνυν μεῖζον βλάβος καὶ αἴσχιον δοκεῖ εἶναι, τὸ ταῦτα νῦν μὴ κατασχεῖν, ἢ τότε μὴ λαβεῖν, ὅσῳ περ χαλεπώτερον ἐκ πλουσίου πένητα γενέσθαι, ἢ ἀρχὴν μὴ πλουτῆσαι· καὶ ὅσῳ λυπηρότερον ἐκ βασιλέως ἰδιώτην φανῆναι, ἢ ἀρχὴν μὴ βασιλεῦσαι.

29. Οὐκοῦν ἐπίστασαι μέν, ὅτι οἱ νῦν σοι ὑπήκοοι γενόμενοι οὐ φιλίᾳ τῇ σῇ ἐπείσθησαν ὑπὸ σοῦ ἄρχεσθαι, ἀλλ' ἀνάγκῃ, καὶ ὅτι ἐπιχειροῖεν ἂν πάλιν ἐλεύθεροι γίγνεσθαι, εἰ μή τις αὐτοὺς φόβος κατέχοι; 30. Ποτέρως οὖν οἴει

μᾶλλον ἂν φοβεῖσθαί τε αὐτούς, καὶ σωφρονεῖν τὰ πρός σε, εἰ ὁρῷέν σοι τοὺς στρατιώτας οὕτω διακειμένους, ὡς νῦν τε μένοντας ἂν εἰ σὺ κελεύοις, αὖθίς τ' ἂν ταχὺ ἐλθόντας εἰ δέοι, ἄλλους τε, τούτων περὶ σοῦ ἀκούοντας πολλὰ ἀγαθά, ταχὺ ἄν σοι, ὁπότε βούλοιο, παραγενέσθαι· ἢ εἰ καταδοξάσειαν, μήτ' ἂν ἄλλους σοι ἐλθεῖν δι' ἀπιστίαν ἐκ τῶν νῦν γεγενημένων, τούτους τε αὐτοῖς εὐνουστέρους εἶναι ἢ σοί; 31. Ἀλλὰ μὴν οὐδὲν πλήθει γε ἡμῶν λειφθέντες ὑπεῖξάν σοι, ἀλλὰ προστατῶν ἀπορίᾳ. Οὐκοῦν νῦν καὶ τοῦτο κίνδυνος, μὴ λάβωσι προστάτας αὐτῶν τινας τούτων, οἳ νομίζουσιν ὑπὸ σοῦ ἀδικεῖσθαι, ἢ καὶ τούτων κρείττονας τοὺς Λακεδαιμονίους, ἐὰν οἱ μὲν στρατιῶται ὑπισχνῶνται προθυμότερον αὐτοῖς συστρατεύεσθαι, ἂν τὰ παρὰ σοῦ νῦν ἀναπράξωσιν, οἱ δὲ Λακεδαιμόνιοι, διὰ τὸ δεῖσθαι τῆς στρατιᾶς, συναινέσωσιν αὐτοῖς ταῦτα; 32. Ὅτι γε μὴν οἱ νῦν ὑπό σοι Θρᾷκες γενόμενοι πολὺ ἂν προθυμότερον ἴοιεν ἐπί σε ἢ σύν σοι, οὐκ ἄδηλον· σοῦ μὲν γὰρ κρατοῦντος, δουλεία ὑπάρχει αὐτοῖς· κρατουμένου δὲ σοῦ, ἐλευθερία.

33. Εἰ δὲ καὶ τῆς χώρας προνοεῖσθαι ἤδη τι δεῖ ὡς σῆς οὔσης, ποτέρως ἂν οἴει ἀπαθῆ κακῶν μᾶλλον αὐτὴν εἶναι, εἰ οὗτοι οἱ στρατιῶται, ἀπολαβόντες ἃ ἐγκαλοῦσιν, εἰρήνην καταλιπόντες οἴχοιντο, ἢ εἰ οὗτοί τε μένοιεν ὡς ἐν πολεμίᾳ, σύ τε ἄλλους πειρῷο πλείονας τούτων ἔχων ἀντιστρατοπεδεύεσθαι, δεομένους τῶν ἐπιτηδείων; 34. Ἀργύριον δὲ ποτέρως ἂν πλεῖον ἀναλωθείη, εἰ τούτοις τὸ ὀφειλόμενον ἀποδοθείη, ἢ εἰ ταῦτά τε ὀφείλοιτο, ἄλλους τε κρείττονας τούτων δέοι σε μισθοῦσθαι; 35. Ἀλλὰ γὰρ

Ἡρακλείδῃ, ὡς πρὸς ἐμὲ ἐδήλου, πάμπολυ δοκεῖ τοῦτο τὸ ἀργύριον εἶναι. Ἦ μὴν πολύ γέ ἐστιν ἔλαττον νῦν σοι καὶ λαβεῖν τοῦτο καὶ ἀποδοῦναι, ἢ, πρὶν ἡμᾶς ἐλθεῖν πρός σε, τὸ δέκατον τούτου μέρος. 36. Οὐ γὰρ ἀριθμός ἐστιν ὁ ὁρίζων τὸ πολὺ καὶ τὸ ὀλίγον, ἀλλ' ἡ δύναμις τοῦ τε ἀποδιδόντος καὶ τοῦ λαμβάνοντος· σοὶ δὲ νῦν ἡ κατ' ἐνιαυτὸν πρόσοδος πλείων ἔσται, ἢ ἔμπροσθεν τὰ παρόντα πάντα ἃ ἐκέκτησο. 37. Ἐγὼ μὲν, ὦ Σεύθη, ταῦτα ὡς φίλου ὄντος σου προενοούμην, ὅπως σύ τε ἄξιος δοκοίης εἶναι, ὧν οἱ θεοί σοι ἔδωκαν ἀγαθῶν, ἐγώ τε μὴ διαφθαρείην ἐν τῇ στρατιᾷ. 38. Εὖ γὰρ ἴσθι, ὅτι νῦν ἐγὼ οὔτ' ἂν ἐχθρὸν βουλόμενος κακῶς ποιῆσαι δυνηθείην σὺν ταύτῃ τῇ στρατιᾷ, οὔτ' ἂν, εἴ σοι πάλιν βουλοίμην βοηθῆσαι, ἱκανὸς ἂν γενοίμην· οὕτω γὰρ πρὸς ἐμὲ ἡ στρατιὰ διάκειται. 39. Καίτοι αὐτόν σε μάρτυρα σὺν θεοῖς εἰδόσι ποιοῦμαι, ὅτι οὔτε ἔχω παρὰ σοῦ ἐπὶ τοῖς στρατιώταις οὐδέν, οὔτε ᾔτησα πώποτε εἰς τὸ ἴδιον τὰ ἐκείνων, οὔτε ἃ ὑπέσχου μοι ἀπῄτησα. 40. Ὄμνυμι δέ σοι, μηδὲ ἀποδιδόντος δέξασθαι ἄν, εἰ μὴ καὶ οἱ στρατιῶται ἔμελλον τὰ ἑαυτῶν συναπολαμβάνειν. Αἰσχρὸν γὰρ ἦν τὰ μὲν ἐμὰ διαπεπρᾶχθαι, τὰ δ' ἐκείνων περιιδεῖν ἐμὲ κακῶς ἔχοντα, ἄλλως τε καὶ τιμώμενον ὑπ' ἐκείνων. 41. Καίτοι Ἡρακλείδῃ γε λῆρος πάντα δοκεῖ εἶναι πρὸς τὸ ἀργύριον ἔχειν ἐκ παντὸς τρόπου· ἐγὼ δὲ, ὦ Σεύθη, οὐδὲν νομίζω ἀνδρὶ, ἄλλως τε καὶ ἄρχοντι, κάλλιον εἶναι κτῆμα οὐδὲ λαμπρότερον ἀρετῆς καὶ δικαιοσύνης καὶ γενναιότητος. 42. Ὁ γὰρ ταῦτα ἔχων πλουτεῖ μὲν ὄντων φίλων πολλῶν, πλουτεῖ δὲ καὶ ἄλλων βουλομένων γενέσθαι· καὶ εὖ μὲν πράττων ἔχει τοὺς συνησθησομένους, ἐὰν δέ τι σφαλῇ, οὐ σπανίζει τῶν βοηθησόντων.

43. Ἀλλὰ γὰρ, εἰ μήτε ἐκ τῶν ἐμῶν ἔργων κατέμαθες, ὅτι σοι ἐκ τῆς ψυχῆς φίλος ἦν, μήτε ἐκ τῶν ἐμῶν λόγων δύνασαι τοῦτο γνῶναι, ἀλλὰ τοὺς τῶν στρατιωτῶν λόγους πάντως κατανόησον· παρῆσθα γὰρ καὶ ἤκουες, ἃ ἔλεγον οἱ ψέγειν ἐμὲ βουλόμενοι. 44. Κατηγόρουν μὲν γάρ μου πρὸς Λακεδαιμονίους, ὡς σὲ περὶ πλείονος ποιοίμην, ἢ Λακεδαιμονίους· αὐτοὶ δ᾽ ἐνεκάλουν ἐμοὶ, ὡς μᾶλλον μέλοι μοι, ὅπως τὰ σὰ καλῶς ἔχοι, ἢ ὅπως τὰ ἑαυτῶν· ἔφασαν δέ με καὶ δῶρα ἔχειν παρὰ σοῦ. 45. Καίτοι τὰ δῶρα ταῦτα πότερον οἴει αὐτοὺς, κακόνοιάν τινα ἐνιδόντας μοι πρὸς σὲ, αἰτιᾶσθαί με ἔχειν παρὰ σοῦ, ἢ προθυμίαν πολλὴν περὶ σὲ κατανοήσαντας;

46. Ἐγὼ μὲν οἶμαι πάντας ἀνθρώπους νομίζειν, εὔνοιαν δεῖν ἀποκεῖσθαι τούτῳ, παρ᾽ οὗ ἂν δῶρά τις λαμβάνῃ. Σὺ δὲ, πρὶν μὲν ὑπηρετῆσαί τί σοι ἐμὲ, ἐδέξω ἡδέως καὶ ὄμμασι καὶ φωνῇ καὶ ξενίοις, καὶ ὅσα ἔσοιτο ὑπισχνούμενος οὐκ ἐνεπίμπλασο· ἐπεὶ δὲ κατέπραξας ἃ ἐβούλου, καὶ γεγένησαι, ὅσον ἐγὼ ἐδυνάμην, μέγιστος, νῦν οὕτω με ἄτιμον ὄντα ἐν τοῖς στρατιώταις τολμᾷς περιορᾶν; 47. Ἀλλὰ μὴν, ὅτι σοι δόξει ἀποδοῦναι, πιστεύω καὶ τὸν χρόνον διδάξειν σε, καὶ αὐτόν γέ σε οὐχὶ ἀνέξεσθαι, τούς σοι προεμένους εὐεργεσίαν ὁρῶντά σοι ἐγκαλοῦντας. Δέομαι οὖν σοῦ, ὅταν ἀποδιδῷς, προθυμεῖσθαι ἐμὲ παρὰ τοῖς στρατιώταις τοιοῦτον ποιῆσαι, οἷόν περ καὶ παρέλαβες.

48. Ἀκούσας ταῦτα ὁ Σεύθης κατηράσατο τῷ αἰτίῳ τοῦ μὴ πάλαι ἀποδεδόσθαι τὸν μισθόν (καὶ πάντες Ἡρα-

κλείδην τοῦτον ὑπώπτευσαν εἶναι)· Ἐγὼ γὰρ, ἔφη, οὔτε διενοήθην πώποτε ἀποστερῆσαι, ἀποδώσω τε. 49. Ἐντεῦθεν πάλιν εἶπεν ὁ Ξενοφῶν· Ἐπεὶ τοίνυν διανοῇ ἀποδιδόναι, νῦν ἐγώ σου δέομαι δι' ἐμοῦ ἀποδιδόναι, καὶ μὴ περιϊδεῖν με διὰ σὲ ἀνομοίως ἔχοντα ἐν τῇ στρατιᾷ νῦν τε, καὶ ὅτε πρὸς σὲ ἀφικόμεθα. 50. Ὁ δ' εἶπεν· Ἀλλὰ οὔτ' ἐν τοῖς στρατιώταις ἔσῃ δι' ἐμὲ ἀτιμότερος· ἄν τε μένῃς παρ' ἐμοὶ χιλίους μόνους ὁπλίτας ἔχων, ἐγώ σοι τά τε χωρία ἀποδώσω καὶ τἆλλα πάντα, ἃ ὑπεσχόμην. 51. Ὁ δὲ πάλιν εἶπε· Ταῦτα μὲν ἔχειν οὕτως οὐχ οἷόν τε· ἀπόπεμπε δὲ ἡμᾶς. Καὶ μὴν, ἔφη ὁ Σεύθης, καὶ ἀσφαλέστερόν γέ σοι οἶδα ὂν, παρ' ἐμοὶ μένειν, ἢ ἀπιέναι. 52. Ὁ δὲ πάλιν εἶπεν· Ἀλλὰ τὴν μὲν σὴν πρόνοιαν ἐπαινῶ· ἐμοὶ δὲ μένειν οὐχ οἷόν τε· ὅπου δ' ἂν ἐγὼ ἐντιμότερος ὦ, νόμιζε καὶ σοὶ τοῦτο ἀγαθὸν ἔσεσθαι. 53. Ἐντεῦθεν λέγει Σεύθης· Ἀργύριον μὲν οὐκ ἔχω, ἀλλ' ἢ μικρόν τι, καὶ τοῦτό σοι δίδωμι, τάλαντον· βοῦς δ' ἑξακοσίους, καὶ πρόβατα εἰς τετρακισχίλια, καὶ ἀνδράποδα εἰς εἴκοσι καὶ ἑκατόν. Ταῦτα λαβὼν, καὶ τοὺς τῶν ἀδικησάντων σε ὁμήρους προσλαβὼν, ἄπιθι. 54. Γελάσας ὁ Ξενοφῶν εἶπεν· Ἢν οὖν μὴ ἐξικνῆται ταῦτα εἰς τὸν μισθὸν, τίνος τάλαντον φήσω ἔχειν; Ἆρ' οὐκ, ἐπειδὴ καὶ ἐπικίνδυνόν μοί ἐστιν, ἀπιόντα γε ἄμεινον φυλάττεσθαι τοὺς πέτρους; Ἤκουες δὲ τὰς ἀπειλάς. Τότε μὲν δὴ αὐτοῦ ἔμειναν.

55. Τῇ δ' ὑστεραίᾳ ἀπέδωκέ τε αὐτοῖς ἃ ὑπέσχετο, καὶ τοὺς ταῦτα ἐλάσοντας συνέπεμψεν. Οἱ δὲ στρατιῶται τέως μὲν ἔλεγον, ὡς ὁ Ξενοφῶν οἴχοιτο ὡς Σεύθην οἰκήσων, καὶ ἃ ὑπέσχετο αὐτῷ ἀποληψόμενος· ἐπεὶ δὲ αὐτὸν

ἥκοντα εἶδον, ἤσθησάν τε καὶ προσέθεον. 56. Ξενοφῶν δ' ἐπεὶ εἶδε Χαρμῖνον καὶ Πολύνικον, Ταῦτα, ἔφη, καὶ σέσωσται δι' ὑμᾶς τῇ στρατιᾷ, καὶ παραδίδωμι αὐτὰ ἐγὼ ὑμῖν· ὑμεῖς δὲ διαθέμενοι διάδοτε τῇ στρατιᾷ. Οἱ μὲν οὖν παραλαβόντες καὶ λαφυροπώλας καταστήσαντες, ἐπώλουν, καὶ πολλὴν εἶχον αἰτίαν. 57. Ξενοφῶν δὲ οὐ προσῄει, ἀλλὰ φανερὸς ἦν οἴκαδε παρασκευαζόμενος· οὐ γάρ πω ψῆφος αὐτῷ ἐπῆκτο Ἀθήνησι περὶ φυγῆς. Προσελθόντες δὲ αὐτῷ οἱ ἐπιτήδειοι ἐν τῷ στρατοπέδῳ, ἐδέοντο μὴ ἀπελθεῖν, πρὶν [ἂν] ἀπαγάγοι τὸ στράτευμα καὶ Θίβρωνι παραδοίη.

CAP. VIII.

1. Ἐντεῦθεν διέπλευσαν εἰς Λάμψακον· καὶ ἀπαντᾷ τῷ Ξενοφῶντι Εὐκλείδης μάντις Φλιάσιος, ὁ Κλεαγόρου υἱὸς τοῦ τὰ ἐνύπνια ἐν Λυκείῳ γεγραφότος. Οὗτος συνήδετο τῷ Ξενοφῶντι, ὅτι ἐσέσωστο· καὶ ἠρώτα αὐτὸν, πόσον χρυσίον ἔχοι. 2. Ὁ δ' αὐτῷ ἐπομόσας εἶπεν, ἦ μὴν ἔσεσθαι μηδὲ ἐφόδιον ἱκανὸν οἴκαδε ἀπιόντι, εἰ μὴ ἀπόδοιτο τὸν ἵππον, καὶ ἃ ἀμφ' αὐτὸν εἶχεν. Ὁ δ' αὐτῷ οὐκ ἐπίστευεν. 3. Ἐπεὶ δ' ἔπεμψαν Λαμψακηνοὶ ξένια τῷ Ξενοφῶντι, καὶ ἔθυε τῷ Ἀπόλλωνι, παρεστήσατο τὸν Εὐκλείδην· ἰδὼν δὲ τὰ ἱερεῖα ὁ Εὐκλείδης εἶπεν, ὅτι πείθοιτο αὐτῷ μὴ εἶναι χρήματα. Ἀλλ' οἶδα, ἔφη, ὅτι, κἂν μέλλῃ ποτὲ ἔσεσθαι, φαίνεταί τι ἐμπόδιον, ἐὰν μηδὲν ἄλλο, σὺ σαυτῷ. Συνωμολόγει ταῦτα ὁ Ξενοφῶν. 4. Ὁ δὲ εἶπεν· Ἐμπόδιος γάρ σοι ὁ Ζεὺς ὁ Μειλίχιός ἐστι· καὶ ἐπήρετο,

εἰ ἤδη ποτὲ θύσειεν, ὥσπερ οἴκοι, ἔφη, εἰώθειν ἐγὼ ὑμῖν θύεσθαι καὶ ὁλοκαυτεῖν. Ὁ δ᾽ οὐκ ἔφη, ἐξ ὅτου ἀπεδήμησε, τεθυκέναι τούτῳ τῷ θεῷ. Συνεβούλευσεν οὖν αὐτῷ θύεσθαι καθὰ εἰώθει, καὶ ἔφη συνοίσειν ἐπὶ τὸ βέλτιον. 5. Τῇ δὲ ὑστεραίᾳ ὁ Ξενοφῶν προελθὼν εἰς Ὀφρύνιον ἐθύετο, καὶ ὡλοκαύτει χοίρους τῷ πατρίῳ νόμῳ· καὶ ἐκαλλιέρει. 6. Καὶ ταύτῃ τῇ ἡμέρᾳ ἀφικνεῖται Βίων καὶ ἅμα Εὐκλείδης, χρήματα δώσοντες τῷ στρατεύματι· καὶ ξενοῦνταί τε τῷ Ξενοφῶντι, καὶ ἵππον, ὃν ἐν Λαμψάκῳ ἀπέδοτο πεντήκοντα δαρεικῶν, ὑποπτεύοντες αὐτὸν δι᾽ ἔνδειαν πεπρακέναι, ὅτι ἤκουον αὐτὸν ἥδεσθαι τῷ ἵππῳ, λυσάμενοι ἀπέδοσαν, καὶ τὴν τιμὴν οὐκ ἤθελον ἀπολαβεῖν.

7. Ἐντεῦθεν ἐπορεύοντο διὰ τῆς Τρῳάδος, καὶ ὑπερβάντες τὴν Ἴδην, εἰς Ἄντανδρον ἀφικνοῦνται πρῶτον· εἶτα παρὰ θάλατταν πορευόμενοι τῆς Λυδίας εἰς Θήβης πεδίον. 8. Ἐντεῦθεν δι᾽ Ἀτραμυττίου καὶ Κερτωνοῦ παρ᾽ Ἀταρνέα εἰς Καΐκου πεδίον ἐλθόντες, Πέργαμον καταλαμβάνουσι τῆς Μυσίας.

Ἐνταῦθα δὴ ξενοῦται Ξενοφῶν παρ᾽ Ἑλλάδι, τῇ Γογγύλου τοῦ Ἐρετριέως γυναικὶ, καὶ Γοργίωνος καὶ Γογγύλου μητρί. 9. Αὕτη δ᾽ αὐτῷ φράζει, ὅτι Ἀσιδάτης ἐστὶν ἐν τῷ πεδίῳ, ἀνὴρ Πέρσης· τοῦτον ἔφη αὐτὸν, εἰ ἔλθοι τῆς νυκτὸς σὺν τριακοσίοις ἀνδράσι, λαβεῖν ἂν καὶ αὐτὸν καὶ γυναῖκα καὶ παῖδας καὶ τὰ χρήματα· εἶναι δὲ πολλά. Ταῦτα δὲ καθηγησομένους ἔπεμψε τόν τε αὑτῆς ἀνεψιὸν καὶ Δαφναγόραν, ὃν περὶ πλείστου ἐποιεῖτο. 10. Ἔχων οὖν ὁ Ξενοφῶν τούτους παρ᾽ ἑαυτῷ, ἐθύετο. Καὶ Βασίας ὁ Ἠλεῖος μάντις παρὼν εἶπεν, ὅτι κάλλιστα εἴη τὰ ἱερὰ αὐτῷ, καὶ ὁ ἀνὴρ ἁλώσιμος εἴη. 11. Δειπνήσας οὖν ἐπορεύετο, τούς τε λοχαγοὺς τοὺς μάλιστα φίλους λαβὼν καὶ πιστοὺς γεγενημένους διὰ παντός, ὅπως εὖ ποιήσαι αὐτούς. Συνεξέρχονται δὲ αὐτῷ καὶ ἄλλοι βιασάμενοι εἰς ἑξακοσίους· οἱ δὲ λοχαγοὶ ἀπήλαυνον, ἵνα μὴ μεταδοῖεν τὸ μέρος, ὡς ἑτοίμων δὴ χρημάτων.

12. Ἐπεὶ δὲ ἀφίκοντο περὶ μέσας νύκτας, τὰ μὲν πέριξ ὄντα ἀνδράποδα τῆς τύρσιος καὶ χρήματα τὰ πλεῖστα ἀπέδρα αὐτοὺς παραμελοῦντας, ὡς τὸν Ἀσιδάτην αὐτὸν λάβοιεν καὶ τὰ ἐκείνου. 13. Πυργομαχοῦντες δὲ ἐπεὶ οὐκ ἐδύναντο λαβεῖν τὴν τύρσιν (ὑψηλὴ γὰρ ἦν, καὶ μεγάλη, καὶ προμαχεῶνας καὶ ἄνδρας πολλοὺς καὶ μαχίμους ἔχουσα), διορύττειν ἐπεχείρησαν τὸν πύργον. 14. Ὁ δὲ τοῖχος ἦν ἐπ᾽ ὀκτὼ πλίνθων γηΐνων τὸ εὖρος. Ἅμα δὲ τῇ ἡμέρᾳ διωρώρυκτο· καὶ ὡς τὸ πρῶτον διεφάνη, ἐπάταξεν ἔνδοθεν βουπόρῳ τις ὀβελίσκῳ διαμπερὲς τὸν μηρὸν τοῦ ἐγγυτάτω· τὸ δὲ λοιπὸν ἐκτοξεύοντες ἐποίουν μηδὲ παριέναι ἔτι ἀσφαλὲς εἶναι. 15. Κεκραγότων δὲ αὐτῶν καὶ πυρσευόντων, ἐκβοηθοῦσιν Ἰταβέλιος μὲν ἔχων τὴν ἑαυτοῦ δύναμιν, ἐκ Κομανίας δὲ ὁπλῖται Ἀσσύριοι καὶ Ὑρκάνιοι ἱππεῖς (καὶ οὗτοι βασιλέως μισθοφόροι), ὡς ὀγδοήκοντα, καὶ ἄλλοι πελτασταὶ εἰς ὀκτακοσίους, ἄλλοι δ᾽ ἐκ Παρθενίου, ἄλλοι δ᾽ ἐξ Ἀπολλωνίας καὶ ἐκ τῶν πλησίον χωρίων καὶ ἱππεῖς.

16. Ἐνταῦθα δὴ ὥρα ἦν σκοπεῖν, πῶς ἔσται ἡ ἄφοδος· καὶ λαβόντες ὅσοι ἦσαν βόες καὶ πρόβατα ἤλαυνον καὶ ἀνδράποδα, ἐντὸς πλαισίου ποιησάμενοι· οὐ τοῖς χρήμα-

σιν ούτω προσέχοντες τὸν νοῦν, ἀλλὰ μὴ φυγῇ εἴη ἡ ἄφοδος εἰ καταλιπόντες τὰ χρήματα ἀπίοιεν, καὶ οἵ τε πολέμιοι θρασύτεροι εἶεν καὶ οἱ στρατιῶται ἀθυμότεροι· νῦν δὲ ἀπῄεσαν ὡς περὶ τῶν χρημάτων μαχούμενοι. 17. Ἐπεὶ δὲ ἑώρα Γογγύλος ὀλίγους μὲν τοὺς Ἕλληνας, πολλοὺς δὲ τοὺς ἐπικειμένους, ἐξέρχεται καὶ αὐτὸς βίᾳ τῆς μητρὸς, ἔχων τὴν ἑαυτοῦ δύναμιν, βουλόμενος συμμετασχεῖν τοῦ ἔργου· συνεβοήθει δὲ καὶ Προκλῆς ἐξ Ἁλισάρνης καὶ Τευθρανίας, ὁ ἀπὸ Δαμαράτου. 18. Οἱ δὲ περὶ Ξενοφῶντα, ἐπεὶ πάνυ ἤδη ἐπιέζοντο ὑπὸ τῶν τοξευμάτων καὶ σφενδονῶν, πορευόμενοι κύκλῳ, ὅπως τὰ ὅπλα ἔχοιεν πρὸ τῶν τοξευμάτων, μόλις διαβαίνουσι τὸν Κάϊκον ποταμὸν, τετρωμένοι ἐγγὺς οἱ ἡμίσεις. 19. Ἐνταῦθα καὶ Ἀγασίας Στυμφάλιος λοχαγὸς τιτρώσκεται, τὸν πάντα χρόνον μαχόμενος πρὸς τοὺς πολεμίους. Καὶ διασώζονται, ἀνδράποδα ὡς διακόσια ἔχοντες, καὶ πρόβατα ὅσον θύματα.

20. Τῇ δὲ ὑστεραίᾳ θυσάμενος ὁ Ξενοφῶν, ἐξάγει νύκτωρ πᾶν τὸ στράτευμα, ὅπως ὅτι μακροτάτην ἔλθοι τῆς Λυδίας, εἰς τὸ μὴ διὰ τὸ ἐγγὺς εἶναι φοβεῖσθαι, ἀλλ᾽ ἀφυλακτεῖν. 21. Ὁ δὲ Ἀσιδάτης ἀκούσας, ὅτι πάλιν ἐπ᾽ αὐτὸν τεθυμένος εἴη Ξενοφῶν, καὶ παντὶ τῷ στρατεύματι ἤξοι, ἐξαυλίζεται εἰς κώμας ὑπὸ τὸ Παρθένιον πόλισμα ἐχούσας. 22. Ἐνταῦθα οἱ περὶ Ξενοφῶντα συντυγχάνουσιν αὐτῷ, καὶ λαμβάνουσιν αὐτὸν καὶ γυναῖκα καὶ παῖδας καὶ τοὺς ἵππους καὶ πάντα τὰ ὄντα· καὶ οὕτω τὰ πρότερα ἱερὰ ἀπέβη. 23. Ἔπειτα πάλιν ἀφικνοῦνται εἰς Πέργαμον. Ἐνταῦθα τὸν θεὸν οὐκ ᾐτιάσατο ὁ Ξενοφῶν· συνέπραττον γὰρ καὶ οἱ Λάκωνες καὶ οἱ λοχαγοὶ, καὶ οἱ

ἄλλοι στρατηγοὶ καὶ οἱ στρατιῶται, ὥστ' ἐξαίρετα λαμβάνειν, καὶ ἵππους καὶ ζεύγη καὶ τἆλλα· ὥστε ἱκανὸν εἶναι καὶ ἄλλον ἤδη εὖ ποιεῖν. 24. Ἐκ τούτου Θίβρων παραγενόμενος παρέλαβε τὸ στράτευμα, καὶ συμμίξας τῷ ἄλλῳ Ἑλληνικῷ ἐπολέμει πρὸς Τισσαφέρνην καὶ Φαρνάβαζον. 25. [Ἄρχοντες δὲ οἵδε τῆς βασιλέως χώρας, ὅσην ἐπήλθομεν· Λυδίας, Ἀρτίμας· Φρυγίας, Ἀρτακάμας· Λυκαονίας καὶ Καππαδοκίας, Μιθριδάτης· Κιλικίας, Συέννεσις· Φοινίκης καὶ Ἀραβίας, Δέρνης· Συρίας καὶ Ἀσσυρίας, Βέλεσυς· Βαβυλῶνος, Ῥωπάρας· Μηδίας, Ἀρβάκας· Φασιανῶν καὶ Ἑσπεριτῶν, Τιρίβαζος· (Καρδοῦχοι δὲ, καὶ Χάλυβες, καὶ Χαλδαῖοι, καὶ Μάκρωνες, καὶ Κόλχοι, καὶ Μοσσύνοικοι, καὶ Κοῖται, καὶ Τιβαρηνοὶ, αὐτόνομοι·) Παφλαγονίας, Κορύλας· Βιθυνῶν, Φαρνάβαζος· τῶν ἐν Εὐρώπῃ Θρᾳκῶν, Σεύθης. 26. Ἀριθμὸς δέ συμπάσης τῆς ὁδοῦ τῆς ἀναβάσεως καὶ καταβάσεως, σταθμοὶ διακόσιοι δεκαπέντε, παρασάγγαι χίλιοι ἑκατὸν πεντήκοντα πέντε, στάδια τρισμύρια τετρακισχίλια ἑξακόσια πεντήκοντα. Χρόνου πλῆθος τῆς ἀναβάσεως καὶ καταβάσεως, ἐνιαυτὸς καὶ τρεῖς μῆνες.]

ΤΕΛΟΣ.

INDEX

OF

CITATIONS FROM XENOPHON'S ANABASIS.

"Accomplished XENOPHON ! thy truth hath shown
A brother's glory sacred as thy own.
O rich in all the blended gifts that grace
Minerva's darling sons of Attic race !
The Sage's olive, the Historian's palm,
The Victor's laurel, all thy name embalm !
Thy simple diction, free from glaring art,
With sweet allurement steals upon the heart;
Pure as the rill, that Nature's hand refines,
A cloudless mirror of thy soul it shines.
Thine was the praise, bright models to afford
To CÆSAR's rival pen, and rival sword :
Blest, had Ambition not destroyed his claim
To the mild lustre of thy purer fame !"

CITATIONS FROM THE ANABASIS.

[The following Index was prepared specially to accompany the Revised Edition of the Grammar (1871). The numbers inclosed in parentheses denote the sections of the Anabasis which are cited; those following them, the sections of the Grammar in which the citations are made.]

BOOK I.

CHAP. I. (1) 412, 445 a, 472, 494, 504, 568, 571, 700, 719, 720; (2) 393, 480, 505, 522, 561, 573, 579, 592, 658, 703, 719; (3) 444 b, 505, 518, 530 c, 530 e, 533, 577, 598, 643, 718 k, 718 n; (4) 393, 453, 511, 525, 691, 696; (5) 474, 501, 527, 577, 592, 641; (6) 406, 443, 483, 533, 553, 586, 680; (7) 419, 444 b, 472, 533, 595, 658, 674, 689, 718; (8) 432 b, 505, 524, 586, 661, 666, 696; (9) 460, 483, 509 c, 523 f, 524, 536, 576, 718, 677 f; (10) 445 a, 469, 533, 658, 703; (11) 393, 719.

CHAP. II. (1) 551, 571, 689, 711; (2) 456, 659, 666, 704; (3) 674, 711; (4) 450, 689, 711, 719; (5) 395, 533, 551, 688; (6) 482 a, 482 d, 522, 525, 605, 674, 689; (7) 393, 414, 459, 504, 522, 577, 641, 689, 719; (8) 395, 455, 537, 573, 719; (9) 475, 504, 531, 706; (10) 393, 478, 507 c, 522, 719; (11) 454 d, 479, 573, 696; (12) 218, 393, 506 b, 718, 719; (13) 450, 523 i; (14) 534, 576; (15) 240 f, 506 a, 506 c, 692; (17) 459, 507 d, 571, 641; (18) 704; (20) 482, 506 a, 522, 533, 540, 554, 699; (21) 435, 533, 657, 685, 699, 719; (22) 675, 689; (23) 395, 443, 481, 489, 508, 569; (24) 504, 605; (25) 508, 509 a, 523 f; (26) 408, 450, 583, 721; (27) 583.

CHAP. III. (1) 430, 588, 594, 662, 689; (2) 320 a, 482, 483, 607; (3) 393, 484, 537, 571, 628; (4) 485, 522, 633, 718; (5) 459, 523 c, 641, 713, 719; (6) 455, 480, 551, 621, 622, 680, 689, 714; (7) 540, 689; (8) 444 a, 450; (9) 419, 506 c, 678, 717, 719; (10) 598; (11) 432 d, 537, 598, 682; (12) 405, 572, 582, 641; (14) 480, 483, 549, 553, 579, 677, 679; (15) 553 a, 553 c, 554, 572, 624, 659; (16) 463, 644, 693; (17) 284 g, 467, 650, 677; (18) 466, 560; (20) 595, 659, 689; (21) 242 c, 416 h, 433 f, 459, 507 d, 522, 645, 689, 721.

CHAP. IV. (1) 533, 572, 689; (2) 242; (3) 689; (4) 445 b, 466, 500, 569; (5) 418, 436, 677; (6) 534; (7) 633; (8) 476 d, 496, 641, 671, 721; (9) 440, 480; (10) 581; (11) 467; (13) 405, 523 f, 563, 701;

(14) 455, 563; (15) 414, 454 d, 568; (16) 457, 536, 595, 685; (17) 408; (18) 650; (19) 414, 718, 719.

Chap. V. (1) 506 b; (2) 408, 523 i, 571, 641; (3) 788 f; (4) 440, 469, 586, 227; (5) 240 c, 419; (6) 446, 472 f, 497; (7) 423, 476 e, 559; (8) 418, 467, 542, 635, 694, 711; (9) 259, 468, 485, 507 d, 523 e, 695; (10) 394, 412, 414, 426, 466, 585, 719; (12) 405, 537, 540, 612; (13) 668 b; (14) 573, 643; (15) 419; (16) 401, 408, 484, 523 g, 601; (17) 691.

Chap. VI. (1) 419, 506 f, 639, 676, 719; (2) 405, 419, 452, 622, 719; (3) 553, 649; (4) 523 k, 538, 579, 719; (5) 394, 420; (6) 405, 524, 671, 719; (7) 549, 668; (8) 636, 685, 697; (9) 478, 524, 579, 599, 665, 697; (10) 426, 592, 674; (11) 567.

Chap. VII. (1) 444 a, 508; (2) 386 c; (3) 211, 280 b, 414, 431 b, 626, 636, 719; (4) 458, 528, 537, 698; (5) 317 c, 416 a, 686; (6) 557, 694, 720; (7) 538, 642, 686; (8) 419, 536; (9) 476 d, 538, 568, 708; (11) 509 e; (12) 408; (13) 678, 690, 693; (14) 395; (16) 495; (17) 569; (18) 433, 524; (19) 685; (20) 475.

Chap. VIII. (1) 467, 525, 550, 598, 711; (3) 530; (4) 489, 506 c; (5) 692; (6) 466, 523 b; (7) 573; (8) 416 a; (9) 522, 692, 722; (10) 680, 689, 689 k; (11) 467, 695, 718; (12) 452, 461, 540, 610; 690; (13) 485, 523 b; (14) 541; (15) 525, 671; (16) 432 a, 518, 530, 563; (17) 455, 568; (18) 344, 418, 467, 506 c; (20) 571; (21) 474; (23) 455, 609; (24) 541; (26) 530, 540, 603; (27) 402, 466, 580; (29) 579, 583.

Chap. IX. (1) 523 h, 586; (2) 481, 592; (5) 466, 694; (6) 453, 578; (7) 253, 315 c, 478, 579, 586, 692; (9) 482; (10) 315 c; (11) 480; (12) 690; (13) 420, 459, 571, 713; (14) 466, 550, 554; (15) 442; (16) 716; (19) 634; (21) 253, 624, 719; (22) 512; (23) 460, 538; (24) 467; (25) 433, 551; (26) 456; (28) 563; (29) 261 c, 456, 537, 544, 603, 689, 699; (30) 523 c, 534; (31) 693.

Chap. X. (1) 443 c, 497, 497 b, 527, 587; (4) 405, 499, 518; (5) 648; (6) 506 a, 577, 676; (9) 694; (10) 529 a, 529 b, 550, 598; (12) 443 c, 586, 716; (13) 567, 609; (14) 594, 689; (15) 476 e, 695; (16) 643; (17) 433; (18) 573.

BOOK II.

Chap. I. (1) 526, 666; (3) 227, 438, 645, 693; (4) 612, 615, 685; (5) 540, 611; (6) 482, 518; (7) 716; (10) 293 a, 484, 571, 595, 718; (11) 430; (12) 568; (13) 320 a, 451, 478, 677; (14) 454 d; (15) 393; (16) 497, 507 f; (19) 531, 676; (20) 708; (21) 680; (22) 502, 714; (23) 643.

Chap. II. (1) 432 f; (2) 537; (3) 675; (4) 506 e, 671; (5) 518; (6) 242; (10) 564, 577; (11) 433 e, 459, 523 a; (12) 445 a; (13) 533; (14) 690; (15) 569, 645, 709; (16) 533, 540, 547, 571; (17) 420, 671; (20) 394, 719; (21) 469, 523 b.

Chap. III. (1) 697, 705; (2) 641; (4) 643, 645, 689; (5) 571; (6) 491, 571, 645; (10) 679; (11) 282 c, 530,

634, 713; (13) 556; (14) 412; (15) 406, 481, 533; (17) 442, 695; (18) 450, 484, 633, 663; (19) 545; (20) 458; (21) 592, 595; (23) 472 f, 547, 636, 696; (24) 641; (25) 663; (26) 483, 571; (27) 506 b.

CHAP. IV. (1) 533; (3) 533, 649, 664; (4) 533, 547; (5) 671, 678; (6) 320 a, 458; (7) 505; (8) 523 c; (9) 450; (10) 695, 699; (12) 440, 533, 679; (13) 459; (14) 414, 445 c; (15) 548; (16) 497, 540; (19) 572, 642; (20) 642; (24) 533, 676, 679; (26) 567.

CHAP. V. (2) 598; (3) 225 d, 472 f; (4) 472 b, 657; (5) 485, 694; (7) 455, 641; (9) 502, 523 e; (10) 414; (12) 558, 716; (14) 622; (15) 456, 547, 566, 636; (16) 624; (18) 421, 582; (19) 455; (20) 719; (21) 558; (22) 444 f; (23) 481; (32) 468, 548; (37) 528; (39) 484, 550; (41) 544; (42) 452.

CHAP. VI. (1) 481, 587; (2) 592; (6) 671; (8) 682; (9) 467, 559, 663, 667; (10) 477; (13) 466; (18) 507 a, 695; (19) 457; (20) 437 a, 446; (22) 451, 507 a, 663; (23) 253, 573, 699; (26) 698; (29) 481, 523 k; (30) 505, 690, 697.

BOOK III.

CHAP. I. (1) 690; (2) 526, 646; (3) 432 a, 501, 577, 690, 707; (4) 453; (6) 211, 477, 554; (7) 544, 550; (9) 659; (11) 416 a, 573; (12) 693; (13) 531, 713; (14) 680; (15) 563; (16) 419; (17) 562; (18) 664, 682, 687; (19) 413; (20) 459; (21) 538, 572; (23) 438 b, 489, 533; (24) 533, 628; (27) 478, 484, 514; (29) 313, 432 e, 450, 713; (31) 587; (32) 641; (35) 458, 633, 657; (36) 450; (37) 408; (38) 577, 621; (40) 433; (42) 711; (43) 460; (45) 560; (47) 662.

CHAP. II. (1) 577, 667; (2) 564, 703, 788 c; (4) 442, 484, 540, 550, 690, 708; (5) 442, 562, 685; (6) 638; (7) 425; (8) 612, 694; (10) 676; (11) 473, 661, 716; (12) 692; (13) 412, 530; (14) 409; (15) 661; (17) 425; (18) 534; (19) 467, 472 b, 663; (20) 472 f; (25) 657, 709; (28) 419, 553; (29) 460; (32) 709; (37) 418, 665; (38) 432 b, 594; (39) 432 e, 443, 657.

CHAP. III. (1) 675; (4) 645; (5) 679; (8) 682; (9) 556; (11) 433; (16) 414, 482, 514; (19) 530; (20) 394, 454, 587.

CHAP. IV. (1) 315 c, 567, 624; (2) 706; (5) 464; (6) 419; (7) 523 c, 529; (10) 533; (12) 575; (13) 692; (15) 632; (17) 453; (19) 572; (21) 240 f, 692; (23) 467, 593; (25) 609, 671, 695; (26) 595; (28) 540; (30) 467; (34) 460; (35) 464; (36) 571; (37) 469; (38) 609; (41) 541; (46) 506 b; (47) 691; (49) 689.

CHAP. V. (1) 527; 577; (2) 527; (3) 527; (5) 540; (7) 671; (8) 240 f; (9) 509 b; (10) 522; (11) 405, 713; (13) 643, 645, 657; (14) 474; (15) 460; (16) 421, 432 g, 689; (17) 553; (18) 320 a, 420, 474.

BOOK IV.

CHAP. I. (3) 633; (5) 450, 533, 556; (6) 407; (9) 432 g; (10) 548; (11) 523 f; (13) 675; (14) 483, 518, 710; (20) 574, 592; (21) 483; (22) 491, 540; (23) 594; (27) 503, 659; (28) 431 b.

CHAP. II. (2) 485; (3) 450, 674; (4) 703; (6) 524; (7) 523 f; (9) 419; (10) 523 f, 636; (11) 702; (12) 501; (13) 485; (15) 458; (16) 506 c, 689; (17) 506 a, 523 f, 689, 702; (19) 557; (20) 279 e; (23) 507 d; (28) 213 d.

CHAP. III. (1) 523 a, 582; (2) 509 a, 550; (5) 722; (8) 234 f; 695; (9) 553; (10) 494; (11) 548; (13) 444 b, 455, 523 k; (28) 420, 689; (32) 571, 577.

CHAP. IV. (2) 218, 489, 551; (4) 526; (7) 489; (13) 506 e; (14) 509 b, 529, 698; (15) 636; (17) 603; (18) 603, 679.

CHAP. V. (4) 507 a; (5) 472 b; (7) 320 a, 474, 643; (10) 507 f; (11) 474, 476 c; (16) 509 a, 669; (17) 580, 582; (22) 423; (24) 482; (29) 474; (31) 375 a; (36) 469, 485.

CHAP. VI. (2) 463, 705; (9) 526; (10) 708; (11) 510, 677; (12) 510, 689, 690; (13) 622; (14) 505; (21) 690; (22) 690; (24) 523 f; (25) 643; (26) 523 f.

CHAP. VII. (1) 569; (3) 604, 612; (4) 527, 689; (5) 567; (6) 689; (7) 637; (8) 692; (9) 225 f; (10) 609; (11) 541; (12) 426; (16) 220 f, 556; (17) 554; (20) 444 d, 550, 701; (24) 401, 689; (25) 551, 569; (27) 533.

CHAP. VIII. (1) 469; (2) 225 f; (4) 418, 699; (5) 592, 676; (6) 524; (8) 690; (10) 518; (11) 653; (13) 627; (14) 713; (18) 499; (20) 423; (22) 394, 689; (25) 550; (27) 479, 507 f.

BOOK V.

CHAP. I. (1) 506 b; (2) 574; (8) 514, 551, 694; (9) 689; (13) 522; (15) 575.

CHAP. II. (5) 509 e; (14) 559; (15) 567; (20) 582; (24) 548; (26) 573; (29) 522.

CHAP. III. (1) 283; (2) 240. 3, 394, 509 a; (3) 575, 706; (11) 395, 699; (13) 437 a.

CHAP. IV. (1) 689; (9) 556, 661; (10) 644; (11) 530, 695; (15) 407; (16) 557; (22) 507 d; (24) 592; (26) 225 f; (29) 523 i; (34) 560, 583, 635, 695.

CHAP. V. (1) 432 g; (3) 394; (4) 242; (5) 242; (8) 612, 716; (11) 417; (12) 585; (15) 548; (20) 691; (21) 509 b; (22) 585, (25) 702.

CHAP. VI. (1) 621; (7) 523 e; (9) 507 f; (12) 577; (16) 703; (17) 583; (20) 569; (21) 624; (27) 506 c; (29) 455; (30) 631; (32) 663; (37) 442, 644.

CHAP. VII. (5) 533, 592; (7) 533; (8) 621; (9) 445 c; (10) 281, 453, 564; (12) 414, 706; (17) 418; (20) 699; (21) 677; (26) 317 b; (28) 480; (29) 612; (34) 694.

CHAP. VIII. (3) 259, 432 a, 554, 675; (4) 282 c; (5) 662; (6) 476 d; (7) 536; (8) 560; (11) 548, 564; (12) 501, 515; (13) 676; (22) 259; (24) 523 a; (25) 432 c.

BOOK VI.

CHAP. I. (3) 695; (5) 567, 592, 609, 695; (6) 679; (8) 234 e, 481; (10) 477; (14) 482; (18) 506 b; (20) 483; (21) 454 c; (22) 452; (23) 509 b; (25) 643; (28) 677; (29) 633, 691; (30) 571; (31) 315 a, 504, 574, 658, 677, 707.

CHAP. II. (1) 218, 689; (2) 315 a; (8) 599; (10) 415, 706; (12) 464; (14) 538; (15) 261 a, 523 b; (18) 709.

CHAP. III. (1) 464, 528; (2) 240 f; (6) 477, 533; (11) 719; (14) 557; (15) 550; (16) 716; (19) 550; (25) 483.

CHAP. IV. (1) 462; (4) 529; (8) 605; (9) 240. 3, 460, 722; (11) 284 c; (13) 284 c, 523 h, 581; (14) 666; (18) 716; (19) 523 c, 686; (22) 680, 689; (23) 577; (24) 507 f.

CHAP. V. (5) 550; (6) 485; (10) 317 b, 432 h; (24) 523 b; (30) 705.

CHAP. VI. (1) 433; (4) 674; (5) 537; (7) 530; (11) 692; (13) 526; (15) 631, 699; (16) 451, 576; (17) 472 f, 707; (22) 557; (23) 691; (24) 657; (29) 494; (32) 434, 696; (33) 434; (34) 476 d; (38) 529.

BOOK VII.

CHAP. I. (6) 713; (8) 628, 717; (11) 719; (18) 506 b; (21) 459, 667; (22) 282 c; (23) 523 b; (25) 481; (27) 676; (29) 498; (30) 427, 482, 689; (33) 378 d; (34) 643; (36) 601, 719; (39) 659.

CHAP. II. (1) 689; (2) 716; (3) 315 a; (5) 450; (6) 553; (8) 553; (9) 509 c; (12) 713; (13) 469; (16) 433; (17) 433; (18) 225 f, 461; (20) 507 f; (24) 659; (25) 577; (26) 452; (29) 419; (32) 466, 506 c.

CHAP. III. (3) 540; (13) 643; (16) 450, 540; (20) 284 c, 444 d; (22) 556; (26) 460; (27) 460; (29) 450; (32) 218; (33) 478; (35) 541; (36) 641; (39) 524; (43) 571; (48) 554, 567.

CHAP. IV. (4) 689 f; (5) 423, 714; (16) 527; (18) 689; (19) 523 c.

CHAP. V. (2) 454; (5) 432 d; (7) 661; (8) 432 c; (9) 539.

CHAP. VI. (3) 607; (4) 453, 518; (9) 480; (11) 537, 577; (15) 649; (16) 454, 636; (19) 713; (21) 632; (22) 480; (23) 636; (24) 253; (27) 551, 693; (28) 696; (29) 466, 713; (30) 679; (32) 456, 461; (33) 697; (36) 550, 596; (37) 402; (38) 480, 659; (41) 579, 582; (44) 455.

CHAP. VII. (3) 693; (7) 533, 694; (8) 717; (9) 695; (10) 306; (11) 631; (15) 710; (22) 480; (23) 575; (27) 679; (28) 483; (29) 538; (30) 697; (31) 406, 659; (32) 691, 788 e; (33) 444 a; (41) 717; (42) 414; (44) 702; (53) 701; (55) 305 c, 646; (57) 225 i.

CHAP. VIII. (1) 450; (4) 557; (6) 431 a; (8) 522; (11) 507 d, 510; (12) 218; (14) 281; (16) 534, 551; (19) 507 f; (26) 242.

www.ingramcontent.com/pod-product-compliance
Lightning Source LLC
Chambersburg PA
CBHW032120230426
43672CB00009B/1805